Marleen S. Meri
Lieder der Wälder I
Eschenelegie

LIEDER
DER
WÄLDER

Band I

ESCHEN
ELEGIE

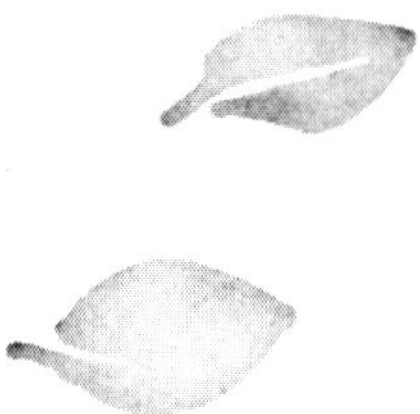

Esche, die (n.): *In Auenwäldern vorkommender Laubbaum, häufig mit Mythologie in Verbindung gebracht*
Elegie, die (n.): *Klagelied, tragische Ereignisse oder melancholische Stimmung ausdrückendes Gedicht*

Dieser Titel ist auch als ebook erschienen.

c/o autorenglück.de
Franz-Mehring-Str. 15
01237 Dresden

Bestellung und Vertrieb: Nova MD GmbH, Vachendorf
Lektorat: Angelika Herre
Umschlaggestaltung: Marlo Melian Mae
Inhaltliche Beratung: Valentin Wilper
Satz: Elin Bedelis
Illustrationen und Karte: Marleen S. Meri

Bild- und Zusatzmaterial, Contentwarnungen und mehr unter:
www.marleensmeri.com

ISBN: 978-3-98595-017-1

Für dieses Buch habe ich das Reimen erlernt.
Hier eine Demonstration:

Für Valentin.
Ich liebe dich echt.
Ohne dich wäre dieses Buch ganz schlecht.

LYTTNAR
Huldgrund
Hennaport
Bloemstad
SKOGGEN
Nowrisk
Ryskova
Kermten
Veena
Erlendam
AUSTRADAR
Broc Môr
MOORHAAG
Dalenna
Maenblod
Dinas Rhedyn
Caru'hen
ARADROV
ESHWEN
Duma
Chemwal
ARRAPH
N
DAER AWYR

TEIL EINS

MOTTEN, DIE RABEN VERSCHLINGEN

Getrennte Wege

»Die Geschichte, die ich erzählen will, beginnt wie jede gute Geschichte: in einer Taverne.«

Die Alte hatte eine Stimme, die knisterte wie Herbstblätter. Durch ihre Rabenkehle klang jedes der Worte wie das Rascheln der Birken draußen vor den Fenstern der Gaststätte. Rau wie der späte Frost, der mit Sturmböen und Geflüster über Dinas Rhedyn eingetreten war. Obwohl der Sommer kam, war das Wetter noch einmal furchtbar abgekühlt. Der Wind drang in die Kleider und pfiff durch die Ofenrohre. Schatten tanzten an den Hauswänden, verschluckten das Licht der Laternen, trieben die Bevölkerung der Eshwen-Hauptstadt in ihre vier Wände. Hier drinnen war es warm und gemütlich. Heizöfen knisterten in den Ecken des holzvertäfelten, gepflegten Gasthauses und Lampen spendeten goldgelbes Licht. Hin und wieder drang das Rufen der beiden Wirte durch den Schankraum – »Spargeleintopf ist fertig!«, »Ein Eshwener Schwarzes!«, »Die Birnenpastete!« Fluchen wurde laut, wenn ein alter Soldat oder ein leichtsinniger Gesell im Spiel verlor. Es duftete nach frischem Kuchen, knusprigem Fleisch und in Honig gebratenen Maronen. Über der Theke hingen Geweihe, in der Mitte das eines gewaltigen Damhirschs, darunter in Messing eingraviert der Name dieses reinlichen Gasthauses: *Falkners Brandfuchs*.

Die alte Frau saß an ihrem liebsten Tisch und wärmte sich die Hände an einem Apfeltee. Auf den Tavernenbänken um sie drückten sich die Jüngeren zusammen, sogar ein Schankmädchen lauschte mit Neugierde. Und auch die Äste und Zweige der Birken schoben sich gegen die Fenster, als drängten sie nach einer guten Geschichte.

»In einer Taverne wie dieser trug es sich zu«, sagte die Alte, die in der Stadt nur die Rabenmuhme genannt wurde, »in einer Nacht wie dieser. Der Herbstwind rüttelte an den Fensterläden, der Schankraum duftete nach Holz und Wein und knuspriger Gänsekeule. Und unsere Helden schlossen Freundschaft über einem guten Apfeltee mit Ingwerwurzel, wie ich ihn trinke. Damals ahnte niemand von ihnen, wohin ihr Weg sie führen würde. Dass sie die Prophetin Newid auf eine weite und sagenhafte Reise begleiten sollten. Aber wer hätte das auch ahnen können? Die Helden waren nur Spielleute.«

»Warum denn Spielleute?« Der kleine Schuhputzer lehnte sich auf der Bank zurück und streckte die Beine aus. »Warum keine Schwertkämpfer oder so? Die können doch viel mehr! Die können die Prophetin viel besser beschützen.«

»Still, du Störspatz«, rügte ihn die junge Bedienung.

»Das Rauchbier für den Tisch da drüben!«, drang die Stimme des Wirts durch die Stube.

»Spielleute«, schabte das Mütterchen mit der Weisheit einer Frau, die viel erlebt hatte, »Spielleute, kleiner Knirps, die haben die Welt gesehen. Die nehmen das, was deine kleinen Augen erblicken, füllen es in Lieder wie Traubensaft nach der Sommerernte in Gläser. Ihre Stimmen fangen Erinnerungen wie Insekten, die im Honig kleben bleiben. Der König formt und herrscht. Der Soldat zerschmettert. Aber der Spielmann beobachtet, er betrachtet und erkennt und begreift. Niemand begreift die Welt wie die Barden, die sie besingen. Törichtes Kind, weiche vor dem Schwert eines Kriegers zurück, aber die Zunge eines Spielmanns, die fürchte ebenso.«

»Stimmt es, dass sie die See überwunden haben?«, fragte der Schmiedelehrling, der am Rand der Bank saß. »Dass sie in den Pässen die Bergtrolle besiegt haben, nur mit einer Mandoline bewaffnet?«

»Es war eine Flöte«, sagte die Alte wohlwollend.

»Stimmt es auch, dass eine von ihnen mit Tieren sprechen konnte?«

»Natürlich, alle Geschichten sind wahr. Was hätte ich davon, eine Geschichte zu erzählen, die gelogen ist?«

»Und wer waren sie, diese Spielleute?«, fragte die Schneiderstochter aus der Magnoliengasse. »Wie sahen sie aus, wie haben sie geheißen?«

»Oh, sie waren etwas ganz Besonderes. Es gab eine Angehörige des umherziehenden Volkes mit einer spitzen Nase und wunderbarem Haar, das floss wie Seide. Und Seide war auch ihre Stimme, das wagt ihr nicht zu glauben. Sie sang wie eine Sirene, sie tanzte wie eine Königin, sie lachte wie die Sonne selbst. Sie war die Art Mädchen, das einen jeden in ihren Bann zu ziehen vermochte. Ah ja, dieses Kind. Noch heute höre ich ihre Stimme in den Ohren klingen, wenn der Wind in den Wipfeln des Waldes wispert.«

Die Mädchen seufzten.

»Halt«, sagte der Schmiedelehrling. »Du hast sie gekannt? Persönlich?«

Die faltigen Lippen der Muhme verzogen sich zu einem Lächeln. Obwohl sie längst keine junge Frau mehr war, sprach aus einigen ihrer Bewegungen noch immer die Anmut einer Eshwen. »Ich bin die Rabenmuhme, junges Ding. Ich bin zu alt, um die Geschichten Fremder zu erzählen. O ja, ich habe sie gekannt – alle von ihnen. Doch das ist lange her.«

»Waren sie wirklich so, wie du sagst?«

»Sie waren gemacht für Großes. Deswegen konnten sie das Böse bezwingen, das sich der Prophetin in den Weg stellte.«

»Wenn du so alt bist«, sagte der kleine Schuhputzer, »bist du dann auch eine Prophetin?«

Die Alte lachte krächzend. »Nein. Ich bin nur die Rabenmuhme. Ich diene dem verwunschenen Wald mit meinem ganzen Herzen. Ich lausche den Worten der alten Propheten. Damit ich ihre Worte in die Welt tragen kann, wie die Wälder es wünschen. Womöglich werde ich einem von ihnen auf meine alten Tage noch begegnen. Ich habe nicht vor, bald zu sterben.«

»Vater sagt immer, die Wälder sind gefährlich und boshaft«, sagte die Schneiderstochter, »aber in den Liedern klingt es ganz anders. Und auch du sagst nur Gutes über sie.«

Amüsiert verzog die Muhme die Faltenlippen. »Die Wälder sind unsagbar gefährlich. Ein Schritt zu tief hinein und ihr Zauber verschlingt euch für immer. Er packt euch mit den Klauen, zeigt euch Ängste, die euren Albträumen entspringen. Aber er bringt auch Gutes. Der Wald hat uns geboren, selbst wenn die Klugen und Reichen das vergessen haben. Aber ihr – merkt es euch. Nicht umsonst huldigen die Menschen den

Wäldern und lauschen den Worten, die die Propheten einst gesprochen haben.«

»Ein Teller Hirsch!«, war die Stimme des Wirts erneut zu vernehmen.

»Und wer sind die anderen Barden gewesen?«, fragte der Bildhauerlehrling.

Die Alte fuhr fort: »Es gab noch eine junge Frau … eine Beschützerin. Das Herz so warm, das Gemüt so rein wie das eines Lamms. Und das, obwohl eine furchtbare Vergangenheit hinter ihr lag, voll blutgetränkter Monde, geraubter Kinder und krähenumschwärmter Schlachtfelder. Eine Zeit voll klirrender Klingen und lebloser Leiber … sie ist nicht immer Bardin gewesen.«

Die Schneiderstochter schauderte und zog sich das selbstgewobene Tuch enger um die Schultern. Dem Schuhputzer stand der kleine Mund offen. »Also gab es doch Krieger!«

»Na«, krächzte die Rabenmuhme. »Kleiner Knirps. Wir wollen sie so nennen, wie sie genannt werden will. Und sie will keine Kriegerin sein.«

»Gut«, sagte der Junge artig. »Wer war noch dabei?«

»Ein junger Mann. Einen leichtsinnigen Eindruck machte er. Manch einer sagte ihm nach, er sei ein Nichtsnutz, hitzköpfig und unbedarft – aber in der Damenwelt sehr gefragt. Man konnte sagen, was man wollte, er hatte das Herz am rechten Fleck. Und die Musik ging ihm durch die Adern wie Blut, rann ihm durch die Kehle wie Wasser aus Bergquellen.« Die Alte trank aus ihrem Becher, leckte sich den süßen Apfelgeschmack von den Faltenlippen. »Dann gab es ein mysteriöses Mädchen, stets von einem Zauber umgeben. Niemand wusste, welche Mächte sie in jener kalten Nacht in die Taverne verschlagen hatten. Sie gehörte nicht den Städten, nicht den Häusern oder Gaststätten. Sie gehörte den Wäldern, die die Welt beherrschen. Ja – der Wald, Keyll Naomh, geliebt und gefürchtet, heilig und furchtbar, liebte sie. Denn sie war freundlich und liebevoll. Und sie schätzte und fürchtete ihren Herrn, wie es sich gehörte.«

»Ein besonderes Mädchen«, meinte die Schneiderstochter.

»Besonders waren sie alle.« Die Muhme lächelte. »Jeder anders als der andere. Aber sie halfen sich stets, ergänzten sich, fügten sich ineinander.

Die Wälder wissen, was aus ihnen geworden wäre, wenn sie alle gleich gewesen wären.« Sie nickte. »Das war, was sie ausgemacht hat. Sie hielten immer zusammen.«

Die jungen Leute tauschten vielsagende Blicke. Jeder wusste, dass die Rabenmuhme zu Übertreibungen neigte. Sie war eine betagte Frau, die in den verwunschenen Wäldern lebte und ihre alten Tage einzig damit verbrachte, Geschichten in Tavernen zu erzählen. Die Muhme lebte in ihrer eigenen Welt: Sie huldigte den Wäldern, sang ihre Lieder und predigte über die Propheten. Da brachte man sicher Dinge durcheinander oder überspitzte sie. Außerdem wusste jeder, dass es hier am nächsten Tag einen Auftritt geben sollte und sie diese Geschichten stets vor einem solchen zum Besten gab. Und dennoch, selbst sie als Eshwen – ein Schlag Mensch, der den heiligen Wäldern gleichmütig gegenübertrat – kamen gern zu ihr an den Tisch. Denn wie schön war es, Geschichten zu lauschen, vor allem in einer bitterkalten Nacht wie dieser?

Der Bildhauer stützte das Kinn auf. »Und? Einer fehlt noch.«

»Da habt ihr recht, es waren fünf. Wobei einige streiten, es könnten auch sechs gewesen sein.«

»Noch mal die Birnenpastete!«

Die Tür, die zu der Treppe zu den Gästezimmern abging, flog auf und prallte von der Wand zurück. Einem Sturm gleich wehte ein junger Mann in den Schankraum und zerrte ungeduldig den Träger seines Lederrucksacks über der Jacke zurecht. Ein wuscheliger Hund von mittlerer Größe folgte ihm auf den Fuß, vorüber an den Tischen. Die Rabenmuhme führte den Becher an die Lippen, während die Zuhörenden auf den Bänken die Köpfe hoben.

»Mattys!«, erklang eine tiefe Stimme. Ein zweiter junger Mann erschien im Türrahmen. Seine Haut, dunkel wie die Abendröte, spannte sich über die muskelbepackten Arme. Das gefilzte Haar, das nur oben nicht kurzrasiert war, hatte er am Hinterkopf zusammengebunden. »Jetzt warte doch mal!«

»Der Letzte«, krächzte die Rabenmuhme, nachdem sie den Becher abgesetzt hatte, »war ein Held auf vielerlei Weise. Ein Heiler, ein kluger

Kopf, ein Dichter. Er war, was die Gruppe benötigte, um ein Ganzes zu werden.«

In der Tür erschien eine junge Frau. Ärgerlich schlug sie dem zweiten Spielmann gegen die Schulter. »Caleb, du Idiot, musste das sein?«

Er rieb sich den Arm. »Mann, ich konnte doch nicht ahnen, dass er so überreagiert!«

»Überreagiert! Himmel, wie kann man so ein ignoranter Klotz sein?« Die junge Bardin funkelte ihn an.

»Ach, lass!« Caleb schob sie weg. »Mattys, verdammt, jetzt warte!«

Mattys, der beinahe die Tür hinaus erreicht hatte, blieb stehen und wandte sich halb um. Kerzenlicht spiegelte sich in seinen Augen, als er zuerst Caleb, dann das Mädchen ansah. »Komm bitte mit.« Er streckte ihr die Hand hin.

»Lasst uns das doch in Ruhe klären«, wandte Caleb ein. »Erstmal eine Nacht drüber schlafen …«

»Es gibt nichts, worüber ich sprechen will!«, fuhr Mattys dazwischen. »Rosie, komm.«

Rosie trat zu ihm und ergriff seine Hand.

»Wollt ihr jetzt echt abhauen?«, fragte Caleb wild. »Leute! Nur wegen so einer Scheiße?«

Mattys ließ sich hinreißen, auf den anderen jungen Mann zuzutreten. Er war etwas kleiner als Caleb, doch sein Blick war so steinern, dass der Schusterjunge am Tisch der Muhme durch die Zähne pfiff. »Was soll ich noch hier, wenn du dich nicht änderst?«

Caleb schüttelte den Kopf. »Ich hab Scheiße gebaut, aber ich verspreche, dass ich es nicht noch mal mache! Es war vielleicht bisschen viel Birnengeist, das war nicht so gemeint. Das war Spaß! Wir sind doch Freunde.«

»Das wüsste ich aber«, knurrte Mattys. Rosie presste die Lippen zusammen, der Hund winselte leise. »Für dich ist all das nur Spaß! Du übernimmst keine Verantwortung, du nimmst keine Rücksicht, du *denkst nur an dich*. Herumprahlen, saufen, Geld verprassen. Ein hübsches Pferd, eine schöne Schalmei! Und wenn du deinen *djaelva kuk* zwischendurch noch in eins der Schankmädchen stecken kannst, ist es genug!«

Caleb funkelte ihn an, nunmehr ebenfalls ärgerlich. »Verdammt nochmal«, knurrte er und wies auf sich. »Ich bin Spielmann! Bitte verzeih, wenn mein Lebensstil deine zarten Gefühle verletzt! Ich hatte keine Ahnung, dass du dich für was Besseres hältst, nur weil du Rosie hast, um dir den Schwanz zu lutschen!«

Mattys griff nach Rosies Arm, weil sie aussah, als würde sie auf ihn losgehen wollen. »Nimm das zurück!«, brachte sie hervor.

»Ist doch wahr!«, entgegnete Caleb.

Mattys musterte ihn finster, während er Rosie losließ. »Rosie ist *nicht* meine Hure. Überleg dir zweimal, ob du es dir nur mit mir oder auch mit ihr verscherzen willst.«

Voller Verachtung hob Caleb das Kinn und setzte zum Gegenschlag an, brachte ihn jedoch nicht über die Lippen, als er begriff, dass Rosie Tränen fortblinzelte. Stattdessen machte er einen Wink zur Tür. »Jetzt kommt wieder hoch, verdammt! Die Leute gucken!«

Mattys schüttelte den Kopf und trat zwei, drei Schritte zurück. »Ich werde nicht wieder in dieser Gruppe spielen, solange du darin bist.«

»Jetzt willst du *mich* rausschmeißen?« Caleb riss die Arme in die Höhe und schlug beinahe gegen den Leuchter an der Decke. »Du denkst doch selber nur an dich! Die Leute wollen diese Lieder! Aber spielen wir sie? Wir spielen sie nicht, und das wegen *dir!* Ich muss mir nicht sagen lassen, dass ich keine Rücksicht nehme, Mattys! Blas du mal in so eine scheiß Sackpfeife den ganzen Abend! Was wären die Hellen Barden ohne mich, he? Und was wären sie ohne *dich*? Du spielst nur mittelgut dieses Versagerinstrument da! Weißt du was? Ohne dich wären wir sogar besser dran!«

Mattys war nach hinten gewichen, den Hals seiner Mandoline fest umschlossen. In seinen Augen glomm Wut. »Ohne mich«, knurrte er, »seid ihr aufgeschmissen. Ohne Rosie seid ihr gar nichts! Und ich kann nicht mitansehen, wie ihr Talent hier verloren geht, verfüttert an die Schweine!«

»Rosie schien immer zufrieden mit dem Leben bei uns!«

»Dann kennst du sie schlecht. Du kennst keinen von uns, Caleb – du denkst nämlich nur an dich!«

»So eine Scheiße!«, knurrte Caleb. »Was kann ich dafür, dass du so ein Riesenproblem mit den Brôcliedern hast, verdammt? Dann stell dich halt nicht so an!«

»*Kyss mig i arslet*«, sagte Mattys mit eisiger Kälte und wandte sich zum Gehen.

»Was willst du jetzt tun?«, rief Caleb ihm nach. »Du bist nicht mutig genug wegzubleiben! Rosie würde uns *nie* verlassen! Nicht wahr?« Caleb gab Rosie einen auffordernden Wink. In deren Gesicht stand allerdings so viel Ärger und Enttäuschung, dass seine Fäuste sich verunsichert öffneten. Sie entfernte sich rückwärts von ihm, trat zu Mattys. Beide sahen Caleb an wie versteinert.

»Scheiße, wisst ihr was?«, fuhr Caleb auf. »Geht doch! Geht und kommt nie mehr zurück! Ich werd euch nicht vermissen! Haut ab, haut beide ab!«

Rosie drehte sich noch ein letztes Mal um, als sie an der Tür war, dann schüttelte sie sacht den Kopf, kehrte ihm den Rücken zu und folgte Mattys. Auch der Hund schlüpfte hinaus in die Nacht. Als die Tür ins Schloss fiel, hatte Caleb die Hände wieder zu Fäusten geballt, stand allein in der Mitte des Schankraums. »Was glotzt ihr so?«, fuhr er die Leute an, die ganz still geworden waren.

»Jaaa«, seufzte die Rabenmuhme an ihrem liebsten Tisch. »Die Propheten wissen, sie hielten immer zusammen.«

Der Wind strich mit frostigen Fingern durch Rosies Kleider und Haar, wehte ihr die langen Strähnen gegen die Wangen. Die junge Frau atmete tief ein, versuchte vergeblich, den Ärger und die Traurigkeit abzuschütteln. Auf den Gassen zwischen den ordentlich verputzten Häusern von Dinas Rhedyn war zu so später Stunde kaum noch jemand unterwegs. Es war viel zu kalt. Der Spätfrost tötete die Blumen in den Kästen und ließ sich nur mit warmem Kaminfeuer vertreiben. Rosie begegnete dem Blick eines Nachtwächters, der seine Leiter zusammenklappte und sie mit knappem Nicken begrüßte. Windböen pfiffen die Straßen herauf, fegten winzige Regentropfen über ihre Haut und brachten die Bardin zum Erschaudern. Sie hätte sich rasch die Handschuhe übergestreift, wäre sie nicht zu sehr damit beschäftigt gewesen, Mattys hinterher zu den Stallungen zu eilen.

»Rücksichtsvoll«, fluchte dieser, während er auf die Scheune zustapfte. Mollie, die ihm um die Beine wuselte, winselte klagend, als wollte sie ihm zustimmen. »Aufmerksam! Er ist rücksichtsvoll wie eine Meute aufgescheuchter Höhlentrolle! Kaum zu glauben, dass dieses minderbemittelte Kamel überhaupt so lange in der Lage war, eigenständig für grundlegend lebensnotwendige Dinge zu sorgen.« Wütend trat er einen Stein fort, der über das Kopfsteinpflaster titschte, ehe er die Türen zu den Stallungen durchquerte. Er stieß den Planwagen auf, der im Warmen untergebracht war, und zerrte seine Melyspflanzen heraus. »Ohne Olyvar läge er längst irgendwo im Rinnstein. Calebs Lebenserhaltungsgrundlage ist eine Zehnjährige! Nutzlos, das muss ich mir nicht sagen lassen. Ohne mich würden er und Olyvar noch immer in diesem Gasthaus festsitzen und Fisch putzen! Seine gebrochene Nase letzten Winter hätte ihm auch keiner gerichtet! *Ohne mich* wäre er vorletztes Jahr beim Lithafest an Alkoholvergiftung gestorben! Und in dem Jahr darauf auch!«

Rosies Herz stolperte bei jedem Schlag über eines der Worte, die Caleb ihnen soeben an den Kopf geworfen hatten. Sie konnte nicht begreifen, wie es so weit hatte kommen können. Rosie selbst war in einer Familie großgeworden, in der immer alle zusammengehalten hatten. Das Bardenerbe und alles, was damit zusammenhing, hatte sie von ihren Eltern erhalten und die von deren Eltern – ihre Prinzipien trug sie im Blut. Und das hier widersprach diesen Prinzipien im tiefsten Sinne.

Sicher, es hatte schon öfter Streitigkeiten gegeben. Edeline war immer wütend, wenn jemand ihre Salzlakritze aß, Olyvar ärgerte es, wenn sie bei den Vorstellungen nicht mitwirken durfte. Rosie selbst fand es nervig, wenn jemand am Morgen zu spät zum Frühstück erschien: Frühstück war eine heilige Mahlzeit und da nicht dabei zu sein, war unverzeihlich. Und klar, auch zwischen Mattys und Caleb hatte es Reibereien gegeben. Weil Caleb sich unvernünftig benahm, Auftritte fast verpasste und sich wie ein Prolet aufführte. Weil Mattys über ihn zu bestimmen versuchte, ihm den Spaß verbot. Darüber stritten sie – aber dennoch, sie waren Freunde. Mehr noch, sie waren Verbündete, Gefährten, sie waren Familie!

»Soll er doch selber diese bescheuerten Lieder singen«, knurrte Mattys. »Soll er sehen, wie sie aus seinem Mund klingen! Ob die Frauen dann auch weinen und sich von ihm ins Bett holen lassen! Das würde ihm sicher gefallen, diesem Idioten!« Er verstaute die Pflanzen in den Satteltaschen. Einige der Blüten knickten ab und Blumenerde blieb an seinen Händen haften. Mollie fielen ein paar Krümel auf die Schnauze und brachten sie zum Niesen.

Rosie ballte die Hände zu Fäusten. »Propheten, und ich bin nicht deine Bettgespielin! Schließlich bist du nicht so ein triebgesteuerter Idiot wie er.«

»Er biegt es, wie er will«, sagte Mattys frostig. »Mit diesem Hornochsen kann man nicht reden.«

Rosie schluckte. Calebs Anschuldigungen lagen ihr dennoch schwer im Magen – dabei wusste sie, dass seine Worte *ihr* gegenüber bloß im Affekt gefallen waren. Sie konnte sich nur vage ausmalen, welch ein Splitter Mattys im Herzen sitzen musste.

»Ich kann kaum erwarten ihn um Vergebung bitten zu sehen«, sagte sie.

Mattys, der Zaum- und Sattelzeug hatte ergreifen wollen, drehte sich um und betrachtete sie unsicher. »Rosie, hast du nicht verstanden? Ich werde nicht mehr zurückgehen.«

Die Worte blieben leblos zwischen ihnen hängen. Zögernd hob Rosie das Kinn, schwieg einen Augenblick, während sie Mattys ansah. »Unsinn, das wird sich wieder klären. Mattys, das klärt sich wieder, oder?«

»Ja.« Mattys lachte freudlos, Spott in seiner Stimme klingend. »Sicher. Eine halbherzige Entschuldigung von Caleb genügt und alles ist wie zuvor. Nur war es so nie *gut*.«

Rosie schüttelte den Kopf. Sie wollte das nicht hören – nicht, wenn es bedeutete, dass das hier für immer war. »Das … das stimmt doch nicht.«

Mattys wischte ihre Worte fort. »Ich hab nichts, was mich dort hält. Caleb verprasst unser Geld beim Saufen, legt sich mit Kerlen an, die größer sind als er, und ich darf hinter ihm saubermachen. Du bekommst nur die Hälfte davon mit. Dich bejubelt man dabei auf der Bühne und bewundert, wie *hinreißend* du singst. Aber klar, sicher vergebe ich ihm. Das bringt mir eine Menge! Am besten gehen wir gleich zurück und ich bitte ihn, uns wieder aufzunehmen, großer Caleb!«

Bevor er etwas hinzufügen konnte, griff Rosie nach seinem Arm und drückte Mattys gegen die Boxentür. »Jetzt krieg dich mal wieder ein!« Die Lautstärke ihrer Stimme ließ ihn verstummen. »Ich verstehe, dass du wütend bist – ich bin es auch. Dass Caleb auf diesen Liedern herumreiten musste – unter der Gürtellinie!« Sie klopfte ihm gegen die Hüfte. »Aber ich hab dir nichts getan, also rede nicht mit mir, als wäre ich die letzte Idiotin!«

Mattys schluckte, ehe er ihre Hände in seine nahm. Sie fühlten sich warm an, noch ein wenig feucht von der nassen Klinke und den Pflanzen. »Tut mir leid. Ich hätte das nicht sagen dürfen.«

Einige Herzschläge blieben sie still. Rosie ließ zu, dass er ihr eine Haarsträhne aus dem Gesicht strich, verschränkte die Finger auf seinem Rücken. Mattys zog sie enger an sich und die beiden teilten einen kurzen Kuss.

»Findest du es denn in Ordnung, wie er mit mir umgeht?«, fragte er, als sie sich voneinander lösten. »Ich bin vielleicht nicht so viel wert wie ihr, aber wenn er mein Freund wäre, würde er trotzdem Rücksicht nehmen. Dann würde er mir nicht an den Kopf werfen, dass ich zu nichts nützlich bin. Wie soll ich das runterschlucken? Ich habe Besseres zu tun, als mich wertlos und heuchlerisch und verweichlicht nennen zu lassen.«

Rosie wollte etwas erwidern, aber sie hatte keine Ahnung, was sie dazu sagen sollte. »Und wo willst du hin?«, fragte sie. »Wir haben es mitten in der Nacht.«

Mattys wandte das Gesicht ab, zuckte mit den Schultern. Er ordnete die Gurte, schloss die Satteltaschen. »Keine Ahnung. In ein Gasthaus, in dem ich mir nicht anhören muss, wie Caleb die nächstbeste Schankfrau im Nebenzimmer durchvögelt.«

»So kenne ich dich gar nicht«, murmelte Rosie. Als er sich nun zu ihr umwandte, erkannte sie, wie ernst es ihm war, und die Erkenntnis legte sich bleiern auf ihr Herz. Sie hob die Hände. »Sei wütend. Warte, bis er angekrochen kommt. Dann sehen wir weiter.«

Mattys schien zwar nicht angetan von der Idee, nickte aber. »In Ordnung.«

Rosie verfluchte, dass ihre Kehle so eng war. Sie wollte nicht gehen – nicht für immer. Aber würde es jetzt noch ein Zurück geben? Sie hatte sich ja längst entschieden. Am Schluss überwog immer, dass sie Mattys liebte … selbst, wenn sie sich nicht von ihren Freunden trennen wollte.

Nein, es würde sicher nicht lang dauern, bis die beiden sich wieder vertrugen – und solange würde sie zu Mattys halten, wie er es verdient hatte. Obwohl Rosies Kehle brannte, nahm sie Zaum und Sattelzeug von der Stange und begann, ihre Stute aufzuzäumen.

»Ein Idiot! Ein verdammter Idiot!«

Man hörte Caleb bis auf die Straße hinaus, da war Edeline sich sicher. Bis in den dritten Stock jedenfalls hatte man ihn gehört. »Ein empfindlicher, zimperlicher Bastard, ein Waschlappen ohne Rückgrat und Sinn für das Künstlerleben! Dumm! Bescheuert!«

»Hast du es dann so langsam?«, fragte Edeline und kreuzte die Knöchel unter dem Hocker vor dem Tresen, während sie den Krug Eshwener Schwarzes an die Lippen setzte. Ob ihr Ruf in *Falkners Brandfuchs* je wieder so ausgezeichnet sein würde, wie er es vor diesem Abend gewesen war? Schon fünfmal hatten sie hier in der Vergangenheit für ein volles Haus gesorgt. Edeline hatte sich in der Taverne stets wohl gefühlt – das Bier war fantastisch, das Essen, das der Koch Olwen Brandfuchs zubereitete, sowieso. Die Betten hatten richtige Matratzen, keine durchgelegenen, mit Stroh gefüllten Säcke wie in der Taverne von gestern. Am besten gefiel ihr der Schankraum, süß und warm von unzähligen Geschichten, Harz, Lachen und verführerischen Gerüchen. Doch wenn sich dieser Streit herumsprach oder ihr Auftritt morgen gar ins Wasser fiel, würden sie wohl nicht mehr oft hier unterkommen.

»Findest du das etwa richtig?« Caleb warf die Hände in die Luft. »Ich muss mir nicht anhören, dass ich zu nichts gut bin, verdammt! Ich mache so viel und er? Er! Er zückt zweimal jeden Abend sein zartes Saiteninstrument und spielt sich auf, als hätte er hier das Sagen!« Caleb fluchte und trat gegen den Tresen, dass das Holz sirrte.

»Pass auf!«, rügte Aaron Falkner ihn und eilte herbei, um zu sehen, ob Kratzer in der Politur zurückgeblieben waren. Der Wirt hob mit finsterem Gesichtsausdruck den Kopf. »Wenn etwas kaputtgeht, bezahlst du aus eigener Tasche!«

»Ist es mir wert!«, knurrte Caleb.

Edeline verdrehte die Augen. Die letzten Gäste waren mittlerweile gegangen und auch die Schankmädchen hatten die Schürzen abgelegt und traten den Heimweg an. Wenda Bran, die Rabenmuhme, war als Einzige zurückgeblieben. Als die Tür zuschlug, erhob sie sich von ihrem Platz und trat mit gebücktem Rücken auf die Gruppe zu. »Bei den heiligen Wäldern«, krächzte sie und schüttelte langsam den Kopf. »Wenn ich Legenden um euch schaffen soll, erweckt zumindest den Anschein, dass sie wahr sein könnten.«

»Ich kann nichts dafür«, beharrte Caleb. »Ich muss mir doch nicht alles gefallen lassen!«

»Ihr versteht es jedenfalls, den richtigen Zeitpunkt für einen solchen Abgang zu finden«, befand die Rabenmuhme. Mitleidig wandte sie sich an Edeline. »Ist das immer so anstrengend mit denen? Ein Bardenleben wäre nichts für mich …«

Edeline strich sich die roten Haare hinter die Ohren. »Normalerweise übertreiben sie weniger.«

Die Tür wurde aufgeschoben und trug Nascha und Olyvar, die beiden letzten Bardinnen, in die Schenke. Sie vertrieben die Kälte rasch, indem sie den Riegel vorschoben.

»Ihre Pferde sind nicht mehr da.« Naschas Stimme bebte.

»Hab ich mir gedacht«, meinte Edeline. »Mattys macht keine halben

Sachen.« Sie nahm Nascha in die Arme, die sich dankbar in die Umarmung flüchtete. Edeline vergrub die Nase in den Locken ihrer Freundin und fuhr ihr über den Rücken, um sie zu trösten.

Derweil trat Olyvar auf ihren großen Bruder zu. »Ich hoffe, du bist zufrieden! Nascha hat geweint! Morgen gibt es kein Frühstück zusammen und Mollie ist auch weg!«

Caleb verkündete: »Na und? Ich brauche Mollie nicht! Rosie, Mattys, keinen von denen!«

»Sicher? Wer richtet das nächste Mal deine Nase, wenn du dich mit dem Schankwirt prügelst?«, fragte Edeline mit hochgezogener Braue.

»Wen streichle ich, wenn ich mal wieder hinter der Bühne rumsitzen muss?«, fragte Olyvar.

»Wer soll morgen bei dem Auftritt für uns singen, wenn nicht Rosie?«, fragte Nascha, die sich von Edeline löste. »Mattys hat doch recht, Caleb. Ohne die beiden sind wir aufgeschmissen.« Sie blinzelte und ordnete die vom Wind zerwühlten Locken. Edeline richtete ihr das verrutschte Stirnband.

Caleb suchte nach Worten, fand aber keine.

»Was ist denn überhaupt vorgefallen, wenn ich fragen darf?«, fragte die Rabenmuhme. Auch der Wirt Falkner, der großzügig einen Kakao für Olyvar aufbrühte, schien neugierig. Er stellte den Becher hin und setzte sich dazu. Brandfuchs, sein Partner und Koch des Gasthauses, kam aus dem Hinterzimmer, während er die letzten Gläser abtrocknete.

»Na ja«, sagte Edeline. »Wir wollten die Lieder aussuchen, die wir morgen Abend spielen. Caleb ist nach dem letzten Auftritt sein Cornett gestohlen worden, deswegen war er schlecht zu sprechen. Er hat sich also einen ordentlichen Obstbrand genehmigt und angefangen, über Mattys herzuziehen.«

»Du musst erwähnen, dass er gesagt hat, es wäre meine eigene Schuld«, warf Caleb ein. »Das ist so ungerecht. Ich behüte mein Cornett wie meine kleine Schwester.«

Olyvar lachte, offenbar unentschlossen, ob sie gerührt oder besorgt sein sollte.

»Caleb ohne Cornett ist wie ein Baum ohne Blätter«, erklärte Nascha. »Es hätte nicht mehr viel gefehlt, dass er es mit in sein Bett nimmt.«

»Mattys hat also angefangen zu planen, was genau wir singen«, fuhr Edeline fort. »Und Caleb war nicht einverstanden. Er meinte, da wir kein Cornett mehr haben, wäre es gut, ein paar neue Lieder zu lernen. Er stolzierte herum und sagte: *Ich will das Lied vom Winterwind! Ich will das Lied der klagenden Kinder!*«

»Aaahh, die Lieder über die Schlacht von Broc Môr«, krächzte die Alte.

»Du kennst sie?«

»Sicher. Ich lebe lang, aber nie sind mir Lieder wie diese zu Ohren gekommen. Schöne Lieder. Über furchtbare Ereignisse.«

Edeline nickte. »Als wir die Barden gegründet haben, war das Mattys' einzige Bedingung – dass wir darüber niemals singen.« Sie hob den Krug erneut an die Lippen. Es waren zweifellos schöne Lieder, die aus Rosies Mund fantastisch klingen würden. Aber Mattys ließ dahingehend nicht mit sich reden und Edeline konnte das verstehen. Sie hatte selbst Dinge, an die sie nicht erinnert werden wollte.

»Ich sehe einfach nicht ein, dass wir blind tun, was Mattys bestimmt«, knurrte Caleb. »Er tut, als wäre er unser Herr und Meister!«

»Aber er macht auch viel für uns«, meinte Nascha, die die Hände um den Amethystanhänger an ihrer längsten Kette geschlossen hatte. Kleine Wassertropfen glitzerten auf ihren dicken Locken. »Er spielt nicht nur die Naraline. Er organisiert auch unsere Auftritte, spricht mit den Tavernenbesitzern, schreibt die Texte und komponiert …«

»Ich finde ihn ausgesprochen nett«, bemerkte die Rabenmuhme. »Immer höflich und zuvorkommend. Die Propheten haben selten jemanden mit solch guten Manieren gesehen.«

»Trotzdem ist das kein Grund, blind nach seiner Pfeife zu tanzen«, murrte Caleb. »Von mir aus, spielen wir die Lieder eben nicht. Aber was ist mit meinen Bedürfnissen? Ich bitte euch seit Ewigkeiten, unseren Namen zu ändern. *Helle Barden*, was soll das überhaupt? Ich bin schwarz!«

»So ist das nicht gemeint«, sagte Nascha. »Du bist ein helles Köpfchen.«

Caleb murmelte etwas Unfreundliches.

»Ich mag den Namen«, meinte Brandfuchs. »Wenn er auch nicht so gut ist wie der unserer Gaststätte.«

»*Falkners Brandfuchs.*« Die Rabenmuhme rollte amüsiert mit den Augen, als Falkner den Koch liebevoll auf den Haarschopf küsste.

»Und was wollen wir jetzt machen?«, fragte Edeline, die ihren Krug geleert hatte. »Ohne das Cornett hätte man auftreten können. Aber ohne Rosie und Mattys? Wer soll für uns singen?«

»Die beiden kommen wieder«, sagte Nascha. »Sie haben noch ihre ganzen Instrumente hier. Ihre Flöten, Rosies Geige, die Naraline von Mattys … das würden sie nicht einfach zurücklassen. Sicher muss Mattys' Wut bloß verrauchen, dann werden sie zurückkommen. Die Wälder wissen, dass wir zusammengehören. Zumindest … haben sie mir nie das Gegenteil gesagt.«

Edeline war weniger optimistisch. Schlussendlich waren es nicht bloß der Streit um das verlorene Cornett und die Lieder über Broc Môr gewesen, die Mattys zum Gehen bewegt hatten. Zuletzt hatten die Dinge sich immer mehr gestaut und es war nur eine Frage der Zeit gewesen, bis das Fass zum Überlaufen gebracht wurde. Nascha war sensibel genug, um das selbst zu bemerken, und schien es schlicht nicht wahrhaben zu wollen – und Edeline brachte nicht übers Herz, ihre beste Freundin mit harten Wahrheiten zu konfrontieren. Noch nicht.

»Es würde sicher schneller gehen, wenn Caleb sich entschuldigen würde«, merkte Falkner an.

»Warum mischst *du* dich überhaupt ein?«, schnappte Caleb.

Edeline seufzte. »Wenn du nicht über deinen Schatten springen kannst, müssen wir uns was anderes einfallen lassen. Zumindest vorübergehend.«

»Ich kann ja mitmachen«, schlug Olyvar vor. Die anderen lächelten. Olyvar war sicherlich talentiert mit der Flöte, aber sie blieb eine Zehnjährige – sie konnte jemanden wie Rosie nicht ersetzen.

»Sieht aus, als hättet ihr ganz schön Mist gebaut«, meinte Brandfuchs.

Falkner nickte. »Aber falls das so kurzfristig möglich ist – ich habe schon von vielen Besuchern gehört, dass sie sich sehr auf euren Auftritt freuen.

Einige von denen kennen alle eure Texte. Seit sich diese vermeintlichen Legenden herumsprechen, habt ihr treue Anhänger.«

»Du meinst, es könnte Menschen geben, die die Lieder gut kennen und singen könnten?«, fragte Edeline.

Falkner nickte. »Sicher. Olwen hier kann auch die meisten.«

»Ich mag die Lieder«, sagte Brandfuchs schulterzuckend.

»O ja!« Olyvar wog aufgeregt den Kopf. »Wir veranstalten ein Vorsingen! Für eine Vertretung.«

»Können wir das morgen hier machen?«, fragte Edeline an die beiden Gastwirte gewandt. Falkner und Brandfuchs nickten.

Nascha griff nach einem Papier. »Wir machen einen Aushang. Kommt, was sollen wir schreiben?«

»Und wo bleibt mein Dank?«, krächzte die Rabenmuhme. »Bloß weil ich eure Geschichten erzähle, seid ihr hier so beliebt.«

Alle blickten zu Caleb, der seufzend die Hand hob. »Von mir aus. Noch einen Apfeltee für Wenda, wenn es recht ist.«

»So lob ich es mir«, sagte die Alte zufrieden. »Dann werde ich zu den Propheten für euch beten, dass alles gutgeht. Und weiter eure ausgedachten Geschichten erzählen, um euren tadellosen Ruf zu bewahren.«

»Das war Mattys' Idee«, seufzte Nascha. Edeline neigte den Kopf. Das Vorsingen würde kurzfristig die Probleme lösen, doch auf Dauer kamen sie ohne Rosie und Mattys nicht aus. Das wusste sie, das wussten alle. Sie hoffte inständig, dass die beiden morgen wieder vor der Tür stehen würden. Aber sie hatte ein ausgesprochen schlechtes Gefühl dabei.

Der Wind war ein Prophet. Gemacht, um sanft durch die Blätter Keyll Naomhs zu streichen. Um die Zweige, das dichte Geäst und das Wurzelwerk mit Küssen zu liebkosen. Wind in der Nacht. Die Dunkelheit wölbte sich über Dinas Rhedyn und das Windflüstern mischte sich mit dem Krächzen alter Käuzchen und dem Knarren uralter Äste. Wind und Nacht waren Bruder und Schwester, sie tauchten die verwunschenen Wälder in die eigenen Farben und Klänge.

Der Sommer kam, aber heute war es bitterkalt. Als verstünde die Welt, was zwischen den Schatten lauerte.

Wenda Bran, die Rabenmuhme, verachtete Nacht und Wind nicht. Sie begegnete den Geschwistern mit demselben würdevollen Respekt, mit dem sie auch Keyll Naomh entgegentrat. Sie selbst malte den Wald in den eigenen Farben – bot ihm Opfer dar, bat ihn um Gnade und Liebe, erzählte die fantastischsten Geschichten über ihn und seine Propheten. Die Welt atmete durch den Wald, dafür liebte die greise Frau ihn. Zugleich respektierte sie seine Kraft, die ewige Macht, die in seinen Wurzeln schlummerte.

Die Alte ging den Weg durch die Wälder allein, jeden Abend, selbst wenn es dunkel war. Seit mehr als fünfzig Jahren lebte sie nun schon in jenem Holzhäuschen zwischen den Silberstämmen Keyll Naomhs. Der Pfad zu ihrem Haus war nicht lang. Man erkannte ihn sehr gut, selbst im Dunkel der Nacht, denn er war mit Steinen und Kies ausgelegt und von kleinen Laternen beleuchtet. Wenda war nie tiefer gegangen, als sie musste. Niemals hatte sie die Grenzen überschritten und stets die Opfer dargebracht, die der Wald verlangte. In der Obhut der Bäume fühlte sie sich wohler als in der Stadt, selbst wenn sie den Kindern verbot, sich tief hineinzuwagen.

Sicher, sie erzählte Lügen über die Prophetin Newid, um ihren Lieblingsbarden zu helfen – doch diese Geschichten sorgten bloß dafür, dass die Propheten in Dinas Rhedyn nicht in Vergessenheit gerieten. In einer so großen Stadt wie dieser vergaß man rasch, wo man herkam. Lügen waren in Ordnung, um das Wesen des Waldes zu bewahren. Die Wälder billigten das – sie billigten die Rabenmuhme.

In dieser Nacht fand Wenda Bran nicht nach Hause. Auf dem Heimweg aus der Gaststätte, in welcher sie Apfeltee an ihrem liebsten Platz getrunken und Geschichten erzählt hatte, ging sie im Wald verloren. Mit einem Mal waren die Wipfel und Zweige ihr fremd. Das Säuseln der Blätter drang unvertraut an ihre alten Ohren, unter den Füßen knirschten Blätter und kein Kies. Keine Laterne leuchtete mehr, nicht mal in der Ferne, dabei hätte sie schwören können, gerade noch auf dem Weg gewesen zu sein. *Werde ich alt?*, dachte das runzlige Weib und suchte den gepflegten Pfad zwischen den Silberstämmen. Eisige Schauer jagten ihr über den buckligen Rücken. Sie hätte sich wahrlich für vergesslich gehalten. Wäre da nicht das Wispern gewesen, das an ihr Ohr drang:

Wenda. Wendaaaaa …

Oh, wie schauerlich das klang. Die Rabenmuhme hatte viele Dinge gehört, denn sie weilte lange unter den Ästen und hatte einiges erlebt – doch das Flüstern machte ihre Glieder zu Eis, brachte ihr altes Herz zum Rasen.

Wenda, wo bist du?

Die Alte wandte das Gesicht von rechts nach links, sah sich unsicher um. Sie lauschte auf die Geräusche der Stadt, die unverkennbar hätten sein sollen. Doch alles, was sie wahrnahm, waren der Geruch von Harz und Farn, das Sirren von Flügeln, das Wispern der Blätter.

»Oh, Keyll Naomh«, wisperte Wenda Bran. »Was habe ich falsch gemacht?«

Wenda.

Zwischen den Zweigen eine Bewegung. Und ehe die Alte sich gewahr werden konnte, was geschah, erhob sich eine dunkle Silhouette aus den Bäumen. Die Rabenmuhme wurde von Schatten eingehüllt – dunkler als Schwester Nacht und eisiger als Bruder Wind. Schneidend kalt und unfassbar dunkel drang die Finsternis in ihr Herz und brachte die Alte zwischen den Wurzeln zum Straucheln. Wenda taumelte nach hinten, atemlos und bar jeden Gedankens im Angesicht der Dunkelheit, die sich vor ihr aufbaute. Die alten Beine vermochten sie nicht mehr zu tragen, die Muhme fiel ins Geäst. Ein rauer Schrei entfuhr ihrer müden Kehle, als die Schatten in ihr Innerstes drangen. Ihre Lungen wollten platzen, ihr Körper knirschte, ächzte, wand und verformte sich. War es der Wald, der sie bestrafte? Hatte sie doch zu viele Lügen erzählt? Oh, das war solch unnatürliche Finsternis – sie hatte so etwas nie gespürt. War das ihr geliebter Freund? Ein zweiter, lauter Schrei entfuhr der alten Frau, als sie sich auf dem Boden krümmte. Die Schatten formten sie neu. Klauen schabten über den Boden, die verkümmerten Flügelstummel auf ihrem Rücken zuckten und knarrten. Ihre Gedanken erlahmten und wurden von etwas Neuem überlagert – Instinkt. Schmerzen, sie hatte solche Schmerzen! Was hatte sie falsch gemacht?

Sie hatte nichts falsch gemacht. Und dennoch war Wenda die erste, der die Dunkelheit alle Menschlichkeit raubte.

Bis sie das *Bronzene Rebhuhn* erreicht und ein Zimmer für die Nacht genommen hatten, war Mattys wieder etwas ruhiger. Die regenkalte Luft Dinas Rhedyns hatte seinen Kopf geklärt und die Wut fortgewaschen. Zurückgeblieben waren bloß der dumpfe Schmerz, den Calebs Worte mit sich gebracht hatten, und die Schuldgefühle Rosie gegenüber.

Er hatte sie nicht zwingen wollen, ihre Freunde zu verlassen. Tief in sich hatte er gar nicht so ein Aufheben machen wollen. Mattys war nicht auf Streit aus, er wollte dem Ruf der Barden keinen Schaden zufügen und auch Caleb hatte er nicht beleidigen wollen. Vor allem aber hatte er Rosie unglücklich gemacht, und das tat ihm furchtbar leid. Er hatte sie angeschrien, sie ihrem Umfeld entrissen, sie gezwungen, sich zu positionieren. Rosie konnte nichts dafür, dass er sich bei den Spielleuten nicht aufgehoben fühlte. Und auch nicht dafür, dass sein Stolz und seine Makel ihn zwangen, diesen Schritt nun zu gehen.

Mattys suchte seinen Platz in der Welt. Für eine Weile hatte er geglaubt, ihn bei den Hellen Barden gefunden zu haben – im Schreiben von Liedern, durch die Suche nach Tavernen, in den Auftritten an Rosies Seite. Mittlerweile fragte er sich, was er sich dabei gedacht hatte. Seine Verfassung hinderte ihn daran, gutes Essen oder Alkohol richtig genießen zu können. Mattys hatte Rosie, und auch sonst hätte er kein Interesse gehabt, sich jeden Abend ein neues Mädchen ins Bett zu holen. Er hatte immer gern Musik gemacht, aber stets amateurhaft, um in den Abendstunden zur Ruhe zu kommen und sich zu beschäftigen. Die Naraline zu spielen hatte ihm besser gefallen, als er bloß zwei oder drei Zuhörer gehabt hatte.

Mattys war kein Spielmann. Er war keiner. Es hatte lang gedauert, das zu verstehen – aber nun, da es soweit war, konnte er den Gedanken nicht länger von sich weisen.

Die meisten Gasthäuser hatten bereits das Licht gelöscht, doch im *Bronzenen Rebhuhn* war noch eine Wirtin auf, die die eingenommenen Münzen zählte. Auf ihr Klopfen hin kam sie zum Fenster und machte sie zur Schnecke, weil das Gasthaus bereits geschlossen hätte und sie zu spät wären. Mattys überredete sie, sie trotzdem einzulassen. Die Wirtin rümpfte genervt die Nase und pikierte sich ausschweifend, als er ergänzte, dass sie einen Hund dabeihatten. Schließlich bezahlten sie einen horrenden Zuschlag und bekamen nur ein Einzelzimmer, aber sie durften die Pferde in die Stallungen bringen und durch die Hintertür eintreten.

Die Taverne roch nach Tabak und Holz und die Stiege knarrte begrüßend. Für ein Einzelzimmer war es überraschend geräumig – es gab sogar ein eigenes Badezimmer mit einer Wanne und einem Waschbecken. An einer holzvertäfelten Wand stand ein verhältnismäßig kleines Bett, am Fenster ein Schreibtisch und vor einem Kleiderschrank ein Spiegel und ein einfaches Paravent. In einer Zimmerecke gab es einen Wärmeverteiler, durch den der Raum beheizt wurde.

Rosie drehte sich um sich selbst und ließ sich gegen die Kante des Schreibtischs sinken. Mit halbem Lächeln streichelte sie über Mollies Kopf, die sich zu ihren Füßen hinsetzte und mit dem Schwanz auf den Boden klopfte.

Mattys hängte seinen Mantel auf und strich sich die Wassertropfen aus den dunklen Haaren. Er spürte die Schuldgefühle dumpf auf seiner Brust liegen. Rosie hatte seit ihrem Aufbruch nichts Richtiges mehr gesagt, gelächelt hatte sie auch nicht. Es brach ihm das Herz, sie so traurig zu sehen – vor allem, weil er daran schuld war.

»Die Dame am Tresen hatte den Charme eines Felsblocks«, sagte Mattys, während er ein Stück Dörrfleisch aus dem Beutel holte und es seinem Hund zusteckte, »aber das Zimmer ist ganz schön, oder?«

»Ja.« Rosie legte sich das lange dunkle Haar über die Schulter, um die darin verfangenen Wassertropfen fortzustreichen. »Ist hübsch. Bei Falkner war es aber auch schön.«

»Na ja. Dort stand eine Birke vor dem Fenster.«

»Rauszusehen bringt eh nichts. Es ist dunkel und regnet.«

Mattys biss sich auf die Unterlippe. Was konnte er tun, damit sie wieder strahlte? Er griff nach der Mandoline und fuhr nachdenklich über das Holz. Mollie warf ihm an ihrem Fleisch kauend einen auffordernden Blick zu, als wollte sie sagen, dass er endlich anfangen sollte. Also nahm er das Instrument richtig in die Hände und spielte einen Akkord. Er hob zur Melodie eines alten Tavernenschwanks an:

»Rosie, ich hab mich dämlich aufgeführt, nicht, wie es jemandem wie dir gebührt.«

Rosie warf ihm einen Blick durch den Spiegel zu, schnaubte amüsiert.

»Ich singe dumme Trinklieder«, fuhr er fort, während er auf sie zuschritt, *»bring dein Lachen wieder her. Und dann versuche ich, dir morgen … ein gutes Frühstück zu besorgen.«*

Jetzt musste sie lachen und Mattys' Herz wurde warm. Er trat näher auf sie zu, musterte sie liebevoll. *»Denn Rosie erfüllt alle meine Tage mit Licht. Ein solch wunderbares Mädchen – verdiene ich nicht.«*

Der Ton verklang langsam. Im Laternenschein schimmerte Rosies Gesicht golden, die funkelnden Augen, die spitze Nase. Ihr vertrauter Geruch mischte sich mit dem Holz- und Räucherduft, der das Zimmer erfüllte. Mattys hätte die Sommersprossen auf Rosies Nase zählen können. Das Einzige, was die beiden trennte, war die Mandoline zwischen ihren Körpern.

»Bist du sehr traurig?«, fragte er.

»Ein bisschen«, murmelte Rosie. »Ist schon gut. Ich … ich denke, ich hänge einfach zu sehr an den anderen, um lang wütend zu sein. Und ich hätte den Auftritt morgen gern gemacht.«

Mattys betrachtete sie. »Du singst so fantastisch, Rosie. Wenn du nur wolltest, würdest du bei Fürsten und Königen singen, nicht in Gasthäusern.«

»Ja. Aber vielleicht möchte ich erstmal lieber in Gasthäusern singen.« Sie schob Mattys' Mandoline zur Seite und legte sie auf dem Schreibtisch ab. Der Korpus ließ ein leises Klingen verlauten, als er auf die Tischplatte traf. »Ich weiß aber auch, dass du dich in den Tavernen nicht so wohlfühlst wie ich. Und dass du trotzdem bleibst, um bei mir zu sein.«

Mattys zögerte. Für ihn war stets selbstverständlich gewesen, dass er und Rosie überall zusammen hingingen. Wo sollte er auch hin, wenn sie nicht dabei war? Er liebte es, ihr auf der Bühne zu lauschen, zu sehen, wie sie andächtig die Augen schloss oder strahlte, wenn das Publikum applaudierte. Er liebte es, sie in den Legenden, die er um die Barden gewoben hatte, in den schönsten Farben zu malen – eine Heldin mit einer goldenen Kehle, wunderbarer als die Propheten selbst, zumindest für ihn. Mattys liebte Rosies Lachen, ihre Scherze. Er liebte ihre vertraute Wärme, wenn sie nebeneinander schliefen, und das Lächeln, das sie ihm am Morgen zwischen den dunklen Haarsträhnen hindurch schenkte. Mattys mochte seinen Platz noch nicht gefunden haben, doch er war sicher, dass er irgendwo bei Rosie war.

»Ist selbstverständlich«, sagte er.

Rosie sah ihn ruhig an. »Warst du wütend auf Caleb, weil du seine Worte für wahr hältst?«, fragte sie leise. »Denkst du wirklich, dass du wertlos bist?«

Mattys wollte antworten, doch die Worte blieben in seiner Kehle haften. Er war nicht nutzlos. Oder? Andere Barden hatten auch niemanden, der den Papierkram und das Liederschreiben für sie übernahm. Und er war sicher nicht der Einzige auf der Welt, der ein Saiteninstrument beherrschte. Auch wenn es wehtat, sich das einzugestehen: Mattys war ersetzbar. Und das kam *nutzlos* schon ziemlich nahe.

»Vielleicht nicht wertlos«, murmelte er, »aber … auch nicht vom selben Wert.«

Sacht berührte Rosie sein Kinn. »Mattys, das ist nicht wahr. Ich weiß gar nicht, wo die Barden heute stünden, wenn du nicht wärst. Wir wären in alle Winde zerstreut. Caleb mag herumprahlen und ich muss immer im Mittelpunkt stehen … aber ohne dich gäbe es nichts, was die Barden im Innersten zusammenhält. Es gäbe niemanden, der vernünftig ist. Niemanden, der Probleme löst und richtet, was schiefgelaufen ist.«

»Also bin ich der, der den anderen hinterherräumt?«

Rosie schüttelte den Kopf. Ihre Hände spielten mit den Spitzen ihrer langen Haare. »Auch wenn die anderen es sich nicht eingestehen wollen … du bist der Anführer.«

Mattys zögerte. Die Worte fühlten sich ungewohnt an – und *treffend*, wie er zugeben musste. Doch trotz ihres süßen Geschmacks haftete ihnen auch eine bittere Note an. Mattys war kein Spielmann wie die anderen. Wollte er derjenige sein, der ihre Probleme löste, bloß um sich Anführer nennen zu können? Was brachte ihm dieser Titel ein, wenn niemand bereit war, ihn so zu nennen? Und war das die Rolle, die er zu verkörpern suchte?

Rosie musterte ihn warm und ein wenig schüchtern. »Für mich bist du noch mehr«, fuhr sie leise fort. »Mattys, ich will nicht ohne dich sein. Du bist alles, was ich nicht bin. Deswegen bleibe ich auch immer bei dir.«

Mattys nahm ihr Gesicht in die Hände. »*Min flicka, jag aelsker dig.*«

Mit einem Lächeln schob sie sich näher und die beiden teilten einen langen, vertrauten Kuss. Sie schlangen die Arme umeinander, dicht an dicht, seine Finger in den Haarspitzen vergraben, die über ihren Rücken fielen.

»Ich bin nicht mehr so traurig«, entschied sie, als sie sich voneinander lösten.

»Sicher nur, weil ich so wunderbar gesungen habe.«

Rosie lachte. »Jede Nachtigall und jede Lerche wären vor Neid erblasst.«

»Caleb erst mal.«

Sie schmunzelte amüsiert. »Im Fluchen stehst du ihm übrigens in nichts nach.«

Sie küssten einander erneut, dieses Mal fester und intensiver. Draußen sang der Regen, drinnen war es warm. Rosies Fingerspitzen strichen über Mattys' Kiefer, glitten in seinen Nacken, umschlossen ihn sanft. Ein leises Geräusch drang aus ihrem Mund, ehe er wieder von dem seinen verschlossen wurde. Mattys küsste ihre Nase und Wangenknochen, Kinn, Hals. Rosie streckte sich ihm bereitwillig entgegen. Bald nestelten ihre Hände am Saum seines Hemds und begannen, sich unter den Stoff zu schieben. Mattys schloss bei ihrer Berührung die Augen, spürte die Reaktion seines Körpers, und auch Rosie war sich dieser rasch gewahr. Ihre Bluse hatte Mattys bereits unter dem Rock hervorgeschoben und fuhr über die sonnenhelle, weiche Haut, entlockte ihr leise Laute.

»Ist das jetzt die Art, auf die wir uns versöhnen?«, murmelte er gegen ihre Wange.

Er spürte, wie sie grinste. »Das ist die Art, auf die wir dieses winzige, aber äußerst einladende Einzelbett benutzen sollten.«

»Da kann ich nicht viel gegen einwenden.«

Mit sachtem Nachdruck erwiderte Rosie seine Küsse. »*In i badrum*«, befahl sie Mollie, woraufhin diese die geknickten Ohren nach hinten klappte und artig ins Nebenzimmer trottete.

Mattys streifte Rosie die Bluse ab, fuhr sanft über ihren vertrauten Körper. Er ließ zu, dass sie ihn auf das Bett schob, zog sie auf seinen Schoß. Seine Hände schlossen sich fester um ihre Schenkel, als sie Küsse auf seinem Nacken und dem Schlüsselbein verteilte. Der Stoff des Rocks wurde fortgeschoben, ihre bloße Haut lag warm unter seinen Handflächen. Rosie streifte ihm das Hemd ab und ließ es zu Boden fallen, schob ihn mit spitzbübischem Lächeln tiefer in die raschelnden Laken. Ihre Lippen verschlossen einander, tanzten, murmelten den Namen des anderen. Ihre Hände bewegten sich im Duett, jeder Kuss ein Akkord, den Takt bestimmte der Herzschlag des anderen.

Der Regen draußen erzählte Geschichten. Von Kälte und Dunkel, aber auch von Wärme und Liebe.

»Gut, ich gebe es zu«, sagte Rosie, als sie sich neben ihm tiefer in die Laken schob. »Es ist ein schönes Zimmer.«

»Meinst du?«, fragte Mattys, der den Blick auf die holzvertäfelte Decke gerichtet hatte. Die Laternen malten Muster auf das Holz, die feinen Regentropfen klopften gegen die Fenster.

»Ja. Ist auch nicht schlimm, dass es nur ein Einzelbett gibt. Bloß irgendwann in dieser Nacht wird Mollie dazu klettern und dafür ist es ziemlich klein.«

Mattys zog sie dichter an sich. Ihr bloßer Körper war warm, ihr Haar roch vertraut zwischen den frisch gewaschenen Laken. »Dann muss einer Platz machen. Mollie, du oder ich.«

»Du.« Rosie lachte. »Definitiv du.«

Er wollte protestieren, doch etwas ließ ihn zögern. Mattys richtete sich ein Stück auf. »Hast du das gehört?«

»Was?«

»Klang wie ein Hilferuf.«

»Quatsch.« Rosie zog ihn zurück in die Kissen. »Das war eine Katze. Oder ein Rabe, keine Ahnung.«

Er zögerte. War es ein Tier gewesen? Selbst wenn nicht, laute Stimmen waren in einer so großen Stadt wie dieser keine Seltenheit. Sicher war es kein Hilferuf gewesen – er musste sich eingebildet haben, dass es so geklungen hatte. Mattys hörte es auch nicht noch einmal.

»Jetzt freue ich mich fast.« Rosie schmunzelte. »Lass uns morgen was einkaufen gehen. Ich könnte neue Schuhe gebrauchen. Oh, das wird super! Wir machen uns ein paar schöne Tage, bis Caleb dich um Vergebung anbettelt.«

Mattys fuhr ihr sanft über den Rücken, die Haarsträhnen. Er bezweifelte, dass Caleb überhaupt kommen würde, und er war auch nicht sicher, wie er dann reagieren würde. Aber er brachte es nicht übers Herz, Rosie das zu sagen.

»Sing für mich«, flüsterte er.

Rosie schob die Wange dichter an seine Brust, fuhr mit den Fingerspitzen über seinen Bauch. Ihr Atem drang warm gegen seine Haut, als sie zu einer leisen Melodie anhob, die von Mattys' Heimat erzählte.

»Naht der Winter und
fallen Flocken unverwandt
sehn' ich mich nach Haus
in mein schönes Heimatland.«

Mattys lehnte die Wange gegen ihr Haar und schloss die Augen. Er spürte Rosies Körper neben sich und fragte sich müde, wie er sich nach irgendetwas in der Welt sehnen konnte, wenn sie da war. Seine Fingerspitzen, die über ihren Arm strichen, wurden bald langsamer. Dann hielten sie ganz inne. Sie schliefen sehr ruhig, beieinander. Glücklich.

Schöpfungen des Waldes

»In der Nacht, längst nicht erwacht, lang vor dem Morgen
spenden Bäume schöne Träume, in seinem Arm geborgen.
Tausend Kronen, die thronen dort auf seinem Haupt.
Knarren, Knistern, Säuseln, Wispern, dringen aus dem Laub.«

Aus ihrer hellen Stimme war das Kind noch nicht gänzlich gewichen. Die schmalen, eschenblassen Hände lösten die getrockneten Blüten und Kräuter von ihren Plätzen an der Schnur. Duftende Blütenblätter waren mit Farn und Thuja unterlegt. Schafgarbe, Myrte, Hainblume. Salbei, Blaustern, Kugeldistel. Bunte Fäden wanden sich um die Blütenpäckchen, die Knoten prüfte sie mit geübten Fingern.

Breya nahm die Räucherbündel und rollte sie in ein seidenes Tuch. Behutsam legte sie das Geschenk zu den anderen in den Korb. Das war genau das, was Severyn benötigte.

Ihr Zimmer im fürstlichen Palast von Eshwen war um diese Tageszeit lichtdurchflutet und golden. Letzte Nacht hatte es geregnet, aber heute, zum Frühlingsfest, war die Sonne hervorgekommen. Genau rechtzeitig drang sie durch die Vorhänge und beschien den seidenen Himmel über ihrem Bett, die ledernen Einbände der Bücher, die Paravents und Kleiderschränke. Fröhlich erleuchtete es die Blüten auf dem Balkon, die die Prinzessin stets sorgfältig mit Wasser versorgte. Breya liebte diese sachte Frühlingswärme. Obwohl sie nicht von den Eschenelben abstammte wie der Rest ihrer Familie, stellte sie sich manchmal vor, wie diese sich fühlten, wenn ihnen das Licht auf die Flügel schien – wie es ihnen erging, da der Wald alles war, was sie kannten. Wenn die Sonne so strahlte, fühlte sich Breya den Wäldern besonders nahe.

Sie verließ ihre Zimmerflucht, um sich zu Severyns Gemächern zu begeben. Die Geschenke trug sie in ihrem Korb.

»Guten Morgen, Eure Hoheit«, begrüßten sie die beiden Keitha, die ihre Räumlichkeiten bewachten.

»Guten Morgen, Dunmor. Guten Morgen, Barra.«

»Sollen wir jemanden holen, der die Geschenke für Euch trägt?«, fragte Dunmor.

Breya schüttelte den Kopf. »Danke, das schaffe ich schon.« Die beiden nickten und ließen sie ziehen, den Gang hinab bis zu Severyns Zimmerkomplex.

Auf den Gängen herrschte geschäftiges Treiben. Breya begegnete einer Schneidergesellin, die ihr Gewand für den Abend zu ihrem Gemach trug, und ihr Herz flatterte beim Anblick der wunderbaren seidenen Stoffe. Bedienstete reinigten Kronleuchter, Fenster und Gemälderahmen. Die mit goldenem Stuck ausgestatteten, weiß getünchten Wände und Fensterreihen waren mit Blumenbouquets und Gestecken geschmückt. Teppichläufer wurden gefegt, Spiegel poliert, Statuen abgestaubt. Der fürstliche Palast war von hypnotisierender Schönheit und heute würde er in ganz besonderem Glanz erstrahlen.

Breya schritt den Flur hinab, sie grüßte jeden freundlich und mit Namen. Farlan, Clara, Sibyl, Ronald. »Guten Tag, Maura«, sagte sie, als sie den Weg einer älteren Bediensteten kreuzte.

»Hoheit.« Maura knickste rasch. »Ihr seid bereits zurechtgemacht, fantastisch. Aber Ihr müsst umgezogen sein, bevor die Zeremonien beginnen.«

»Ist gut.« Noch trug sie bloß eine feine Bluse und einen seidenen, cremefarbenen Rock. Die oberen Partien ihres Haars waren geflochten und hochgesteckt. »Ich wollte Severyn nur rasch seine Geschenke geben. Es wird sicher nicht lang dauern, schließlich ist er beschäftigt, möglichst wunderbar auszusehen.«

Die ältere Dame verdrehte die Augen. »Tut das. Wenn er nicht mit Gegenständen nach Euch wirft, ist Euch das Glück bereits hold.«

»Ist er heute nicht gut zu sprechen?«

»Er ist der Schrecken jeder Bediensteten. All diese grauen Haare, nur wegen ihm.« Maura richtete ihre einfache Hochsteckfrisur. »Wenn er doch so liebreizend wäre wie seine Schwester.«

Breya lächelte. »Ich werde versuchen, dafür zu sorgen, dass er sich zurückhält. Für gewöhnlich habe ich ein gutes Gespür für ihn.«

»Hoheit, man sollte Euch heiligsprechen.« Maura knickste und grinste sie an. Breya erwiderte es warm.

»Wo ist meine Mutter, darf ich das noch wissen?«

»Sie kostet von den Speisen in der Küche und kommandiert die Bäcker herum. Entsprechend alles wie immer.« Maura nickte ihr zu, ehe sie in Richtung des Gemachs verschwand.

Breya hatte damit gerechnet, dass Severyn heute nicht besonders umgänglich sein würde. Das lag nicht bloß daran, dass er *immer* nicht besonders umgänglich war. Nein, heute würden die armen Bediensteten es noch einmal schwieriger mit ihm haben: Schließlich war sein Geburtstag.

Breya brauchte nicht lang nach Severyn zu suchen. Sie hörte seine Stimme bereits, als sie in den Empfangssalon trat: »Und ihr wisst Bescheid, wie sie zu liegen haben. Und wenn sich in zwei Stunden etwas verändert haben sollte, dann macht es neu! Du! Finde heraus, wie es um die Stiefel steht. Wenn sie noch nicht poliert wurden, sorgt dafür, dass – au!« Stille. Dann: »Du hast mich geschnitten?«

»Es tut mir leid, Eure Hoheit, Ihr habt den Kopf bewegt …«

»Willst du sagen, das war meine Schuld?«

»Neinein!«

Breya hatte Arbeitszimmer und Schlafgemach durchquert und betrat die Baderäumlichkeiten. Sie wurde Zeugin, wie Severyn sich den Rasierschaum abwischte und das Tuch ärgerlich fortwarf.

Der junge Bedienstete hob die Hände. »Bitte, es war keine Absicht. Womöglich ist es nicht schlimm, Ihr habt mächtiges Eshwenblut …«

»Eshwenblut, Eshwenblut!«, knurrte Severyn mit erstaunlich leichter Zunge. »Und wenn du tiefer geschnitten hättest? Ich sollte dich auf der Stelle … so eine Unverschämtheit kann …«

»Durchaus einmal vorkommen«, meldete sich Breya rasch zu Wort. Sowohl der Bedienstete als auch Severyn hoben die Köpfe. »Schon in Ordnung, Ronah.« Sie neigte das Kinn. »Sorge dich nicht, mein Bruder ist bloß angespannt. Nicht wahr, Seryn?«

»Ich verbitte mir so ein Verhalten«, entgegnete Severyn und spezifizierte nicht, wen genau er damit ansprach.

»Es war doch deine eigene Schuld«, erwiderte Breya geduldig.

Severyn zog die Brauen zusammen, als wollte er verdeutlichen, dass sie endlich den Mund halten sollte.

»Danke, Hoheit.« Der junge Bedienstete verneigte sich tief. Breya hatte Tränen in seinen Augen gesehen, die er nun rasch fortblinzelte. Er wandte sich an Severyn. »Ich werde jemand anderen holen, wenn ich zu ungeschickt bin.«

»Wir reden später über die Konsequenzen. Jetzt sieh nach meinen Gewändern. Weg mit dir, mit euch allen.« Severyn winkte den Bediensteten, die sich daraufhin rasch entfernten. Ein Dienstmädchen eilte noch herbei, um ihm den übriggebliebenen Rasierschaum wegzuwischen. Ein junger Mann half ihm in seinen Morgenmantel, da der Fürstensohn bis auf eine mondäne Hose aus handverwobenen, dunklen Leinen noch unbekleidet war. Schließlich waren alle fort und Severyn erhob sich aus dem Stuhl. Er prüfte sein Spiegelbild und richtete unzufrieden eine verirrte kiefernbraune Haarsträhne. »Ich habe dir gesagt, nicht in die Baderäume.«

»Du verbringst schon den ganzen Tag hier«, erwiderte Breya. »Seit heute um sechs in der Frühe! Soll ich warten bis zum Fest heute Abend? Das dauert eine Ewigkeit.«

»Du könntest mir zumindest nicht hereinreden, wenn ich das Wort erhebe«, sagte Severyn tadelnd. »Solch immerwährende Freundlichkeit untergräbt meine Autorität. Diese Bediensteten denken, ich stünde unter deinem Einfluss.«

Breya schmunzelte. »Tust du das denn nicht?«

In seinen Blick trat ein bedeutungsvolles Schimmern. »Ich würde dich hinauswerfen lassen, wärst du nicht so schön.«

Mit Amüsement verdrehte Breya die Augen, ehe sie die Arme um ihn schlang. »Alles Gute zum Geburtstag, Seryn. Und ein schönes Ostara.«

»Danke.« Er erwiderte die Umarmung. »Ich wünsche mir auch alles Gute zu meinem Geburtstag.«

Breya löste sich von ihm und schob sich eines der beiden geflochtenen Armbänder vom Handgelenk. Beide bestanden aus feinem, dunklen Leder und winzigen Silberstückchen. Über Severyns Lippen zuckte ein wohlwollendes Lächeln, als sie das Bändchen über sein Handgelenk streifte und festzog. Breya war sicher, er bemühte sich absichtlich, diese Abschätzigkeit zur Schau zu tragen. Warum sonst trug er ihr Geburtstagsbändchen jedes Jahr als Talisman, bis es ausblich oder Fransen bekam? Erst dann legte er es in ein Kästchen auf der Anrichte, in dem sich bald vier Bändchen befinden würden.

»Heute bin ich genauso alt wie du, als ich dir das erste geschenkt habe.«

»An dir ist eine Mathematikerin verloren gegangen«, meinte Severyn. Er löste sich von ihr und griff nach dem Weinkelch, der auf der Anrichte neben den Trauben stand. »Dann rasch, gib mir die anderen Geschenke. Ich hab nicht den ganzen Tag Zeit, schließlich ist dies mein Geburtstag.«

»Sicher.« Breya kam ihm rasch nach. Sie hob den Korb mit den Geschenken auf das Bett und setzte sich daneben. Severyn verdrehte unzufrieden die Augen, setzte sich aber zu ihr und ließ sich das erste Geschenk reichen. Es war eckig und in Seidenpapier verpackt.

»Was ist das? Sicher kein Buch.« Severyn riss das Papier auf und zog mit mäßiger Begeisterung die Brauen hoch. »*Helden, Herrscher und Propheten*.«

»Ich habe es schon dreimal gelesen. Jeder sollte es besitzen, finde ich.«

»Du weißt, ich gebe nicht viel auf Helden. Auch nicht auf Propheten. Auf Herrscher … na ja.«

»Lass dich darauf ein«, beharrte Breya und legte eine schmale Hand auf die seine. »Es wird dich sicher nicht enttäuschen.«

Severyn betrachtete das Buch leidenschaftslos. »Wollen wir es hoffen. Zeig, was gibt es noch? Was ist das dort?«

Breya reichte ihm das nächste Geschenk. »Dein Lieblingskonfekt, handverlesen. Ich habe extra darauf geachtet, dass sie nicht die mit den Pistazien dazulegen.«

»Fabelhaft. Du weißt noch, was letztes Mal passiert ist.«

»O ja! Du hast …«

»Reite nicht darauf herum. Was ist dies?«

Breya unterdrückte ein Schmunzeln und reichte ihm das nächste Päckchen, das ebenfalls in Papier eingeschlagen war. Severyn löste die

Schnürung und schob es auf. Behutsam nahm er die drei Tiegel heraus und untersuchte sie neugierig.

»Du hast gesagt, bei Siebenfein gibt es die besten.« Farbgeruch stieg Breya in die Nase, als Severyn einen der Tiegel öffnete. »Ich habe die schönsten Farben ausgesucht. Haselnuss, Mistelgrün und Flieder. Waldfarben.«

Severyn neigte den Kopf, als wollte er gestehen, dass das gar nicht schlecht war. Breya meinte, seine Hände zucken zu sehen, als wollte er die Farben am liebsten gleich ausprobieren. Es erfüllte sie mit Stolz, dass sie seinen Geschmack getroffen hatte.

»Danke, Breya.«

Sie lächelte. »Dann noch dies!« Sie schob ihm den Korb hin.

Noch schien Severyn nicht abgeneigt. Er beugte sich vor und schlug das Seidentuch auseinander. Erst da runzelte er die Stirn. »Was ist das für Gesträuch?«

»Das ist kein Gesträuch, das sind Räucherbündel«, erklärte Breya. »Die Sagart benutzen solche, um Keyll Naomh ihre Zuneigung darzubieten und ihn um Unterstützung bei schwierigen Vorhaben zu bitten. Vor allem zu Ostara werden sie oft entzündet. Ich habe die Blumen selbst gezüchtet und die Blüten getrocknet. Und ich musste schon letztes Jahr damit anfangen – Salbei und Kugeldisteln blühen nämlich nur im Spätsommer und Herbst. Da, du musst sie bloß an der Spitze anzünden und in einer Schale langsam abbrennen lassen.«

Als Severyn skeptisch eine Augenbraue in die Höhe zog, wies sie auf das erste Bündel. »Das hier ist Schafgarbe. Es soll Schutz vor allem Bösen bieten.« Sie zeigte auf das nächste. »Blaustern, damit dir stets Loyalität entgegengebracht wird. Die Kugeldistel soll dafür sorgen, dass du deinen Stolz und deine Eminenz wahrst. Hier drin ist Hainblume, damit du siegreich bist. Und dann zuletzt die Myrte«, Breya berührte das letzte Bündel, »für ein gutes Schicksal.«

»Was ist mit Einfluss?«, fragte Severyn nicht ohne Spott. »Bewunderung? Macht? Tadellosem Aussehen?«

»*Bescheidenheit* wäre offenbar nicht unangebracht gewesen.« Breya stieß ihn an. »Komm, Seryn, sei kein Spielverderber.«

»Verzeih.« Er wedelte mit einem Bündel. »Aber damit kann ich nicht viel anfangen. Was du eigentlich wissen solltest.«

Sie ignorierte, wie abschätzig er die Brauen hob. »Ich möchte bloß, dass du immer in Sicherheit bist. Womöglich … kannst du sie irgendwann gebrauchen.«

»So kenne ich dich. Pathetisch und dramatisierend. Was hast du denn in deiner Malachitkugel gesehen, hm? Welche Schreckgestalt soll mich dieses Ostara in die Klauen bekommen?«

Breya schnaubte. Severyn würde ihr ohnehin nicht zuhören. Das war sein größter Makel: Dass er glaubte, ohne Fehler zu sein. Die Eshwen hatten den Glauben an Keyll Naomhs Seele schon vor vielen Jahren abgelegt und begegneten dem Wald mit Gleichgültigkeit. Und Severyn war ein selbstgefälliger, mottenliebender, Wälder verschmähender Eshwen, wie er im Buche stand.

Breya begriff das nicht. Spürte er denn nicht, wie lebendig die Macht der Wälder durch jedes Blatt pulsierte? Durch jeden Zweig? Sie spürte das jeden Tag.

Dass er auch so stur sein musste! Keyll Naomh würde es sicher nicht gutheißen, wenn ihm jemand mit Spott begegnete. Wenn sie etwas unternehmen konnte, um Severyn vor dem Zorn des Waldes zu schützen, würde sie nicht zurückschrecken. Ob er nun daran glaubte oder nicht, das spielte keine Rolle.

»Danke.« Severyn richtete sich auf. Breya kam ebenfalls auf die Beine. »Ich werde sie mal anzünden. Denke ich. Bei offenem Fenster. Oder draußen? Besser draußen.«

»Mehr möchte ich auch gar nicht.« Breya nickte zufrieden und strich ihm mit sanfter Hand eine verirrte Haarsträhne fort, was Severyn wohlwollend gewährte. Der feine Schnitt an seinem Hals war bereits verheilt. »Eshwenblut, Eshwenblut«, sagte Breya, »ist übrigens kein schlechter Zungenbrecher, wenn man es schnell sagt. Eshwenblut, Eshwenblut, Eshwenblut …«

»Weißt du, was mir gefällt?«, fragte Severyn, als er ihre Hand, die auf seiner Schulter liegen geblieben war, mit seiner umschloss. »Dass du kein Eshwenblut in dir trägst.« Er zog sie an sich und ehe Breya einen

Laut machen konnte, hatte er ihre Lippen mit seinen verschlossen. Unter der Wärme ihrer Haut und dem sanften Streifen seines Atems suchte er sie, fordernd, mit Bestimmtheit. Severyn kannte den Weg. Breyas Hände fanden sein Gesicht – keineswegs um ihn fortzuschieben, sondern um ihn näher an sich zu ziehen. Ihr Herz bebte in ihrer Brust, erfüllt von dem kaum fassbaren Kribbeln in ihrem Inneren. Sie erwiderte seinen Kuss begierig, ihr Körper drängte sich wie selbstbestimmt an Severyns. Seine Hände glitten über ihre zarte Bluse und brachten sie zum Erschauern. Sie strich über die Stelle, an der seine verkümmerten Flügelreste lagen, die auf das Erbe der Eshwen hinwiesen.

»Severyn!«, drang der Bariton seines Vaters durch die Zimmerflucht und die beiden fuhren auseinander.

Fürst Barcat trat durch die geöffnete Flügeltür. Sein von einem dichten Bart dominiertes Gesicht trug den gewohnten herrschaftlichen Ausdruck. Die Brauen zogen sich tadelnd zusammen, als er die beiden entdeckte. »Ich dachte, wir hätten uns verstanden und ihr beschränkt euch auf ungestörte Augenblicke.«

»Es scheint euch allen entfallen zu sein«, sagte Severyn, der seinen Morgenmantel richtete, »aber das hier sind meine *Privaträume.*«

»Nerys ist in der Küche und stellt sicher, dass die Speisen wie gewünscht zubereitet werden.« Breya strich sich das Haar glatt. Ihre Lippen brannten, sogar mehr als ihre Wangen. »Sie wird nichts bemerken.«

Barcat hielt vor ihnen inne und musterte sie prüfend. Der Eshwenherrscher war eine Erscheinung, vor allem in den zeremoniellen Gewändern. Wams und Mantel waren mit Silber und Gold abgehoben. Den Rest der Kleidung durchsetzten dunkle, erdige Töne. Da der Fürst recht gedrungen war, wählte er oft dunkle Farben und hohe Stiefel, die ihn größer erscheinen lassen sollten. Breya fand, dass Barcat das nicht nötig hatte. Er war ein solch respekteinflößender Mann, dass auch seine eher geringe Größe dem keinen Abriss tat. Sein pelzbesetzter Umhang, der sich hinter ihm teilte und wie die Flügel seiner Ahnen gemustert war, fiel schwer über den glatten Marmor. Der gewundene Reif, seine Krone, hob sich golden vom Haar ab. Zwei Keitha, in dunkle, aufpolierte Rüstungen gekleidet, waren hinter dem Fürsten an der großen Fensterflucht postiert.

»Und wo sind die Bediensteten? Warum wirst du nicht vorbereitet?«, fragte Barcat. Er klatschte in die Hände und rief mit donnernder Stimme: »Sammeln! Macht gefälligst eure Arbeit! Nicht auf der faulen Haut liegen!«

Breya wollte zum Sprechen ansetzen, doch der Fürst kam ihr zuvor:

»Breya! Die Gräfin von Caru'hen wird verfrüht eintreffen und auch die anderen Gäste erscheinen bald. Ich wünsche, dich in fünfzehn Minuten unten im Hof zu sehen, um sie gemeinsam mit Nerys zu empfangen.«

»Ist gut. Ich muss nur rasch umgezogen werden.«

»Und du, Sohn, lass dich für die Zeremonien einkleiden. Du musst einen herausragenden Eindruck machen.«

Severyn nickte, während die Bediensteten um ihn herumwuselten. »Ihr habt es gehört. Beeilung!«

Barcat trat auf Severyn zu, woraufhin die Angestellten einen demütigen Bogen um ihn schlugen. Der Fürst war gedrungener als sein Sohn, doch sein Ausdruck zeugte von Autorität, Einfluss, Weisheit. Severyn neigte den Kopf, als Fürst Barcat seine Hand mit beiden ergriff. »Alles Gute zum Geburtstag, Sohn. Heute ist ein bedeutsamer Tag. Du vollendest dein einundzwanzigstes Lebensjahr und wirst in den Rat der Drei aufgenommen.«

»Ich weiß, Vater«, sagte Severyn mit Demut. »Das ist eine große Ehre.«

»Beweise dich. Zeige mir, dass du ein würdiger Nachfolger bist, Severyn.« Sein Vater ließ die Hände sinken und Breya entdeckte einen Ring in Severyns Fingern. Zwei kleine, goldgestanzte Motten umwoben einander auf dem Siegel. Fürst Barcat nickte bedeutsam. »Dann wirst du eines Tages mehr als meinen Siegelring tragen.«

Severyn nickte achtungsvoll. »Ich weiß dein Vertrauen zu schätzen. Danke, Vater.«

»Trag ihn mit Stolz. Mach *mich* stolz, Severyn.« Barcat wandte sich Breya zu und stupste sie an. »Und du ebenso, Mädchen.«

»Danke, Barcat.« Breya neigte den Kopf, die Hände ineinander geschlossen.

»Und seid vorsichtig«, setzte er noch dahinter. »Wenn jemand erfährt, was hier hinter geschlossenen Türen vor sich geht, bleiben die Probleme an mir haften.«

»Geheimnisse gehören gewahrt«, sagte Breya höflich. Das Netz an Lügen war ohnehin so schwierig zu entwirren, dass sie es besser ruhen ließ und Severyns Nähe nur in Stille und Ungestörtheit genoss.

»Beeilt euch jetzt«, drängte der Fürst. »Du willst die Gräfin nicht warten lassen. Du weißt, wie unbequem sie werden kann.«

Severyn winkte die Bediensteten näher und ließ sich den Morgenmantel abnehmen, wobei er Breya noch einmal zulächelte. Fürst Barcat wandte sich zum Gehen, die Keitha kamen ihm in stummem Einvernehmen nach.

Breya lief ebenfalls zur Tür, um sich zurück in ihre eigenen Gemächer zu begeben. Vom Fenster aus konnte sie sehen, wie die Sonne über der Stadt strahlte, alles in wunderschönes Licht tauchte. Die Wipfel Keyll Naomhs wurden von der Sonne beschienen und erstreckten sich um die Stadt herum, soweit das Auge reichte. Heute würde ein guter Abend werden. Schließlich war es ein heiliger Tag für ihren Wald – Severyns Geburtstag und zugleich das Frühlingsfest.

»Barcat?«, fragte sie, während sie dem Fürsten folgte.

»Ja, Mädchen?«

»Wie oft kannst du Eshwenblut hintereinander sagen, ohne dich zu versprechen?«

Als Adeena ein Kind gewesen war, hatte sie oft stumm am Fenster gesessen.

Die anderen hatten sie misstrauisch beäugt, wenn sie stundenlang innegehalten hatte, wortlos, reglos. Sie hatte gewusst, dass die Angestellten des Anwesens hinter vorgehaltener Hand über sie sprachen. Dass auch ihre Mutter argwöhnisch und besorgt war, wenn Adeena dort am Fenster saß. *Warum spricht sie nicht*, hatten sie gefragt, sie alle. *Warum sagt sie nie etwas? Warum schaut sie so drein, warum geht sie so krumm?* Und dann hatten sie dahinter gesetzt: *Man sollte ihr eine Falle stellen. Eierschalen verteilen, ihr eine Schuhsohle zum Essen vorsetzen oder dergleichen. Ob sie das* Amadeus Ewig *beten kann? Ich habe sie nie beten gehört …*

Immer wieder hatten sie so geflüstert. *Merkwürdig, falsch, dieses Kind.*

Dabei war Adeena bloß nachdenklich gewesen.

Ihr Vater hatte ihr erzählt, dass der Rest der Welt, außerhalb von Austradar, gänzlich mit Wald bedeckt war. Adeena hatte das kaum begreifen können. Sie kannte bloß die lichten Haine ihrer Heimat, und die bloß von weitem. Wie wäre das, so weit das Auge reichte nur Grün zu finden?

Aber der Wald war schlecht. Er wollte Böses, er säte Schlechtes. *Solche wie sie.* Der gute Mensch blieb sicher im heimischen Austradar, bewahrt vor den Gefahren der Wälder, die bloß Unheil über sie brachten.

Adeena war nachdenklich gewesen, und auch ein wenig traurig. Warum sprachen die Bediensteten über sie, als sei sie jemand Fremdes? Warum schaute ihre Mutter sie an, als sähe sie keine Tochter in ihr? Fürchteten sie sich vor ihr, weil sie so krumm ging?

Musste man sich vor ihr fürchten? War Adeena tatsächlich, was sie sich hinter vorgehaltener Hand zuflüsterten?

Heute blickte Adeena wieder aus dem Fenster. Wann immer die Kutsche, die sie zum Schloss des Eshwenfürsten hinaufbrachte, so auf den Serpentinen herumschwenkte, dass die Stadt und die Wälder in Sicht gerieten, weitete sie voll Faszination die Augen. Welch eine Übermacht! Wie weit man sehen konnte, ohne dass das Grün der Wipfel dem Blick wich. Voll Bewunderung sah sie zu, wie sich die goldene Frühlingssonne auf dem dichten Blätterdach brach. Unter ihnen, umgeben von diesem faszinierenden Wald, befand sich das in bunten Farben schimmernde Dinas Rhedyn.

Sie waren durch den Wald gereist, eine Woche lang von Gasthaus zu Gasthaus. Auf den dick gepflasterten Wegen mit Umzäunungen und Gräben, die Reisende von den Bäumen, dem Farn, den Sträuchern trennten. Ihr Vater, ein Diplomat Kaiser Ferdinands, nahm diesen Weg stets, wenn er nach Dinas Rhedyn reiste. Es war die sicherste Route durch Keyll Naomh, hatte er versichert, und es war auch nichts geschehen.

Der Wald aber, so hatte Adeena festgestellt, wich vor dem Kopfsteinpflaster nicht zurück wie vor der feurigen Barriere, die ihn von ihrer Heimat trennte. Nein, er versuchte, sich diese Straße zurückzuholen. Sprösslinge, Farne und Triebe junger Bäume brachen aus dem Gestein hervor, Ranken umwoben die Umzäunungen, Blüten und Gräser sprossen im Wasser der Gräben. In unstillbarer Gier fraß der Wald sich durch Mörtel und Granit, durchbrach Stein, verschlang Struktur und Ordnung.

Adeena war Keyll Naomh mit dem Respekt begegnet, der ihm gebührte. Sie hatte die Gefahr gespürt, die von ihm ausging, die Wildheit und Unberechenbarkeit der dichten Zweige. Ja, es war wahrlich besser, den Wäldern fernzubleiben, einen sicheren Abstand zu wahren. Nur in dem Gasthaus, das in den ersten Ausläufern der uralten Wälder gelegen hatte – *Lithasonn*, sie hatte sich den Namen gemerkt –, hatte sie sich ein Stück weiter gewagt. Sie war ein paar Schritte zwischen die Stämme und das Blattwerk hinter das Haus getreten. Ihre Hände hatten die silbrige Rinde berührt, das weiche Moos und die feinen Farne auf der Haut gefühlt. Sie spürte uralte Kraft durch die Adern der Blätter und das Innere der Bäume pulsieren. Sie atmete seine Macht mit dem Blüten- und Rindenduft, hörte ihn im Klang des stetigen Summens und Vibrierens. Adeena hatte den Wald respekteinflößend gefunden, verwunschen, gefährlich und auf eine eigentümliche Weise wunderschön. War das, was sie fühlen sollte? Empfand nur sie Achtung vor diesem Wesen, verspürte nur sie Ehrfurcht und Bewunderung? War es ein Zeichen dafür, dass sie tatsächlich seine Brut war, wie die Bediensteten auf dem Anwesen zuhause sich zuflüsterten?

»Gefällt dir der Anblick?«, fragte ihr Vater und Adeena wandte sich zum ersten Mal vom Fenster ab, seit sie die Auffahrt begonnen hatten. Der Landgraf musterte sie über seine Reiselektüre hinweg.

»Ja«, sagte sie. »Bei Amadeus, mehr als alles andere.«

Jakob Klingwahr schmunzelte. »Weißt du, es gab Tage, da habe ich befürchtet, du könntest gar nicht lächeln.«

Adeenas Mundwinkel zuckten. »Ich dachte immer, du hättest übertrieben, als du von der Schönheit der Welt gesprochen hast.«

»Ah! Die Welt ist ein Ort voller Gefahren«, sinnierte Jakob Klingwahr. »Voller Tücken, Lügen, Gier. Aber weißt du, ich würde sie nicht bereisen, wenn ich sie nicht auch auf eine Art und Weise schön finden würde.« Er lehnte den Hinterkopf an das Polster der Kutsche. Sein Haar ergraute an den Schläfen, aber Adeena fand, dass das Silber ihn würdevoller erscheinen ließ. Ihr Vater war ein Träumer, das war ihr schon vor langer Zeit bewusst geworden. Dass er dieselbe Faszination gegenüber den Wäldern verspürte wie sie, war beruhigend. Es ließ sie hoffen, dass sie normal war.

»Danke.« Adeena strich eine Haarsträhne fort. »Weil du mich mitgenommen hast, Papa.«

»Für das Lächeln hat es sich gelohnt.« Der Landgraf betrachtete sie liebevoll. Ihr Vater war stets der Einzige gewesen, der sie nicht wie einen Fremdkörper behandelt hatte. Er hatte akzeptiert, dass sie still war, dass sie in ihrer eigenen Welt lebte, die mit ihren eigenen Gedanken gefüllt war. Er hatte sie immer gemocht, wie sie war, selbst mit ihrer krummen Hüfte und ihren Ohren, die spitzer zuliefen als gewöhnlich.

Adeena spähte nochmals hinter den Vorhang. Die Kutsche hatte wieder eine Kurve genommen und sie konnte den Wald in all seiner Pracht bewundern. Unten auf den Straßen gingen die Bürger von Dinas Rhedyn, klein wie Ameisen, ihrem Tagewerk nach und bereiteten sich auf das bevorstehende Fest vor. »Ich könnte mir das den ganzen Tag ansehen. Papa, du brauchst mich heute Abend gar nicht, oder? Ich könnte einfach – du weißt schon … nicht zum Fest gehen. Dafür ein bisschen draußen auf den Balkon oder …«

»Sicher«, sagte Jakob amüsiert. »Überspring den Grund, aus dem wir gekommen sind. Um dir Dinge *anzusehen.*«

Sie schüttelte den Kopf. »Du hattest ewige Jahre Zeit, um dir alles anzuschauen! Aber ich? Nur so kurz.« Sie zeigte eine winzige Menge mit den behandschuhten Fingern.

»Es gibt auch im Ballsaal genug Dinge zum Ansehen. Und sicher verzehren sich alle danach, meine wundervolle Tochter kennenzulernen.«

Adeena schmunzelte, als er ihr eine verrutschte Falte des Chiffonkleides richtete. Die Geste erinnerte sie an Lichterfeste, Zimtgeruch und Geschenke aus der weiten Welt, an Kinderbücher, die er vorlas, und die

Ausflüge, auf denen er sie auf dem Rücken die Berggipfel des Lausass' hinaufgetragen hatte. Sie dankte Amadeus, dass er sie mit einem solchen Mann gesegnet hatte. Er hatte sie mitgenommen, obwohl ihm alle davon abgeraten hatten. Es war gefährlich in der Welt – doch vor allem hatte jeder gefürchtet, sie könnte auf ihren Vater und die Familie ein schlechtes Licht werfen, wenn sie ihn auf den Geburtstag dieses Fürstensohns begleitete.

Adeena interessierte sich nicht für die Meinung der Eshwen. Sollten diese Menschen sie doch verachten. Sie begehrte die fremden Gerüche und Geräusche, die fremden Personen, die Erinnerungen, die sie in ihrem Herzen bewahren konnte. Sie hatte sich danach gesehnt, zu wissen, ob die Wälder der Ort waren, an dem sie zuhause war.

Wie schlimm konnte es sein? Sie war gewohnt, dass man sie schief ansah. Adeena fürchtete sich nicht davor. Nur ein kleiner Teil ihres Herzens hoffte, dass man ihr hier weniger Missgunst entgegenbringen würde als daheim. Die Eshwen waren dem Wald nicht so abgeneigt wie die Austrier, aber auch nicht so zugetan wie die Skoggen. Deswegen betrieb Kaiser Ferdinand noch immer Handel mit ihnen, pflegte eine Beziehung, die ihm womöglich irgendwann Vorteile einbringen würde. Und vielleicht würde auch sie hier etwas Gutes finden.

Ihr Herz tat einen Satz, als die Kutsche zum Halten kam und die Tür zur Kabine kurz darauf geöffnet wurde. Ihr Vater klappte seinen Reiseroman zu. »Na los.« Da er an der Tür saß, musste er zuerst aussteigen. Adeena gab sich einen Ruck und richtete sich mit Mühe auf, um ihm nachzukommen. Hilfsbereit hielt ihr Vater ihr eine Hand hin, sodass Adeena sich an ihm und der Tür abstützen konnte, als sie das Innere der Kutsche verließ. Ihre Hüfte ließ den alten, dumpfen Schmerz verkünden, als sie sich aufrichtete, die Glieder steif vom langen Sitzen.

Sonnenlicht empfing sie, wärmte ihr die blasse, von weißer Seide bedeckte Haut. Sie befanden sich im Hof des Palasts und die Sicht war nunmehr von einer dicken Schlossmauer verwehrt. Der Palast derweil ragte weiß und sandsteinfarben vor ihnen in den Himmel. Wunderschöne Spitzbögen mit von steingemeißelten Blüten bestückten Ziergiebeln wölbten sich in den hohen Mauern. Das viele kunstvoll verarbeitete Strebewerk, die Rippengewölbe und Figurenportale ließen sich so rasch kaum erfassen. Vom Hauptgebäude erhoben sich schlanke, spitz zulaufende Pinakel, über dem hochgesäumten Portal thronte ein imposantes Rosettenfenster. Überall befanden sich Statuen, ob in den Giebeln und Erkern, in den angrenzenden Gärten oder an den Treppenaufgängen. Adeena kannte die Eshwener Bildhauerkunst von den kleinen Marmorskulpturen, die ihr Vater manchmal mitbrachte. Die Figuren, oftmals Helden und Götzenbilder, Gargoyle und mystische Kreaturen, schienen so lebensecht, dass einige Austrier der Meinung waren, die Eshwen könnten Lebewesen zu Stein machen.

Die Eshwen begegneten der Natur mit Entgegenkommen. Gewundene Kletterrosen, wilde Blüten und Sträucher fanden sich zwischen ordentlich gestutzten Buchsbäumen und Zypressen. Ihr Vater hatte ihr einmal erzählt, dass der Palast von Skoggen der Natur noch viel zugetaner war: Dass der Wald die Mauern und Streben dort so stark überwuchert hatte, dass das Gebäude einstürzen würde, sollten die Ranken eines Tages aufhören, es zu stützen. In der hier herrschenden Unruhe fand sich immerhin eine gewisse Ordnung, wie Adeena bemerkte. So wurde den Ranken an den Gebäudetrakten der Bediensteten mehr Raum gewährt als am Mauerwerk des tatsächlichen Palasts. Die hellen Balustraden und Reliefs, die das Hauptgebäude schmückten, waren gänzlich frei von Ranken. Auch in den Gärten schien man dem Wald bloß da Freiheit zu gewähren, wo es positiv zum Erscheinungsbild des Palasts beitrug.

Beinahe wurde Adeena schwindlig von all den Eindrücken, der blütengeschwängerten Luft und der Sonne. Das fremdartig gestaltete Schloss beeindruckte sie, doch sie empfand auch gewisses Unbehagen. Zuhause in Austradar war alles rein und geordnet. Adeena gefiel diese Ordnung, die Beständigkeit und Ruhe, die sie brachte. Ihr Leben war durcheinander genug und es beruhigte sie, dass immerhin ihre Umgebung über eine klare Struktur verfügte.

Sie hob den Kopf, als ihr Name fiel: »Landgraf Jakob Siegfried Klingwahr mit seiner Tochter, Dame Adeena Klingwahr. Abgesandte des Kaisers Ferdinand von Austradar.«

Der Page stand neben einer blonden Frau und einem ebenfalls blonden Mädchen von etwa siebzehn Jahren. Beide waren in edle, seidene Gewänder gekleidet – rauchfarbener Stoff mit dezent gewähltem, aber wertvoll erscheinendem Schmuck in Grün und Gold. Auf dem hellen Haar der Frau saß ein goldenes Diadem. Aus ihren Augen sprach mäßiger Intellekt, aber ihre Haltung war erhaben. Neben ihnen befanden sich noch weitere Personen im Burghof, gut gekleidete Adlige und vorbeieilende Angestellte.

Ihr Vater verneigte sich und küsste die Luft über der Hand der Fürstin. »Fürstin Nerys.« Auch die Hand des Mädchens ergriff er. »Prinzessin Breya. Es ist mir eine Ehre, heute in Eurem Palast willkommen geheißen zu werden.«

»Wir sind dankbar, Euch empfangen zu dürfen, Landgraf Klingwahr«, sagte die Fürstin. Ihr Lächeln war Adeena ein bisschen zu aufgesetzt, während das Mädchen an ihrer Seite durchaus sympathisch erschien. Adeena versank rasch in einem möglichst gewählten Knicks. »Auch ich freue mich, dem Fest beiwohnen zu dürfen. Es ist das erste Mal, dass ich Gast in Eshwen sein darf, und es ist wahrlich überwältigend schön, wenn Ihr es mir zu sagen erlaubt.«

»Und noch ein wenig schöner durch Euer Eintreffen hier.« Die Fürstin strahlte sie an und Adeena spannte unmerklich die Schultern. War das ernst gemeint? Sie konnte es nicht von der Miene der Herrscherin ablesen, doch Prinzessin Breya neben ihr schmunzelte amüsiert.

»Ihr seid sehr hübsch, Frau Klingwahr.«

»Danke. Ihr auch«, sagte Adeena aufrichtig.

»Darf man dem Prinzen gratulieren?«, fragte Jakob Klingwahr. »Wir haben ein Geschenk des Kaisers dabei, das ihm hoffentlich zusagen wird.«

»Er wird noch angekleidet, Ihr begegnet ihm am Abend. Ich bin sicher, er wird Eurer Anwesenheit sehr zugetan sein«, sagte Fürstin Nerys glücklich. »Eine so wunderbare junge Frau, die ihm im Alter auch so wunderbar gleicht. Schönes, dunkles Haar habt Ihr, ein hübsches Gesicht. Man sagt, Ihr spielt die Harfe?«

»Ja, tue ich.« In den Augen ihres Vaters fand Adeena dasselbe Amüsement, das auch in ihrem Herzen flatterte. Sie war weit von einer Verbindung entfernt, wie Nerys sie offenbar im Sinn hatte. Aber dass die Fürstin es in Betracht zog, schmeichelte ihr durchaus.

Nerys machte eine einladende Geste. »Bitte, Eure Reise war sicher beschwerlich. Tretet ein. Unsere Bediensteten werden Euch den Weg zu Euren Gemächern zeigen, in denen Ihr ausruhen könnt. Euer Gepäck wird man hinaufbringen.«

Ihr Vater neigte den Kopf und bot Adeena den Arm. Diese trat dankbar auf ihn zu, um seine Hilfe entgegenzunehmen.

Die Anwesenden im Hof begannen zu tuscheln.

Adeena humpelte zu ihrem Vater, wenngleich ihre Hüfte bei jedem Schritt mit dem rechten Bein einknickte. Als sie aus der Kutsche gestiegen war, hatte man das Humpeln sicher nur auf die Steifheit ihrer Glieder oder Ungeschicklichkeit geschoben. Nun aber wurde deutlich, dass mit ihr etwas nicht stimmte. Heiß spürte sie die Blicke der Eshwen im Nacken, als sie den Arm ihres Vaters ergriff. Sie hörte die Stimmen, vermischt mit denen der Austrier daheim, ihrer Mutter, ihrer Schwester: *Ein Wechselbalg. Der Landgraf hat ein Wechselbalg im Haus.*

»Ich wusste nicht, dass Eure Tochter so … beeinträchtigt ist«, murmelte Fürstin Nerys, auf deren Gesicht ein merkwürdiger Ausdruck getreten war. Wenn Adeena nicht alles täuschte, war sie einen Schritt zurückgewichen.

»Eine angeborene Fehlstellung der Hüfte«, erklärte Jakob Klingwahr geduldig. »Es ist bedauerlich, aber leider nicht zu ändern.«

»Sie zeigt aber keine … Anzeichen?«, fragte Nerys. »Ihre Füße sehen nicht merkwürdig aus? Zeig deine Ohren, Kind.«

»Hoheit«, sagte ihr Vater höflich, als Adeena den Kopf schütteln wollte. Ihr Herz war schwer wie Stein. Sie wünschte sich heim, oder nein, zurück in die Kutsche – denn zuhause sah man sie ebenso an wie hier. »Bitte. Sie ist kein Wechselbalg.«

Nerys hatte den Kopf gehoben und schien tief einatmen zu müssen, ehe sie nickte. In Prinzessin Breyas Augen lag ein mitfühlender Ausdruck.

Adeena war nicht ganz sicher, was am schlimmsten war: Das Mitleid, die Abscheu oder ihre eigene Scham, dem Ruf ihres Vaters geschadet zu haben. »Nun gut«, sagte die Fürstin mit einem Räuspern. »Sicher ist sie das nicht. Wechselbälger sollen ja sehr hässlich sein, und das kann man von Eurer Tochter nicht sagen. Bitte, wir sehen einander heute Abend.«

Nichts war fürchterlicher, als am Arm ihres Vaters den Hof zu durchqueren und die Treppenstufen zu erklimmen. Adeena musste jede Stufe einzeln beschreiten, mit beiden Füßen. Ihre Hüfte brannte, es dauerte ein Leben lang und mit jedem Schritt sengte sich die Aufmerksamkeit der anwesenden Personen in ihren Rücken, hörte sie ihr Tuscheln.

Warum haben sie eine solche nicht längst weggegeben? Wissen die Austrier überhaupt, was ein Wechselbalg ist? Was man sich da ins Haus holt?

Ihr Gemach lag im ersten Stock. Als Adeena die Treppen erklommen hatte und die letzten Schritte bis ins Zimmer gehinkt war, schleppte sie sich durch den Raum, stützte sich auf dem Fensterbrett ab und drängte die Tränen weg.

»Adeena.«

»Schon gut.« Sie blinzelte ins Sonnenlicht, vertrieb den Kloß in ihrem Hals, während ihr Vater die Tür ins Schloss fallen ließ. »Schon gut, ich muss nicht weinen. Ich … wusste, dass das passieren wird.« Aber sie hatte gehofft, dass es nicht so enden würde. Viel mehr, als sie sich eingestanden hatte.

Die junge Frau zuckte, als ihr Vater ihr die Hände auf den Rücken legte. Sein vertrauter Geruch, die Wärme, die von ihm ausging, waren tröstlich und schmerzhaft zugleich.

»Ich will nicht auf diese Feier.«

»Adeena.« Die Stimme ihres Vaters war sanft. »Du bist geladen worden … wir kommen nicht mehr heraus aus dieser Sache.«

»Ich kann behaupten, unpässlich zu sein …«

»Adeena.« Ihr Vater trat ans Fensterbrett, sodass sie sich ihm zuwenden musste. »Lass dich nicht so vom Wort dieser Menschen beeinflussen. Ich weiß, das ist nicht einfach. Aber diese Prinzessin erschien mir recht zugänglich, und die Fürstin werde ich überzeugen, dass du ein ganz gewöhnliches Mädchen bist. Womöglich ist der Prinz auch nicht abgeneigt, wenn er ein bisschen so wie seine Schwester ist?« Er strich ihr mit dem Daumen über die Wange. »Nimm deine Erinnerungen, Adeena. Sie stehen dir zu.«

Adeena konnte ihn nicht anschauen. Sie war nicht sicher, ob sie diese Erinnerungen wollte, wenn sie von Abneigung und Missgunst handelten. »Es tut mir leid, dass du jetzt in Schwierigkeiten bist. Es war dumm mitzukommen.«

Ihr Vater nahm sie in den Arm. Adeena spürte seine bärtige Wange an ihrer Stirn, seine warmen Hände auf ihrem Rücken. »Ich bin froh, dass du hier bist. Ich habe eine fabelhafte Tochter. Und ich werde sie auf diesem Ball präsentieren wie das wunderschöne Mädchen, das sie ist.«

Adeena blinzelte. Mit brennenden Augen sah sie zu ihm hoch – erfüllt von Wärme, nicht mehr so sehr von Traurigkeit. »Und du bist die ganze Zeit bei mir?«

»Na sicher.« Er stupste gegen ihre Nase und Adeena lachte.

»Danke, Papa«, sagte sie. »Danke.«

Ein Neubeginn

Das Zwitschern von Vögeln weckte Mattys am nächsten Morgen. Durch das angelehnte Fenster und die halb zugezogenen Vorhänge drangen Sonnenschein und der Geruch des Straßenpflasters, das von der Wärme getrocknet wurde. Es versprach, ein guter Tag zu werden – viel weniger regnerisch und trist als der vorige.

Mattys verlagerte das Gewicht und schob sich dichter an Rosie. Sie schlief noch fest und friedlich, einen Arm unter den Kopf geschoben, die Wange an seine Schulter gelehnt. Das Haar war offen um ihr Gesicht gebreitet, floss wie dunkle Seide über die Laken. Zwischen ihnen am Fuß des Bettes hatte Mollie es sich bequem gemacht, so ausgestreckt, dass ihre Vorderpfoten und die Schnauze über die Bettkante ragten und die Hinterläufe sich gegen die Wand stemmten.

Mattys gewährte sich noch einige Atemzüge an Rosies Seite, unter den wärmenden Laken und mit dem Geruch des anbrechenden Tages im Zimmer. Die Augen noch geschlossen, die Stirn gegen ihre geschoben – nicht gänzlich wach, aber auch nicht mehr schlafend. Es gab heute nichts, worum er sich sorgen musste. Er hatte alle Zeit der Welt.

Mattys lauschte den stetiger werdenden Geräuschen draußen, den klappernden Hufen und Wagenrädern auf dem Pflaster und den Gesprächen, die auf den Straßen erwachten. Vorsichtig, um Rosie nicht zu wecken, schob er sich aus dem Bett und kam auf die Beine, streckte die Glieder. Er versuchte, im Bad keine zu lauten Geräusche zu machen, als er die Müdigkeit im Becken fortspülte, das dunkle Haar ordnete und Parfum auftrug. Als er ein frisches Hemd und Hosen überzog und sich auf den Boden setzte, um die Schnürsenkel der Schuhe zuzubinden, hob Mollie mit schläfrigem Blinzeln den Kopf. »Shh«, machte er und legte einen Finger an den Lippen. Gehorsam glitt Mollie vom Bett und trat mit leisen Pfoten auf ihn zu. Mattys ließ sie sein Gesicht und die Hände beschnuppern und erlaubte, dass sie ihm über das Handgelenk schleckte.

Wenn er auf dem Boden saß, waren sie genau auf Augenhöhe und er konnte ihr mit beiden Händen den Hals streicheln.

Mollie wartete an der Tür, als er Rosie die Decken über die Schulter schob. Schließlich schlüpfte er hinaus und trat die Stiege in den Schankraum hinunter. Die Wirtin, die sie gestern so unfreundlich begrüßt hatte, nahm gerade die Tagespost entgegen, während Angestellte duftende Blumengestecke auf den Tischen verteilten.

»Guten Morgen«, sagte Mattys, sobald der Briefbote verschwunden war.

»Ach.« Die ältere Dame warf ihm über ihre Lesebrille hinweg einen geringschätzigen Blick zu. Für eine Eshwen war sie klein, doch die leicht auseinanderstehenden Augen und der lange Hals bewiesen, dass sie dennoch eine war. »Der junge Mann von gestern Abend. Gut geschlafen?«

Mattys nickte. »Wunderbar. Ich hatte gehofft, nun ein ebenso wunderbares Frühstück erhalten zu können?«

»Frühstück ab acht Uhr.« Die Wirtin schob die Lesebrille hoch, um weiter die Briefe zu studieren. »Sofern man sich am Vorabend angemeldet hat.«

»Und es gibt keine Möglichkeit, noch etwas zu bekommen?«

»Sehe ich aus, als hätte ich zu wenig Kundschaft?«, schnappte die Alte.

Mattys ließ sich nicht von ihrem Ton beeindrucken. Für gewöhnlich hielt er nichts davon, unfreundlichen Menschen ihr Betragen mit gleicher Münze zurückzuzahlen. Insbesondere die Eshwen waren bekannt für ihre Selbstgefälligkeit: Sie von etwas zu überzeugen, war ein Ding der Unmöglichkeit und in den meisten Fällen bloße Zeitverschwendung. Die Erfahrung hatte ihn gelehrt, dass es meist effektiver war, wenn man sich interessiert gab.

»Verstehe. Ist sicher ziemlich stressig, eine Taverne wie diese zu führen, wenn ein Fest bevorsteht.«

»Wenn ihr heute Abend einen Tisch zum Essen wollt, wird es jedenfalls eng«, sagte die Wirtin spitz.

Mattys setzte sich auf einen der Stühle vor dem Tresen. »Klar, das hatte ich erwartet. Ist es nicht schwierig, so viel allein zu organisieren? Das Essen, die Dekoration, die Reservierungen …«

»Ja, ich mache eine Menge. Die können froh sein, dass ich hier das Sagen habe.« Die Wirtin ließ die Post sinken. Sie beugte sich vor, eine Hand in die Seite gestemmt, und ergänzte über die Brille hinweg: »Ich sag dir eins, Junge. Wenn der Wald mich mal holen kommt, dann ist der Laden hier aufgeschmissen. Dann machen drei die Arbeit, die ich mache.«

Mattys nickte beeindruckt. »Aber wenn man für sein Unternehmen lebt, macht man es sicher gern?«

»Sicher. Die Speisen organisieren, Einnahmen verwalten, Leute herumkomman- ich meine, mit ihnen *zusammenarbeiten* … darin geht man auf. Die Blumengestecke hab ich auch selbst ausgesucht, die kommen aus der Floristerei drüben. Die mit den Narzissen vorn an der Tür, dort gibt es die besten Blumen im Viertel.«

Mattys nickte. »Gut, ich hatte überlegt, ob ich Rosie noch welche besorge. Ich muss ohnehin noch mit dem Hund raus.«

»Was soll dieser Hund überhaupt?«, grunzte die Wirtin. »Ist der zu was gut oder nur zum Spaß dabei?«

Mattys blickte zu Mollie hinunter, die aufmerksam die Ohren aufstellte. »Nicht zum Spaß.« Er wies auf sich. »Ich bin melyskrank und sie kann mir sagen, wenn mein Zuckerspiegel zu hoch oder zu niedrig ist.«

Die Wirtin hob die Brauen. »Das kann der Köter erkennen?«

Mattys nickte. »Sie läuft dann unruhig herum und bellt. Das kann nervig sein, aber es hilft ungemein. Früher hatte ich mehr Schwierigkeiten damit, aber seit sie da ist, geht es mir viel besser.«

Nachdenklich rümpfte sie die Knollennase. »Ein Mädchen ist sie?«

»Genau, sie heißt Mollie«, erklärte Mattys. »A-moll eigentlich. Als sie ein Welpe war, habe ich manchmal auf der Naraline gespielt, während sie dabei lag. Immer beim A-moll hat sie geheult wie ein Wolf, deswegen hat sie den Namen bekommen.«

Wenn ihn nicht alles täuschte, lächelte die Wirtin nun. »Und wie lange hast du das schon, dass du honigkrank bist?«

»Seit ich elf Jahre alt bin«, erklärte Mattys. »Mollie habe ich aber erst vor sechs Jahren bekommen.«

»Das ist ja was«, sagte die Wirtin. »Und da willst du ein gutes Frühstück? Ich dachte immer, wenn man das hat, kann man nur Grünzeug essen und Wasser trinken und ist bald tot?«

»Das denken viele. Aber ich züchte Melyspflanzen, die dagegen helfen. Die Blüten senken den Zuckerspiegel, dann kann ich ganz normale Dinge essen.« Er war ohnehin wieder ein bisschen zu dünn, deswegen war ein gutes Frühstück wahrscheinlich gar keine schlechte Idee. Mattys bemühte sich dennoch um einen betroffenen Ausdruck – er wusste, dass er die Wirtin fast rumgekriegt hatte. »Aber es geht gar nicht um mich. Gestern Nacht war ziemlich furchtbar und ich möchte dafür sorgen, dass Rosie heute das beste Ostara hat, das sie sich vorstellen kann. Dafür brauche ich ein gutes Frühstück.«

»Ah«, machte die ältere Frau und atmete tief ein. »Und was schwebt dem jungen Mann vor?«

»Es müssen keine Extravaganzen sein, aber zumindest ein Tisch wäre schön. Ich bin überzeugt, dass ihr hier fabelhaftes Frühstück habt, sonst wäre es ja nicht so gut besucht.«

Die Wirtin hob die Braue. »Anya!«, rief sie. »Stellt mal noch einen Tisch rein! Bezahlt wird am Abreisetag, aber ohne Murren.«

»Sicher! Vielen Dank.« Mattys lächelte. »Dürfte ich wissen, was für ein Frühstück angeboten wird?«

Sie brummte genervt. »Es gibt dasselbe wie immer. Wenn ihr damit nicht zufrieden seid, esst woanders.« Damit verschwand sie im Hinterzimmer. Mattys tauschte einen zufriedenen Blick mit Mollie, ehe er von dem Hocker glitt und zur Tür ging.

Auf den Straßen herrschte das geschäftige Treiben eines Festtages. Mattys sog die Morgenluft ein, die von Sonne und Frühlingsduft erfüllt war, und sah sich neugierig um. Dinas Rhedyn war eine lebendige und farbenfrohe Stadt – viele der bürgerlichen Gebäude waren in charmanten Pastelltönen angestrichen oder mit bunten Fensterläden und Blumenkästen versehen. Den Eshwen mochte Arroganz nachgesagt werden, doch auf ihre Architektur konnten sie sich wahrlich eine Menge einbilden. Von den verwunschenen Erkern und Balkonen hingen Geranien und Glockenreben, bunte Blüten auf Holz und Gestein, sodass es in jeder Gasse Neues zu entdecken gab. Goldene Lampions und Girlanden schwangen im lauen Frühlingswind. An den Häusern formten sich efeubewachsene, metallene Verstrebungen zu Torbögen oder Halterungen für die Holzschilder, die über den Türen baumelten. In der Ferne, da, wo gerade die Sonne aufging, erhob sich das Eshwenschloss, das geheimnisvoll und wunderschön im hellen Licht erstrahlte.

Mattys kam es vor, als wäre dies eine andere Stadt als die, die er gestern in Dunkelheit und Nieselregen durchquert hatte. Dinas Rhedyn war ihm wenig einladend und gefährlich erschienen. In solchen grauen Nächten war ihm, als würden die Wälder sich enger um die Inseln menschlicher Zivilisation schließen, als wollten sie beweisen, dass sie sich ihren Grund zurückholen konnten, wann immer sie den Wunsch danach verspürten. Dann kam Mattys sich doch nur wie ein gebilligter Gast vor, nicht wie die dominante Spezies dieser Welt.

Heute aber war die Stadt hell und einladend. Die Straßen waren von Rufen, Kinderlachen und Tiergeräuschen erfüllt und die Eshwen trafen die letzten Vorbereitungen für das Ostarafest. Am Nachmittag begannen bereits die Festspiele, am Abend würden die Feuer entzündet werden, um das neue Jahr und den Frühling willkommen zu heißen. In Eshwen maß man Keyll Naomh weniger Bedeutung bei als in seiner Heimat. Hier gab es keine Schreine oder Grüne Priester. Die alten Bräuche, in welchen Keyll Naomh gepriesen wurde, waren in den Hintergrund gerückt. Ostara war hauptsächlich ein Fest für Geschenke und gutes Essen.

In Skoggen war das anders. Mattys erinnerte sich noch an seine Kindheit, in welcher die Nachbarn Kränze aus den Blüten des Waldes getragen und Lieder gesungen hatten. Priester sprachen Segen und entsandten Lichter auf die stillen Bergseen. Damals hatte Mattys beobachtet, wie die jungen Leute aus dem Dorf mit Blumenschmuck und Laternen in die Wälder gewandert waren, um mit den sagenumwobenen elfenhaften Keiju zu tanzen. Manchmal kehrten sie tagelang nicht zurück, und wenn es so weit war, hüllten sie sich in Schweigen über das, was ihnen widerfahren war. Mattys hatte nicht lang genug dort gewohnt, um selbst herauszufinden, ob die jungen Skoggen wirklich mit den Keiju tanzten oder es sich bloß um Legenden handelte. Aber sie hatten nach ihrer Rückkehr stets gelächelt.

Während Mollie im Gras am Waldrand ihr Geschäft verrichtete, kaufte er einen Bund Tulpen. Der Florist wünschte ihm ein gutes Ostara, was Mattys mit Höflichkeit erwiderte, und als die Turmuhr des Rathauses in der Nähe zur achten Stunde schlug, kehrte er in den Schankraum zurück. Die Wirtin war nirgends zu entdecken, doch auf dem Tresen stand eine leere Blumenvase, die Mattys mit einem Schmunzeln mit nach oben nahm. Mollie wedelte mit dem Schwanz, während er die Blumen mit Wasser versorgte und ans Fenster stellte, ehe er vor dem Bett in die Hocke ging.

»Rosie.«

Rosie regte sich und öffnete die Augen zu schmalen Schlitzen.

»Guten Morgen«, sagte Mattys.

Unter der Decke hervor berührte sie seine Hand mit den Fingerspitzen. »Ich bin aufgewacht und du warst nicht da.«

»War das schlimm?«

»Hmm. Ich hatte den merkwürdigsten Traum.« Sie rollte sich auf den Rücken, tiefer ins Kissen. »Caleb und die anderen kamen darin vor. Sie wollten auf ihren Instrumenten spielen, aber Edelines Geige hatte keine Saiten, Naschas Flöte keine Löcher und die Trommeln von Caleb keine Bespannung. Und in den Bäumen über ihnen saßen lauter Motten … und dort war so ein Rabe, dem haben sie alle Federn abgeknabbert. Oh, und da war eine Harpyie, deren schöner Gesang mir alle Zuschauer geraubt hat. War richtig nervig. Aber dann hattest du eine Idee. Du hast mein Haarband genommen und ihr den Schnabel zugebunden, sodass sie nicht mehr singen konnte.«

Mattys hob die Braue. »Wow. Traum-Mattys scheint intelligent zu sein.«

»Die Harpyie hatte Ähnlichkeit mit meiner Cousine Selyse«, meinte Rosie.

»Das ist naheliegend. Selyse ist ziemlich unausstehlich.«

Rosie stieß ihn an und beide lachten. »Meinst du, daraus könnte man ein Lied machen?«, fragte sie. »Ein Schauermärchen höchstens … mir war echt unwohl, als ich aufwachte und allein war.«

»Echt?«

»Na ja, eigentlich nicht wirklich. Immerhin hatte ich ohne euch viel Platz.«

Mattys lächelte schief. Wenn sie Witze machte, konnte der Traum sie nicht so sehr mitgenommen haben. »Wie gemein. Für so jemanden habe ich aufwendig Frühstück organisieren lassen.«

»Frühstück?« Rosie richtete sich auf.

»Na ja, hoffentlich. Wir gucken am besten noch mal nach. Vorausgesetzt, du ziehst das diesem Bett vor.« Mattys pikte sie in die Seite und brachte sie zum Lachen.

»He!« Sie wehrte sich, als Mattys die Decke enger um sie schloss und sie weiter kitzelte. Kichernd zerrte Rosie an ihrem Arm, bis sie die Hand freibekam und ihm gegen die Wange drückte, um ihn auf Abstand zu halten. Mattys war gezwungen, von ihr abzulassen, als er ebenfalls in die Seite gepikt wurde. Rosie griff nach seinen Handgelenken, um ihn an weiteren Angriffen zu hindern. »Kein Kitzeln mehr!«, befahl sie. »Oder meine Rache wird schrecklich sein! Mitten in der Nacht werde ich dich aus dem Schlaf reißen. Du wirst nicht wissen, wie dir geschieht.«

»Schon gut, schon gut«, beeilte Mattys sich zu sagen. Rosie biss sich auf die Unterlippe. Dann schob sie sich näher und küsste ihn, nun sachter als zuvor. »Ich mache mich rasch fertig und dann auf zum Frühstück.«

Wenig später fanden sie sich erneut im Schankraum ein. Eine Angestellte wies ihnen einen bereits gedeckten Tisch zu, auf dem nach und nach das Frühstück aufgetragen wurde, das die Wirtin erübrigt hatte. Dafür, dass Mattys keine Extravaganzen gefordert hatte, war das Essen ziemlich vielfältig. Es gab süße Brötchen und Blätterteighörnchen, dazu einen Fruchtaufstrich aus Erdbeeren. Außerdem servierte man gebratenen Speck mit Eiern, gebackene Bohnen und eine Schale Vanillejoghurt mit Salzkaramellsoße, was Rosie sehr gefiel. Weil Ostaratag war, gab es sogar kleine Kuchen aus Schokolade und Mohn mit Streuseln. Sie tranken Kaffee und Saft mit Holunderblütensirup und Zitrone und Mollie bekam ein paar Speckstreifen ab.

Als sie das Wirtshaus nach dem Frühstück verließen, strahlte Rosie wie die Sonne und Mattys' Herz war leicht. Sie spazierten durch die betriebsamen Straßen, ließen sich die Gesichter von der Sonne wärmen und bewunderten die Auslagen in den Geschäften.

»Für gewöhnlich würden wir jetzt alles für den Auftritt vorbereiten«, sagte Rosie. »Ich weiß gar nicht, wann ich das letzte Mal ein Fest nur für mich gefeiert habe.«

»Überhaupt jemals?«

»Als kleines Mädchen vielleicht. Da durften wir uns mit den größeren Kindern etwas zu essen besorgen, an den Festspielen teilnehmen oder den Puppentheatern zuschauen. Später war ich älter und musste auf die Kleinen aufpassen. Danach hatte ich immer Auftritte.« Rosie überlegte. »Es war immer schön. Aber ich habe ganz vergessen, wie es ist, einen Feiertag einfach zu genießen.«

Mattys verstand das gut. Als er ein kleiner Junge gewesen war, hatte er die Festtage verbringen können, wie er wollte. Später als Heilerlehrling hatten sie zu den Feierlichkeiten in Broc Môr Zelte aufgestellt, um die Erstversorgung von Verwundeten zu gewährleisten. Ihm war das aufregend vorgekommen – in erster Linie, weil er gehofft hatte, dass Rosie zu dieser Zeit auch in Broc Môr sein würde –, aber es war eine ganz andere Art der Aufregung gewesen als die, die er als Spielmann empfand. Für einen Heiler waren Feiertage bloß Feiertage. Für einen Spielmann waren sie eine Chance, gutes Geld zu verdienen, sich einen Namen in der Gesellschaft zu machen und gehört zu werden. Feste bedeuteten Erfolg, doch sie erforderten auch Hingabe, unkalkulierbare Risiken und Einsatz.

Nur heute nicht. Morgen würden sie weitersehen, aber heute gehörte ganz ihnen.

Mattys griff nach Rosies Hand. »Dieses Ostara gibt es keinen Auftritt. Wir machen, was wir wollen. Also, wohin willst du zuerst?«

»Die Feierlichkeiten auf dem Marktplatz beginnen erst später. Lass uns vorher einen Abstecher auf die Glockenbrücken machen. Da gibt es die besten Läden.« Sie schob nachdenklich die Lippen zusammen. »Ich frage mich, was die anderen gerade machen. Und wie lange sie brauchen, bis sie begreifen, dass sie ohne uns vollkommen aufgeschmissen sind.«

»Vielleicht finden sie ja eine andere Sängerin und werden trotz unseres Ausstiegs über Nacht richtig erfolgreich«, meinte Mattys. »Und vielleicht lernen sie auch endlich mal, selbst aufzuräumen.«

Rosie nickte bekräftigend. Die beiden sahen einander einen Augenblick lang ernst an, ehe sie laut zu lachen begannen.

»Glockenbrücken.« Mattys legte einen Arm um Rosie, zog sie näher an sich. »Bin dabei.« Rosie fasste nach seiner Hand und er ließ die Finger bereitwillig in ihre gleiten. Mit Mollie im Schlepptau tauchten sie ins betriebsame Dinas Rhedyn ein.

»Das ist eine Katastrophe«, stöhnte Edeline. »Ohne Rosie und Mattys sind wir vollkommen aufgeschmissen.«

Caleb stützte die Arme auf die Lehne des nach hinten gekehrten Stuhls. Vor einer halben Stunde hatte er noch widersprochen, aber mittlerweile konnte er Lene bloß noch beipflichten.

»Wie viele fürchterliche Sänger haben wir uns jetzt angetan?«, fragte er. »Siebenhundert?«

»Und sie waren alle der Meinung, die größten Überflieger zu sein.« Edeline rollte mit den Augen.

»Wir haben beinahe alle durch«, erklärte Nascha, die die Kandidaten auf einer Liste notiert hatte. Sie hob den Kopf und richtete das Stirnband, das ihre Locken zurückhielt. »Puh, mir tut langsam der Nacken weh. Habt ihr bisher einen Favoriten? Mir gefiel das Duo mit der Davul ganz gut.«

Caleb schnaubte. »Der linke von denen sah aus wie ein Henker.«

»Und bei denen sind mir fast die Trommelfelle geplatzt«, entgegnete Edeline mit hochgezogenen Brauen.

Nascha wog den Kopf zur Seite. »Sagen wir, sie gefielen mir *am besten.*«

Die Tür vom Hinterzimmer wurde geöffnet und Olyvar führte eine neue Kandidatin an der Hand herein. Die junge Frau war hochgewachsen und gutbürgerlich gekleidet, in einem taubenblauen Kleid und mit einem bestickten Schal über den Schultern. Sie hatte das typische Eshwengesicht mit den etwas weiter auseinanderstehenden Augen und der vornehmen Blässe. Ihr blondes Haar war mit Blüten hochgesteckt. Caleb fand sie hübsch, auch wenn ihre Wangen rundlich waren und sie noch viel Kind an sich trug. Ein wenig unsicher deutete sie auf die behelfsmäßige Bühne, die Falkner und Brandfuchs aufgebaut hatten, woraufhin die Barden ihr ermutigend zunickten.

Olyvar setzte sich zu Caleb, während sich die junge Frau vor ihnen hinstellte. »Hallo«, sagte sie mit heller Stimme und knetete die Hände. »Ich heiße Delya und ich bin die Tochter des Schneiders aus der Magnoliengasse.«

Caleb vergrub das Gesicht in einer Hand. Er wollte ihnen allen ersparen, dass sie weiterredete. Wenn sie sang, wie sie sprach, würde sie sich bloß blamieren.

»Hey«, sagte Edeline. »Ich bin Lene, das ist Nascha. Das dort sind Caleb und Olyvar.«

»Ich weiß.« Auf Delyas Lippen erschien ein Lächeln. »Du bist die Kriegerin, die nicht Kriegerin genannt werden will. Nascha lauscht dem Wald und Caleb beherrscht die meisten Instrumente.«

»Und Olyvar vergessen immer alle«, murmelte Olyvar und zog die Beine an den Körper. Caleb lachte gedämpft.

Delya fuhr fort: »Mir gefällt eure Musik sehr. Ich bin oft bei euren Auftritten, wenn ihr in der Stadt seid. Euer Lied von den Keiju mag ich am liebsten.«

»Singst du das heute?«, fragte Nascha.

Delya nickte. Sie atmete tief durch und blinzelte zur Decke. »Entschuldigt, ich bin etwas aufgeregt.«

»Sie ist *richtig* aufgeregt«, raunte Olyvar ihm zu. »Ihre Hand war schwitzig, als hätte sie in der Sonne gebrutzelt.«

Caleb schnitt eine Grimasse und wandte sich nach vorn, als die Schneiderstochter zum Singen anhob.

»Was flüstert da im Winde, das klingt so fern, so nah,
Wer stiehlt die Maid, den Jüngling, am schönen Ostara?
Auf weichen, leisen Sohlen, so holen sie sie fort,
So rauben sie Verstand und Sinn mit süßem Zauberwort.«

Nascha neigte den Kopf und verlagerte ihr Gewicht, wobei in ihrem Blick unsagbares Mitleid stand. Caleb wollte das Gesicht in den Armen vergraben. Auf eine befremdliche Weise war er beeindruckt, dass die Schneiderstochter überhaupt einen Ton rausbekam, so piepsig und klanglos er auch war.

»Mädchen, wahr dein Schweigen, und ist es noch so schwer,
sonst holen dich die Keiju, und du kehrst nimmermehr.
Junge, heb die Stimme, Harmonie, Akkord.
Geheimnisse der Wälder, die bleiben immer dort.«

»Sie würde gut singen, wenn sie nicht klingen würde, als ob sie gleich zu weinen anfängt«, flüsterte Caleb. Olyvar grinste mitleidig.

»Danke, das ist schon genug«, sagte Nascha, weil Delya aussah, als wollte sie genau das hören. Sie war hochrot angelaufen und stolperte über die letzten Worte, weil ihre Zunge daran hängen blieb. Es sah ein bisschen witzig aus, weil es nicht recht zu ihren zarten Eshwen-Gesichtszügen passen wollte. Nun verstummte die junge Frau mit Erleichterung und knetete die Hände. »Ich hoffe, es hat euch gefallen.«

»Es war ganz zauberhaft«, versicherte Nascha. »Ich habe dir gern zugehört.«

»Soll ich draußen warten?«, fragte Delya.

»Nicht nötig«, sagte die Bardin, und als das Mädchen traurig die Lippen schürzte: »Aber wir suchen dich auf, sollten wir uns für dich entscheiden.«

Delya nickte und neigte den Kopf, ehe sie von dem Podest stieg und zur Tür steuerte.

»Wir nehmen sie *nicht*«, entschied Caleb, sobald sie den Schankraum verlassen hatte.

Edeline gab ein unglückliches Geräusch von sich. »Das war eine Herausforderung. Auch zum Zuhören.«

Abfällig schnaubte er. »Sie kann vielleicht die Lieder auswendig, aber ihre Stimme bleibt dünn wie der Kaffee in der *Blauen Margerite* vorgestern.«

Nascha seufzte.

»Klingt, als hättet ihr bislang keinen Erfolg gehabt.« Der Wirt Falkner war aus dem Hinterzimmer getreten, dicht gefolgt von Brandfuchs.

»Sie geben sich alle Mühe«, beteuerte Nascha, »aber niemand reicht an Rosie heran. Wir finden nicht mal jemanden zum Mandolinespielen.« Sie wies auf die Instrumente, die am Fuß des Podests lagen.

»Von hinten klang es auch nicht gerade überragend«, meinte Falkner und schlug sich das Küchentuch über die Schulter. Brandfuchs setzte sich auf die Bühnenkante und nahm die Naraline zur Hand, stimmte ein paar Akkorde an. Da sie Vormittag hatten, war das Gasthaus noch geschlossen und es blieb noch ein wenig Zeit.

Edeline legte den Kopf in den Nacken, dass ihr schlüsselbeinlanges rotes Haar über die Stuhlkante schwang. »Wir müssen es wohl oder übel weiter versuchen«, murrte sie und gab Olyvar einen Wink. »Hol den Nächsten rein. Es kann nur besser werden.«

»Das war die letzte Person«, sagte Olyvar.

Edeline verdrehte die Augen. »Warum hab ich das sagen müssen?«

»Mattys hätte eine Lösung gewusst«, murmelte Nascha. »Rosie hätte uns Mut gemacht, bis alles wieder gut wird.« Sie verlagerte ihr Gewicht, mit einem Mal sehr ernst. »Sie fehlen mir …«

»Mir auch«, pflichtete Olyvar ihr bei. »Und Mollie vermisse ich auch.«

Edeline nickte. Die drei Bardinnen warfen Caleb einen Blick zu, der ihn unwillig erwiderte. Er gestand es sich ungern ein, aber er vermisste die drei auch. Es hatte sich furchtbar komisch angefühlt, ohne Rosie zu frühstücken, die sie anstrahlte und über den Tag plauderte. Caleb hatte nicht gewusst, dass er es sogar vermissen würde, Mollie Speck unter dem Tisch zuzustecken, aber sein Teller war ihm ohne den Hund an seinen Füßen irgendwie schrecklich voll vorgekommen. Und ja, selbst wenn dieses Geständnis schmeckte wie bitterer Rum: Er wünschte sich auch, dass Mattys hier war.

Mattys hätte eine Lösung gewusst. Er wusste immer eine Lösung.

Caleb ließ sich gegen die Lehne sinken. »Scheiße, ich hab einen Riesenfehler gemacht.«

»Geh zu ihnen.« Nascha hatte sich zu ihm umgedreht. »Vielleicht gibt es noch eine Chance und Mattys verträgt sich wieder mit dir. Dann ist alles wie vorher und wir können heute Abend normal auftreten.«

»Ich glaube, das ist nicht so einfach«, sagte Edeline. Als Nascha sie fragend ansah, hob sie die Schultern. »Kommt, Leute. Überrascht euch wirklich, wie es gekommen ist? Mattys hat nie in dieses Leben hergehört. Deswegen sollten wir auch nicht so wütend auf Caleb sein. Du hast das Ganze beschleunigt, aber im Grunde war es nur eine Frage der Zeit.«

Caleb fühlte sich deswegen nur geringfügig besser. Er war lieber wütend auf sich, als so harte Wahrheiten zu hören.

»Dass Mattys nicht ewig bleibt, war immer klar. Und Rosie wird ihren Weg woanders finden. Das nächste Mal, dass wir sie wiedersehen, wird am Hof irgendwelcher Adliger sein, nicht in einer Kaschemme wie dieser.« Edeline hob die Hände vor Falkner und Brandfuchs. »Nichts für ungut. Ist sehr schön hier.«

Nascha verlagerte unruhig ihr Gewicht, sah dabei niemanden von ihnen an. »Aber wir hatten doch eine gemeinsame Vision. Wir haben gesagt, wir machen das zusammen.«

»Dinge ändern sich«, erwiderte Edeline. »Nichts ist so beständig wie der Wald, Nascha. Innerhalb ebenso wie außerhalb seiner Grenzen. Du hast dein Zuhause doch auch verlassen, weil du dich zu anderen Dingen berufen gesehen hast.«

Unglücklich strich Nascha über ihre Arme. »Das war etwas anderes. Und es heißt nicht, dass ich nicht irgendwann zurückkehren will.«

»Unterstreicht das nicht, was ich gerade gesagt habe?«

Als Nascha nichts antwortete, seufzte Lene. »Ach Nascha.« Sie rutschte mit den Füßen vom Stuhl und nahm sie in den Arm.

Caleb fuhr die Rillen zwischen seinen hochgebundenen, gefilzten Haaren nach und unterdrückte ein Seufzen. Warum konnte er sich nicht einfach bei Mattys entschuldigen? Das wäre ihm schwergefallen, aber verglichen mit dieser Zwickmühle erschien es furchtbar simpel. Er hatte keine Lust, heute Abend aufzutreten, wenn die Zukunft so ungewiss war. Er hatte nicht mal Lust, seinen Frust in Rauchbier zu ertränken.

Zum ersten Mal wurde ihm klar, wie sehr er sich auf Mattys verlassen hatte. Darauf, dass er die Dinge schon regelte. Caleb wollte, dass alles gut war, damit er die Sorgen und die Verantwortung wieder abstreifen konnte, die er nie gern getragen hatte. Damit er nicht so viel darüber nachdenken musste, wie es weiterging, ob sie einer rosigen Zukunft entgegenblickten, ob es Olyvar gut gehen würde. War das rücksichtslos? Es war das Einzige, was er kannte.

»… *sonst holen dich die Keiju, und du kehrst nimmermehr.*

Junge, heb die Stimme –«

Caleb sprang auf die Beine. »Brandfuchs!«, stieß er hervor.

Der Koch hielt wie ertappt inne. »Was?«

»Spiel das noch mal! Mit dem Singen.«

Brandfuchs runzelte die Stirn, ehe er sich das rote Haar aus der Stirn schüttelte.

»Mädchen, wahr dein Schweigen, und fällt es noch so schwer
sonst holen dich die Keiju und du kehrst nimmermehr.
Junge, heb die Stimme, Harmonie, Akkord.
Geheimnisse der Wälder, sie bleiben immer dort.
Hee-a-yo, hee-a-yo, für immer, immer dort.«

»Das war richtig gut.« Nascha richtete sich begeistert auf. »Du kannst ja singen! Und sogar mit schönen Harmonien.«

»Ich sagte doch, er kann die Lieder«, beteuerte Falkner.

Brandfuchs winkte ab. »Nah, das ist nichts. Ich spiele ganz amateurhaft.«

»Vollkommen ausreichend«, wischte Caleb die Einwände fort und setzte sich wieder, nur um aufgeregt herumzuzappeln. »Das war super! Und Naraline spielst du auch!«

»Ich kann aber nicht alle Lieder«, erwiderte Brandfuchs. »Außerdem bin ich ein Mann. Rosie ist ein Mädchen.«

»Wenn du Falkner von der Bühne aus ein paar herzerwärmende Blicke zuwirfst, haut das schon hin.« Caleb wies auf die beiden. »Das Publikum wird das ebenso lieben, wie wenn sich Rosie und Mattys anschmachten.«

»Nascha kann auch ein paar Lieder singen«, setzte Lene dahinter. »*Das Weidenmädchen* kannst du doch übernehmen, nicht wahr? Und *Die siebte Sonne* und *Sanna, Sanna*. Dann wären es nur drei oder vier Lieder, die Brandfuchs sich selbst aussuchen kann.«

»Das schaffe ich schon«, sagte Nascha.

»Und ich spiele Flöte, wenn Nascha singt«, warf Olyvar ein.

Edeline wandte sich an Brandfuchs. »Willst du uns heute Abend begleiten?«

Der Koch verlagerte unsicher sein Gewicht. Falkner stellte die Daumen auf. »Das wird super.«

»Und die Küche?«

Er winkte ab. »Wir haben gut ausgebildete Jungköche, durch deine Fähigkeiten geschult. Wir bereiten alles vor, dann kannst du entspannt auftreten. Komm, Olwen, ich will dich einmal mit diesen Chaoten spielen sehen.«

Brandfuchs schob sich das Haar aus der Stirn und nickte. »Na gut. Warum nicht?«

»Klasse!« Caleb schloss die Hände fester um die Stuhllehne. Mit einem sicheren Plan in der Hinterhand war er gleich viel entspannter. »Seht ihr? Wir sind *keine* Versager.«

Nascha umschloss ihr Gesicht mit den Händen und kniff die Augen zusammen – jetzt grinste sie wieder. »Wir sind gerettet!«

»Rosie und Mattys würden sicher Augen machen«, sagte Olyvar.

Edeline nickte bekräftigend. »Deren Tag ist sicher unheimlich langweilig.«

»Vielleicht vermissen sie uns furchtbar. Bestimmt fragen sie sich, warum sie nicht längst zurückgekehrt sind«, pflichtete Nascha ihr bei und sprang auf. »Kommt, Zeit zu proben. Das wird so gut!«

»Dieser Tag ist der beste meines Lebens«, verkündete Rosie. »Ich kann nicht glauben, warum wir das nicht längst gemacht haben. Ein ganz entspanntes Ostarafest! Den ganzen Tag war mir nicht *einmal* langweilig.«

»Das wäre auch große Kunst gewesen«, meinte Mattys. »Propheten, ich war noch nie so lange auf den Beinen.«

Und dennoch hatte sich jede Sekunde gelohnt: Mattys war nicht klar gewesen, wie sehr er sich nach einem solchen Tag zu zweit gesehnt hatte, der nach Frühling und Festlichkeit und der Art mildem Abenteuer schmeckte, der man in einer Stadt wie dieser begegnete. Den Vormittag hatten sie auf den Glockenbrücken verbracht, auf welchen reger Festtagsbetrieb geherrscht hatte. Die vielen kleinen, beschaulichen Geschäfte hatten Tür und Tor geöffnet, um Stadtbesucher anzulocken. Unter der Passage floss der Maraid entlang und viele Bürger und Gäste Dinas Rhedyns setzten sich an diesem herrlichen Tag auf die Trittstufen unter den Arkaden, um dort die Sonne zu genießen. Aus den Backstuben füllte der Duft frischen Gewürzbrots den Wind. Rosie hatte die Schnitzereien einer alten Puppenmacherin bewundert, dann die feinen Röcke und Hemden der Schneiderei und zuletzt die in Mode gekommenen Fotoapparate. Zur Mittagsstunde schlugen die Metallglocken auf den roten Dächern der Passage eine Melodie, die mit heller Mehrstimmigkeit auf der Brücke widerklang.

Als der Festplatz nach dem zwölften Glockenschlag eröffnet worden war, hatten sie den Marktplatz Dinas Rhedyns erkundet. Im Zentrum hatte man ein Muster aus Frühlingsblüten gelegt, das das Mottenwappen Eshwens zeigte. Es gab kühle Getränke und Brezeln, Souvenirs und

Objekte für die bevorstehenden Zeremonien: Räucherstäbchen, Ostara-Talismane und Blütenkränze. Rosie hatte an einer Schießbude mit einem Steinschussgewehr auf kleine Pappmotten geschossen und ein mittelmäßig gut verarbeitetes, ledernes Schellenarmband als Prämie erhalten. Sie waren über die Maraid-Promenaden spaziert, hatten von einer Mauer aus einem Kinder-Puppentheater über Newid und Bronimir zugesehen und schließlich noch einen Abstecher in ein paar Geschäfte gemacht.

Eshwen war bekannt für seine herausragende Architektur, aber auch für die geschmackvolle Kleidung. Alles war in rauchartigen Tönen gehalten, seiden und von hochmütiger Eleganz. In vielen Kleidungsstücken fanden sich Elemente, die an die Ahnen der Eshwen, die Eschenelben, erinnern sollten. Einige Eshwen trugen sogar flügelartige Umhänge mit rückenfreien Kleidern, obwohl es dafür noch ziemlich kalt war.

Sie nutzten den Augenblick, um selbst etwas Schönes zu erstehen. Mit einem neuen, dunkelblauen Kleid, Stiefeletten und einer Tüte Schokolade für Rosie, Kaninchenstreifen für Mollie und einem Buch über Eshwener Märchen für Mattys kehrten sie zum *Bronzenen Rebhuhn* zurück.

»Ich kann auch kaum noch laufen.« Rosie zog eine Grimasse, ehe sie Mollie ein Stück Kaninchenfleisch zuwarf. Mollie bellte aufgeregt und fing es aus der Luft.

»Keine Angst, du wirst dich gleich hinsetzen können«, versprach Mattys. »Meinst du, du schaffst es noch die Straße hinab, oder soll ich dich tragen?«

Rosie hob prüfend die Braue. »Manchmal bin ich nicht sicher, ob du scherzt oder nicht.«

Die Gaststätte, in der sie einen Tisch reserviert hatten, war bereits in Sichtweite. Im dunkelnden Dinas Rhedyn war das Restaurant mit den goldenen Lampionketten und kleinen Feuerschalen eine kleine Insel aus Licht. Das *Nüsslein* lag am Fuße der Glockenbrücken und lockte mit wunderbarem Bratenduft, traditioneller Küche und der Tatsache, dass Hunde drinnen erlaubt waren. Es hatte Mattys' Überzeugungskraft und Mollies Hundeblick bedurft, damit die Inhaberin noch einen Tisch für sie reservierte.

Mattys legte Rosie einen Arm um die Taille, die den Kopf kurz gegen seine Schulter sinken ließ. Er hielt ihr die Tür auf und ließ sie die schmale Treppe hinab ins Innere des Restaurants treten. Das *Nüsslein* mutete an wie ein Weinkeller, mit niedrigen, laternenbeschienenen Felsbögen und blumendekorierten Fässern. Durch einen Gang betrat man den steinummantelten Schankraum. Eine Treppe führte hoch zu den Gärten, in welchen man im Sommer sicher gut sitzen konnte. Noch war es dafür allerdings zu kalt.

»Ich habe die Karte schon gesehen«, erklärte Rosie, als sie von der Wirtin begrüßt und an ihren Platz geleitet wurden. Mollie legte sich unter dem Tisch hin. »Ich finde, dieser Eshwener Rarebit klingt sehr gut.«

»Darauf sind wir spezialisiert.« Astryd Lugh war viel mehr eine Eshwen als die Wirtin im *Bronzenen Rebhuhn.* Sie war eine Frau mittleren Alters mit einem blonden Haarschopf und hoher Stirn. Um die Augen und den Mund trug sie die ersten Falten, was sie würdevoller erscheinen ließ. Ihre Kleidung war wie sie von einfacher Eleganz. Mattys fand sie sympathisch, auch wenn sie ein wenig überarbeitet erschien. »Wir machen den Rarebit mit Kartoffel statt Röstbrot. Er wird mit selbstgebrautem Rauchbier in der Pfanne blanchiert, dazu gibt es Tomaten und pochiertes Ei.«

Rosie nickte fasziniert. »Klingt überragend.«

»Darf ich die Karte trotzdem noch mal sehen?«, fragte Mattys.

»Selbstverständlich.« Frau Lugh reichte ihnen die in Holz gebundenen Speisekarten. »Zu trinken empfehle ich heute einen Rotwein aus Dobur.«

»Ein Wasser genügt.« Mattys war mit Alkohol stets vorsichtig.

»Für mich auch.« Rosie entging seinem Blick und lächelte Astryd Lugh höflich an.

»Gerne.« Die Wirtin neigte den Kopf und verschwand hinter die Theke.

»Du kannst trinken, was du möchtest«, sagte Mattys, als Rosie die Karte aufschlug und interessiert studierte.

»Das ist mir klar. Aber ich will nur Wasser.«

»Ich weiß, dass du viel lieber einen Rotwein oder Kakao oder …«

»Mattys«, unterbrach Rosie ihn. »Du hast den ganzen Tag zurückgesteckt und dieses ganze Zeug mitgegessen, damit ich glücklich bin. Das weiß ich zu schätzen, aber ich muss es nicht übertreiben. Ich brauche keinen Rotwein, damit der Abend schön ist.«

Mattys zögerte, nickte dann aber. »Na gut. Aber wenn ich den Spargel nehme, brauchst du nicht mitzuziehen.«

Sie lachte und wandte sich wieder der Karte zu. Rosie trug ihr neues Kleid, das in einem gedeckten Dunkelblau gehalten war. Der mit Volant besetzte Ausschnitt ließ die Schlüsselbeine und Schultern frei und war mit einem Band aus Silberstickerei versehen. Das Haar hatte sie hochgesteckt und mit einem Perlenreif geschmückt. Rosie liebte dieses Kleid, das war offensichtlich. Und auch Mattys gefiel es, wenngleich er sich zu sagen verkniff, dass er sie am liebsten sah, wenn sie nur eines seiner Hemden trug.

»Nächstes Ostara sollten wir nach Skoggen gehen«, meinte Rosie. »Ich will die Feuer dort sehen. Die Tänze!«

Mattys nickte. Skoggen war groß, sicher würde sich da etwas finden. »Ganz oben im Norden ist es zu Ostara sicher schön.«

»Wie war das noch? Die Kinder gehen mit Laternen herum und spielen Hexen, richtig?«

Mattys ließ die Karte sinken. »Genau, das kommt aus Lyttnar. Sie verkleiden sich als *Noita,* also als Hexen, und basteln Laternen aus Weidenzweigen. Dann klopfen sie an die Türen und verfluchen dich, wenn du ihnen nichts Süßes gibst.«

Rosie lachte. »Ich hätte solche Angst.«

»Gib's zu. Du würdest eine Menge dafür geben, dich auch als *Noita* verkleiden zu können.«

»Man kann es ja arrangieren«, meinte Rosie. »Man könnte einfach ein Lied darüber schreiben, schon wäre das Verkleiden legitim. Hmm.« Sie hob den Blick zur Decke, als suche sie dort nach der Melodie. Ihre Hände tasteten nach einem imaginären Blütenkranz, ehe ihre schöne Stimme erklang: »*Mit Blüten gekrönt, aus silbernen Zweigen, tanzt ein jedes Kind einen lustigen Reigen.*«

»Gar nicht mal so schlecht«, meinte Mattys.

»Sie fassen einander und dreh'n sich im Kreise, sie lachen und singen auf zauber… nein, das geht nicht. *Auf …* hmm. *Jegliche* Weise? Aber das klingt auch merkwürdig.«

»Niedlich. Das alles ist niedlich. Nimm niedlich.«

»Sie lachen und singen auf niedliche Weise.« Rosie lachte. »Jetzt noch das Wetter einbringen. *Es duftet der Frühling* … hm …«

»… vertreibt Wind und Nässe«, kam Mattys ihr zur Hilfe, *»als Hexen verhüllt laden Kinder …«*

»Zum Feste! Und jetzt was auf Suma, das ist dein Teil.«

Mattys rief sich seine leicht eingerosteten Sumakenntnisse in Erinnerung. *»Noita, noita minä olen … rufen die Kinder beim Kichern und Tollen.«*

Rosie legte die Hände flach auf den Tisch und sang mit verschwörerischem Flüstern. *»Noita, noita minä olen, rufen die Kinder beim Kichern und Tollen.* Ja! *Im Wind ihre Stimmen so hell und so klar, sie wünschen ein schönes Ostara.«* Sie baute eine Harmonie in die letzten Töne und die beiden lächelten einander an. Unter dem Tisch gab Mollie ein leises Jaulen von sich und schob den Kopf in Mattys' Hände. Rosie grinste. »Kann man so nehmen. Mit so einem Lied wäre es nicht merkwürdig, wenn ich ein Hexenkostüm trage.«

»Du singst ja schöner als jeder Vogel.« Mattys wandte sich um. Frau Lugh war zurückgekehrt und stellte ihnen die Gläser hin. Ihre Wangen waren gerötet, sie schien ganz hin und weg. »Hat dir das schon mal jemand gesagt?«

»Ab und zu?« Rosie grinste Mattys zu. »Wir sind Spielleute.«

»Tatsächlich?« Frau Lugh sah sich nach rechts und links um, ehe sie sich zu ihnen beugte. »Du klangst so bezaubernd, möchtet ihr nicht morgen noch mal hierherkommen und einen kleinen Auftritt machen? Für den Rückweg vom Geburtstag des werten Prinzen gedenkt die Grafentochter de Beur aus Moorhaag hier zu nächtigen. Ich würde ihr gern ein wenig Musik bieten. Die Gruppe, die ich gebucht habe, fällt leider aus.«

Mattys spürte, wie sein Herzschlag sich beschleunigte, er richtete sich unwillkürlich weiter auf.

»Meint Ihr das ernst?«, fragte Rosie.

Die Wirtin lachte. »Selbstverständlich! Sie soll nur das Beste zu Ohren bekommen, aber wenn ihr zwei euch solch wunderbare Lieder einfach aus dem Ärmel schüttelt, spielt ihr sicher auch sonst sehr gut, nicht wahr? Ich habe gehört, ihre Familie sucht stets nach neuer Unterhaltung bei Hofe. Womöglich könnt ihr euch einen Namen bei ihr machen, dann würdet ihr ebenso davon profitieren wie das *Nüsslein*.«

»Können wir uns kurz beraten?«, fragte Mattys und Rosie nickte eilig. Frau Lugh machte eine einladende Handbewegung und trat solange an einen anderen Tisch.

»Das ist eine Riesenchance«, sagte Mattys, während sie näher zusammenrückten.

»Und was für eine Ehre«, pflichtete Rosie ihm bei. »Wir sollen für eine Prinzessin spielen! Wenn die anderen das wüssten.«

Mattys ergriff ihre Hand. »Wenn ihr gefällt, wie du singst, möchte sie dich womöglich am Hof haben. *Skog*, das … du wärst da, wo du hingehörst.«

Rosies Lächeln wurde eine Spur blasser und Mattys wurde klar, dass das nicht die richtigen Worte gewesen waren. »Würde ich das?«

»Es ist doch, wofür du gemacht bist«, beharrte er. »Rosie, du hast eine Stimme wie eine Heilige. Wenn du singst, verstummt selbst der Wind, um dir zu lauschen. Die Menschen vergleichen dich mit Sirenen und Huldras, manche halten dich sogar für eine Prophetin! Ich will dir helfen, damit die ganze Welt davon erfährt. Ein Ort wie der Hof de Beur, da wird deine Stimme gehört, wie es ihr gebühren würde. Nicht nur in den Ohren von betrunkenen *klantigen* Idioten …«

Sie lachte. »Wenn du sprichst wie ein Dichter, ist es dir wichtig, und wenn du dann noch Skoggenwörter benutzt, sollte man sich die Worte wirklich zu Herzen nehmen.« Sanft drückte sie seine Hände. »Du hast recht. Ein Angebot wie das sollte man sich nicht entgehen lassen. Ich werde hier singen und wie es dann weitergeht, können wir ja sehen.«

Mattys küsste sie. »Rosie, das wird fantastisch. Heute ist der beste Tag.«

»Habt ihr euch entschieden?«, fragte Astryd Lugh, die wieder an den Tisch trat.

»Wir werden da sein«, versprach Mattys und Rosie nickte. »Sicherlich!«

Als sie das *Nüsslein* später am Abend verließen, hatten sie bereits die Lieder durchgesprochen, die sie spielen würden, und eine Uhrzeit ausgemacht, zu welcher sie das Restaurant am nächsten Morgen aufsuchen wollten. Mattys war so aufgeregt wie selten. Sollte dies die Chance sein, auf die sie gewartet hatten? Der gestrige Abend war schrecklich und finster gewesen, aber nun schien sich alles zum Guten zu wenden. Er war beinahe dankbar, dass er den Streit mit Caleb gehabt und den Hellen Barden den Rücken gekehrt hatte. Ob Astryd Lugh ihnen den Auftritt auch angeboten hätte, wenn die anderen dabei gewesen wären? Sicher nicht, denn dann wären sie niemals zum Essen bei ihr gewesen.

Nein, all das musste Schicksal gewesen sein. Womöglich in erster Linie *Rosies* Schicksal – aber wenn Mattys schon nicht sicher war, wo er hingehörte, dann konnte er ihr zumindest zum Richtigen verhelfen. Dann würde er schon herausfinden, wo er dort Platz fand. Mattys' Herz war leicht und zum ersten Mal seit einer Ewigkeit hatte er das Gefühl, den richtigen Weg einzuschlagen.

Sie hatten die Hälfte des Weges hinter sich gebracht, als Rosie ihre Schritte verlangsamte. »Regen«, sagte sie, und da spürte auch Mattys die ersten Tropfen auf der Haut. Da es schon dunkel war, hatte man die Unwetterwolken nicht sehen können und die Festgeräusche hatten den Donner verschluckt. Doch nun hörte er das leise Grollen am Himmel. Der Regen schwoll rasch zu einem Schauer an und Mattys zog Rosie in den Schutz eines Unterstands.

»Verflucht, bis zum Gasthaus ist es noch ziemlich weit.« Rosie verschränkte fröstelnd die Arme. Mollie setzte sich zu ihnen, nah an ihre Beine, um sich vor dem Schauer zu schützen.

»Sieht nicht aus, als würde es bald aufhören«, meinte Mattys.

Rosie nahm seinen Arm. »Im Zweifel wird es nur schlimmer, lass uns besser jetzt gehen.«

»Du hast nicht mal eine Jacke dabei. Was, wenn du dich erkältest?«

»Ich hab doch gesagt, dann verknittert der Stoff.« Rosie wies auf den Volantbesatz an ihren Schultern und lächelte, als Mattys sich den Mantel abstreifte und ihr umlegte. Sie schob die Arme durch die Ärmel. »Na, wenn du unbedingt willst. Bereit?«

Mattys streckte eine Hand in den Regen und schüttelte den Kopf. »Nein.«

Rosie zog ihn hinaus ins Dunkel der regnerischen Stadt. Obwohl sie den Schutz der Markisen und Hausfassaden suchten, klebte Mattys schon nach wenigen Schritten die Kleidung am Körper, Tropfen rannen ihm den Nacken hinab. Der Regen schwoll zu einem Wolkenbruch an und küsste ihm mit kühlem Prasseln Haut und Haar. Mollie bellte aufgeregt und umkreiste sie, schüttelte sich mehrmals, ohne dass es irgendeinen Effekt hatte.

Aber obwohl der Regen eisig kalt war und ihm bald in den Augen brannte und Mattys auf dem glatten Pflaster beinahe wegen ihm ausrutschte, war er nicht unangenehm. Die Tropfen auf der Haut und Kleidung und der frostige Schauer, der ihm das Rückgrat hinabrann, erweckten eine unsinnige Euphorie. Rosie schien es ähnlich zu gehen – sie lachte ausgelassen und griff immer wieder hilfesuchend nach seinem Arm, wenn sie mit den neuen Schuhen ausglitt. Den Kleidsaum hob sie so unter den Mantel, dass es keinen Tropfen abbekam, selbst wenn sie deshalb ihre Kapuze nicht länger festhalten konnte.

Der Regen war belebend, befreiend – als würde der Wolkenbruch die vergangenen Tage und Wochen fortspülen und Platz für etwas Neues schaffen. Mattys' Zukunft, die mit Rosie, ihrem Gesang und guten Gedanken gefüllt war.

Als sie ihr Gasthaus erreichten, tauchten sie unter die Markise und lachten noch immer. Rosie nahm Mattys' Gesicht in die kalten Hände. Sie teilten einen regennassen Kuss, schmiegten sich in der völlig durchnässten Kleidung aneinander und lächelten wie zwei Idioten. Erst Mollies Bellen, die vor der Tür hin und her wuselte, ließ sie auseinandergehen.

»Wie sagt man *genomvåt* in gemeiner Zunge?«, fragte Mattys, als sie eintraten. »Es heißt praktisch durch-nass. Aber es gibt noch ein anderes Wort als *durchnässt*, oder? Etwas Niedliches?«

»Patschnass«, sagte Rosie. »Aber mir gefällt auch pudelnass.« Mollie, die sich im Trockenen erneut heftig schüttelte, schien ihr da beizupflichten.

Mattys folgte ihnen die Stiege hinauf. Er wollte Lieder darüber schreiben, über Liebe und Regengefühle und *patschnasse* Kleidung.

Den Rest des Abends verbrachten sie vor dem Heizofen ihres Zimmers, alle drei unter derselben Decke. Rosie spielte einfache Lieder auf der Naraline, Mattys studierte sein neues Buch und schrieb Zeilen auf ein loses Blatt Papier, während Mollie zu ihren Füßen schlief. Nichts hätte den Tag perfekter machen können.

Brandfuchs stellte sich als überraschend talentierter Mandolinenspieler und Sänger heraus. Am Abend hatten sie eine Liste an Liedern, mit der sie sich bei ihrem Auftritt nicht zu schämen brauchten. Olwen war zwar furchtbar aufgeregt und musste stetig von Falkner beruhigt werden, aber Caleb vertraute darauf, dass er das gut machen würde. Mit Sicherheit besser als die Schneiderstochter mit der Stimme, die wie verdünntes Bier klang.

Ehe der Auftritt begann, zogen sich die Barden zurück, um die letzten Vorbereitungen zu treffen und die Kleider anzulegen.

»Findest du, ich habe zugenommen?«, fragte Caleb, der sich vor dem Spiegel von der Seite betrachtete. Die Schlaginstrumente, die Bombarde und die Sackpfeifen zu spielen war anstrengend, deswegen trug er normalerweise nur die Hosen und Stiefel und beizeiten einen Überwurf über einer Schulter. So sah man nicht nur die definierten Bauchmuskeln, sondern auch die hellen Linien auf Schultern und Rücken, die jeder Narraph trug. Schneeweiß hoben sie sich von der dunklen Haut ab wie geheimnisvolle Tätowierungen.

Olyvar trat näher und umarmte ihn unverhofft. »Nee. Fühlt sich noch genauso hart und unbequem an wie immer.«

»Na danke.« Caleb legte ihr die Hände auf die Schultern. Seine kleine Schwester reichte ihm nicht mal bis zur Brust. Manchmal war ihm, als könnte er sie zerbrechen, wenn er sie fest anpackte. »Ich muss auf meine Linie achten. So kann man nur herumlaufen, wenn man es sich leisten kann.«

Olyvar trat zurück und wies an sich hinab. »Kann ich denn so gehen?«

Caleb musterte seine Schwester. Sie trug das Rot der Barden, eine hochgeschlossene Bluse und das Handgelenk voller Armbänder, die sie in den Jahren unterwegs angesammelt hatte. Die blonden Haare hatte sie offen, sie waren mittlerweile beinahe so lang wie Rosies. Caleb spürte Stolz beim Anblick seiner Schwester, wenngleich ihm auch etwas im Herzen brannte. Sie sah so erwachsen aus.

»Du kannst so gehen. Siehst aus wie eine Eshwen oder eine Nymphe. Wie jemand, der arrogant sein kann, weil er hübsch ist.«

Olyvar strich sich die Haare hinter die Ohren. »Wenn Rosie hier wäre, würde sie mir jetzt helfen, die Haare zu flechten. Ich hab es selbst versucht, aber es wollte nicht klappen. Du kannst so was ja nicht.«

Caleb wog den Kopf zur Seite, unsicher, was er darauf sagen sollte.

»Meinst du, sie kommen echt nicht mehr zurück?«, fragte Olyvar.

»Wäre das denn so schlimm?«

»Na ja …« Sie hob die Schultern. »Sie waren eben meine Freunde. Ich frage mich, was daran so schlecht war.«

Caleb ging vor Olyvar in die Hocke. »Das Problem warst jedenfalls nicht du. An dich haben sie bestimmt keine schlechten Erinnerungen. Weißt du, manchmal ist es eben so, dass Menschen nicht für immer bleiben. Dann muss man sie gehen lassen.« Er neigte den Kopf. »Aber vor dir kann ich es ja gestehen: Sie fehlen mir auch.«

»Das weiß ich längst.« Olyvar umarmte ihn noch mal, dieses Mal auf Augenhöhe. »Wenigstens seid ihr noch da. Und ich bin nicht alleine.«

Caleb erwiderte die Umarmung vorsichtig, sein Herz merkwürdig schwer. »Ich lass dich nicht alleine, Rehkitz. Bin ja dein Bruder. Auch wenn ich manchmal nicht so gut darin bin.«

»Geht.« Olyvar kicherte.

Sie lösten sich und Caleb richtete sich auf. »Also dann. Bereit für einen Auftritt?«

»Bereit«, sagte sie und folgte ihm hinaus.

MOTTENLIST

Fürst zu werden bedurfte Begabung. Das Naturell eines Herrschers musste in die Wiege gelegt werden, um einen befähigten Regenten zu schaffen. Eminenz benötigte Disziplin, Härte, Intelligenz. Hingabe und Passion ebenso wie Opferwillen und Kompromisslosigkeit.

Severyn hatte sein bisheriges, junges Leben mit Begeisterung darauf verwandt, zu einem solchen Herrscher heranzureifen, waren die dafür notwendigen Begabungen doch tief in seiner Seele verwurzelt.

Herausragende Freundlichkeit war nichts, um was er sich dabei bemüht hatte.

Herausragende Freundlichkeit hätte ihn nicht an diese Stelle gebracht. Herausragende Freundlichkeit hätte ihn heute nicht durch den Thronsaal des Palasts über spiegelnden Marmor schreiten lassen. Jeder seiner Schritte hallte als weites Echo an den Wänden wider, verfing sich in den funkelnden Lüstern und im Rankenwerk des Throns, auf den er zuschritt. Der Umhang, den Flügeln einer Seidenmotte nachempfunden, berührte den Boden nicht, doch er lag so schwer und herrschaftlich auf seinen Schultern, dass sich Severyn beinahe wie der Fürst erschien, der er einmal sein würde.

Freundlichkeit war hinderlich, ließ leicht ins Straucheln geraten, verlockte zu blödsinnigem Skrupel, über den Severyn nur zu spotten vermochte. *Freundlichkeit* hätte ihn nicht hier vor den Eshwener Adel und seinen Vater gebracht, die Gesandtschaften aus Skoggen und Moorhaag an dessen Seite.

Severyn war sehr gut darin, seinen Emotionen nach außen hin keinen Raum zu lassen. Doch obwohl er es sich nicht anmerken ließ, kam er nicht umhin, leichte Nervosität zu verspüren, als er vor seinem Vater zum Stehen kam. Seine Mutter neben dem Fürsten lächelte voller Stolz. Bei ihnen befand sich Prinz Azahr, dessen Miene undurchsichtiger war, ebenso wie einer der silberäugigen Keitha-Kommandanten, dessen

Rüstung schimmerte wie Perlen. Die Sagart, eine gedrungene Frau mit einem tannenen Umhang und laubdunkler Haut, musterte ihn aus den drei Augen – den beiden gewöhnlichen und dem dritten auf ihrer Stirn. Unzählbare Blüten waren in ihr Haar geflochten, Bemalungen schmückten ihr Gesicht. Die schlanken Hände hielten eine Schale, die mit einer silbernen Flüssigkeit gefüllt war.

»Severyn Pádraig, Erster deines Namens«, sprach Fürst Barcat. Seine Stimme drang laut und tief durch den Spiegelsaal. »Blut meines Blutes, Geschöpf meiner Seele. Mit der Vollendung deines einundzwanzigsten Lebensjahrs am heutigen Ostara schließt du deine Ausbildung und Lehren ab und sollst in den Kreis der Erhabenen aufgenommen werden. Heute wollen wir deiner stetigen Tapferkeit, Hingabe und Stärke Würdigung zuteilwerden lassen. So die Wälder es billigen, will ich dir die Grafschaft Dalenna zur sorgsamen Verwaltung übergeben, auf dass unser geliebtes Volk dich ebenso zu schätzen lernt wie deine Ahnen. So die Wälder es billigen, sollst du nunmehr über die Keitha bestimmen können, auf dass du stets *fir flathemon* entscheiden wirst. So die Wälder es billigen, wirst du in den Rat der Drei aufgenommen, auf dass dein Wort stets guten Beitrag für all unsere Entscheidungen erbringen wird. So die Wälder es billigen, sollst du dich vor deinem Fürsten und jedem beweisen, auf dass du einmal ein guter Herrscher und Diener deines Volkes werden magst. Severyn Pádraig, Erster deines Namens, Sohn des Fürsten Barcat. Schwörst du, alle diese Dinge zu erstreben und dir gutes und gerechtes Handeln als höchstes Ziel zu setzen?«

»Ich schwöre«, verkündete Severyn mit klarer Stimme, »dass mich nichts mit mehr Zufriedenheit erfüllen wird, als meinem Volk Führender und Dienender zu sein. Jetzt und immer gilt dem mein ganzes Streben. So wissen die Wälder, die Propheten.«

»So hast du meinen Segen.« Fürst Barcat trat einen Schritt zurück und ließ die Frau mit den Bemalungen vortreten. Sie schloss die Augen, bloß das dritte auf ihrer Stirn fixierte Severyn, als sie die Finger mit der Silberfarbe aus ihrer Schale benetzte. »Keyll Naomh segnet deinen Weg, jetzt und immer.« Ihre Stimme war dunkel und melodiös, die Finger

kühl, als sie Severyns Stirn mit dem silbernen Harz zeichnete – einen senkrechten Strich nach unten, darüber einen Kreis.

Als sie zurücktrat, erhob sich Severyn endlich auf Augenhöhe mit den anderen Anwesenden. Er wandte sich dem Keitha-Kommandanten zu und hob auffordernd das Kinn, woraufhin der Krieger vor ihm niederkniete. Severyn hob die Hände über ihn und sprach: »Mit dem Segen meines Vaters, Kommandierendem der Keitha, erhalte ich Gewalt über ich dich und deinesgleichen. Jedes meiner Worte soll wohlgewählt und weise sein, auf dass ihr jetzt und immer mit gerechtem Geiste handeln werdet. Jedes meiner Worte soll in eurem Ohr klingen, auf dass ihr stets gehorcht und meinen Befehl folgsam in die Tat umsetzt: *te, wyn cledd.* Du, mein Schwert.«

Der Kommandierende hob den Kopf, als Severyn ihm die behandschuhten Finger auf die Stirn legte. Seine Augen waren nicht länger dieselben – bloß noch Silber, und der junge Fürstensohn wäre beinahe kurz zurückgezuckt. Doch der Keitha nickte und neigte den Kopf. »*We, tyn cledd.*«

Severyn zog die Hand zurück und das Silber wich aus den Augen des Kriegers. Als er sich aufrichtete, applaudierte die Menge und Severyn hob erhaben das Kinn, während ein wohliger Schauer seinen Rücken hinabjagte. Oh, er konnte kaum erwarten, öfter in diesem Licht zu stehen. Heute war er seinem Leben als Herrscher einen Schritt nähergekommen. Bis er den Titel tragen würde, mochte es zwar noch dauern, doch es tat gut, von der alten Macht zu kosten.

»Spielt!«, befahl er und das Orchester auf einem Podest stimmte ein Lied an. Severyn trat auf Prinzessin Elain de Beur zu, bot ihr die Hand, wie seine Mutter ihm in den letzten Tagen unzählbar oft eingeschärft hatte. »Darf ich bitten?«

»Selbstredend.« Die junge Frau reichte ihm die Hand. Severyn führte sie zur Tanzfläche und nahm Haltung ein, umschloss ihre Taille, während sie ihm die Hand auf die Schulter legte. Er empfand nichts.

»Gratulation zu Eurem Geburtstag«, sagte die Prinzessin freundlich.

»Danke. Ich weiß zu schätzen, dass Ihr den Weg hierher auf Euch genommen habt.«

»Tut Ihr das?« Sie lächelte. »Es ist ein schönes Fest – ich danke für die Einladung. Auch ich befinde mich im Rat der Drei, wir werden einander sicher öfter begegnen. Ich freue mich, nun jemand anderen in meinem Alter dort zu wissen.«

»Ich ebenso. Gehen die Sitzungen zumeist reibungslos vonstatten?«

»Nun, man sagt den Eshwen nach, sie hätten zu viel Arroganz an sich, und den Skoggen, sie seien abergläubische Schafe. Aus meiner eigenen Erfahrung kann ich sagen: Ein Stück weit stimmt beides. Aber es gefällt mir, dort Persönlichkeiten zu begegnen, die nicht so … *einfach* sind wie die meisten Moorie.«

Severyn lächelte, was die Grafentochter erwiderte, während sie die ersten Schritte machten. Elain de Beur mochte die beste Partie in diesem Saal sein und sich mit ausgesprochener Intelligenz und Großherzigkeit rühmen, doch sie war ihm zu kräftig, ihr Gesicht zu farblos und einfach für einen aufstrebenden Fürsten. Die Tanzschritte beherrschte sie, wenngleich sie stets ein wenig hinter ihm zurückzubleiben schien. Und letztlich hätte sie tun können, was sie wollte: Sie war nicht Breya und deswegen würde sie niemals genügen. Als das Lied verklang, verabschiedete sich Severyn in aller Höflichkeit, die er aufzubringen in der Lage war, und Elain durfte sich einen anderen Tanzpartner aussuchen.

Er hätte gern ein Wort mit Breya gewechselt, doch als er den Saal durchquerte, kam ihm Prinz Azahr zuvor und führte sie nach einem kurzen Wortwechsel in die Saalmitte.

Severyn blieb bei einem Tisch mit Appetithäppchen stehen und winkte nach einem Weinglas. Wenn er hierbei zusehen sollte, war Alkohol notwendig. In seinem Inneren regte sich ein schwaches, unschönes Gefühl, als sie die ersten Schritte machten. Breyas schieferfarbenes Kleid fand sich farblich mit der dunklen Haut des Narraphprinzen – seine hellen, eleganten Gewänder dagegen spiegelten sich in ihrer Blässe und ihrem goldblonden Haar.

»Und?« Severyn entdeckte seine Mutter, die sich genähert hatte. Sie winkte eine Bedienstete mit einem Tablett näher und ließ sich von ihr ebenfalls einen Wein reichen. »Wie findest du sie? Elain de Beur?«

»Sie ist voreingenommen und neugierig. Und besitzt die Klugheit einer Eintagsfliege. Mutter, bitte, eine wie sie ist unter meiner Würde.«

»Ein wenig einfach sieht sie schon aus. Aber voreingenommen? Redet doch ein wenig, Seryn. Sicher wirst du Gutes an ihr finden. Soll ich ihr einen Brief an ihre Eltern mitgeben?«

»Nein«, sagte Severyn sogleich. »Himmel, kannst du mir nicht einfach zum Geburtstag gratulieren?«

»Ich bin deine Mutter.« Nerys trank ungerührt einen Schluck Wein. »Wenn jemand mit deiner Heirat betraut sein sollte, dann ich. Sonst kümmert sich ja niemand.«

Severyn wandte das Gesicht ab. Bisweilen war er versucht, seiner Mutter einfach zu eröffnen, dass Breya und er einander liebten. Dass sie gar nicht seine Schwester war, auch wenn das alle dachten. Dann wollte er sie vor Nerys' Augen küssen und dem Gerede von Heirat und Liebe damit ein für alle Mal ein Ende bereiten. Dabei zuzusehen, wie ihr alles aus dem Gesicht fiel, wäre jedenfalls ausgesprochen zufriedenstellend gewesen. Leider war seine Mutter dumm wie ein Laib Roggenbrot und so von Vorurteilen eingenommen, dass die Erkenntnis über das Mädchen, das sie wie eine Tochter aufgezogen hatte, in ihren Händen fatale Folgen haben konnte. Severyn wünschte, sie wäre ein bisschen mehr wie sein Vater. Zumindest der war in der Lage, sie so zu akzeptieren, wie sie waren.

»Sie harmonieren gut.« Nerys beobachtete, wie Breya und Prinz Azahr tanzten. »Sieh, wie sie sich bewegen. Man könnte meinen, sie wären füreinander gemacht.«

»Er ist viel zu grobschlächtig.« Severyn musterte Azahr, dessen Bewegungen dahinflossen wie eine Bergquelle. »Sie ist viel zarter. Es sieht aus, als würde er sie durchbrechen, wenn er sie an der Taille ergreift.« Und Azahrs Hände gehörten nicht dorthin.

»Du magst ihn nicht?«

Severyn hob die Brauen ein Stück. »Ich glaube jedenfalls, dass er viel hinter dieser freundlichen Fassade verbirgt. Hast du dich je gefragt, ob dieser einfältige, landlose Narraph dich vielleicht um den Finger gewickelt hat?«

»Euer Vater und Prinz Azahr haben gestern miteinander gesprochen«, sagte Nerys nach einem Augenblick. »Sie denken an eine Verbindung unserer Häuser.«

Severyn verschluckte sich fast an seinem Wein.

»Azahr mag kein Land und keinen Thron mehr haben«, fuhr Nerys fort. »Nach dem verheerenden Feuer in Narraph ist davon schließlich nicht mehr viel übriggeblieben. Doch er verfügt noch immer über eine Armee und ein Volk. Und vor allem ist es Wissen, das er deinem Vater anbietet. Dafür will er eine Gegenleistung.«

»Vater wird da nicht zustimmen.«

»Warum nicht? Ich weiß, du bist anderer Meinung, aber ich finde, Azahr ist ein ausgesprochen wohlerzogener junger Mann und sicherlich auch ein angemessener Gemahl. Was sollte deinen Vater davon abhalten, einer solchen Verbindung zuzustimmen?«

»Dass es sich nicht schickt, das jüngere Kind zuerst zu verheiraten«, sagte Severyn ein wenig zu hastig. »Solange ich nicht vermählt bin, muss Breya damit warten. Außerdem ist sie …«

»Siebzehn Jahre alt. Und damit im heiratsfähigen Alter, mein Kind.« Nerys drückte ihm einen Kuss auf die Wange. »Für mich bedeutet das vor allem eines: Dass es höchste Zeit wird, dass du eine Gemahlin findest. Womöglich Elain de Beur? Oh.« Nun war sie auf eine Person aufmerksam geworden, die soeben durch das Eingangsportal getreten war. »Ja. Ich dachte auch an die Tochter Jakob Klingwahrs, das hätte unsere Verbindung zu Austradar festigen können. Leider scheint Adeena ein wenig … beeinträchtigt zu sein.«

Severyn entdeckte die junge Frau, die seine Mutter meinte. Sogleich wurde ihm klar, worauf sie anspielte. Adeena Klingwahr war schön, das wohl: groß, aber von zarter Statur, mit einem Schwanenhals und schmaler Taille. Ihr glänzendes, dunkles Haar hob sich wie Ebenholz von dem hellen, schulterfreien Kleid ab. Womöglich hätte sie die Blicke wegen ihrer Schönheit auf sich gezogen – wäre da nicht ihr humpelnder Gang gewesen, die Art, auf die ihre Beine bei jedem Schritt einzuknicken schienen und wegen der sie am Arm ihres Vaters nach Halt suchen musste.

»Wirklich schade. Sie hätte eine gute Partie abgegeben.« Nerys drückte Severyns Arm und flüsterte ihm ins Ohr: »Rede doch noch mal mit Elain de Beur.«

Als sie gegangen war, blieben Severyns Gedanken an den Klingwahrs hängen. Die ganze Zeit über hielt sich Adeena nah an ihrem Vater, der einige Adlige begrüßte und rasch in ein Gespräch verwickelt wurde. Man sah der jungen Frau an, dass sie angespannt war, wenngleich man die Steifheit ihrer Schultern auch bloßer Gewohnheit zuschreiben konnte.

Das Stück war verklungen und Breya und Azahr steuerten Arm in Arm auf ihn zu. Breya lächelte Severyn an, als sie bei ihm stehenblieben. »Ich gratuliere dir, Severyn.« Azahr ergriff seinen Arm, wie es narraphsche Tradition war. Der weiche Wüstenakzent klang aus seiner Stimme, als er sprach: »Ich hoffe, du vergibst mir, dass ich in meiner aktuellen Situation nicht viel als Geschenk anzubieten habe. Sobald sich meine Lage verbessert, reiche ich natürlich etwas nach.«

»Danke, nicht nötig.« Severyn versuchte höflich zu klingen. Er verzichtete gern auf ein Geschenk, wenn eine *Verbesserung seiner Lage* bedeutete, dass Azahr Breya heiratete.

Aber nein, sein Vater würde das nicht erlauben. Severyn war sich bewusst, dass er einer Heirat mit einer anderen Frau nicht für immer entgehen konnte – nicht, wenn er Breyas Geheimnis nicht aufdecken wollte. Doch Barcat hatte stets versichert, dass er und Breya zusammenbleiben konnten. Dass die Prinzessin, die im Grunde genommen ohnehin nicht erbfähig war, nicht verheiratet werden würde. Sein Vater hatte versprochen, dass sie dann beieinander sein durften. Er würde diese Heirat sicherlich nicht erlauben.

Das änderte nicht unbedingt etwas daran, dass Severyn Azahr gern *versehentlich* den Wein über das cremefarbene Hemd gekippt hätte, aber es milderte seine Sorge.

»Du wirst bald nach Dalenna reisen, nicht wahr?«, fragte Azahr.

Severyn nickte. »Es ist gut, sich dort einmal zu zeigen und mit dem Volk bekanntzumachen. Ich habe bereits ein paar Reformen durchgebracht, als ich noch meinem Vater unterstand, aber jetzt, da Dalenna allein in meiner Hand liegt, investiere ich selbstredend mehr.«

»Ich werde ihn heute nach dem Fest fragen, ob ich dich begleiten kann«, sagte Breya. »Wenn er Wein getrunken hat, ist es einfacher, ihn zu überzeugen.«

»Das sollte ich mir merken«, meinte Azahr und Breya lachte hell. Der Narraph hatte sich ein Glas reichen lassen, das er nun an die Lippen hob. »Warum begleitest du deinen Bruder? Benötigt er Hilfe beim Regieren?«

»Keinesfalls«, schaltete Severyn sich ein, »aber bisweilen ist eine zweite Meinung nichts Schlechtes, und Breya ist ausgesprochen intelligent. Deshalb habe ich sie gern an meiner Seite.« Die beiden tauschten einen Blick, in dem der Rest geschrieben stand.

»O ja. Mir ist schon aufgefallen, dass sie etwas ganz Besonderes ist«, meinte Azahr.

»Habt ihr eigentlich schon das Essen probiert?« Severyn griff nach einem der herzhaften kleinen Kuchen auf dem Tisch. »Azahr, sicher bist du noch nicht mit der Tamha-Tarte vertraut. Dabei ist sie eine Spezialität der Eshwen. Man sagt unseren Köchen nach, sie würden die besten zubereiten.«

Azahr ließ sich einen Kuchen reichen und biss neugierig ein Stück des Blätterteiggebäcks ab. Während er kaute, nickte er mit Anerkennung.

»Fantastisch, oder? Sie werden mit Spinat und Schinken hergestellt.«

Azahr, der gerade ein zweites Mal abgebissen hatte, schien das Essen wieder hochzukommen.

»Oh«, sagte Severyn. »Ich vergaß, dass du kein Fleisch isst.«

Mit Genugtuung verfolgte er, wie Azahr nach einer Serviette griff und versuchte, möglichst anständig seine Speisen auszuspucken. »Die verfluchten Wälder sollen dich holen«, brachte er schließlich hervor und Severyn lachte. Breya zog tadelnd die Brauen zusammen, doch er war sicher, dass sie ihm das vergeben würde.

»Bist du diesen Austriern schon begegnet?«, fragte er sie, während Azahr nach seinem Weinglas griff, um den Geschmack aus dem Mund zu spülen.

Breya nickte. »Mutter und ich haben sie empfangen. Sie war nicht gerade freundlich zu dem Mädchen. Nachdem wir ihr begegnet sind, hat sie sich ein wenig schlaugemacht. Eine Bedienstete, die die Klingwahrs mitgebracht haben, hat ihr erzählt, dass Adeena als Kind nie gesprochen hat. Sie soll immer sehr abwesend und nachdenklich gewesen sein. Nachts hat sie oft geschrien und alle um den Schlaf gebracht und wenn man sie berühren wollte, hat sie gekratzt und gebissen. Angeblich soll sie auch Insekten getötet und in ihrem Gemach getrocknet haben.«

Severyn schob die Brauen zusammen. »Muss hart sein. Die Austrier sind den Wäldern so abgeneigt und dann kommt ihnen so ein Abschaum ins Haus. Weißt du, warum man sie nicht hat beseitigen lassen, solange es möglich war?«

»Ihr Vater liebt sie sehr«, erklärte Breya. »Er ist überzeugt, dass es sich bei der schiefen Hüfte um einen Geburtsfehler handelt.«

Severyn lachte auf. »Das ist, was sie ihn glauben lassen will. Er kann froh sein, dass sie ihm noch nicht des nachts die Kehle durchtrennt hat.«

In Breyas Blick stand Bedauern und Severyn spürte einen Funken Reue über seine Worte. Wechselbälger waren tückisch, niederträchtig und oftmals schwierig zu enttarnen, hieß es in den Legenden, und die Eshwen waren ihnen beinahe so abgetan wie die Austrier. Dass Severyn ihnen nicht so viel Abscheu entgegenbrachte, lag bloß an Breya. Ein Wechselbalg zu kennen und allem voran zu *lieben*, hatte ihm bewiesen, dass es sich bei diesen nicht immer um etwas Schlechtes handelte. Dass sie womöglich sogar ein *Geschenk* Keyll Naomhs waren. Warum sonst hatten die Wesen der Wälder den starren, bläulichen Körper seiner richtigen Schwester gegen ein gesundes Kind ausgetauscht? Gegen dieses Geschöpf hier vor ihm, das so viel Güte und Liebe und Vollkommenheit in sich trug? Die wahre Breya war gestorben und für seine Schwester hatte Severyn dieses Mädchen erhalten, das ihm zu lieben erlaubt war.

War das Hexerei? Wenn es welche war, dann war es die schönste, die Severyn sich ausmalen konnte. Dann wollte er nichts mehr, als für immer unter ihrem Bann zu stehen.

»Wechselbälger«, sagte Azahr. »Die wurden in Narraph verbrannt, wenn man sie in die Finger bekam.«

Sowohl Severyn als auch Breya warfen ihm aufmerksame Blicke zu.

»Narraph ist weit weg von den Wäldern. So etwas kam selten vor«, erklärte Azahr, »aber wenn doch ein Wechselbalg hergelangte, wurde es beseitigt, ehe es das Vieh sterben lassen und Krankheiten über die Familien bringen konnte.«

»Hier werden sie meistens wieder in den Wäldern ausgesetzt, wo die Geschöpfe von Keyll Naomh sie zurückholen«, erklärte Severyn. »Mit ein wenig Glück kehren die wahren Kinder sogar wieder heim.« Vorausgesetzt, sie waren noch am Leben.

»Es ist jedenfalls ziemlich mutig, sie im Haus zu behalten«, sagte Azahr.

Severyn nickte abschätzig. »Es ist ziemlich mutig und vor allem ziemlich *unverschämt*, sie in das Schloss eines fremden Fürsten zu bringen.«

»Und was willst du dagegen unternehmen?«, fragte Breya. Als sie ein sachtes Lächeln in seinen Mundwinkeln zucken sah, wurde ihre Stimme schärfer und sie hob warnend den Finger: »Du lässt sie nicht hinauswerfen, Severyn.«

»Wer wäre ich? Vor all den Leuten? Komm, du kennst mich, es gibt andere Wege.«

Sie runzelte nachdenklich die Stirn und Severyn wusste, dass sie nicht mit dem einverstanden sein würde, was er vorhatte. Doch beide wussten, dass ihnen nichts anderes übrigblieb, als die Abneigung Wechselbälgern gegenüber weiter zu schüren. Severyn hatte begriffen, welches Geschenk sie erhalten hatten. Aber die anderen Eshwen waren den Wechselbälgern gegenüber noch immer misstrauisch. Er wollte sich die Reaktionen nicht ausmalen, wenn herauskäme, dass sich ein solches *Monster* in der Herrscherfamilie eingeschlichen hatte.

Nein, Breyas Identität musste geheim gehalten werden, und dafür musste auch Severyn die Vorurteile auf der Zunge tragen, die jedem Eshwen innewohnten.

Womöglich war Adeena ja wahrlich, was man ihr nachsagte. Und selbst wenn Breya das nicht gefallen würde, ein wenig freute er sich auch, jemanden irreleiten zu können.

»Kommt.« Er winkte die beiden mit. »Ich will sie ein wenig näher kennenlernen.«

Adeena war nie in einem Saal gewesen, der so viel Prunk und Schönheit in sich vereinte. Der Boden spiegelte die kleinen Flammen der Kronleuchter und Laternen, warf das Licht tausendfach von den Wänden und Säulen zurück. Überall glänzten Gold und Grün, dunkler Marmor und polierte Statuen. In allem spiegelte sich der Wald: in den Baumkronen und Wurzelwerk symbolisierenden Intarsien und Reliefs an den Wänden, in der Motte, die als Mosaik den Boden schmückte. Der Saal war so einschüchternd schön, dass sich der Weg hierher allein dafür gelohnt hatte.

Nur zu wenigen Anlässen hatte Adeena ihre Familie auf Bälle oder andere Feierlichkeiten begleitet. Deshalb überwältigten sie die vielen Eindrücke, das Stimmengewirr, die aufwendigen Kleider und die Musik, sobald sie den Saal betreten hatten. Unwillkürlich war sie froh, dass ihr Vater an ihrer Seite war und sie sich nicht allein vor dieser Übermacht wiederfand.

»Hunger?«, fragte Jakob Klingwahr und wies auf den Tisch mit Häppchen.

Adeena nickte, obwohl ihr eigentlich nicht nach Speisen war. Sie hatte ihren Vater überredet, ein wenig zu spät zu kommen, damit sie sich unbemerkt unter die Leute mischen konnten, wenn das Fest bereits im Gange war. So hatte sie gehofft, der Missgunst der Gäste entgehen zu können. Die Adligen, mit denen sie soeben gesprochen hatten, tuschelten dennoch hinter vorgehaltener Hand, auch wenn sie so freundlich gewesen waren, Adeena nicht offen anzustarren.

»Mal sehen, hier sind Pasteten, Zanderfilet, Marillentorte … sieh, es gibt sogar Pralinen!« Ihr Vater wies auf eine Etagere, auf der liebevoll verzierte Schokolade angerichtet war. »Ich hätte auch nichts gegen einen Sekt einzuwenden. Oder einen Staubigen. Aus Erlendam …«

»Vater.« Adeena stieß ihn amüsiert an. »Lass uns lieber versuchen herauszufinden, welche dieser Pralinen Marzipan enthält.«

Jakob zitierte: »*Plagt mich die Sorge, dann und wann, hol mein Konfekt aus Erlendam, das süße, weiche Marzipan, dem keiner widerstehen kann.*« Die beiden grinsten einander zu.

»Dabei weiß doch jeder, dass Marzipan aus Kermten stammt«, sagte Adeena.

»Aus Erlendam!«, erwiderte ihr Vater.

»Ich habe dir zuletzt eine elfseitige Abhandlung darüber geschrieben.« Sie lachte. »Kermten! Erlendam ist so klein, es wurde nie und nimmer belagert.«

»Das ist zwar wahr, aber ich komme von dort, also verfügt es über einen Heimatbonus. Aber welche von diesen Pralinen sind denn nun mit Marzipan?«

»Es sind die mit der dunklen Ummantelung.« Adeena wandte den Kopf. Ein junger Mann war bei ihnen stehengeblieben. Seine edlen, zeremoniellen Gewänder, die Silberfarbe auf seiner Stirn und der goldene Reif, der sein Haar schmückte, ließen nur einen Schluss zu, um wen es sich handelte. Prinz Severyn war ein junger Mann mit prägnanten Wangenknochen, einem charmanten Lächeln und kontrolliertem, gewandten Erscheinen. Das dunkle Haar fiel ihm in die Stirn, sein Gesicht war glattrasiert. Hinter ihm entdeckte Adeena seine Schwester und einen hochgeschossenen Adligen mit dunkler Haut.

»Ich würde aber eher die mit der hellen Pralinenfüllung empfehlen«, fuhr Severyn fort und seine Schwester schmunzelte, »mindestens eine der Pistazien ist meistens schlecht. Das ist dann keine schöne Erfahrung mehr.«

»Hoheit.« Adeena bemühte sich um einen möglichst gewandten Knicks.

Auch ihr Vater verneigte sich. »Wir wünschen Euch viel Gutes zum Geburtstag. Den Segen Amadeus', Zufriedenheit und Gesundheit. Und stets Glück darin, auf keine schlechte Nuss zu stoßen.«

»Solche Geburtstagswünsche höre ich gern.« Severyn lachte. »Oh, wo wir schon dabei sind: vielen Dank für Euer originelles Geschenk. Es ist eine große Ehre, der erste Eshwen zu sein, der über eine Schreibemaschine verfügt.«

»Bitte gern.« Jakob Klingwahr nickte freundlich.

»Ich habe sie bereits auszuprobieren versucht«, bemerkte Breya. »Es ist ziemlich schwierig, die Hebel richtig anzuordnen.«

»Jaaa, die Spannung muss erst richtig eingestellt werden.« Jakob wog den Kopf. »Ich wollte es noch erledigen, aber wir waren ohnehin schon verspätet. Wenn Ihr Euch dafür interessiert, können wir es morgen gern gemeinsam machen, Hoheit.«

»Ja! Ich interessiere mich sehr dafür«, sagte Breya eifrig. »Ich liebe neue Dinge.«

»Dann wisst Ihr sicher, dass die erste Schreibemaschine von Patrick Turmreich erfunden wurde, um seiner erblindeten Großtante das Schreiben zu erleichtern, nicht wahr?«

»Selbstverständlich. Stimmt es, dass sie seitdem Romane schreibt?«

Adeena hatte nicht viel zum Gespräch beizutragen und griff nach einer Praline. Sie benutzte die Schreibemaschine zuhause ständig. Zuletzt hatte sie ihre Gedichte mit den Typenhebeln zu Papier gebracht. Aber das ging weder jemanden etwas an noch würde es wohl einen der Anwesenden interessieren … mit Ausnahme ihres Vaters.

»Gefällt Euch das Fest?«, fragte Severyn und Adeena zuckte.

»Das Fest? Sehr. Euer Schloss ist ausgesprochen beeindruckend.«

»Azahr sagte dasselbe nach seinen ersten Tagen hier. Nicht wahr?«

»Durchaus«, sagte der Narraph. »So viel Prunk ist betörend schön. Wobei mich die Nähe zum Wald Respekt empfinden lässt. Euch muss es doch ähnlich gehen.«

Adeenas Schultern blieben angespannt. Sie konnte nicht einordnen, warum sie sich so freundlich mit ihr unterhielten. War es möglich, dass die beiden noch nicht gesehen hatten, wie sie humpelte? Machten sie Scherze mit ihr? Oder war es möglich, dass der Kronprinz und sein Freund tatsächlich anders als seine Mutter und die übrigen Eshwen waren?

Sie musterte den Narraph nachdenklich. Er hatte ein fein geschnittenes Gesicht und einen kurzen, ordentlichen Bart, der den Kiefer umschmeichelte. Die rabenschwarzen Haare hatte er traditionell geflochten und halb zusammengebunden. Seine Bewegungen waren anmutig wie die einer Raubkatze.

Erst da ging Adeena auf, um wen es sich handeln musste. »Ihr seid Prinz Azahr. Der Kronprinz von Narraph.«

Der Narraph neigte den Kopf. »Das ist wahr.«

»Es tut mir leid um Euer Reich«, sagte sie betroffen. »Ich habe von den verheerenden Bränden in Narraph und Eurer Flucht gehört. Mein Beileid auch zum Tod Eures Vaters. Weiß man mittlerweile, wie es zu dem Unglück kommen konnte?«

»Ich danke Euch, und nein, die Brände werfen noch immer Rätsel auf. Sagen wir so – es war keine gute Zeit.« Azahr seufzte. »Glücklicherweise haben die Eshwen uns Asyl gewährt, das spendet uns Hoffnung. Mein Volk und ich sind Fürst Barcat zu großem Dank verpflichtet. Als wir herkamen, waren wir vollkommen entkräftet. Viele waren ausgehungert, den Wäldern zum Opfer gefallen oder verwundet. Barcat brachte uns, was wir brauchten, und Severyn nahm mich auf wie … ein Bruder.«

»Das ist selbstverständlich«, sagte Severyn wohlwollend.

Adeena nickte. »In Austradar wurden auch einige Geflohene aufgenommen. Kaiser Ferdinand gibt sein Bestes, Euer Volk zu versorgen, damit es sich erholen kann.«

»Euer Kaiser ist ein ebenso gütiger Mann, wie Severyns Vater es ist.« Azahr tat das Thema mit einer Geste ab. »Aber nun lasst uns nicht von solch schwermütigen Dinge sprechen, schließlich ist Severyns Geburtstag. Ich hörte von der fantastischen Baukunst Austradars, Ihr müsstet doch mit schöner Architektur wie dieser vertraut sein.«

Adeena nickte. »Sicher, die Austrier verstehen sich auf Architektur. Erst kürzlich soll Kaiser Ferdinand seine Residenz ausgebaut haben, das soll sehr beeindruckend aussehen.«

»Warum habt Ihr es noch nicht angesehen?«, fragte Severyn.

»Ich bleibe lieber für mich.«

»Das ist schade. Den Austriern entgeht viel, wenn sie Euch nicht zu Gesicht und zu Ohren bekommen.«

Adeena versuchte, sich nicht zu versteifen. »Vergebt mir, Hoheit, aber Ihr übertreibt.«

»Ihr scheint, als hättet Ihr viel zu sagen, wenn man Euch nur lassen würde.« Severyns Blick lag ruhig auf ihr und Adeena war irritiert über die Ehrlichkeit, die sie darin fand. Tat sie ihm Unrecht, weil sie misstrauisch blieb? Er erschien so sympathisch und auch Azahr stand ihm in nichts nach.

»Sagt, was gefällt Euch am besten an Eshwen?«, fragte Severyn.

»Die Aussicht auf die Wälder. Von meinem Gemach aus konnte ich mich kaum sattsehen. So etwas bekommt man in Austradar nicht zu Gesicht – das wird die Erinnerung sein, die ich am tiefsten in meinem Herzen wahren will.«

Severyn schaute amüsiert. »Ihr seid wahrlich interessant. Die Aussicht von Eurem Gemach aus ist noch gar nichts. Wollt Ihr den Ort hier im Palast sehen, von dem man die Wälder am besten sehen kann?«

Zögernd blickte Adeena zu ihrem Vater, doch dieser war noch immer in das Gespräch mit Prinzessin Breya vertieft. Es widerstrebte ihr, sich von ihm zu trennen, selbst wenn die beiden Prinzen ausgesprochen höflich waren.

»Ich kann nicht gut gehen«, wagte sie zu sagen.

»Das ist in Ordnung. Wir haben alle Zeit der Welt.« Severyn drückte Azahr das Weinglas in die Hand und bot ihr den Arm, welchen Adeena nach kurzem Hadern ergriff. Von ihrem Vater erhielt sie ein ermutigendes Lächeln. Severyn verließ den Ballsaal mit ihr, Azahr winkte und klinkte sich dann in das Gespräch mit ein, das ihr Vater und Breya führten.

Dafür, dass sein Volk Wechselbälgern so abgetan war, verhielt sich Severyn ausgesprochen rücksichtsvoll. Seine Schritte waren langsam und er beobachtete sie die ganze Zeit, um sich zu vergewissern, dass sie gut mithielt. Adeena war davon ausgegangen, dass der Prinz ebenso vorurteilsbelastet sein würde, wie seine Mutter es gewesen war. Tatsächlich aber glich er viel mehr seiner Schwester. Und obwohl sie nicht hergekommen war, um Freundschaften zu schließen, war es doch schön, dass sie jemand … ganz *normal* behandelte.

Adeena bemühte sich, ein angemessenes Tempo aufrechtzuerhalten und nicht angestrengt zu keuchen, als sie die Korridore durchquerten.

Die Laternen malten geheimnisvolle Muster an die Wände, sodass die eingravierten Motten in ihrem Licht zu tanzen und mit den Flügeln zu schlagen schienen. Die kleinen Falter fanden sich überall im Schloss wieder. Selbst die Kleider, die die Königsfamilie getragen hatte, waren der Flügelmusterung des Wappentiers nachempfunden.

»Ich muss mich für das Betragen meiner Mutter heute Nachmittag entschuldigen«, sagte Severyn, als sie ein Portal durchquerten. »Breya hat mir erzählt, was vorgefallen ist. Meine Mutter begreift einfach nicht, wo ihre Grenzen liegen. Es ist nicht klug, jemanden vor allen anderen bloßzustellen.«

»Ich habe schon Schlimmeres erlebt.«

Er machte ein betroffenes Gesicht. »Das klingt traurig.«

»Wenn man anders ist, reagieren die meisten mit Angst«, sagte Adeena vorurteilslos. »Das ist in Ordnung. Womöglich wäre ich genauso, wäre ich ganz gewöhnlich.«

»Das glaube ich nicht. Ihr seid klug und würdet Euch nicht so unreflektiert verhalten. Ihr wärt auch ungewöhnlich, wenn Ihr nicht humpeln würdet, Adeena.«

»So wie Ihr? Ihr verurteilt mich nicht.«

»Sollte ich das denn? Ich nehme an, die Gerüchte über Euch treffen nicht zu.«

»Das kommt darauf an, welche Gerüchte Euch zu Ohren gekommen sind.«

Severyn musterte sie aufmerksam. »Habt Ihr Eure Familie des Nachts durch Geschrei aus dem Schlaf gerissen? Oder gebissen, wenn Euch jemand berührt hat? Habt Ihr Insekten auf der Fensterbank getrocknet?«

Mit jedem Wort überkam es Adeena heißer. »Ich hatte als Kind viele Albträume. Was den Rest angeht …« Ihr Herz wollte lügen, doch sie bekam die Worte nicht über die Lippen. Sie hatte Bedienstete gebissen, wenn auch nicht mit Absicht. Adeena dachte an die Rahmen in ihrem Zimmer, die Falter, die sie studiert hatte. »Ich … bin kein Wechselbalg«, war das Einzige, was sie zu sagen wusste.

Eine Weile schwieg Severyn und sie begann zu glauben, dass sie es sich verscherzt hatte. »Oftmals sind Dinge anders, als es den Anschein macht«, sagte der Prinz dann allerdings. »Selbst wenn alle Beweise dagegensprechen.« Er hatte sie durch eine Tür gelotst und nickte zu einer gewundenen, steinernen Treppe. »Dort müssen wir hoch. Schafft Ihr das?«

Adeena atmete tief ein und straffte die Schultern. »Ja. Sicher.«

Severyn hatte eine Hand auf ihrem Rücken, um sie zu stützen, als sie die Treppe zu erklimmen begannen. Obwohl Adeena sich tapfer voranschob, wurde jeder Schritt schwerer zu bewältigen und ihre Hüfte brannte rasch wie glühende Kohle. Die Tatsache, dass sie das Ende der Treppe nicht ausmachen konnte, ließ den Aufstieg ewig lang erscheinen. Adeena raste das Herz vor Anstrengung und Frustration und bald musste sie eine Pause machen und sich am Geländer festhalten, um nicht auf die Stufen zu sinken.

»Geht es?«, fragte Severyn.

»Ich … ja.« Adeena nickte. »Ich brauche nur …«

Er hob die Brauen, als sie verstummte. Dann trat er näher. »Wenn Ihr erlaubt. Ich will Euch da oben sehen, und wenn Ihr es selbst nicht schafft, muss ich Euch eben tragen.«

»Aber …«

Ehe Adeena widersprechen konnte, hatte er sie hochgehoben. »Gut festhalten«, sagte Severyn sanft, ehe er die restlichen Stufen hinter sich brachte. Adeena, die noch ganz überrumpelt war, hielt sich an seiner Schulter fest und half ihm, die Luke über ihren Köpfen aufzustoßen, sobald sie oben angekommen waren. Als sie ins Freie traten und Severyn sie absetzte, war ihr ganz warm und ihre Wangen hatten sich rot gefärbt.

»Danke.«

»Gern. Ich mag es, wenn Pläne aufgehen.« Severyn lächelte sie an und wies dann zur Seite. Vor Staunen verfing sich der Atem in Adeenas Brust. Sie befanden sich auf dem höchsten Turm des Palasts, auf einem Rundlauf, der die geziegelte Turmspitze umschloss. Mit langsamen Schritten trat sie auf den Rand zu, ließ die Hände auf die Hängepflanzen sinken, die die Zinnen wie ein Teppich überwucherten. Unter ihnen erstreckte sich die Stadt, angefüllt mit Lichtern in allen Farben und schillernden Ostarafeuern. Einzelne Musikfetzen drangen an ihr Ohr, hin und wieder auch das Lachen der Gäste auf dem Schloss, die unten im Garten unterwegs waren. Außerhalb der Stadtmauern erstreckten sich die Felder, in der Ferne war eine weitere, hell erleuchtete Stadt in Sicht. Zu ihrer Rechten erhob sich der Wald, atemberaubend und ewig.

»Wie schön«, wisperte sie.

»Ihr könnt in alle Richtungen blicken.« Severyn trat ein paar Schritte auf die andere Seite des Rundlaufs. »Bei guter Sicht erkennt man tagsüber manchmal sogar Dalenna.«

»So etwas Wunderbares habe ich noch nie gesehen.«

Severyn lächelte halb. »Das hatte ich mir gedacht.«

»Danke, dass Ihr mir das gezeigt habt.« Adeena wandte sich ihm zu. »Dass Ihr mir geholfen habt.«

»Wenn ich Euch damit eine Freude gemacht habe, sind wir beide glücklich. Ihr bekommt diesen wunderbaren Anblick und ich … nun, unten im Ballsaal wart Ihr ohnehin nicht besonders glücklich, nicht wahr?«

Die Worte wärmten Adeena von innen. Sie war nicht sicher, ob ihr jemals jemand eine solche Freude gemacht hatte, der nicht ihr Vater war. Selten hatte sie sich so geschätzt gefühlt, so … verstanden.

Der Wind frischte auf und sie fröstelte leicht. Am Himmel hatten sich Wolken zusammengezogen, die die Sterne hinter sich versteckten. In dem seidenen Kleid war Adeena so hoch oben nicht gerade angemessen gekleidet, darum schlang sie die Arme um den Körper.

»Ist Euch kalt?« Severyn hob die Hände. »Unten gibt es Decken. Ist es in Ordnung, wenn ich welche holen gehe?«

»Gern. Ich habe mich längst nicht sattgesehen.«

»Dann lauft nicht weg.« Severyn lächelte ihr nochmals zu, ehe er den Turm umrundete, um durch die Luke zurück nach unten zu steigen. Adeena bewunderte die goldene Stadt und die verwunschenen Wälder eine Weile, die Arme um den frierenden Körper geschlungen. Ob die Menschen unten die Feier genossen? Würden sie die Lichter löschen, wenn es zu regnen begann? Wie mochte es sein, sich in den Wäldern zu befinden, wenn der Regen auf dem Blätterdach sang?

Ein Tropfen traf ihren Nacken und sie fuhr sich über die bloße Haut, um ihn fortzuwischen. Sogleich fiel ein neuer auf ihre Wange, dann auf ihr Haar. Adeena seufzte. Bei Regen würde auch eine Decke nicht helfen, selbst wenn sie zu gern geblieben wäre. Vor allem, weil sie nicht sicher war, ob sie noch mal jemand diese Stufen hinauftragen würde.

Sie humpelte zur Luke, um auf Severyn zu warten und ihn zu bitten, ihr nach unten zu helfen. Doch als sie auf die Treppe zutrat, überlief sie ein eisiger Schauer, der nicht vom Wind herrührte. Adeena eilte auf die Luke zu, beugte sich hinunter und fluchte, als ihre Hüfte zwickte und sie sich reflexartig auf die Knie fallen ließ. Schmutz blieb an ihrem Kleid hängen – dann aber wurde ihr Ärger von blanker Panik überlagert, als sie nach dem Ring griff und kräftig daran zog. Die Luke ließ sich nicht öffnen.

»Severyn?«, rief sie und klopfte gegen das Holz. »Hallo? Severyn!«

Der Regen wurde stärker, benetzte ihre Schultern und sog sich in die Seide ihres Kleids. Adeena zerrte an dem Metallring, doch die Luke wollte und wollte sich nicht öffnen lassen. Wütend schlug sie gegen die eisenbeschlagene Platte, als ihr klarwurde, was für ein naives Stück sie war.

Severyn hatte gesagt, dass er zurückkehrte! Nicht wahr?

Nein, er hatte nur gefragt, ob sie *bleiben* wollte. Er hatte nicht mal gelogen.

Es ist nicht klug, jemanden vor allen anderen bloßzustellen. Unten im Ballsaal wart Ihr ohnehin nicht besonders glücklich, nicht wahr?

Ich mag es, wenn Pläne aufgehen.

Adeena schrie frustriert auf, als ihr klarwurde, dass sie auf ihn hereingefallen war. Dass sie es Severyn nicht mal vorwerfen konnte, weil einzig ihre eigene Torheit sie so weit gebracht hatte. Verflucht, warum war sie so dumm gewesen?

Der Regen schwoll zu einem Wolkenbruch an, Donner rollte über den Himmel und Adeena schlug gegen die verschlossene Luke. »Macht auf!«, rief sie. »Macht auf!«

Dabei war sie sicher, dass niemand sie hören würde.

Er ist es

Leichten Schrittes nahm Severyn die letzten Stufen die Treppe hinab. Er richtete seinen Umhang, fuhr behutsam über sein Haar, um sich zu vergewissern, dass keine Strähnen verrutscht waren. Auf seinen Lippen lag ein schwaches Lächeln.

Gegen die Fensterscheiben schlug Regen – die dicken Tropfen schwollen rasch zu einem kräftigen Wolkenbruch an. Von oben drang noch kein Laut zu ihm herab. Severyn war ohnehin sicher, dass niemand Adeenas Klopfen bemerken würde. Die Luke lag viel zu weit oben und die Regentropfen waren zu laut, als dass jemand ihre Hilferufe hätte hören können.

Severyn mahnte sich zur Ruhe. Er wollte Adeena ruhig noch eine Weile oben um Hilfe rufen lassen, damit es auch den gewünschten Effekt hatte. Danach benötigte es nicht mehr viel: Er brauchte bloß mit den richtigen Personen darüber zu sprechen, was er mit ihr angestellt hatte. Im Ballsaal vermisste ihn sicher noch niemand. Und solange Azahr Breya nicht noch mal zum Tanz aufforderte …

»Ich mag es nicht, wenn du so bist.«

Severyn wandte sich um. Breya schritt mit unzufriedenem Gesichtsausdruck auf ihn zu.

»Wenn ich *wie* bin?«, fragte Severyn. Mit entwaffnendem Lächeln trat er auf sie zu, wies zuerst nach oben und dann auf sich. »Die Luke klemmt. Ich wollte selbstredend gerade Hilfe holen.«

Da sie nur abschätzig die Brauen hob, stieß er einen Seufzer aus. »Wir waren uns doch einig, dass du mir nicht hereinredest.«

Unglücklich verschränkte sie die Arme vor dem Körper. »Sie kann doch nichts dafür, dass sie diese schiefe Hüfte hat, Seryn. Dass die Leute sie für ein Waldkind halten. Sie ist ja nicht mal eins.«

»Ein bisschen gestört ist sie trotzdem.« Severyn trat ans Fenster. Der Platzregen hatte alle Gäste, die in den Gärten spaziert waren, zurück ins Innere des Palastes getrieben. Unten in der Stadt waren die Feuer gelöscht, nur in den Laternenkästen brannten noch kleine Lichter. »Sie trocknet tote Falter, ich meine …«

»Du hast schon Tiere erlegt und ausgeweidet«, erwiderte Breya. »Wo ist der Unterschied? Abgesehen davon, dass sich Falter auf deinem Siegelring befinden, hm?«

Severyn wollte etwas erwidern, zögerte aber. »Nicht jeder Wechselbalg muss gleich finster und vom Bösen durchdrungen sein.« Er wandte sich ihr zu. »Und Mädchen, die nur für solche gehalten werden, erst recht nicht. Aber wie würde es aussehen, wenn ich sie mit Freundlichkeit behandeln würde? Man würde unsere Familie erst belächeln, dann misstrauisch werden und uns irgendwann ebenso verabscheuen wie sie. Man würde uns mit Argwohn begegnen, man würde beginnen, Fragen zu stellen. Warum ist die Prinzessin noch immer so verträumt und kindlich? Wieso scheint ihr linkes Auge manchmal nachzuziehen? Ist es nicht merkwürdig, wie viel Zeit Severyn und Breya miteinander verbringen? Und dass keiner von ihnen bislang verheiratet wurde?«

Breya wandte das Gesicht ab. »Barcat hätte von Anfang an erklären sollen, dass ich adoptiert bin.«

»Direkt nach dem Tod seiner Tochter ein Kind aufnehmen, das dem verstorbenen so sehr ähnelt? Das ist die älteste Ausrede der Welt.« Severyn schüttelte den Kopf. »Sieh es ein. Wenn du beschützt werden willst, musst du hinnehmen, dass andere Wechselbälger … und Wechselbalgähnliche darunter leiden.«

»Bei den Propheten, Seryn«, sagte Breya, nun ärgerlicher. »Hör auf zu behaupten, dass du das alles nur für mich machst! Wir wissen beide, dass es nicht so ist. Das ist das Schlimmste daran: Dass du es auch für *dich* tust. Aber nicht aus Überzeugung, sondern weil es dir Spaß macht, andere schwach zu sehen. Da wäre es mir fast lieber, wenn du sie für eine Schreckgestalt halten und deswegen verachten würdest.« Sie sah ihn fest an. »Warum brauchst du so was, um dich stark zu fühlen? Du bist doch so schon stark genug.«

»Ich fühle mich dadurch nicht *stark*«, erwiderte Severyn scharf.

»Meinst du wirklich, ich benötige solche Dinge, um mich zu profilieren? Vor nicht mal einer Stunde hat mir eine Schar Adliger zugejubelt. Einer der mächtigsten Krieger Daer Awyrs hat sich und seine gesamte Sippe mir unterworfen! Ich habe Adeena sicher nicht da oben ausgesperrt, um mich stark zu fühlen.« Als Breya nicht sofort antwortete, reckte Severyn das Kinn. »Ich habe Prinzipien und zu diesen zählt, dich vor allem zu bewahren, mit jedem Mittel. Das ist, wie ich bin. Ist das etwas Schlechtes?«

»Wenn es sich so äußert, dann ja.« Breya nahm sein Gesicht in die Hände. Ihr ordentlich hochgestecktes Haar, das rauchfarbene Kleid und der Schmuck ließen sie erwachsener erscheinen als sonst. Unter den feinen Handschuhen konnte er die Wärme ihrer Finger nicht spüren, als sie mit den Daumen über seine Wangen strich. Sie roch nach Wald, immer nach Wald. Wenn Severyn Breya so nah war, konnte er auch erkennen, dass ihre hellgrauen Augen einander nicht ganz glichen. Dass das linke keinen richtigen Ausdruck hatte und die Musterung der Iris einfacher schien. Leblos. Nur in dem anderen Auge glomm alles, was sie ihm sagen wollte. »Sei nicht so. Nicht zu ihr – zu niemandem. So will ich dich nicht.«

Severyn warf einen Blick nach rechts und links, um sich zu vergewissern, dass niemand sie sah. Sanft küsste er ihre Stirn. »Du bist meine innere Stimme. Der einzige Grund, warum ich vielleicht doch noch rein bin, Breya.«

»Also holst du nun eine Wache?«

»Ich hole eine Wache.«

Breya griff nach seiner Hand, schob ihre Wange hinein. »Ich, dein Gewissen«, wiederholte sie leise, mit gesenkten Lidern. »Ich wünschte, du hättest diesen Sinn für das Rechte, den du mir gegenüber empfindest, auch in anderen Momenten.«

Mit einem Anflug der Reue befürchtete Severyn, dass sie sich abwenden würde. Doch Breya schob sich vor, legte die Arme um ihn, ließ sich so nah ziehen, dass die beiden einander überall berührten. Sie beugten sich vor, um ihre Lippen auf die des anderen zu legen.

Das war der Moment, als das Klirren von Metall und Schreie durch das Klopfen des Regens an sein Ohr drangen.

Severyn zuckte zurück und auch Breya wirbelte herum. Das Rufen wurde lauter, mischte sich mit dem Gebrüll der Gardisten, Metallscheppern und hastigen Fußtritten. Die Geräusche kamen aus Richtung des Ballsaals, wo das Fest in vollem Gange war.

Ohne Absprache setzten sich Severyn und Breya in Bewegung und eilten den Korridor hinab auf den Ort des Geschehens zu. Wachmänner und Keitha füllten die Gänge und hasteten ebenfalls auf den Saal zu, die Schwerter gezückt. Mit knappen Worten wies Severyn einen von ihnen an, die klemmende Luke zum Turm aufzubrechen, ehe er Breya nachhastete. In seinem Inneren hatte sich unwetterdunkle Sorge zusammengeballt, eine düstere Vorahnung, dass in ihrer Abwesenheit etwas Furchtbares geschehen war.

Seine Befürchtungen sollten sich bewahrheiten, als die beiden den Ballsaal erreichten und im Eingangsportal zum Stehen kamen. Severyn musste Breya zur Seite ziehen, als sie beinahe von den Flüchtenden überrannt wurden, die unter dem Gebrüll der Soldaten nach draußen geschleust wurden. Es fiel ihm schwer, sich in dem Chaos ein Bild dessen zu machen, was sich im Saal abspielte.

»Was bei allen Propheten«, murmelte er, als er die kleinen schwarzen Flecken durch das wabernde Dunkel tanzen sah. Etwas hatte Besitz vom Ballsaal ergriffen – etwas gänzlich Falsches, *Schändliches.* Während die Frühlingsnacht und der Platzregen vor den Fenstern alles finster machten, herrschte in der Halle eine andere, unnatürliche Dunkelheit. Sie wurde durch die aufgesprungenen Fenster hereingetragen, fegte über die fliehenden Gäste hinweg wie scharfer Wind. Die heftig schwankenden Lüster glommen nur wie durch einen Schleier, flackerten ächzend und entkräftet, bewegt von einer ungesehenen Macht. Einer von ihnen hatte sich gelöst und war herab auf den Marmorboden gestürzt, wo der Kristall in tausend Teile zerborsten war. Lichter zuckten wie Blitze, Schreie zerfetzten die Luft, Fliehende griffen haltsuchend nach einander. Soldaten und Gäste stürzten zu Boden, krümmten sich, brüllend vor Schmerz. Über all dem schwebte ein unvergleichliches, grausiges Summen und Flappen, wie das Schlagen unzählbar vieler Flügel.

Erst da wurde Severyn bewusst, was er mitansah. Durch die offenen Fenster wehte ein Schwarm winziger Insekten in den Ballsaal, ballte sich vor den Lichtern zusammen wie ein Unwetter. Die Dunkelheit begleitete die Motten, eine niedere, gefühllose Kälte, wie er sie nie gespürt hatte.

Ganz in der Nähe begannen die winzigen Falter über das Gesicht eines Gardisten zu krabbeln. Obwohl der Mann nach ihnen schlug, konnte er nicht verhindern, dass sie sich ihm in die Ohren schoben, darin verschwanden, selbst wenn er sich dagegen wehrte. Der Soldat würgte, taumelte, stürzte auf den Marmor, wobei sich sein Rücken krümmte und bog. Ein paar Mal rang er hilflos nach Atem. Die Hände schmolzen zu dünnen, langen Beinen, aus dem Kopf sprossen zuckende Kammfühler, während darunter knackende, harte Kauwerkzeuge aus der Haut hervordrangen. Die Rüstung sprang auf, darunter kam ein dicker Chitinpanzer zum Vorschein. Der einstige Soldat kam zischend auf die Insektenbeine, sah sich mit den zuckenden, schwarzen Fassettenaugen um, ehe er auf die nächste Frau zustürzte und sie zu Boden rang, um ihr die Kehle herauszureißen.

All das geschah in nur wenigen Wimpernschlägen.

»Bei den Wäldern«, brachte Breya hervor. »Severyn, was ist das?«

Severyn suchte nach einer Antwort, doch er hatte keine Ahnung, was er sagen sollte. Etwas Derartiges hatte er nie gesehen. Nicht diese Motten, nicht diese … Kreaturen, in welche sich die Soldaten und Gäste verwandelten, nicht die kopflose Panik, die die Fliehenden ergriffen hatte. Nicht die wabernde, düstere Finsternis. Selbst einer der unbesiegbaren Keitha krümmte sich sterbend am Boden, die Kehle aufgerissen von den Klauen der Monster. Diese Kreaturen, in die sich die Eshwen verwandelten – sie waren kräftig genug, um selbst Keitha in die Knie zu zwingen.

»Wir gehen in Sicherheit.« Severyn schob Breya zurück zum Ausgang. »Sofort!«

»Seryn!« Sie packte seinen Arm und brachte ihn zum Innehalten. »Sieh doch, da vorn! Barcat!«

Sie wies in Richtung des Throns und Severyns Kehle wurde eng. Instinktiv schob er Breya hinter sich, in Richtung Ausgang – auch, um sie vom Anblick des Fürsten abzuschirmen. Barcat kniete am Boden, krümmte sich, seine Befehle erstickend, ehe sie seine Kehle verließen. Verzweifelt brüllend schlug er nach den über ihn herfallenden Motten, doch die drangen in Schwärmen auf ihn ein und ließen sich auch von seinen Händen nicht aufhalten. Nerys neben ihm schrie ununterbrochen, während Soldaten versuchten, sie in Richtung des Ausgangs zu drängen. Auch über die Keitha fielen die Motten her, sobald das Silber aus ihren Augen wich und sie sich nicht länger in tödlicher Präzision bewegten und gegen die kleinen Wesen wehrten.

Severyn rang leise nach Luft. Solange die Krieger unter dem Befehl des Fürsten standen, schienen die Motten ihnen nichts anhaben zu können. Wenn sein Vater nicht länger zu ihnen sprechen konnte …

Er reagierte sofort. »*Wyn cledd!*«, rief er in klarem, befehlendem Ton. Die Keitha, die vor der Verwandlung zu den Mottenwesen gestanden hatten, erstarrten, unbewegt wie Skulpturen. Mit Augen wie Silber erhoben sie sich vom Boden, zogen die Schwerter, wandten sich ihm zu.

»*Tyn cledd!*«, riefen sie aus einem Munde.

»Haltet die Monster auf!«, befahl Severyn. »Verteidigt den Fürsten!«

Jeder Keitha, an dessen Ohr sein Befehl drang, gehorchte. Klingen blitzten durch die Luft, als sie über die Mottenkrieger herfielen und den Weg zu Barcat freimachten.

Sein Vater brüllte. Die Insekten hatten ihm den Umhang fortgerissen und fielen über ihn her wie über ein Festmahl. Motte um Motte verschwand in seinem Rachen, unter der Kleidung. Er stürzte zu Boden und begann sich zu krümmen, schrie aus Leibeskräften. Breya schluchzte.

»Breya, bleib hinten.« Severyn drängte sie zum Ausgang. »Flieh mit den anderen!«

Fest umklammerte sie sein Handgelenk. »Und du?«

Severyn schob sie in die Arme eines Gardisten. »Ich passe auf mich auf«, versprach er. Er musste bleiben. Er war der Einzige, der die Krongarde befehligen konnte.

Mit großen Augen sah Breya ihm nach, er hörte sie seinen Namen sagen – aber Severyn wandte sich um. Rasch hob er das Schwert eines toten Gardisten auf und ließ es richtig in die Hand rutschen. Bewaffnet sprang er auf das Podest, auf dem die Musiker gespielt hatten, um sich Gehör zu verschaffen, und schlug dabei eine Motte aus seinem Nacken. »*Wyn cledd!*« Die Keitha bewegten sich gewandt und tödlich. »Formieren und eine Schneise zum Ausgang bilden! Verteidigt die Gäste vor den Motten! Niemand wird getötet, wenn es nicht notwendig ist!«

Klingen fuhren durch die Luft, als die Krieger seinen Worten Folge leisteten und die Mottenwesen zu Boden zu drängen versuchten. Sie schufen einen Korridor zum Portal hin, drängten mehr und mehr Gäste zum Ausgang. Severyns hielt sich kampfbereit, das Schwert umklammert, doch die verwandelten Kreaturen wurden von den Kriegern weitgehend aufgehalten. Sein Körper war wie aus Draht, seine Sinne waren gänzlich darauf konzentriert, zu befehlen, zu retten, zu beherrschen. Der Fürst schlug noch immer nach den Motten – und er begann, sich zu verwandeln.

Severyn hatte nie etwas so Grausames gesehen. Barcat war sein Vater, einer seiner engsten Vertrauten, und er konnte bloß hilflos mitansehen, wie dieser Mann würdelos wie ein Käfer am Boden kroch, unvorstellbare Schmerzen erleidend, während sein Körper knarrte und knackte wie ein sterbender Baum. Aus seinem Rücken brachen sirrende, gemusterte Flügel hervor wie aus Eierschale, die weiche Haut gefror zu Chitin. Überall war schmatzender, durchsichtiger Schleim. Barcat riss sich Hautfetzen vom Gesicht, legte schwarze Schale frei, facettenartige Augen. Sein Gesicht zog sich in die Länge, Fell spross auf Stirn und Nacken, dahinter brach ein wespenartiger Hinterleib aus dem Körper. Neben den zuckenden Fühlern erwuchsen feste, gewundene Hörner. Als die Bestie sich aufrichtete, den mächtigen Kopf in die Höhe hob und mit den schweren Mottenflügeln schlug, war nichts von seinem Vater übriggeblieben. Ein furchterregendes Sirren drang aus seiner Insektenkehle. Dann fuhren seine schwarz beharrten Vorderbeine auf eine Adlige zu, durchbohrten ihre Brust und nagelten sie an einen der Wandteppiche.

Severyn schmeckte Galle und zwang sich, sich nicht zu übergeben. Er sah die Sagart hervoreilen, die ihm mit der Silberfarbe auf die Stirn gemalt hatte. Die Priesterin machte keinerlei Anstalten zu fliehen. Stattdessen riss sie ein Bündel Pflanzen hervor, das sie mit einer Bewegung ihrer Hände in Rauch aufgehen ließ. Während das Monster, das einmal Fürst Barcat gewesen war, einen Soldaten zwischen den Mandibeln zerknackte wie eine Nuss, murmelte sie Worte. Ihre Stimme wehte durch den Saal. »*Cabhraigh, Keyll Naomh, cabhraigh.*« Und als hätte der Wald nur darauf gewartet, strich ein seichter Frühlingswind durch die Luft, füllte Severyn die Lungen. Durch die zersprungenen Fenster und die gläserne Dachkuppel wanden sich Ranken und Wurzelwerk, die ächzten, als seien sie Äonen alt. Blätter und Zweige sprossen und erklommen die Wände der Halle, spannen ein Netz über den Spiegelboden. Sie bekamen einige der verwandelten Eshwen zu fassen, schlossen sich um Insektenbeine und -körper und hielten diese fest umschlossen.

Severyn traute seinen Augen kaum. Keyll Naomh erhörte das Gesuch der Sagart, er half ihr! Die Wurzeln wanden sich um die dürren Beine des sich wehrenden Monsters, das sein Vater gewesen war, zurrten sich zusammen. Mit der Unterstützung der Keitha würde die Gefahr zu bannen sein.

Etwas Winziges, aufgeregt Flatterndes traf gegen seine Wange. Flügel streiften seine Haut und mit hakenden Beinen blieb eine Motte an ihm haften, krabbelte über das Kinn hinauf zum Ohr. Severyn spürte seinen Ekel wie den Griff einer kalten Hand und schlug reflexartig nach dem Insekt. Sobald er die Motte abgeschüttelt hatte, flog sie erneut auf, um gemeinsam mit ihren Schwestern neue Opfer zu suchen. Schwertschlägen wichen sie aus, zu winzig und wendig, um sich von den Soldaten treffen zu lassen.

»Tötet die Motten!«, knurrte er. »*Wyn cledd!*«

Doch die kleinen Motten entschlüpften den Soldaten. Mehr noch, sie schienen zu bemerken, dass die größte Gefahr von den Keitha ausging, und stürzten sich besonders penetrant auf diese. Auch die Sagart hatten sie bald als Ziel ausgemacht und fielen über sie her, sodass sie ihre Beschwörung abbrechen musste, um sich vor den Angriffen zu schützen. Das Monster, das sein Vater gewesen war, entwand sich der Umklammerung des Waldes, fegte die Wurzeln beiseite.

Ein Fauchen ließ Severyn den Kopf herumreißen, doch ehe er sich rühren konnte, hatte ihn etwas von seinem Podest gefegt. Hart prallte er auf dem Boden auf und rutschte über den Marmor, rang nach Atem, als ihm die Luft aus den Lungen gepresst wurde. Er konnte gerade rechtzeitig ausweichen, ehe sich ein schwarzes Insektenbein in seine Brust bohrte. »*Wyn cledd!*«, stieß er hervor und riss das Schwert in die Höhe, um den Schlag des Mottenmonsters zu parieren, das über ihn gekrabbelt war. Seine Arme erbebten von der Erschütterung, er ächzte, als das Mottenbein tiefer zu stoßen suchte. Geifer troff auf seine Haut, die Mundwerkzeuge knackten dicht vor seinem Gesicht …

Ein sauberer Schnitt und schimmerndes, durchsichtiges Blut ergoss sich über Severyns Kleider, Gesicht und Haar. Der Kopf des Monsters fiel zu Boden, ehe es reglos niedersackte. Hastig krabbelte Severyn unter dem starren Körper hervor, wischte sich das Sekret von den Händen und hustete angeekelt, als er es im Mund schmeckte.

»Hoheit!« Der Keitha, der ihn gerettet hatte, hockte sich zu ihm, um ihm die Hand zu reichen. Severyn packte sie, kam auf die Beine. Keuchend sah er sich um.

Sie würden sterben. Er dachte es zum ersten Mal, selbst wenn er sich schon minutenlang in diesem Raum befand. Obwohl die Keitha schneller waren, als Severyns Augen zu sehen vermochten, und ihre Klingen so scharf schnitten, dass sie Stein durchtrennen konnten, kamen selbst sie kaum gegen die Mottenmonster an. Die entstellten Eshwen kämpften gnadenlos und mit kalter Tücke und ihre Zahl wuchs mit jedem Wimpernschlag. Das grauenvolle Sirren der Flügel, das Ächzen und Schluchzen der Verwundeten und der Blutgeruch waren so allgegenwärtig, dass es Severyn beinahe die Orientierung nahm.

Sein Vater – sein *Vater* war eines dieser Monster, und bis die Motten die Sagart ebenfalls zu einem gemacht haben würden, war es nur eine Frage der Zeit. Wer auch immer diese Schatten, diesen tödlichen Schwarm gesandt hatte, er würde siegen. Dann würde es niemanden mehr geben, der sie beschützen konnte.

Aber es gibt dich, flüsterte eine Stimme. Severyn glaubte, eine Note Kiefern- und Harzgeruch wahrzunehmen. Moos und süße Blüten, uraltes, feuchtes Wurzelwerk. War das die Sagart? Breyas Stimme? Waren es die Wälder? Was war es, das seinen Namen murmelte, alle Geräusche dämpfend, wie ein Kuss seiner Geliebten?

Es gibt dich. Du kannst diese Motten vertreiben, Severyn.

Der junge Prinz wandte sich dem Astwerk, den Wurzeln und Blättern zu, die sich mittlerweile nur noch langsam und ruckend ausbreiteten. Als er die Hände hob, um eines der Blätter zu berühren, erwachte ein goldenes Glühen innerhalb des Holzes. Als schwämme ein leuchtender Fisch im Inneren des Stammes, bewegte das Schimmern sich auf ihn zu, durchdrang jegliche Faser und durchtränkte jede Ader der grünen Blätter. Wie flüssiges Gold löste es sich aus dem Pflanzenwerk. *Du bist es,* säuselte die Windstimme. Dann fiel der goldene Tropfen in Severyns Hände.

Die Welt erbebte. Warmes Prickeln durchfuhr seine Hände, Arme, Brust, seinen ganzen Körper. Severyn atmete tief ein, sog Waldgeruch und Stärke ein und fühlte, wie sie jede seiner Adern durchzog. Der Wald sang in seinem Inneren. Propheten, er fühlte sich so *mächtig*.

Du bist es, Severyn. Du bist es.

Als er die Hände hob, wurde der Ballsaal in Gold getränkt, Licht fuhr über den Spiegelboden und jede Motte fiel wie tot aus der Luft. Die unnatürliche Dunkelheit, die die Falter gebracht hatten, verflog. Keyll Naomhs Wurzeln und Ranken bewegten sich wieder, gehorchten seinem Befehl. Sie umklammerten die verwandelten Motten, woben ein Netz um die Kreatur, in die sich sein Vater verwandelt hatte. Die Keitha brachten die letzten Gäste in Sicherheit, als die Bestie sich zischend gegen das Wurzelwerk warf, das sich jedoch nicht länger zerreißen ließ. Zu dicht war das Netz aus Ranken, zu fest gewoben war der Käfig, den Keyll Naomh um das Monster spann.

Severyn ließ die Hände sinken und kämpfte gegen den Schwindel an, der ihn in Besitz genommen hatte. Der Keitha, der ihn vor dem Mottenmonster gerettet hatte, stützte ihn rasch.

Im Saal kehrte Ruhe ein. Das Licht verblasste zum alten Schein der Kronleuchter, die Keitha senkten ihre Schwerter. Hinter dem Käfig aus Wurzeln sirrte sein Vater, kratzte am Blattwerk, wütend, aber machtlos.

Und zwischen den reglosen Leichen, den niedergerungenen Monstern und den stummen, wie erstarrten Lebenden schob sich die Sagart hervor, trat langsamen Schrittes auf Severyn zu. Das dritte Auge zwischen ihren Brauen war auf ihn gerichtet, schien ihm direkt in die Seele zu blicken. Ihre Hände waren kalt, als sie sein Gesicht ergriff und die Stirn gegen seine legte.

»Er ist es«, sagte sie, als sie zurücktrat, in der Stimme unbestreitbare Ehrfurcht. »Der neue Prophet Keyll Naomhs.«

Prophetenlieder

»Ich möchte euch eine Geschichte erzählen.«

Brandfuchs besaß eine Stimme, die säuselte wie wärmende Flammen. Es war eine Märchenstimme, klar und melodiös, wie ein Mittsommernachtsabend. Worte, die klangen, als würde er mit den Fingern über Rinde streichen, wie das Klopfen eines Spechts, wie Wasser, das über Stein plätscherte. Er beherrschte das Geschichtenerzählen beinahe so gut wie Mattys, der diese Worte einst geschliffen hatte.

Der Barde, der eigentlich ein Koch war, hatte sich am Bühnenrand hingesetzt, die Knöchel übereinander gekreuzt. Seine Finger zupften eine Melodie, so lieblich und sicher, als wäre dies sein Tagewerk. Die feinen Eshwenhände beherrschten die Naraline gut.

»Eine schöne Geschichte ist es. Eine von Zuneigung und Treue. Eine von Liebe, die Grenzen zu überschreiten vermag.«

Draußen vor den Fenstern der Taverne murmelte der Regen, träufelte aus der Dachrinne und scheuchte die Feiernden ins Innere der Gasthäuser. Die Tür wurde immer wieder aufgeschoben und vollkommen durchnässte Festbesucher schlüpften ins warme Innere von *Falkners Brandfuchs*. Während sie die feuchten Mäntel und Mützen abstreiften, lauschten sie dem Spiel der Naraline und dem Rhythmus, den Caleb dazu mit den Schellen schlug. Bis auf die beiden Männer, die vorn Platz genommen hatten, war niemand auf der Bühne.

»Ihr alle kennt unsere geliebte Prophetin Newid«, begann Brandfuchs. »Die Wanderin, die von Keyll Naomh auserwählt wurde, als eine Plage die Eshwen krank machte, und die jene Plage gemeinsam mit ihren Bardenfreunden bezwang. Doch heute will ich nicht davon erzählen, wie Newid die Welt rettete. Es gibt noch eine andere Geschichte über sie, die beinahe ebenso gern berichtet wird: Sie handelt davon, wie sie auf ihren Geliebten Bronimir traf. Davon, wie sie sich in einen Keitha verliebte, der dazu geboren war, den Eschenelben tief in den Wäldern zu dienen.

Davon, wie die beiden mit der Hilfe einer Priesterin Keyll Naomhs, einer Sagart, entkommen konnten. Das hier ist das Lied von Prophetin, Krieger und Priesterin.«

Hinter ihm trat ein Mädchen von etwa zehn Jahren auf die Bühne, das in die roten Bardenkleider gehüllt war. Das blonde, von Blüten durchflochtene Haar trug es offen, die helle Haut leuchtete wie Gold. Es hielt ein kleines Tamburin, das es in sanftem Takt anschlug, und lief mit langsamen, andächtigen Schritten über die Bühne. Sein Schatten wurde von den Lampen hinten an die Wand geworfen.

»Kennst du die Erzählung der heiligen Newid,
die eines Tages furchtlos in die tiefen Wälder ritt?
Im dichten Laub der Wälder, fernab von Mensch und Tier
traf unsere Prophetin den Krieger Bronimir.«

Sowie Brandfuchs' Stimme verklang, kam eine rothaarige Bardin auf die Bühne. Sie war nur auf den zweiten Blick als Frau zu erkennen, denn ihr Gesicht war kantig, die Brauen dunkel und dicht, das kurze Haar trug sie im Pferdeschwanz. Die junge Frau hob eine Geige ans Kinn und strich die Saiten mit einem Bogen an, ihre Melodie so zart, dass das Publikum die Luft anhielt.

»Newid hatte die Wälder betreten, weil die Eshwen sie gebeten hatten, das Biest Torc Triath zu bezwingen. Schon lange hielt dieser boshafte Eber die Eshwen in Atem, suchte ihre Dörfer heim und tötete mit Niedertracht. Newid war eine friedfertige Frau: eine Hüterin des Waldes ohne böse Absichten. Dummerweise lassen einige Ungeheuer nicht auf freundliche Weise mit sich reden. Als Newid Torc Triath gegenüberstand, versuchte das Biest, die tapfere Prophetin zu töten.

Dem Ungeheuer Torc Triath stellte Newid sich mutig
und bald entbrannt' ein bittrer Kampf, gar ehrenlos und blutig.
Newid lag matt am Boden, und in geschlag'ner Not,
erschien ein Mann im Dickicht, der schlug Torc Triath tot.
Oh, das ist das Lied der Prophetin und des Kriegers.«

Caleb hatte aufgehört zu spielen. Er formte die Hände zu einer Figur – einem Eber, der sich zwischen den Schatten der beiden Bardinnen bewegte. Edeline schob Olyvar hinter sich, die schwach zu Boden taumelte. Die Bardin ließ den Geigenbogen über die Saiten fahren, ehe sie ihn vorschnellen ließ und den Schatteneber erstach.

Während sich die Tavernen mit Feiernden füllten, prasselte der Regen auf Dinas Rhedyn herab. Die Ostarafeuer wurden gelöscht, die Kränze an die Fenster gehängt oder auf den Altären abgelegt. Waren zuvor noch Lachen und Musik auf den Plätzen der Stadt erklungen, hatte sich der Regen nun des Frühjahrsfestes bemächtigt. Es sangen bloß noch die Eltern, die ihre Kinder zu Bett legten. Kleine Mädchen und Jungen schoben die Wangen in die Laken, während sie den alten Ostaramärchen lauschten. Donner rollte über den Himmel und scheuchte selbst die Straßenhunde und streunenden Katzen in trockene Unterschlupfe. Vögel verbargen sich unter dem Blattwerk der Bäume, verschwanden unter dem schützenden Flügel des Waldes. Der Regen füllte die kalte, klare Luft.

Irgendwo dort, zwischen den unwettergrauen Wolken und dem Stakkato der Tropfen auf den Dächern, fegte etwas Fremdes, Unnatürliches dahin. Da entwich die finstere, niederträchtige Dunkelheit, die den Ballsaal des Eshwenpalasts heimgesucht hatte. Die Motten waren tot, doch der Samen der Finsternis war unaufhaltsam gestreut.

Im Festsaal sanken alle Anwesenden vor dem neuen Propheten auf die Knie.

Die alte Melodie drang durch *Falkners Brandfuchs* wie ein vertrauter Duft. Olwen Brandfuchs hatte das Muster auf der Naraline schon oft angeschlagen und sich vorgestellt, wie er Kindern dieses Lied beibringen würde. Falkner würde das letzte Geschirr putzen, während er selbst mit einem kleinen Mädchen und einem Jungen auf einer der Bänke saß und Geschichten zum Besten brachte.

Der Regen vor den Fenstern erzählte von Motten und neuen Propheten. Brandfuchs' Stimme im Inneren der Taverne erzählte von Licht und den alten Heiligen.

»Bronimir brachte Newid in sein Zuhause, nach Eschenhort. Er gehörte allerdings nicht den Eschenelben an: Bronimir war ein Keitha, und ebenso wie die anderen Angehörigen seines Volkes waren sie einst durch einen dunklen Zauber von den Elben unterworfen worden. Bronimir war ein friedfertiger, liebevoller Mann. Doch ein Wort seines Elbenmeisters genügte, um ihn in einen herzlosen, brutalen Mörder zu verwandeln. Das ist das Schicksal der Keitha. Wir kennen diese Krieger von hier: Fürst Barcat mit seinem starken, reinen Eshwenblut gehorchen sie auch. Aber die Elben, von denen wir Eshwen abstammen, gehen anders mit ihnen um, behandeln sie wie Sklaven.«

Während Edeline den Bogen über ihre Geige fahren ließ und dem Instrument klare Töne entlockte, kam Olyvar zu sich. Sie setzte sich auf und sah Edeline für eine Weile beim Spielen zu. Sacht schlug sie das Tamburin an, ehe sie sich erhob und die beiden in leichtfüßigem Tanz umeinander zu schreiten begannen. Ihre Schatten jagten hinter ihnen über die goldbeschienene Wand.

»Sie heilte ihre Wunden, und während sie gedieh,
erwachte zwischen ihnen der Liebe Melodie.
Was hörte Newid in den Liedern
von herzlosen und harten Kriegern?
Dieser war sanft und ohne Härte,
nicht bloß Blut und Schild und Schwerte.
Oh, so geht das Lied der Prophetin und des Kriegers.

Doch die Liebe wurde ihnen verwehrt.« Olwen machte eine Pause, während sich Olyvar und Edeline langsamer bewegten, weiter voneinander entfernt. »Denn Bronimirs Pflichten hielten ihn in Eschenhort.

Solange der Bann seines Elbenmeisters bestand, würden seine Augen auf seinen Befehl hin silbern werden und er würde jedem Wort gehorchen. Dabei sehnte sich Bronimir nach einem Leben an Newids Seite, in Frieden.«

Caleb formte Motten mit den Händen, die zwischen den Tanzenden schwebten, und Edeline und Olyvar wichen auseinander. Für einen Herzschlag war keine Musik zu hören.

»Glücklicherweise«, sagte Olwen Brandfuchs, »kam da eine Sagart des Weges.«

Severyn hatte nie eine Stille erlebt, die so viel Gewicht hatte. Niemand sprach einen Laut – und dennoch wohnten diesem Augenblick so viele Worte inne. Durch die Fenster wehte sanfter Wind herein, flüsterte alte Lieder. Dazwischen waren bloß das Knarren der Waldwurzeln und das Flattern der Mottenflügel des einstigen Fürsten zu hören.

Die Sagart sank vor Severyn auf die Knie und neigte den Kopf, sodass ihr langes Haar auf den Boden fiel. Nach und nach taten es ihr auch die übrigen Anwesenden gleich und knieten vor ihm nieder. Der Prinz blinzelte, noch immer von dem erschöpfenden Schwindel erfasst. Die Erkenntnis darüber, was er gerade getan hatte, drang nur langsam in sein Bewusstsein. Er blickte auf seine Hände hinab, an denen Gold und Silber hafteten, als hätte er Silberharz damit geschöpft. Das Knistern der Magie in seinem Inneren verklang nur langsam. Ja, da war eine Macht – fremd, aber auch merkwürdig vertraut. Severyn holte tief Luft, als die letzten Anwesenden vor ihm auf die Knie sanken. Obwohl er zwischen Toten und niedergerungenen Monstern stand, sein Körper sich anfühlte wie von einer Kutsche überfahren und seine Kleidung über und über mit Insektengeifer und Blut bedeckt war, empfand er einen Anflug von Wohlgefallen.

Er war ein Prophet. Ein *Auserwählter*.

Selbstredend kannte er die Geschichten über die Propheten. Die Erzählungen über die von ihnen gewirkten Wunder gehörten zum Allgemeinwissen. Außerdem hatte Breya ihn mit Geschichten über Propheten oft genug bis spät in die Nacht wachgehalten.

Severyns empfand eine merkwürdige Mischung aus Stolz, Abscheu und unendlicher Müdigkeit. Er war froh, als Breya in die Halle eilte, wenngleich sie langsamer wurde, als sie das Grauen des Kampfes in jedem Detail zu Gesicht bekam. Auch Azahr und seine Mutter erschienen. Während sich der Narraphprinz ungläubig im Saal umsah, entwich Nerys ein erstickter Schrei. Sie hastete auf den Käfig zu, hinter dem sein Vater in seiner Insektengestalt kauerte. Schluchzend sank sie vor dem Pflanzenkokon auf die Knie, wimmerte Barcats Namen und heulte ohne Halten. Severyn mochte nicht daran denken. Ihm wurde furchtbar übel, wenn er an die Verwandlung seines Vaters dachte. Als er ins Wanken geriet, war er froh, dass der mittlerweile vertraute Keitha zur Stelle war, um ihn zu stützen.

»Könnt Ihr stehen, Herr?«, fragte der junge Mann.

Auch Breya griff nach seinem Arm. »Alles in Ordnung?«

Severyn nickte und zwang sich, nicht nach ihrer Hand zu greifen, obwohl er sich nichts sehnlicher wünschte. »Mir ist bloß ein wenig schwindlig. Aber ich habe schließlich auch soeben den Tag gerettet und … Prophetenmagie gewirkt.«

»Prophetenmagie«, wiederholte Azahr ungläubig.

Die Sagart erhob sich. Blut und silberner Saft klebten an ihrer bloßen Haut, die noch gerötet von den Angriffen der winzigen Motten war. Ihre gewöhnlichen Augen musterten Severyn ruhig und auch das dritte an ihrer Stirn war starr auf ihn gerichtet, ohne zu blinzeln oder zu zucken. »Keyll Naomh hat mir, Sydra, die Zukunft dieser Welt gezeigt.« Ihr weicher Akzent ließ jedes Wort klingen wie Honig. »Und Sydra erblickte große Gefahr, drohende Dunkelheit – etwas Finsteres, das Daer Awyr aufsuchen wird. Doch in all dem Chaos sah sie auch Euch, Severyn Pádraig. Im Licht der Sonne, im Schutz der Blätter. Sie sah, zu welch großen Dingen Ihr fähig sein werdet. Die Wälder haben Euch zu ihrem Auserwählten gemacht.«

Eine verhüllte Gestalt erschien auf der Bühne, gerade als Brandfuchs wieder einen Akkord anschlug. Sie ging mit langsamen Schritten, tauchte nur nach und nach in das Licht der Laternen. In den Händen trug sie eine Silberschale.

»Für gewöhnlich verlassen die Sagartpriesterinnen ihr Zuhause tief in Keyll Naomh nicht, wie ihr wisst. Diese aber war eine Schweifende. Sagart wie sie sollen die Welt erkunden, sie begreifen und anderen helfen, indem sie ihnen den silbernen Saft Keyll Naomhs zum Geschenk machen.

Air Deoch. Jenen Saft, der von jeder Krankheit heilt.

Die Sagart blieb eine Weile bei den Eschenelben und lernte die Liebenden dort kennen. Und weil Newids und Bronimirs Liebe so rein war, weil der Wald seiner Prophetin Zuneigung entgegenbrachte und weil die Sagart Mitleid hatte … schenkte sie ihnen einige Schlucke des heiligen Silbersafts.

Bronimir wollt' ohne Newid nie wieder sein,
doch sein Leib gehörte dem Elbenvolk allein.
Newid und Bronimir, sie litten
doch dies Gesetz ward unbestritten,
sie wussten nicht mehr her noch hin,
da erschien eine Priesterin.
Oh, das ist das Lied von Prophetin, Krieger, Priesterin.«

Brandfuchs machte eine Pause, ehe er fortfuhr:

»Sie nahm den Silbersaft, und gab ihn Bronimir.
und mit klarer Stimme sprach die Sagart …«
»Hier.«

Die verhüllte Gestalt warf die Kapuze ab und entblößte langes, lockiges Haar, das mit unzähligen Blüten und Blättern geschmückt war. Die dunkle Haut auf den bloßen Schultern und dem Gesicht war mit grünen und silbernen Linien bemalt, was ihr ein Schimmern verlieh, als wallte Blut aus Blättern und Moos in ihren Adern. Die junge Frau bewegte sich anmutig und lautlos. Nascha sah zu Edeline hoch und reichte ihr feierlich die Schale. Mit klarer Stimme sang sie:

»Trink diesen Saft vom Silberbaum, o du treuer Mann.
Damit das Wort der Elben dir nichts mehr anhaben kann.
Und flieh mit deiner Liebe, so wie ihr es verdient,
nehmt dies als ein Geschenk, als einer Freundin Dienst.«

Edeline setzte die Schale an die Lippen und trank, während Nascha zu einer Vokalise anhob, mystisch und fremd. Olyvar schlug ihr Tamburin im Takt, ehe sie und Edeline sich wieder umeinander zu bewegen begannen. Brandfuchs hob zu den letzten Zeilen an:

»Und wie sie es ihm sagte, trank unser Bronimir
den Saft des Silberbaums, dann hielt ihn nichts mehr hier.
Und Krieger und Prophetin verließen diesen Ort,
auch Torc Triaths Schädel, den ließen sie nicht dort.

Die Eschenelben wüteten, doch wie sie nach ihm riefen,
verhallten ihre Worte ungehört in Waldestiefen.
Kennt ihr die Geschichte, die heut ein jeder singt?
Wie das Geschenk der Wälder Liebende zusammenbringt?
Oh, so geht das Lied von Prophetin, Krieger, Priesterin.«

Severyn schüttelte den Kopf. »Aber warum?«
»Keine Sorge. Es ist sicher schwer zu begreifen, warum er gerade

Euch gewählt hat, doch Keyll Naomh täuscht sich nicht«, versicherte Sydra. »Wenn der Wald es sagt, so ist Euer Herz …«

»Nein«, widersprach Severyn ungeduldig. »Es geht nicht darum, warum er *mich* ausgewählt hat. Das ist keine Frage. Wen sonst sollte der Wald wählen, wenn nicht mich? Ich bin intelligent, konsequent und einflussreich. Ich habe alles, was es für einen Propheten bedarf.«

Azahr schnaubte. »Vor allem Bescheidenheit.«

Severyn ließ sich nicht beirren. »Aber warum jetzt? Woher kommen diese verfluchten Falter? Wer wagt es, am Tag meines *Geburtstages* eine Motteninvasion hierher zu senden, meinen Vater in ein Ungeheuer zu verwandeln und für Mord und Totschlag zu sorgen?« Er machte eine Pause. »Ihr sprecht von einer Bedrohung. Was für eine soll das sein? Und warum habt Ihr den Fürsten nicht davor gewarnt?«

»Euer Vater wollte nicht hören«, sagte Sydra ernst. »Und wurde bestraft.« *Mit der Gestalt eines Insekts*. Mit einem Käfig aus Ranken, hinter welchem die Insektenbestie hin und her tigerte, die Flügel sirren und die Mandibeln klacken ließ. Nerys hatte die Finger um die Ranken geschlossen und schluchzte leise.

»Sorgt dafür, dass Nerys nichts geschieht«, befahl Severyn an den Keitha gewandt. »Du und die anderen Keitha, gebt acht, dass meine Mutter diesem Käfig nicht zu nahekommt, damit ihr nichts zustößt. Kontrolliert, ob die Ranken auch sicher halten und diese … Monster nicht freikommen können. Schafft Heiler für die Verwundeten her und bringt die Toten fort, damit ihnen die letzte Ruhe gewährt werden kann. Seid ihr dazu in der Lage?«

Der Soldat nickte und verneigte sich. »Selbstredend, Herr.«

Severyn unterzog den Mann einer genaueren Betrachtung. Er war nur wenig älter als er selbst, mit einem dichten dunklen Bart und strengen Brauen unter dem silberschwarzen Helm. Der Keitha hatte bernsteinfarbene Iriden, wenn er nicht zum Schwert gerufen wurde. Seine einst schöne Rüstung war eingedellt vom Kampf mit den Mottenmonstern und eines seiner Augen schwoll langsam zu, doch sonst zeigte er keinerlei Zeichen von Schwäche. Wie es sich für einen Keitha gehörte.

Severyn wies auf den jungen Mann. »Wie ist dein Name?«

»Esmond Treharne, mein Herr.« Der Keitha neigte erneut den Kopf.

»Danke für deine Hilfe, Esmond.« Er mochte der Auserwählte sein, doch er war sich äußerst bewusst, dass er ohne Esmonds Unterstützung von einem monströsen Insekt niedergestreckt worden wäre.

»Ich habe gehandelt, wie es meine Pflicht war, Herr.« Esmond nickte respektvoll, ehe er sich zurückzog und dem Befehl Folge leistete.

»Die Macht des Waldes wird nicht ewig halten.« Sydra hatte eine Hand auf die über den Boden kriechenden Ranken gelegt. »Ohne stetige Beschwörung wird sie bald verwirkt sein und die Monster wieder freigeben.«

»Aber bis dahin werden sie sich doch bereits zurückverwandelt haben, nicht wahr?« Breya zitterte und verschränkte unwillkürlich die Arme vor dem Körper. »Ich meine, es wird nicht für immer halten, dass sie diese Ungeheuer sind? Sie werden wieder ganz gewöhnliche Eshwen?«

»Wenn kein Gegenmittel gefunden wird, werden sie so bleiben. Magie wie diese ist widrig. Sie entstammt nicht dem Wald oder sie ist so verquer, dass man sie nicht mehr als solche erkennen kann. Wer oder was diese Motten auch geschickt hat, ist ausgesprochen mächtig und zu einer Menge bereit.«

Breya atmete tief ein. »Aber Ihr kennt ein Gegenmittel. Die Sagart benutzen doch Air Deoch, um Krankheiten zu heilen und uns besondere Kräfte zu verleihen.«

»Air Deoch?«, wiederholte Severyn fragend.

Breya legte die Finger auf seine Stirn und berührte die Stelle, an der Sydra ihm das Zeichen des Waldes aufgemalt hatte. »Da, das silberne Harz. Ihr habt noch etwas davon, oder?«

»Worauf wartet Ihr?«, fragte Severyn, als Sydra nickte. »Versucht es!«

Die Sagart schien nicht mit Erfolg zu rechnen, doch sie trat zurück zum Thron, um die Schale aufzuheben. In all dem Chaos war sie heruntergefallen und die silbrige Flüssigkeit hatte sich über den Boden ergossen, doch ein kleiner Rest war in der Ausbeulung der Schale zurückgeblieben.

»Haltet dieses Ding fest«, befahl Severyn zwei Soldaten und wies auf eines der Mottenmonster. Die Wurzeln, die es in festen Strängen überwucherten, hielten das Ungeheuer am Boden, doch der Kopf mit den klackenden Kauwerkzeugen hatte noch ein wenig Bewegungsfreiheit. Das Biest wehrte sich zuckend, als die beiden Soldaten seinen Schädel ergriffen und festhielten. Vor der Verwandlung musste es sich um eine Adlige gehandelt haben. Um den nunmehr dickeren Hals spannte sich ein goldenes Collier, das an dem hässlichen Insekt unsagbar fehl am Platz aussah.

Sydra kniete sich vor dem Wesen hin und benetzte seinen Mund mit dem silbernen Saft. Die Riesenmotte zischte und fauchte erbost, doch von einer Rückverwandlung konnte nicht die Rede sein. »Air Deoch ist in der Lage, Krankheiten zu beseitigen«, erklärte Sydra traurig, »doch es vermag keine Flüche zu lösen, die nicht Keyll Naomh entspringen.«

»Wunderbar! Wofür ist das gut, wenn nicht für so was?«, knurrte Severyn. »Nur um schöne Bilder zu malen?«

Sydra erhob sich mit bösem Blick. »Es ist nicht nutzlos! Das hier übersteigt die Macht des Waldes! Keyll Naomh kam uns zur Hilfe, als wir ihn benötigten, deswegen hat er Euch zum Propheten gemacht. Der Wald hat alles getan, wozu er fähig war! Jetzt liegt es an uns, eine Lösung zu finden. Wir müssen herausfinden, wie wir Euren Vater und die anderen Eshwen zurückverwandeln können.«

»Und wer hinter all dem steckt«, fügte Breya hinzu.

»Was ist mit diesen Mottenwesen, von denen ihr abstammt?«, fragte Azahr.

»Den Eschenelben?«, fragte Severyn.

»Sie sind quasi Motten«, erklärte sich Azahr. »Und wie ich es verstanden habe, sind sie für ihre Niedertracht bekannt. Haben sie euch nicht schon allzu oft geschadet?«

Breya nickte. »Sie haben finstere Herzen. Und rauben oft Kinder aus den Dörfern, die in den Wäldern liegen. Vater hat selten ein gutes Blatt an ihnen gelassen, wenn er über sie sprach. Und es stimmt: Sie sind selbst oft mehr Motte als Mensch und beherrschen solche Zauber womöglich.«

Obwohl Severyn es Azahr nur ungern eingestand, war seine Idee nicht dumm. »Dass wir Eshwen so erstarkt sind, ist ihnen ein Dorn im Auge. Womöglich wollen sie ihre Stärke demonstrieren. Es genügt ihnen nicht, Kinder zu rauben …« Er nickte entschlossen. »Wenn die Eschenelben hinter dem hier stecken, muss ich gehen, um sie zu finden.«

»Du?« Unglücklich legte Breya die Stirn in Falten.

Severyn wandte sich an die Soldaten, die um sie hasteten und seine Aufträge erledigten. »Tragt den Bibliothekaren auf, sie sollen nach einem Weg nach Eschenhort suchen. Ich will, dass sich zwei Dutzend Soldaten nach Dinas Rhedyn aufmachen. Es muss jemanden geben, der uns zu den Elben führen kann.«

»Aber niemand weiß, wo Eschenhort liegt«, widersprach Breya nachdrücklich.

»Nicht niemand.« Sydra schüttelte den Kopf. »Nur sehr wenige.«

Breya schien nicht überzeugt. »Sie lassen sich nicht finden, wenn sie nicht gefunden werden *wollen*.«

»Breya, ich bin der Auserwählte. Der Prophet. Du hast gesehen, wozu ich fähig war.« Mit Zuversicht wies Severyn auf sich selbst. »Das ist meine Pflicht. Ich werde die Keitha um mich scharen, damit sie mich nach Eschenhort eskortieren.«

Doch Sydra schüttelte den Kopf. »Die Keitha werden hier gebraucht. Sydra weiß, die Wurzeln werden nicht ewig standhalten – vor allem nicht, wenn Ihr diesen Ort verlasst, Prophet. Sie wird hierbleiben, solange Ihr fort seid, um die Wurzeln zu stärken, die Euren Vater einschließen. Aber die anderen Monster müssen fortgebracht und von den Keitha bewacht werden.« Sie machte eine Pause. »Außerdem ist es besser, wenn Ihr keine Aufmerksamkeit auf Euch lenkt. Sydra wird Euch einen Mantel weben, der Euch ungesehen macht, doch sie kann es nicht für jeden Keitha an Eurer Seite tun.«

»Heißt das, ich soll allein gehen?«

»Nein, ein einzelner Keitha wird nicht schaden.«

Severyn war versucht, seine Worte noch mal zu überdenken. Er blickte zu Breya, die zwar unglücklich die Stirn in Falten legte, aber nickte. Sie wusste besser als jede andere, dass das Wort des Waldes Gesetz war.

»Dann ist es so«, beschloss er. »Ich werde mit dem fertig. Ich werde einen Weg finden, die Eschenelben im Zaum zu halten und all diese Monster zurückzuverwandeln.«

Severyn war selten so erleichtert gewesen, allein zu sein. Für gewöhnlich genoss er die Anwesenheit anderer, vor allem zu Anlässen wie seinem Geburtstag, zu denen er Mittelpunkt des Geschehens war und alle Augen sich auf ihn richteten. Er liebte die bewundernden Worte, das Strahlen in den Gesichtern der Menschen, wie sie ihn schätzten und ihm zujubelten. Auch heute, als er die Dunkelheit aus dem Saal vertrieben und die Motten getötet hatte, war Severyn diese Bewunderung zuteilgeworden. Mehr noch, er war nicht bloß Fürstensohn und Thronfolger gewesen. Severyn war Prophet, Auserwählter, Abgesandter des Waldes. Am Morgen war seine größte Sorge die Weizensaat in Dalenna gewesen – nun, am Abend, lag das Wohl der Eshwen in seinen Händen.

Sydra war im Thronsaal geblieben, um den Wurzelkäfig zu stärken, der seinen Vater umgab. Severyn hatte eine Weile vor dem Käfig innegehalten, der Bestie gegenüber, die darin eingesperrt war. Das

Mottenwesen war dreimal so groß wie er selbst. Der Körper glänzte in grünlichem Schwarz, sein verletzlicherer Bauch war heller und mit Fell überzogen, das wie ein Pelzüberwurf bis in den Nacken wuchs.

Der Schwanz mündete in einem scharfen Stachel, welcher hin und wieder zuckend umherpeitschte. Die Kreatur saß ganz still, bewegte nicht mal die großen, kugelartigen Komplexaugen. Nur ab und zu begann sie, mit den gemusterten Flügeln zu flattern, dass diese gegen den Käfig knatterten. Doch die Wurzeln hielten sie davon ab, sich in den Saal zu erheben.

Irgendwo unter dem harten Insektenpanzer und den animalischen Gesten befand sich sein Vater. Severyn suchte nach ihm, doch er fand nichts als Instinkt, Kälte und fehlende Vernunftbegabung.

Letztlich war der Saal geräumt. Die kleinen Mottenkadaver waren entfernt und in die Alchemielabore gebracht worden, die Toten wurden aufgebahrt, die Verwundeten versorgt. Die Mottenmonster hatte man in Gewahrsam genommen und in die Kerker gebracht, wo sie vorerst verweilen sollten. Soldaten, Adlige, Bedienstete, alle gleich behandelt in den Zellen. Am Boden des Ballsaals blieben die Wurzelteile zurück, die sie daran gehindert hatten, noch mehr zu töten.

Es waren das gute Zureden von Severyn selbst, Breya und letztlich sogar Azahr nötig gewesen, um Nerys von dem Käfig fortzuzerren. »Was habt ihr mit ihm gemacht«, murmelte die Fürstin immer wieder, während sie über das Wurzelwerk kratzte. Ihre Nägel waren bereits aufgesprungen. »Was habt ihr mit ihm gemacht? Gebt ihn mir zurück!« Sie war so aufgewühlt, dass Breya sie bis zu ihrem Gemach hatte begleiten müssen, um sie ins Bett zu bringen.

Severyn hatte Stille in den Gängen gefühlt, als er zu seiner Zimmerflucht gewandelt war. Er hatte sie geschmeckt, als er das fremde Blut von der Haut gewaschen hatte. Stille, aus Trauer gewoben. Aus Angst. Oh, er war so müde.

In einen Morgenmantel gehüllt trat er an die Fenster, ein Glas Wein in einer Hand liegend, das leuchtende Dinas Rhedyn zu seinen Füßen. Es nieselte noch, doch das Unwetter war abgeflaut. Was würde er den Stadtbewohnern sagen? Dass ihr Fürst sich in ein Monster verwandelt hatte und es bislang kein Gegenmittel gab? Bedeutete dies, dass *er* nun Fürst war? Severyn hatte sich immer nach dem Tag gesehnt, an dem er Herrscher werden würde – doch dass es so rasch dazu kommen sollte, darauf war er nicht vorbereitet gewesen. Er schätzte seinen Vater und hatte ihm den Titel nicht streitig machen wollen. Barcat war ein Mann von Größe, ein guter Herrscher und allem voran der Einzige, der Breya und Severyn akzeptiert hatte. Selbstredend wollte Severyn herrschen, doch er wollte auch seinen Vater zurück.

Und in erster Linie war er Prophet. Der junge Prinz stellte das Weinglas auf der Anrichte ab und betrachtete die getrockneten Bündel, die Breya ihm am Morgen geschenkt hatte. Vorsichtig nahm er eins davon zur Hand, das mit den kleinen weißen Blüten, und drehte es in den Fingern. Severyn fühlte nach der fremden Macht, die in seinem Inneren erwacht war und von Waldgeruch und Blätterrascheln erzählte. Sie regte sich nur noch schwach, kaum spürbar unter all der Erschöpfung und den Sorgen, die sein Herz erfüllten.

Severyn war Keyll Naomh nie abgetan gewesen, doch er hatte ihm auch nie das Interesse entgegengebracht, das einem Propheten würdig gewesen wäre. Er war nie wie Breya gewesen, die die alten Traditionen geschätzt und gewahrt hatte. Die heutige Nacht war für ihn in erster Linie sein Geburtstag und nur in zweiter das Ostarafest. Severyn war ehrlich zu sich: Für ihn war der Wald stets nur eine Anhäufung Bäume und Blätter gewesen.

Das würde sich nun ändern. Er hatte seine Macht gespürt, als er das Wurzelwerk berührt hatte, sie war in ihn geströmt und auf ihn übergegangen. Severyn hatte all das gespürt, wovon Breya so liebevoll sprach. Er *war*, wovon sie ihm immer erzählte.

»Alles in Ordnung?«

Severyn wandte sich um und sah Breya in den Raum treten. Sie hatte sich in eine seidene Bluse und einen Rock umgekleidet und trug das Haar offen. Ihre schlanken Hände spielten mit den losen Strähnen, die über ihre Schulter fielen, während sie ihn mit Besorgnis musterte.

»Was soll sein?«

»Du hast eine Menge hinter dir. Du hast mitangesehen, wie diese Leute im Ballsaal gestorben sind. Wie unser Vater … nun. Und in all dem hast du routiniert und klug gehandelt.« Sie trat auf ihn zu. »Du bist ein Prophet, Severyn.«

»Neidisch?«, fragte er und ein Lächeln zuckte über seine Lippen.

Auch Breyas Lippen zuckten, wenn auch freudlos. »Nein. Es ist eine große Ehre, aber auch viel Verantwortung.« Sie schob sich vor und schlang die Arme um ihn. »Ich will nicht, dass du gehst. Es wird gefährlich! Schon viele Propheten sind gestorben, weil sie sich Herausforderungen stellen mussten, die zu groß für sie waren. Und die Eschenelben sind tückisch, Seryn, du hast keine Ahnung …«

»Shhh.« Severyn drückte sie an sich. Er sog den Blütenduft ihres Haars ein und musste ein Seufzen unterdrücken, so froh war er, sie endlich im Arm halten zu können. Propheten, er hatte sich so nach ihr gesehnt. »Es wird alles gut. Aber jemand muss handeln, und dieser jemand muss ich sein. Das weißt du besser als jede andere. *Du* bist doch diejenige, die sich mit diesen Walddingen auskennt.«

»Das bedeutet aber nicht, dass ich keine Angst habe. Gerade *deswegen* weiß ich, dass es angebracht ist, sich zu fürchten. Ich will nicht, dass dir etwas zustößt, Severyn.«

Severyn löste sich ein Stück und nahm ihr Gesicht in die Hände. »Mir wird nichts passieren. Das würde ja bedeuten, dass ich nicht zu dir zurückkehre, und das wird nicht geschehen.«

Tränen schwammen in ihren Augen, rollten von ihren Wangen, bis sie von seinen Daumen gebremst wurden. Ihre Lippen trafen sich, Breya schob sich dicht an Severyn, er spürte ihr Haar und ihre Haut und ihre Nähe, suchte und fand in ihr alles, wonach er strebte. Ihre Körper drängten gegeneinander, ihre Lippen verschlossen die des anderen durstiger, fordernder. Breyas sanfte Berührungen, ihre Hände überall an seinem Körper, entlockten Severyn ein leises Knurren. Seine Hände schlossen sich um ihre Taille und dann die Schenkel, welche sich um seine Hüfte schlangen, als er sie hochhob. Breya sank in die Laken des Bettes, ihr seidener Rock glitt von der weichen Haut darunter. Ihre Lippen küssten ihm den Hals, Jochbein, Lippen, als sich Severyn über sie schob. Den ganzen Tag sehnte er sich bereits nach ihr – nach allem, was geschehen war, begehrte er sie mehr denn je. Sie stillte sein tiefstes Verlangen, sie bewahrte das Gute in seiner Seele. Und mit ihrem Geschmack auf den Lippen und ihrem Duft wurde es ganz einfach, die Kraft Keyll Naomhs seinem Inneren zu finden.

Hatten die Wälder sie ihnen deshalb geschenkt? Breya war ein Waldkind, in ihren Adern bebte Keyll Naomh in all seiner Kraft. Sie hatte Severyn stets daran erinnert, woher sie stammten, wer ihr Schöpfer war. Und nun half sie ihm, seine Macht als Prophet in sich zu wahren.

Womöglich würde es ihnen helfen, dass er ein Prophet war – damit er und Breya eines Tages zusammen sein konnten, wie es ihnen zustand. Noch nicht heute. Heute war sein Vater wichtig und die Bezwingung der Motten und Eschenelben. Aber irgendwann würde man vielleicht Lieder über sie singen: über Prophet und Wechselbalg.

Die Vorstellung war vorüber. Die Lieder waren gespielt, die Krüge leerten sich. Münzen fanden den Weg in die Taschen der Hellen Barden und die Kasse von *Falkners Brandfuchs*. »Nichts bringt so viel Geld ein wie eine gute Vorstellung und ein ergiebiger Regen«, behauptete Aaron Falkner, während er ein Eshwener Rauchbier zapfte.

Caleb hörte ihm nicht richtig zu, er war in Gedanken bei dem Mädchen mit dem Blütenkranz, das von einem der hinteren Tische aus zugesehen hatte. Olyvar und Nascha wechselten ein paar Worte mit der Schneiderstochter und einem Schmiedelehrling, der sie heute zur Vorstellung begleitet hatte. Delya lobte die Darbietung und auch Brandfuchs, welcher unter so vielen freundlichen Worten errötete. Edeline, die den Pferdeschwanz gelöst und das rote Haar befreit hatte, beobachtete das Geschehen mit wohlwollendem Lächeln. Sie verstaute gerade ihre Geige im Kasten, als sich zwei Soldaten aus den Schatten im hinteren Teil des Schankraums schälten. Mit forschem Schritt steuerten sie auf die Bühne zu. Lene spannte sich unwillkürlich an, als sie die steinernen Mienen der beiden Männer bemerkte. Keitha waren sie. Und ihre Blicke verhießen wahrlich nichts Gutes.

»Ihr«, sagte einer, nachdem sie vor Olwen stehengeblieben waren.

»Olwen Brandfuchs«, stellte sich der Koch rasch vor.

»Herr Brandfuchs, Ihr werdet uns auf den Palast begleiten.«

»Ich?« Der junge Mann runzelte die Stirn. Falkner hinter dem Tresen hatte besorgt sein Geschirrtuch sinken lassen.

»Was wollt ihr von ihm?«, fragte der Wirt.

»Befehl des Fürsten. Wir benötigen seine Aussage.« Der Keitha nickte ihm zu. »Es war keine Bitte, Herr Brandfuchs.«

Olwen wandte sich unsicher an Aaron, der bloß die Schultern hob. Er griff nach seiner Jacke, trat hinter dem Tresen hervor und reichte sie seinem Partner. »Da.«

»Ich bin sicher bald wieder zurück«, versprach Brandfuchs, ehe die beiden eine Zärtlichkeit tauschten.

Edeline sah zu, wie er die Jacke überwarf und die Taverne verließ. Sie konnte nicht behaupten, dass dies nicht öfter so war – aber sie hatte ein ausgesprochen ungutes Gefühl.

Interludium

»Ich habe euch doch gesagt, das sind nur Lieder. Ich weiß nicht, wie man nach Eschenhort gelangt! Ich gehöre ja nicht mal richtig zu den Barden, ich bin nur die Vertretung!«

»Woher haben die Barden die Lieder? Haben die womöglich Hinweise?«

»Ich weiß es nicht. Aber … ich weiß nicht …«

»Rede, Brandfuchs.«

»Diesen Barden haftet etwas an. Etwas … Merkwürdiges. Vor allem der Kleinen mit den Locken, Nascha. Sie sind alle sehr gut darin, ihre Geschichten geheim zu halten – aber man spürt, dass sie Dinge verbergen. Ich wäre neugierig, was sie zu erzählen haben, nur war ich nie sicher, welchen Erzählungen ich Glauben schenken kann.«

»Du willst sagen, diese Barden wissen womöglich, wie man nach Eschenhort gelangt?«

»Wenn mir irgendjemand einfallen würde, der solche Dinge weiß, dann sie. Die Hellen Barden.«

TEIL ZWEI

Gerupftes Gefieder

Heiler und Barden

An diesem Morgen wurde Mattys nicht durch die Sonne geweckt, sondern dadurch, dass sich Rosie neben ihm unruhig zur Seite drehte. Er hatte nicht besonders fest geschlafen – die Erwartung auf den Auftritt am Abend schuf eine innerliche Unruhe und verscheuchte sogleich alle Müdigkeit aus seinen Gliedern. Außerdem war es ziemlich warm unter den Decken, was sicher davon herrührte, dass sie den Heizofen über Nacht zu hoch aufgedreht gelassen hatten.

Mattys lehnte sich über Rosie und küsste ihr die Schulter. »Hey. Bist du wach?«

Sie wandte sich ihm zu und brummte träge.

»Wir haben gesagt, wir gehen heute eher zum Frühstück, damit noch Zeit zum Proben bleibt. Und wir müssen auch noch die Instrumente holen.« Mattys zog die Beine unter Mollie hervor, die sich auf den Decken breitgemacht hatte, und kletterte aus dem Bett. »Vielleicht lässt Falkner uns rein, solange die anderen noch schlafen. Ist glaube ich besser, wenn wir sie nicht treffen, das gibt nur Durcheinander. Und Caleb hat sicher ohnehin ein … schon gut, ich lasse es jetzt mit den Seitenhieben.«

»Guten Morgen erstmal.«

Mattys, der sich gerade das Hemd über den Kopf hatte ziehen wollen, drehte sich mit Entsetzen um.

»Was?«

»Hast du dich etwa erkältet?« Er schob sich wieder auf das Bett und hob eine Hand an Rosies Stirn. Besorgt stellte er fest, dass sie sich ganz heiß anfühlte.

»Mir geht's gut.« Rosie schüttelte ihn ab. »Das ist nur, weil es so warm war.«

»Aber du bist ganz heiser!« Mattys begann, ihre Lymphknoten abzutasten, und ließ sich nicht davon beirren, dass Rosie ihn erneut wegschieben wollte.

Sie räusperte sich. »Stimmt gar nicht! Ich bin heiser, weil es morgens ist. Das geht wieder weg, wenn ich ein bisschen geredet habe.«

»Das kannst du vergessen, deine Lymphknoten sind ganz geschwollen. Wie ist es sonst? Hast du Kopfschmerzen? Oder … wie sagt man dieses bescheuerte Wort – *illamående* …«

Rosie winkte abwehrend. »Mach dir keine Sorgen, ansonsten fühle ich mich gar nicht schlecht. Mattys!« Als er widerstrebend von ihr abließ, nahm sie sein Gesicht in die Hände. »Mir geht es gut, wirklich. Ich kann heute Abend singen, da werde ich in Höchstform sein.«

»Du bleibst bis dahin im Bett«, beharrte Mattys. »Ich erledige das mit den Instrumenten und gehe zum *Nüsslein* …«

Rosie schüttelte den Kopf. »Ich werde nicht im Bett herumliegen! Es gibt viel zu viel zu tun. Um ehrlich zu sein, warum teilen wir uns nicht auf? Ich hole die Instrumente, du gehst schon mal und redest mit der Wirtin. Du wolltest doch mit ihr über unsere Gage sprechen?« Sie griff nach seinen Händen. »Ich weiß, dass du die anderen nicht treffen willst. Ich kann das machen.«

Mattys lächelte freudlos. »Auf keinen Fall. So tief bin ich nicht gesunken. Außerdem müsstest du dort sprechen.«

»Na und? Wenn ich beim *Nüsslein* ankomme, ist alles wieder gut. Meine Stimme wird rein wie die eines Rotkehlchens sein.« Rosies Mundwinkel zuckten und sie streichelte Mollie über den Kopf, die mittlerweile ebenfalls wach war. Dann schob sie das Haar auf eine Seite und griff nach einer Bluse.

Mattys nahm sie bei den Händen. »Hör auf deinen Freund, der jahrelang als Heiler gearbeitet hat, und sprich nicht so viel. Und auch nicht räuspern. Wenn du die Stimmbänder zu stark strapazierst, können bleibende Schäden zurückbleiben.«

Rosie seufzte. »Von mir aus. Kann ich trotzdem die Instrumente holen? Ich will nur helfen und es gibt noch so viel vorzubereiten.«

Mattys zögerte. Rosie lächelte munter, doch sie war trotzdem blass um die Nase. Oder übertrieb er? Waren ihre Hände ungewöhnlich heiß oder fühlten sie sich nur so an, weil der Heizofen die Nacht über für zu viel Wärme gesorgt hatte? »Ich weiß nicht … wenn du dich nicht schlecht fühlst, ist es gut, aber das heißt nicht, dass du heute Abend singen können wirst. Und ehrlich gesagt wäre das eine mittelschwere Katastrophe.«

»Das klappt schon«, erwiderte Rosie mit Zuversicht. »Ich habe einen Freund, der jahrelang Heiler war. Außerdem bin ich überzeugt, dass es gleich verflogen sein wird.«

Mattys gab sich geschlagen. »Ich habe eine Apotheke in der Nähe gesehen. Auf dem Weg hole ich dir was von dort, damit es besser wird. Und du darfst nicht singen, nicht schreien, nicht flüstern. Dann … von mir aus, geh alleine. Ich mach mich fertig und besorge was zum Essen.«

»Ich brauche nichts«, murmelte Rosie, woraufhin Mattys ihr einen kritischen Blick zuwarf. Sie hob die Hände. »Weil wir gestern so viel gegessen haben! Vielleicht hatte ich abends auch ein bisschen viel Schokolade, und … schon gut, ich spreche nicht mehr. Ich bin leise.« Sie drehte einen unsichtbaren Schlüssel an ihrem Mund.

Mattys erhob sich noch immer besorgt und auch Rosie schälte sich aus den Decken. »Wenn du rausgehst, ziehst du dir die Jacke an, und den Schal.«

»Mach ich. Alles, wie du sagst.« Sie ließ sich von ihm die Stirn küssen. Ihre Haut kam Mattys zu heiß vor und er fragte sich mit Unbehagen, ob der Heizofen in der Nacht überhaupt zu hochgedreht gewesen war. Womöglich war es ihm nur so vorgekommen, weil Rosie solche Hitze ausstrahlte. Ein kleiner Teil von ihm hoffte, dass er sich bloß zu viele Sorgen machte und Rosie recht behalten würde. Dass sie heute Abend in Bestform sein und die Grafentochter vollends begeistern würde. Aber er war zu lang ein Heiler gewesen, um morgendliche Heiserkeit nicht von einer anziehenden Erkältung unterscheiden zu können.

Vielleicht half es ja dennoch, auf ein Wunder zu hoffen?

Rosie tat der Kopf weh. Ihre Kehle schmerzte beim Schlucken, ihre Lymphknoten waren angeschwollen und bestimmt hatte sie auch *illamående*, was das auch sein mochte.

Am liebsten hätte sie sich wieder unter den Decken verkrochen, sobald sie hinaus auf die morgenkalten Straßen trat. Rosie sehnte sich danach, den Tag im Bett zu verbringen, Mattys' Geschichten aus Skoggen zu lauschen und Zwiebäcke in warme Milch zu tauchen. Wäre für heute nicht dieser Auftritt geplant, dann wäre sie womöglich ehrlich gewesen. Aber sie brachte schlicht nicht übers Herz, Mattys das anzutun – nicht jetzt, da sie gerade einen solchen Rückschlag hinter sich hatten. Sie wusste, wie viel dieser Auftritt ihm bedeutete. Für Mattys war er ein Schritt in eine gute Zukunft, und wer war sie, ihm das zu verwehren?

Für Mattys, alles für Mattys. Rosie schluckte stumpf, fuhr mit den Fingern über ihre Kehle und fragte sich, warum dieser Gedanke so bitter schmeckte.

Die Bardin schlug den Kragen des Mantels hoch und schob den Schal sorgfältig darunter, als der Wind auffrischte. Sie musste sich daran hindern, sich zu räuspern und ihre Kehle von dem merkwürdigen Gefühl zu befreien. *Alles wird gut. Steigere dich nur nicht rein.* Inständig hoffte sie, die unmissverständlichen Signale ihres Körpers fehlzudeuten und am Abend so gesund zu sein, wie sie behauptet hatte. Der rationale Teil in ihr aber war sich ausgesprochen bewusst, dass das Wunschdenken war.

Bis zu *Falkners Brandfuchs* war es nicht allzu weit. Da sie nur sehr dürftig gefrühstückt hatten, war die Sonne noch immer nicht ganz aufgegangen, als die Taverne hinter einer Straßenbiegung aufragte. Das Messingschild mit dem Fuchs und dem Falken schaukelte in seiner Halterung, als eine Windböe die Gasse herabpustete und ihr das Haar aus dem Gesicht wehte. Rosie hatte oft genug in *Falkners Brandfuchs* übernachtet und wusste, wie man des Morgens am besten hineinkam. Der Seiteneingang für die Warenanlieferung wurde bereits gegen sechs aufgeschlossen, genau pünktlich, um die Zeitungen zu empfangen. Als sie die Klinke testete, ließ sie sich drücken und Rosie konnte ins Innere der Schenke schlüpfen.

Sie fand sich in einem kleinen Durchgangszimmer wieder. Eine Treppe führte hinauf zu den Schlafzimmern, geradeaus ging es in die Küche, in welcher bereits gewerkelt wurde, und rechts lag die Tür zum Schankraum. Rosie öffnete diese einen Spaltbreit und stellte fest, dass das Gasthaus noch leer war. Keiner der beiden Tavernenbesitzer war zu sehen, nur ein Schankjunge, der die Tafel mit dem heutigen Frühstücksangebot neu beschrieb.

»Guten Morgen«, krächzte sie und räusperte sich, ehe sie sich erinnerte, dass sie das nicht tun sollte.

Der junge Mann hob den Kopf. Er war ein hochgeschossener Kerl mit einem geröteten, pickligen Gesicht – kein Junge mehr, aber offenkundig auch noch nicht ganz ein Mann. Für einen Eshwen besaß er wenig Eleganz oder Esprit und sie fragte sich, ob er vielleicht zugezogen war.

»'Schuldigung, haben noch geschlossen.« Er wischte sich die Kreidehände an einem Tuch in der Schürze ab. »Und dieses Durchgangszimmer ist auch nicht frei zugänglich, wenn man kein Gast … oh!« Rasch legte er eine Hand auf sein Herz. »Du bist Rosie Canaid. Verzeih, ich bin so ein Trottel, dabei habe ich dich schon so oft singen sehen.«

»Ist in Ordnung. Kannst du mir sagen, wo Falkner und Brandfuchs sind?«

»Falkner ist oben. Brandfuchs ist außer Haus.« Der junge Mann hatte nach dem Trockentuch gegriffen und ließ es durch die Finger fahren. »Wurde gestern von einer Handvoll Gardisten abgeholt.«

»Was?«, stieß Rosie hervor – oder wollte es zumindest, ihre Stimme machte nicht ganz mit. »Ich meine, was haben die beiden denn angestellt?«

»Hm.« Er zuckte die Schultern und zog die Nase hoch. »Hm. Hab nichts mitbekommen. Aber ich glaub, die Hellen Barden haben was damit zu tun, schließlich hat er gestern mit deinen Freunden gespielt und jetzt sind oben diese Soldaten …«

»Soldaten?!« Rosie hustete. »Ich verstehe nicht … ach, weißt du was? Egal. Ist wahrscheinlich das Beste, wenn ich damit nichts zu tun habe. Ich wollte meine Instrumente holen, haben die anderen sie runtergebracht?«

»Hm.« Der junge Mann hob die Schultern, während er sein Trockentuch weiter durch die Hände schlagen ließ. »Keine Ahnung. Aber du kannst gern in die Stallungen zu eurem Planwagen.« Aus der Hosentasche zog er ein Schlüsselbund, von dem er ein Exemplar trennte und ihr reichte.

Sie nickte. »Danke.«

Auf dem Weg zu den Stallungen kam sie wieder durch das Hinterzimmer. Als Rosie genauer lauschte, hörte sie Stimmen von oben: Calebs aufgebrachten Bariton, die für eine Frau tiefe Klangfarbe, die Edeline zu eigen war. Auch Aaron Falkners nasale Stimme mischte sich unter die der Sprechenden. Rosie konnte nicht verstehen, was gesagt wurde. Sie wandte sich entschieden ab, auch wenn ihr Herz schwer war. Ihre Freunde waren in Schwierigkeiten. Ließ sie die Barden nicht im Stich, wenn sie ihnen nicht zur Hilfe kam?

Nein. Rosie sah sich bereits in Ketten, aus welchen Gründen es auch sein mochte, und das hätte diesem Morgen die Krone aufgesetzt. Am Schluss würde Mattys sie aus einem Palastkerker befreien müssen, anstatt dass sie auftraten, und das konnte sie ihm wahrlich nicht antun. Wenn die Barden in Schwierigkeiten waren, würden es auch nicht helfen, wenn Rosie blindlings die Stiege hinaufstürmte wie die Heldin aus einem schlechten Schanklied.

Rosie begrüßte die Pferde der anderen und ließ Edelines Rappstute ihre Hände beschnuppern. Der Planwagen stand dort, wo sie ihn zurückgelassen hatten. Sie schob die Plane beiseite und befestigte sie an einem Ring, ehe sie ins Innere kletterte. Der vertraute Holz- und Stoffgeruch weckte so viele Erinnerungen und Emotionen, dass ihr beinahe schwindlig wurde.

Im schummrigen Licht konnte man kaum etwas erkennen, doch Mattys hatte sich stets darum bemüht, dass seine Ordnung gewahrt wurde, deswegen fand sie sich gut zurecht. Aus dem Kleiderschrank las Rosie ihre Sachen zwischen denen der anderen heraus. Als nächstes holte sie die Instrumente aus der Truhe nebendran: Ihr Rebec, Mattys' Bordunflöte, die er sich in Moorhaag gekauft hatte, und seine geliebte Naraline. Als letztes trafen ihre Finger auf die Holzquerflöte, die sie mit sanftem Lächeln hervorzog. Rosie erinnerte sich genau, wie sie damals auf das Instrument gestoßen war. Der Canaid-Clan hatte das Beltanefest in Broc Môr verbracht und sie war mit Mattys auf den Festwiesen unterwegs gewesen. Eine Flötenmacherin hatte vor einem einfachen, aber schönen

Stand getanzt und dazu auf einer kleinen, hellklingenden Flöte gespielt. Auf bloßen, mit Kettchen geschmückten Füßen war sie um sich selbst gewirbelt, dass die weiten Kleider um sie geflattert waren wie bunte Bänder.

Auf Rosies Lob hin hatte sie zu spielen aufgehört. »Willst du mal schauen? Sind alles handgefertigte Flöten. Kommt ruhig näher.«

Rosie war stets fasziniert von selbstgeschnitzten Instrumenten. Und diese Flöten waren ein Wurf Hundewelpen, jede mit anderen außergewöhnlichen Eigenheiten und faszinierenden Imperfektionen. Alle rangen um ihre Aufmerksamkeit, jede schien mit einer eigenen Art unkonventioneller Schönheit zu locken.

»Wenn eine dir gehören will, wird sie es dir mitteilen.«

»Ich mag diese.«

»Möchtest du sie spielen?«

Im Dunkel des Planwagens fuhr Rosie über den Flötenhals und schwelgte in der süßen Erinnerung. »Vierhundert *stålar* hast du gekostet, du dummes Ding«, flüsterte sie und schnitt eine Grimasse, als ihr einfiel, dass sie das ja lassen sollte. Rosie hatte die Flöte weggelegt, als sie den Preis zu Ohren bekommen hatte, selbst wenn es mit schwerem Herzen gewesen war. Vierhundert *stålar* waren viel Geld – über fünfhundert Kopar, wenn man es in die gemeine Währung umrechnete, und damit so viel wie ein halbes Pferd. Mattys, damals gerade in den letzten Zügen seiner Heilerausbildung, trug so viele *stålar* auch nicht zur freien Verfügung mit sich herum.

Als sie an Mabon, zur Herbsttagundnachtgleiche, nach Broc Môr zurückgekehrt war, hatte er ihr die Flöte trotzdem geschenkt.

Rosie packte die Kleidung und die Flöte in die Tasche. Auch Mattys' Bücher fanden den Weg dazu, Mollies Kuscheldecke und eine Handvoll getrocknete Rinderknochen, die sie in eine Tüte einpackte. Zwischen ihren Habseligkeiten fand sie sogar Mattys' Arzneisachen, die er damals aus Broc Môr mitgebracht hatte, ließ sie aber liegen. Rosie wusste, dass sie kein schöner Anblick mehr für Mattys waren, seit seine Arbeit als Heiler geendet hatte.

Nun musste sie sich beeilen. Ihre Bewegungen stockten noch mal, als sie die Geldbüchse unter dem doppelten Boden hervorzog. Hier drin waren alle Einnahmen, die die Hellen Barden nicht auf dem gemeinschaftlichen Konto in Evigstad hinterlegt hatten. Das Geld war für Reparaturen, Zimmermieten und andere gemeinsame Kosten.

Rosie musste tief durchatmen. Jeweils ein Sechstel des Geldes stand ihr und Mattys zu, keine Frage. Doch das aus der Büchse zu nehmen, hatte etwas so schmerzhaft Endgültiges, dass ihr Herz unwillkürlich stolperte.

Genug davon! Mit entschlossenem Kopfschütteln zog Rosie den Schlüssel hervor und schloss auf. Besser, sie brachte es hinter sich, ehe sie zu viel darüber nachdenken konnte. Mit fliegenden Fingern ging sie das Geld durch, ehe sie ein Drittel herauszählte und in die Jackentasche schob. Den Rest packte sie zurück und verstaute die Büchse an ihrem Platz.

Was wohl mit dem gemeinsamen Konto geschehen würde? Würden die anderen wütend sein und es leerräumen, damit Rosie und Mattys nicht mehr an das Geld kommen würden? Nein, das wäre ungerecht und so waren die Hellen Barden nicht.

Andererseits, war es nicht auch ungerecht, dass sie ihre Freunde alleinließen? War es nicht ungerecht, dass Mattys Edeline, Nascha und Olyvar zurückwies, obwohl bloß Caleb und er gestritten hatten? War es nicht ungerecht, dass Rosie ihnen das Geld entwendete, während sie oben in Schwierigkeiten waren?

Sie knöpfte den Rucksack zu und schob die Arme durch die Träger. Es reichte. Ihr Herz war ohnehin schwer und diese Gedanken machten nichts besser.

»Ich wusste, dass ihr zurückkommt.«

Rosie erstarrte wie vom Donner gerührt. Langsam wandte sie sich um und entdeckte Nascha. Sie stand unten vor dem Planwagen und schaute so traurig zu ihr hoch, dass sich Rosies Kehle unangenehm zusammenzog.

Sie ließ sich auf den Boden zurückgleiten und kam auf Nascha zu.

»Wenn du das mitnimmst«, sagte Nascha mit belegter Stimme und deutete auf die Naraline und das Rebec, »dann heißt das … dass es das letzte Mal ist, dass du hier bist?«

»Nascha.« Rosies Herz schmerzte, als diese sich auf die bebende Unterlippe biss. »Hast du gehört, was Caleb gesagt hat? Mattys ist furchtbar verletzt und mir hat er an den Kopf geworfen, ich sei nicht mehr als seine Hure.«

»Sind das die echten Gründe oder schiebst du das vor? Bist du wirklich der Meinung, dass Caleb das so gemeint hat? Dann kennst du ihn schlecht.«

Rosie wich einen Schritt nach hinten, unsicher, was sie sagen sollte. Sie wusste das natürlich – sie wusste alles, was Nascha ihr sagte. Und auch alles, worüber sie schwieg, was nur in den sich sammelnden Tränen stand.

»Ich glaube, ich gehe besser«, sagte Rosie und schob sich an ihr vorbei, wollte durch die noch offene Tür verschwinden.

Aber Nascha hielt sie am Handgelenk fest. »Warte bitte.« Sie fuhr sich über die Augen. »Es ist nicht schlimm. Wirklich. Ich will es nur verstehen.«

Rosie konnte nicht ertragen, Nascha so traurig zu sehen. Zu Beginn, als sie die Hellen Barden gegründet hatten, war sie ihr nicht ganz geheuer gewesen. Sie hatte Wörter merkwürdig ausgesprochen, komische Fragen über normale Dinge gestellt und sich mit beunruhigend selbstverständlicher Unbedarftheit in den Wäldern aufgehalten. Selbst Edeline, die immer grimmig dreingeschaut hatte, war Rosie weniger unheimlich gewesen. Erst mit der Zeit hatte sie begriffen, dass Nascha die herzlichste und gütigste Gestalt unter den Sternen war. Sie war bloß kein Mensch.

Drei Jahre lang waren sie die Hellen Barden gewesen. Hatten zusammengehalten und Abenteuer gemeinsam durchgestanden. Nun war all das vorüber.

Rosie ließ die Schultern herabsacken. Was machte sie sich eigentlich vor? Wenn sie ehrlich zu sich war, wollte sie das alles doch gar nicht.

»Mattys ist hier nicht glücklich«, sagte sie trotzdem. »Wenn wir länger bleiben würden, würde ihn das kaputtmachen. Das hat nichts mit dir zu tun, auch nicht mit Lene oder Olyvar ... nicht mal mit Caleb. Dieses Leben ist nicht, was er will, und ich kann nicht zulassen, dass er für mich so tut, als wäre es so. Dafür liebe ich ihn zu sehr.«

»Und was willst *du*?«, fragte Nascha.

Rosie schüttelte den Kopf. »Ich will, dass alle glücklich sind. Und ich scheitere darin.« Sie atmete aus und ihr entwich etwas, das entweder ein Seufzer oder ein Schluchzen war. Mittlerweile schmerzte nicht nur ihre Kehle, auch ihre Augen brannten. »Dabei wäre mir nichts lieber, als bei euch zu bleiben. Weil ich euch furchtbar vermissen werde, weil ich Caleb verzeihen will und weil ... weil ihr meine Familie seid.«

Die beiden Bardinnen sahen einander an, voller Zuneigung und Traurigkeit und Wärme, und dann schluchzte Rosie, Nascha schlang die Arme um sie und die beiden hielten einander, so fest sie konnten. Naschas Schultern bebten, Rosie spürte, wie sie die Augen an ihrer Schulter fest zusammenkniff. Sie vergrub die Nase in dem Leinenstirnband und dem lockigen Haar, dessen Moos- und Blütenduft ihr so vertraut war. Der Gedanke daran, wie ungerecht sie sich Mattys gegenüber verhielt, machte es bloß schlimmer. Aber womöglich hatte sie das verdient.

»Ich will nicht weg von euch«, brachte sie hervor.

Nascha schlang die Arme noch fester um sie. Sie gaben einander lange nicht frei, klammerten sich aneinander, als handelte es sich bei der anderen um Licht zwischen dicht stehenden Bäumen.

»Ich verstehe.« Nascha löste sich ein Stück. »Ich nehme es dir nicht übel, Rosie. Aber wenn ihr jemals zurückkommen wollt ... wir würden euch nie zurückweisen, ja? Wir würden euch sofort wieder aufnehmen.«

»Womöglich gäbe es Gemecker.« Rosie lachte unter Tränen, »aber ja, das würdet ihr wohl.«

Das Lachen verhakte sich in ihrer Kehle und brachte sie zum Husten.

»Du bist ganz heiser«, erkannte Nascha. »Das haben wir gleich wieder. Ich bringe dir etwas ... o nein, das geht nicht! Ich wollte nur schnell meinen Mantel holen. Wir wurden in den Palast geladen, der Fürst braucht unsere Hilfe.«

»Ach ja?« Die beiden hoben die Köpfe, als ein Rufen erklang – Olyvars helle Stimme.

»Die anderen warten.« Nascha machte eine Bewegung, um anzuzeigen, dass sie sich beeilen musste. »Wenn du ihnen nicht begegnen willst, müssen wir uns verabschieden.«

Schweren Herzens nickte Rosie, selbst wenn der Gedanke an einen endgültigen Abschied wehtat. Wie lange mochte es dauern, bis sie Nascha das nächste Mal traf? Dass sie einander vielleicht niemals wiederbegegnen würden, daran wollte sie nicht denken.

Nascha griff sich in den Nacken und knotete zwei Ketten von ihrem Hals. Als sie Rosie die Anhänger mit vorsichtigem Lächeln reichte, trafen deren Finger auf glatten, violetten Amethyst. »Eins kannst du Mattys geben.« Nascha schloss Rosies Hände um die Anhänger. »So wissen die Wälder, dass ihr zu Nascha gehört. Wenn ihr keiner niederträchtigen Kreatur direkt in die Arme lauft, werden sie euch mit den Amethysten auch nicht bemerken.«

Rosie umarmte ihre Freundin ein letztes Mal. Sie wusste zwar nicht, wie sie Mattys das erklären sollte, doch darüber würde sie sich später Gedanken machen. »Danke für alles. Ich wünschte, ich könnte dir auch etwas geben.«

»Sag Mattys, dass auch er immer willkommen ist«, wisperte Nascha, während sie sich an Rosie schmiegte. »Und wenn er etwas braucht, soll er kommen. Wir sind Familie.«

»Familie.« Rosie senkte die Stirn gegen Naschas Haar. »Nascha, bitte bleib genauso, wie du bist, ja?«

Nascha lächelte halb. »Mach ich. Leb wohl, Rosie.«

Für einen Weinkeller verfügte das *Nüsslein* über eine bemerkenswerte Akustik. Der Raum schien wie gemacht für Rosies Stimme: nicht zu viel Hall, aber genügend Echo, um die schönen Harmonien klar widerklingen zu lassen. Nach einem Testversuch mit der Mandoline und seiner eigenen, mittelmäßigen Stimme hoffte Mattys inständig, dass er Rosie heute Abend auch tatsächlich singen hörte.

»Das ist eine schöne Mandoline, die du spielst«, meinte Astryd Lugh, die während seiner Probe an die Theke getreten war. »Und damit umgehen kannst du auch.«

»Danke.« Es hatte Vorzüge gehabt, ein Barde zu werden: So hatte es immerhin Grund gegeben, seine Ersparnisse in ein schönes Instrument zu investieren. Er schätzte seine Mandoline sehr und hatte den Kauf eines hochwertigen Exemplars herbeigesehnt, seit er einmal das von Rosies ehemaligem Spielpartner Aran Trahaus ausprobiert hatte. Zuvor hatte er nur die alte Naraline gekannt, die er von seinem Vater hatte. Die Naraline war ein Instrument, das der Mandoline in der Bauweise stark ähnelte, aber die Tonqualität war mit der eines hochwertigen Bardeninstruments nicht zu vergleichen.

»Sie hat sehr hübsche Verzierungen dort am Hals.« Astryd Lugh strich über das glatte Holz, als er die Mandoline auf der Theke hinlegte. »Was ist das für ein Material?«

»Kirsche, und das da ist Mahagoni. Mir war wichtig, dass sie schöne Ziereinlagen hat. Es sieht hochwertiger aus. Es ist eigentlich ungewöhnlich, dass eine Mandoline nur so eine leichte Wölbung hat und die Zargen separat hergestellt werden.« Mattys wies auf das Holz an der Seite des Korpus. »Aber ich spiele besser Naraline und die gehen vom Baustil her eher in diese Richtung.« Wenn er allein war, griff er noch immer lieber zu seinem alten, geliebten Instrument. Hätte sie die schönere Klangfarbe der Mandoline gehabt, dann hätte er sie auch für die Auftritte benutzt.

»Bestimmt ist es auch gut, aus der Menge zu stechen. Oh, ehe ich es vergesse.« Ihr schalkhaftes Lächeln verblasste zu einem ernsteren Ausdruck. »Ich habe schlechte Nachrichten für euch.«

Mattys versuchte, sich nicht anmerken zu lassen, wie sein Herz sank. »Ach ja?«

»Ja. Die Grafentochter de Beur wird noch zwei Tage auf dem Schloss verbringen und erst dann hierherkommen. Es gab wohl einen … Zwischenfall im Palast, bei dem sie eine leichte Verletzung davongetragen hat. Es ist noch nicht offiziell, aber die Zeitungen werden wohl berichten. Ein Bote hat es mir heute Morgen mitgeteilt.« Frau Lugh atmete tief ein und aus. »Wenn ihr nicht so lange bleiben und lieber abreisen wollt, kann ich das verstehen.«

»Abreisen?« Mattys schüttelte den Kopf. »Nein, um nichts in der Welt. Wir bleiben natürlich und spielen in zwei Tagen! Dann haben wir auch mehr Zeit zum Proben.« Und wenn sich Mattys bemühte und ein wenig Glück hatte, würde er auch Rosies Heiserkeit in den Griff bekommen.

Astryd Lugh legte eine Hand auf seine. »Mattys, das freut mich ungemein. Ich möchte euch gern dabeihaben und nicht nur die unzuverlässigen anderen Spielleute. Weißt du, es ist ein schwieriges Geschäft mit den Wirtshäusern.« Sie lächelte müde. »Das *Nüsslein* ist eine Unterkunft gehobener Klasse. Wir stehen in ständiger Konkurrenz mit den anderen Gaststätten hier in der Nähe, vor allem, wenn gehobener Besuch kommt.«

»Aber solange Prinzessin Elaine nicht absagt, habt Ihr ja nichts verloren«, meinte Mattys. »Hey, wie wäre es, wenn ich die nächsten beiden Tage schon etwas auf der Mandoline spiele? Aus Werbezwecken für einen kleinen Zuschlag. Ich mache es ganz klassisch, ohne dass Rosie singt. Wenn die Gäste daran Gefallen finden und hören, dass es bloß ein Vorgeschmack auf die Darbietung für die Grafentochter ist, kommen sie zur richtigen Vorstellung sicher noch mal.«

»Das ist eine fantastische Idee.« Astryd nickte begeistert. »Gleich heute Abend kannst du beginnen, wenn du magst. Den Aufschlag bekommst du natürlich.«

»Schön.« Mattys lächelte ihr zu. »Ich mache gern Geschäfte mit Euch, Frau Lugh.«

Astryd lachte leise auf. »Bitte, sag doch Astryd. Ich habe so ungehobelt begonnen, euch zu duzen, dann ist das das Mindeste.«

»Dann Astryd«, korrigierte Mattys höflich.

»Ihr seid wirklich ein Segen«, setzte sie dahinter. »Das *Nüsslein* ist ein altes Erbe. Ich habe das Gasthaus von meinem Vater übernommen, und der von seinem und der von seinem. Soll ich dir etwas zeigen?«

Mattys nickte und folgte ihr auf der gegenüberliegenden Seite der Theke. Vor einer holzverstrebten Vitrine hielt Astryd inne und rieb mit dem Geschirrtuch das Glas sauber. Andere Schenken hatten solche Kästen auch und stellten Errungenschaften darin aus – Jagdtrophäen, Gewinne von Erntewettbewerben oder Auszeichnungen für die Küche. In einem kleinen Ort in Skoggen hatte Mattys sogar einmal eine Zimtschnecke gesehen, die von Prinzessin Nayra gebacken worden war. Man hätte jemanden mit dem Gebäckstück erschlagen können, wäre es nicht sicher verschlossen gewesen.

Auch in der Vitrine des *Nüssleins* befanden sich Trophäen. Mattys entdeckte eine niedliche Auszeichnung für die besten Rarebits der Stadt, ebenso wie eine Medaille für die beste Kürbissuppe zum vergangenen Mabon. Daneben lagen eine Handvoll Talismane und Geschenke früherer hoher Besucher. Eine unscharfe Fotografie zeigte Fürst und Fürstin Pádraig gemeinsam mit Astryd Lugh.

Diese tippte gegen das Glas und wies auf einen Beutel, neben dem eine Handvoll Haselnüsse lag.

»Sind die aus Gold?«, fragte Mattys.

»Aus purem.« Die Wirtin schloss die Vitrine auf und nahm eine der kleinen Haselnüsse hervor. »Die Legende besagt, mein Vorfahr Felyn Lugh verlor all sein Hab und Gut in einem Feuer. Der Winter in jenem Jahr war bitterkalt und er erfror beinahe. Mit nichts mehr als dem Hemd am Leibe taumelte er in die Wälder und flehte Keyll Naomh um Hilfe an. Er sank in den Schnee, schier ohnmächtig vor Erschöpfung. Da glaubte er, dass die Wälder ihn mit Wärme bedeckten, als läge er in einem weichen Bett. Als er erwachte, hielt er die Haseln in den Händen, die ganz aus Gold bestanden. Mit ihrer Hilfe konnte er das Lokal errichten und sich einen Namen machen. Sie waren so wertvoll, dass er nicht alle verwenden musste – die, die sich noch hier befinden, sind die, die übrig geblieben sind. Nachts schließe ich sie weg, aber tags präsentiere ich sie mit Stolz.«

Mattys nahm die Haselnuss vorsichtig und drehte sie in der Hand. Sie glänzte so schön, dass sie sicher nicht selten von Astryd poliert wurde. »Die Geschichte hat Potential.«

»Vielleicht mögt ihr ja einmal darüber schreiben«, meinte sie beinahe schüchtern. »Ich wäre sehr erfreut, wenn das weitergetragen würde. Wir sind stolz auf unsere Geschichte. Euch Spielleuten geht es sicher ähnlich.«

»Na ja, Rosie kommt aus einem Bardenclan«, erklärte Mattys. »Sicher sind die Canaids dir ein Begriff? Eine Truppe Onie mit Familiengeschichte, alle unheimlich talentiert. Rosie ist schon ihr ganzes Leben herumgezogen – immer auf Reisen und auf der Suche nach Abenteuer, wie es sich für Onie eben gehört. Was mich angeht … ich bin eher dazugestoßen.«

»Die Liebe?«

»Zur Musik. Aber vor allem zu Rosie.« Mattys lächelte halb. »Danke noch einmal, dass wir auftreten dürfen. Wir haben es momentan nicht leicht, aber vor der Grafentochter zu singen, kann Rosie vielleicht das ermöglichen, wofür sie gemacht ist.«

»Mein Dank gilt euch«, erwiderte sie sanft. »Ohne euch hätte ich niemanden gehabt, der für Elain de Beur singt. Das heißt, mittlerweile haben die anderen Spielleute ja doch auch zugesagt.«

Mattys schob die Beine unter den Hocker. »Ach ja?«

»Was das angeht, wollte ich euch ohnehin noch ansprechen.« Astryd schein nach Worten zu suchen. »Diese Barden haben ihre Probleme wohl bewältigt und doch wieder Zeit. Ihre Lieder sind beinahe so schön wie eure und ich hätte sie gerne beim Auftritt dabei.«

Mattys spannte sich an. »Das … was heißt das für uns?«

»Oh! Nicht, was du denkst!«, beeilte Astryd sich zu sagen. »Ihr müsst auf jeden Fall auftreten. Ich bin absolut verliebt in eure Musik! Ich hab mir das so vorgestellt, dass ihr den Auftritt teilt. Euch abwechselt. Oder ihr tretet sogar als Gruppe auf? Das würde mir gut gefallen.«

Mattys atmete tief ein und bemühte sich um eine neutrale Miene. »Was sind das denn für Spielleute?«

Die Worte schienen eine Beschwörungsformel gewesen zu sein, denn kaum hatte er sie gesprochen, flog die Tür auf und drei Personen wehten in den Schankraum. »Guten Morgen!« Die Stimme war so kräftig, dass

Mollie unvermittelt von ihrem Platz aufsprang und zu bellen begann. »Holla!«, polterte die junge Frau, die zuvor schon gesprochen hatte. Für ihre Stimme war sie nachvollziehbar stämmig, aber unfassbar klein und hätte Mollie im Stehen streicheln können.

Mattys unterdrückte einen Fluch. Er hatte die drei sofort erkannt.

»Mattys.« Astyrd erhob das Wort, sobald er seinen Hund zurückgerufen hatte. Mollie verbarg sich hinter seinem Hocker. »Das sind die Barden Ban Glásan: die Geschwister Ezlynn, Mond und Cadmus.«

»Wir kennen einander«, erklärte Mattys widerwillig.

»Dass man dich noch mal wiedertrifft, Mattys!«, rief die kleine Frau. Sie musterte Mattys unter einem Lockenschopf hervor, von dem sie den größten Teil unter einem Stirnband weggebunden hatte. Ihrem Gesicht oblag etwas Schalkhaftes – sie war schlagfertig, wenn auch nicht unbedingt clever. »Na, gib mal die Hand, Kleiner. Wo sind deine Freunde, he?«

Mattys gingen viele Worte in seiner Muttersprache durch den Kopf, während er ihr die Hand schüttelte. Die meisten davon wollte er ungern übersetzen. »Hallo, Ezlynn. Wirklich … eine Überraschung, euch hier zu treffen. Oder überhaupt irgendwo. Saßt du nicht zuletzt in Hennaport im Gefängnis?«

»Das war ein Missverständnis.« Der elegant gekleidete junge Mann mit dem Schnauzbart lächelte abschätzig. Seine Haut war heller als die von Ezylnn – wenn Mattys sich recht erinnerte, bemühte sich Cadmus stets um eine vornehme Blässe. »Gräfin Henna hat das auch einsehen müssen, nachdem ich sie mir … zur Brust genommen habe.«

Mattys hob die Brauen. Er war sicher, dass »zur Brust nehmen« hier wörtlich zu verstehen war. »Gratulation, schätze ich?«

Ezlynn lachte rau. Cadmus schmunzelte und setzte sich auf einen Hocker, während Mond hinten an der Theke lehnte und in üblicher Rätselhaftigkeit ihr Schweigen wahrte. Sie hatte nicht dieselben kurzen Locken wie ihre Schwester, sondern glattes schwarzes Haar bis zum Schlüsselbein und einen geraden Pony. Mattys mochte sie von allen dreien am meisten, weil er beinahe nichts über sie sagen konnte.

Und *nichts* war immerhin besser als ein Schauer abfälliger Ausschweifungen.

»Ich lasse euch für eine Weile allein und sehe nach dem Frühstück«, sagte Astryd. »Offenbar versteht ihr euch prächtig. Mattys, wir reden später weiter über eure Entlohnung, ja?«

»Sicher. Danke, Astryd.« Mattys lächelte höflich, ehe sie durch die Hintertür verschwand. Am liebsten hätte er sie begleitet, aber er fand keinen Grund, um das zu legitimieren.

Ezlynn baute sich mit in die Seiten gestemmten Armen vor ihm auf. »Hör mir mal zu«, setzte sie an und Mollie stieß ein leises Knurren aus, »he, halt deinen Köter im Zaum.«

»Dann tritt einen Schritt zurück«, sagte Mattys reglos.

Sie schnaubte, befolgte seinen Rat jedoch. »Ihr könnt einpacken! Die alte Tante hätte euch gar nicht eingeladen, wenn wir gestern keinen Stress mit der Stadtwache gehabt hätten. Ihr werdet nicht gebraucht.«

»Astryd hat uns eingeladen und schätzt unsere Musik«, erwiderte Mattys. »Warum sollten wir gehen? Wir sind immerhin verlässlich genug, uns nicht am Vorabend mit Stadtgardisten zu prügeln.«

»Ich weiß nicht, ob das für alle Hellen Barden gilt«, meinte Cadmus mit Amüsement.

»Ja! Wo ist Caleb?«, fragte Ezlynn. »Bestimmt betrinkt er sich irgendwo, aye?«

»Du kannst ihn gern suchen gehen«, sagte Mattys freundlich.

»Trauert er seinem schönen Instrument nach? Seinem Cornett?«

»Ich schätze, er ist drüber …« Er hielt inne. »Moment, woher weißt du, dass es weg ist?«

Ezlynn grinste. »Wollte ihn nur fragen, ob das Instrument ihm nicht ein bisschen zu klein ist. Mir würde es besser stehen. Vermutlich.«

Obwohl Mattys nicht gut auf Caleb zu sprechen war, musste er tief Luft holen. Mit einem Mal war er doch gewillt, sich wieder mit ihm zu versöhnen – einfach weil sie im Angesicht einer Person wie Ezlynn zusammenhalten mussten.

»Wo sind denn nun die anderen?«, fragte Cadmus.

Mattys war versucht, ihnen vorzuschwindeln, aber diese Lüge hätte er kaum lange stemmen können. »Rosie und ich sind alleine hier.«

Ezlynn und Cadmus hielten sich einen Moment lang zurück, ehe sie in Gelächter ausbrachen. »Ist es endlich passiert?«, fragte Cadmus. »Mattys, ich hätte nicht gedacht, dass du dich dann als Spielmann selbstständig machst.« Sie lachten weiter.

»Darum geht es nicht«, schaltete sich Mond mit gleichgültigem Ton ein. »Sie glauben, dass Rosies Bestimmung hier wartet. Das heißt, *Mattys* meint das.«

Mattys wandte den Blick ab.

Ezlynn lachte. »Hoffentlich klappst du nicht wieder zusammen, so wie vorletztes Litha in Hem Sommar. Das wäre bestimmt nicht schön für Rosie. Oh, ihr seid tot.« Sie wuschelte sich mit den kurzen Fingern durch die Locken. »Zu zweit seid ihr nichts wert.«

»Zu dritt«, korrigierte Cadmus. »Vergiss den Köter nicht.«

Mattys griff nach der Mandoline und der Liste für die Apotheke und lächelte reserviert. »Ich muss noch was erledigen. Wir können später sprechen, falls ihr meine Anwesenheit herbeisehnt.«

»Viel Glück bei der Darbietung, Mattys«, Ezlynn grinste. Und ließ keinen Zweifel, dass dies eine Kriegserklärung gewesen war.

Fremde Falter

Adeena war still, aber sie war nicht taub.

Im Ankleidezimmer drang das Gemurmel der beiden Bediensteten nur noch gedämpft an ihre Ohren. Nur das lautere Lachen krabbelte ihr bisweilen über den Rücken und Nacken wie ein Insekt. Sie wäre diesem Klang gern ganz entronnen, doch dieses Zimmer lag am weitesten vom Schlafgemach ihres Vaters weg und die Türen des Appartements zu schließen, schien sich hier nicht zu schicken. Adeena versteckte sich einfach. Verbarg sich in ihren Gedanken, die sich um Falter und Wälder drehten, und tat, als wäre sie gehörlos. Sie war gut darin, still und unbemerkt zu sein. Sie hatte eine Menge Übung darin.

Ihr Kopf lag auf dem Fensterbrett, auf den angewinkelten Arm gebettet. Mit den Fingerspitzen strich Adeena über die Flügel der Motte, die dicht vor ihrem Gesicht lag. Sie war etwa so lang wie ihr Daumen und grau, beinahe schwarz. Ein Kranz aus Fell benetzte den kleinen Kopf, die schwarzen Facettenaugen waren starr und leer. Auf den zarten Flügeln befand sich ein schönes Muster, das sich wie feines, goldenes Wurzelwerk über die Membran reckte. Das Tier war schwer, nicht wie andere, die sie hätte fortwehen können, wenn sie schwach gepustet hätte.

Adeena hatte die Motte auf dem Flur gefunden, getötet durch die Macht der Wälder, die durch den Palast gefahren war und alles bis ins Innerste erschüttert hatte. Solch ein Insekt war ihr unbekannt, selbst wenn sie sich sonst recht gut mit Faltern auskannte. Das Tier ähnelte einem *leamhan cruidin*, einem blauschwarzen Eisvogel, war aber größer und besaß nicht den typischen bläulichen Schimmer auf den Flügeln. Es war erstaunlich und weckte Adeenas Neugierde. Sicher hätte sich diese Motte gut in ihrer Sammlung gemacht.

Die junge Frau ließ die Hand vom Insekt gleiten. *Mottenlist.* Sie war versucht, das Tier in der Handfläche zu zerquetschen, einfach um jemandem die Schuld an all dem geben zu können. Aber was hätte das schon gebracht? Die Motte konnte ja nichts dafür. Und tot war sie ohnehin längst.

Schritte erklangen aus dem mittlerweile still gewordenen Nebenzimmer, gleich darauf kam jemand hereingerauscht. »Hier bist du. Warum denn im Ankleidezimmer?«, fragte Jakob Klingwahr. Als sie nicht antwortete, schnaubte er. »Bei Amadeus! Diese Schreibmaschine angemessen einzurichten, ist eine Kunst für sich. Bis sie einen Stellplatz für das gute Stück gefunden hatten, war bereits beinahe eine Stunde vergangen.«

Adeena verbarg die Motte mit der Hand, obwohl ihr Vater bereits am Vorabend Zeuge geworden war, wie sie den Falter auf die Anrichte gebettet hatte. Ihr Haar war noch feucht gewesen, auch ihre Tränen noch nicht getrocknet. Sie beobachtete ihn über die Spiegelung in der Glasscheibe. Morgengrauen dauerte lang in Eshwen, die Umrisse des Raumes waren in der Scheibe noch deutlich sichtbar und sie konnte ihre eigenen dunklen Iriden sehen, die sich von der blassen Haut abhoben.

»Diese Bediensteten haben eine furchtbare Angst davor, dass dem Prinzen das Geschenk missfallen könnte, weil es nicht perfekt eingestellt ist. Ich verstelle die Spannung seit einer Ewigkeit um unbedeutende Nuancen! Sie haben so lange daran herumprobiert, bis auch noch einer der Hebel zu klemmen begonnen hat.« Ihr Vater nahm mit einer ungehaltenen Geste die Lesebrille ab. »Und dann haben sie *mir* die Schuld dafür gegeben!«

»Wann fahren wir heim?«, fragte Adeena leise.

Jakob, der ein Taschentuch hervorgezogen hatte, um die Brille zu putzen, hob den Kopf. Einen Moment war er still, sein Blick in ihrem Rücken. Dann legte er die Brille auf die Anrichte und trat auf sie zu. »Ganz bald. Ich bin sofort fertig.«

»Gut.« Adeena ließ die Finger von der Motte gleiten. Sie senkte die Lider, als ihr Vater die Hand auf ihre Schulter legte und mit dem Daumen darüberstrich. Ihre Haut war immer so kalt, aber seine Hände fühlten sich warm an – tröstend, Geborgenheit spendend. Adeena trug so wenig vom Wesen ihres Vaters in sich. Womöglich war er ihr gerade deswegen so lieb. Wäre er ebenso frei von Regungen gewesen wie sie, hätten sie womöglich immer bloß aneinander vorbeigelebt. Dann hätte es nie jemanden gegeben, der auf sie aufgepasst hätte. Dann wäre sie ganz allein geblieben.

»Glaubst du mir wirklich?«, fragte sie leise. »Du hast gesagt, du glaubst mir. Aber hast du das nur getan, weil ich deine Tochter bin?«

Ihr Vater schwieg.

»Er wollte, dass ich leide. Er hätte die Luke nicht verschließen müssen. Ich … ich hätte seine Stimme doch gehört, wenn er noch da gewesen wäre. Aber da war gar nichts, nicht ein Piepsen. Severyn Pádraig wollte mich nicht auf seinem Fest und entsprechend hat er gehandelt.«

»Ich glaube dir«, versicherte ihr Vater. Seine Hand in ihrem Nacken hielt inne, ehe die Fingerkuppen zuckten. »Aber es ist eine erfreuliche Ironie des Schicksals, dass er dich da draußen ausgesperrt hat, als es zu diesem Angriff kam. Bloß deswegen warst du nicht im Ballsaal. Und nur weil ich nahe beim Eingang auf dich warten wollte, konnte ich all dem ebenfalls gut entgehen.«

»Eine erfreuliche Ironie.« Adeena hob den Kopf, ließ den Arm von der Fensterbank gleiten. Ihr Rücken protestierte, als sie ihr Gewicht verlagerte und sich gerade hinsetzte. Die junge Frau wandte sich ihrem Vater zu. »Für Severyn war es gerade rechtzeitig, um zu legitimieren, warum er mich da oben hat stehen lassen. Damit sein offensichtlicher Schwindel zumindest oberflächlich zu rechtfertigen ist.« Sie schnaubte. »Dass das weit hergeholter Schwachsinn ist, spielt keine Rolle. Nicht, solange die Leute ihm glauben *wollen.* Hinter vorgehaltener Hand prahlt er wahrscheinlich damit, dass er dieses Wechselbalgmädchen hereingelegt hat. Vor seinen Freunden gibt er damit an, diesem Narraphprinzen und …« Sie hob die Schultern. »Weißt du was? Egal.«

Ihr Vater setzte sich neben sie auf die Schuhbank. »Erinnerst du dich noch, wie Agatha zum Fest der Freiheit diese wunderbare Mandelcreme für dich gemacht hat? Deine Schwester hat dir das nicht gegönnt und die Creme bereits in der vorangegangenen Nacht verputzt.«

»Dann hat sie festgestellt, dass die Mandeln nicht mehr gut waren.

Hat sich die ganze nächste Nacht übergeben. Die Köchin hat mir neue Creme gemacht, dieses Mal welche, die gut war.«

Ihr Vater nickte. »Ich habe dir damals gesagt, dass das Amadeus war. Dass es ihm gefällt, ein wenig Schicksal zu spielen. Warum hast du mir das damals geglaubt, aber heute nicht?«

Adeena schwieg und schob das Gesicht in seine Hand, die über ihre Wange fuhr. Sie hatte ihm auch damals nicht geglaubt. Die Lüge hatte nur schön geschmeckt – sie war nicht so schmerzhaft gewesen wie der rationale Gedanke, dass alles Gute nur durch Zufall in ihre Hände glitt. Und dass sie alles Schlechte verdient hatte.

Jakob Klingwahr fuhr fort: »Was ich damit sagen will, ist: Ich bin froh, dass es dir gutgeht, Adeena. Und womöglich können wir ja noch mal gemeinsam auf den Turm steigen? Gerade regnet es nicht und mit deinem alten Vater gehst du doch lieber an solche Orte als mit einem attraktiven jungen Mann.«

Adeena lächelte. »Immerhin kann ich mir bei dir sicher sein, dass du mich nicht von den Zinnen wirfst, wenn ich dir den Rücken zukehre.«

»Musst du immer so einen dunklen Humor haben?«

»Er kam mit der Zeit, wie meine Schwäche für Marzipan.«

Jakob Klingwahr strich ihr über den Kopf und über sein bärtiges Gesicht huschte ein Lächeln. »Kennst du eigentlich die Geschichte davon, wie Marzipan entdeckt wurde? Das war in einem kalten Winter, als die schöne Stadt Erlendam einer Belagerung zum Opfer fiel. Während die Feinde die Stadt umstellten, ging den Stadtbewohnern das Brot aus. Glücklicherweise gab es einen klugen Kopf unter ihnen, einen gewissen Jakob Wahrkling, der …«

»Schon gut!« Adeena hob die Hände.

»… der feststellte, dass sie unsagbar viele Mandeln übrighatten, ebenso wie Rosen und Honig«, fuhr er unbeirrt fort. »Denn das Schöne geht in einer Belagerung nicht verloren. Jakob Wahrkling machte aus der Not eine Tugend und verarbeitete all das zu einem süßen Brot, mit welchem es sich die Bürger von Erlendam gutgehen ließen, bis die Belagerer sich zurückziehen mussten. So und nicht anders hat es sich zugetragen.«

»Ach so. Und wann soll das gewesen sein? Was waren das für Belagerer? Und warum blühten Rosen, obwohl Winter war?«

»Heiße ich Amadeus? Ich kenne die Gründe nicht, ich kann nur die Geschichten erzählen«, beteuerte ihr Vater. »Was kann ich dafür, dass der Herr uns so viele Geschichten geschenkt hat, mit denen ich dich zum Lachen bringen kann?«

Adeena rollte amüsiert mit den Augen, doch da drang ein Lachen aus dem Gemach ihres Vaters und ließ ihr Lächeln schwinden. Die Dienstmädchen waren eine Weile nicht zu hören gewesen. Womöglich hatten sie irgendetwas geholt und waren nun zurück. »… gesehen, wie sie auf den Knien im Regen rutschte«, schwatzte eine der beiden gerade daher. »Sie hat heute Nacht geweint, glaube ich.«

»Hat also doch menschliche Gefühle, das Biest?«

»Sieht so aus. Amadeus, das ist nichts dagegen, wie oft sie uns des Nachts mit ihren Schreien aus dem Bett geworfen hat. Unzählige Male hab ich ihr die Laken wechseln müssen, weil sie sich, bis sie dreizehn Jahre alt war, noch … Wie oft ich ihr das widerspenstige Haar habe kämmen müssen, weil sie es durcheinandergebracht hat!«

Ihr Vater wollte sich erheben, doch Adeena hielt ihn zurück.

»Du hast recht! Zugrunde gerichtet haben wir uns für das Biest.«

»Hast du das auch alles der Fürstin erzählt?«

»Sicher, sie soll doch gut informiert sein.«

»Der Prinz auch. Deswegen hat er sicher so reagiert.«

»Eshwen mögen diesem grauenvollen Wald zugetan sein, aber weißt du was? Ich würde lieber Prinzessin Breya dienen, obwohl sie einen Altar für diesen Wald aufgestellt hat. Immerhin ist das besser, als sich mit so was herumzuschlagen.«

»Nun tummle dich, wir haben nicht viel Zeit und müssen noch alles für den Herren und die …« Die beiden Dienstmädchen betraten das Zimmer und verstummten, als sie Adeena und ihren Vater entdeckten. Sie wurden totenblass und die eine ließ sogar den Stapel frischer Handtücher fallen.

»Ja?«, fragte Jakob Klingwahr. »Wie sollte das weitergehen?«

»Für die … junge Herrin.«

Adeena war sich ziemlich sicher, dass *das* nicht die Worte waren, die sie gewählt hätte, wenn sie allein gewesen wären.

»Ach so.« Ihr Vater erhob sich. »Ihr schafft es sicher noch rechtzeitig, unsere Sachen einzupacken und zu der Kutsche zu bringen. Vergesst eure eigenen nicht. In Veena müsst ihr sie gar nicht mehr auspacken, ihr schicke euch dann direkt heim.«

»Aber ... nein!« Die eine schüttelte heftig den Kopf, sie war bleich wie die Laken. »Herr, das könnt Ihr uns nicht antun!«

»Herr Graf«, brachte die andere hervor. »Verzeiht, wir dachten, wir wären ...«

»Amadeus, schau herab! Ich weiß, was ihr dachtet!«, brüllte Jakob. In Adeenas Anwesenheit wurde er fast nie laut. Nun aber zeigte sein Gesicht bittere Kälte, und dass das so selten auftrat, machte seinen Ärger umso wirkungsvoller. »Und ich werde nicht wiederholen, was sich Falsches und Ruchloses in euren Köpfen abgespielt haben muss. Denn ich bin nicht gewillt, solche Worte über mein Fleisch und Blut in den Mund zu nehmen!« Die Worte schnitten durch den Raum, als hätte er die beiden geohrfeigt. »Ihr packt eure Sachen und verlasst mein Anwesen, sobald die Kutsche hält. Bei euren Familien könnt ihr über Jakob Klingwahr und seine Familie aus Ungeheuern klagen, solang ihr wollt. Aber wenn ihr die Geschichte erzählt, lasst nicht aus, dass ihr schuld daran wart, dass meine Tochter gestern voll Verachtung angesehen und im Platzregen auf einen Turm ausgesperrt wurde! Weil ihr solche Dinge über sie erzählt! Wenn sie der Blitz getroffen hätte, hättet ihr dann gelacht? Wenn sie vom Turm gestürzt wäre und ich sie weinend in den Armen gehalten hätte, was hättet ihr getan? Marita? Helene?«

Die beiden wagten nicht, ihren Herren anzusehen. Sie waren bloß Geister der selbstbewussten, niederträchtigen Frauen, die sie eben noch gewesen waren. »Bitte.« Die eine war den Tränen nahe. »Herr, es tut mir leid ...«

»Meine Familie und ich, wir sind auf meinen Lohn angewiesen«, beteuerte die andere.

»Was will ich mit Dienstmädchen, die hinter meinem Rücken schlechte Rede über meine Tochter verbreiten?«, fragte Jakob Klingwahr. »Die meiner Tochter nicht mal eine Entschuldigung entgegenbringen können?«

»Entlasst uns nicht«, flehte die eine. »Bitte, was kann ich machen, damit ich …«

»Mir würde *nichts* einfallen«, sagte Jakob frostig. Dann sah er Adeena an, die sich erhoben hatte und an seine Seite gehumpelt war. »Dir?«

Adeena spannte die Schultern und spürte einen Frosthauch Rachedurst, der jedoch von Gleichgültigkeit fortgespült wurde. Sie hatte die beiden schon des Öfteren über sie reden hören. Unzählige Male hatten sich die Bediensteten in ihrem Landhaus für ungestört gehalten und nicht bemerkt, dass Adeena in der Nähe jedem Wort gelauscht hatte. Unfreiwillig. Weil sie still war, aber nicht gehörlos oder blind. Was unterschied diese beiden von allen anderen? Warum hätte sie ihrem Vater von ihnen erzählen sollen, wenn sie nur kleine Lichter in einem Feuersturm aus Verachtung waren?

Adeena hatte versucht, diese Worte einfach auszublenden. Die Dienstmädchen konnten ihr nicht wehtun, wenn sie ihr so egal waren, dass sie sich nicht mal an ihre Namen erinnerte.

»Herrin.« Die eine senkte mit bebenden Lippen den Kopf. »Es tut mir leid, dass ich so deppert dahergeredet habe. Glaubt mir, *bitte.*«

»Wirklich, das war nicht richtig von uns«, fügte die andere hinzu.

Adeena war ganz starr. Nichts in den Gesichtern der beiden jungen Frauen ließ sie glauben, dass sie diese Entschuldigung ernst meinten. Dass sie sie nicht nur vorbrachten, um ihre Arbeit behalten zu dürfen. Amadeus, das schmeckte so bitter.

»Lass schon«, sagte die junge Frau schließlich zu ihrem Vater. »Ihre Familien können nichts dafür, dass sie Schlangen sind.«

Jakob Klingwahr wandte sich den beiden zu. »Ihr habt sie gehört.«

Die Bediensteten versanken in Pfützen aus Dank, was Adeena bloß mit einem Anflug von Ekel mitanhörte. Sie war sicher, dass sie erneut über sie herziehen würden, sobald sie sich sicher fühlten. Aber was hätte es genutzt, diese zwei zu entlassen, bloß damit andere an ihren Platz traten, die genauso waren? Sie waren zwei blasse Kupferstücke in einem Beutel voller gleichförmiger Münzen. Sie konnten auch nichts dafür, dass Adeena das lästige Kieselsteinchen war, das auf unerklärliche Weise in diesen Beutel geraten war.

Und dennoch tat es gut, dass ihr Vater sie in ihre Schranken gewiesen hatte. »Danke«, sagte sie, als die beiden davoneilten und Adeena und ihr Vater in ihr Gemach traten. Jakob half ihr, sich auf das Bett zu setzen, und küsste ihr die Stirn.

»Prinz Severyn würde ich gern ebenfalls einmal gehörig abkanzeln. Aber ich fürchte, wenn ich das tue, muss ich dem Dienst entsagen.«

»Das ist in Ordnung. Was du tust, ist längst genug.« Während er sie so ansah, wurde ihre Kehle mit einem Mal enger. Dieser Mann liebte sie trotz all ihrer Fehler, trotz ihrer Schwächen. Wenn sie eines nicht verdient hatte, dann war es die Liebe ihres Vaters. Sie war seine Tochter und so behandelte er sie, ob sie es verdient hatte oder nicht.

Als ihr Vater fort war, betrachtete Adeena die Motte, die sie sanft in ihrer Hand gehalten hatte. Behutsam strich sie die Flügel glatt, die mit diesem unbekannten Muster versehen waren. Dann öffnete sie das Schubfach in ihrem Nachtschränkchen und holte die Schatulle mit ihrem Schmuck hervor, um den Falter darin zu betten. Sie verspürte nicht länger den Drang, ihn zu verletzen. Nein, denn obwohl diese Motte und sie nicht auf derselben Seite waren, schien das kleine Insekt Prinz Severyn ebenso abgetan zu sein wie Adeena selbst. Und weil sie dieselbe Verachtung verspürten, beschloss sie, diese Motte mitzunehmen und ihr einen besonders schönen Platz in ihrer Sammlung zu geben. Sie würde ihr sogar einen Namen verleihen, weil sie bislang noch keinen gehabt hatte: *leamhan severyn.* Severynfalter.

Sobald sie zuhause war.

Führung und Geleit

Nascha gehörte nicht den Gassen Daer Awyrs. Sie gehörte nicht den Städten, nicht den Häusern, nicht den Gaststätten. Sie gehörte den Wäldern, die die Welt beherrschten. Dort, wo die Sonne sich im Blätterdach brach und Zweige und Dickicht mit Gold befleckte, lag ihre Heimat. Dort, wo sie mit bloßen Füßen über Moos gehen konnte, wo das Sirren von Insektenflügeln und das Hämmern der Spechte den Rhythmus ihrer Lieder vorgaben, war sie zuhause. Dort, wo die Bäume höher in die Luft ragten, als sie ermessen konnte, wo sich Raben Geschichten zuflüsterten und Legenden zwischen den Farnblättern zum Leben erwachten, fühlte sie sich wohl.

Nascha fürchtete die Wälder nicht. Sie begegnete Keyll Naomh, wie ein unwissendes Kind einem Wolf entgegentrat. Ein Kind, das nicht wusste, was für eine Bestie dieses Tier war, und ihm bereitwillig Seidenbänder um die Pfoten band und die Hand auf seine mit Reißzähnen bewehrte Schnauze legte. Nascha wusste, dass Keyll Naomh solch selbstloses Vertrauen, solch kindlichen Mut schätzte. Wer ihm nichts Böses wollte, den belohnte er. Deswegen fürchtete sie ihn nicht.

In der Stille und Dunkelheit der Baumkronen brauchte sie keinen schützenden Amethyst. Sie ließ sich von Keyll Naomh Geheimnisse zuflüstern, wie ein Wolf ein Kind beschnupperte. Keine Angst haben, das war wichtig. Aber es gab auch keinen Grund dazu. Denn der Wald hatte sie gemacht und erkannte sie wieder. Er erkannte, dass sie so rein war, wie er sie wollte, und dass sie tat, was er sich von ihr wünschte.

Als die Rabenmuhme Mattys gefragt hatte, wie sie von Nascha erzählen sollte, hatte er gelacht. »Erzähl von ihr, wie die Wälder von ihr sprechen. Wie die Vögel singen, wie die Blätter wispern. Wenn ich den Wind in ihnen rascheln höre, glaube ich manchmal, sie flüstern Naschas Namen, so sehr wird sie von Keyll Naomh geliebt. Nascha ist ein Kind der Wälder, erzähl das.«

Nascha war nie ein Kind des geschriebenen Wortes, des Herdfeuers und Fortschritts, kein Kind der Paläste gewesen. Das bedeutete allerdings nicht, dass sie all das nicht liebte. Sie begegnete diesen Dingen mit der Neugierde einer Fremden, die das Neue suchte und herbeisehnte. Deswegen war sie fasziniert, als sie das Eshwenschloss von nahem zu sehen bekam, das sie sonst nur aus weiter Ferne hatte betrachten dürfen. Der Palast war von betörender Schönheit, selbst im Grau des wolkenverhangenen Frühlings. Obwohl er weit oben auf der Kuppe eines Berges lag, spürte Nascha die Präsenz Keyll Naomhs in den Wurzeln, die Balustraden und Erker schmückten. Im Inneren des Königshauses bebte diese Macht ebenso.

Aber irgendwo darunter schlummerte auch etwas anderes. Nascha konnte nicht direkt mit dem Finger darauf deuten, doch dem Eshwenpalast haftete etwas an, das sich wie die Erinnerung an einen finsteren Traum anfühlte. Ihr war, als könnte sie die Angst aus jenem Albtraum noch immer im Nacken spüren wie eine kalte Hand. Da war Dunkelheit, die an den Rändern von Naschas Sichtfeld nagte und eine Gänsehaut auf ihre Unterarme legte.

Die Soldaten, die sie am Morgen geweckt hatten, führten sie in eine Art Konferenzraum, der von einem dunklen Schiefertisch dominiert wurde. Forsch wurden sie gebeten, sich hinzusetzen und abzuwarten, bis der hohe Herr sich ihnen widmen würde.

»Darf man endlich erfahren, warum man uns hat herbringen lassen?«, fragte Edeline und verschränkte die Arme. Caleb ließ sich auf einen der schönen Stühle fallen, während Olyvar mit ausdruckloser Miene die Gemälde musterte.

»Der junge Herr wünscht Auskunft von euch«, erklärte der eine Soldat. »Er gedenkt, euch einen Auftrag zu geben, wenn ihr über das Bescheid wisst, was für ihn relevant ist.«

»Ihr seid gut darin, euch präzise auszudrücken, nicht wahr?«, fragte Caleb. »Konkreter als ein Haufen Hundekot.«

»Worüber sollen wir Bescheid wissen?«, bohrte Edeline nach. »Bestimmte Lieder? Sollen wir für ihn auftreten? Hat einem seiner Gesandten gefallen, wie wir gestern gespielt haben?«

Der andere Soldat lachte entzückt. »Nicht so überheblich, junge Frau.«

»Prinz Severyn wird euch selbst informieren«, speiste der erste sie ab. »So lange könnt ihr wohl warten.«

»Idioten«, murmelte Edeline, als sie verschwunden waren. Nascha setzte sich zu den anderen an den Tisch und schob die Hände in den Schoß. Sie verspürte eine merkwürdige Benommenheit, die wohl aus dem Unbehagen der fremden Macht gegenüber rührte.

Olyvar lief mit langsamen Schritten zum Fenster, bewunderte die Aussicht auf den verwunschenen Wald. Dann musterte sie die Eshwenskulpturen und die pastellenen Gemälde, die die Wände schmückten. An den Seiten fanden sich kleinere Portraits der Fürsten und Fürstinnen, dominant war aber vor allem die Jagdgesellschaft über der Tür. Hinter den adrett gekleideten Jägersleuten mit ihren Hunden und Armbrüsten stand ein Hirsch auf einer Lichtung. Es war ein schönes Bild, aber die Eshwen waren schließlich für ihren Sinn für Ästhetik bekannt. Das Sonnenlicht fiel direkt zwischen den Hörnern seines Geweihs auf die Szenerie und ließ das Fell wie Gold erstrahlen.

»Soldaten – Idioten«, bestätigte Caleb trocken.

»Bist du nervös, weil wir den Fürstensohn treffen?«, fragte Nascha an Edeline gewandt.

»Ich bin nervös, hier zu sein.« Man merkte Edeline ihre Anspannung kaum an. Sie hatte stets eine gewisse Wachsamkeit an sich, das war nicht ungewöhnlich. Bloß die Ruhelosigkeit, mit der ihr Blick umherzuckte, zeugte von ihrer Unruhe. »Ich gehöre hier nicht hin. Aber die wollten ja nicht hören.«

»Hast du dich je gut mit Soldaten unterhalten, Lene?«, fragte Caleb. »Sie sind entweder dumm oder stolz und wortkarg.«

Edeline neigte den Kopf. »Es gibt doch dieses Lied über Soldatenmädchen … *Frauen mit Schwert und Schild, sind ungestüm und wild, und oft kurz angebunden …*«

»*Am Morgen schon verschwunden.* Kann ich bestätigen.«

»Ich auch.« Die beiden lachten und Edeline grinste nervös. »Anders als das Mädchen, das dir heute Nacht das Bett gewärmt hat?«

Caleb stöhnte und wandte sich ungeduldig der Tür zu. »Oniekinder, ich fasse nicht, dass ich sie wegschicken musste, nur um hier herumzusitzen. Warum müssen Menschen wie dieser seidenzüngige Prinz ihre Autorität darin äußern, dass sie einen ewig warten lassen?«

»Shh. Die Wände haben Ohren.« Edeline zupfte an einer Haarsträhne und wisperte: »Prinz Severyn soll ein überheblicher Bock sein. Wir sollten es uns nicht verscherzen, wenn er uns singen hören möchte.«

»Deswegen trage ich ja meine guten Schuhe.« Caleb beugte sich vor und präsentierte die knöchelhohen Stiefel. »Auf einer Skala von *Gar nicht* bis *Aaron Falkner*, wie wütend wäre Prinz Severyn wohl, wenn ich die Füße auf den Tisch lege?«

Edeline schnaubte bloß. »Nascha, alles in Ordnung?«, fragte sie dann.

Nascha hatte die Stirn in eine Hand gestützt und die Augen zusammengekniffen. »Ja, alles gut. Mir tut nur ein wenig der Kopf weh.« Als sie die Sorge der anderen bemerkte, lächelte sie beruhigend.

Edeline hob die Schultern. »Ich hoffe bloß, Brandfuchs hat nichts ausgefressen. Schließlich meinten die Soldaten, wir haben es ihm zu verdanken.«

»Unsinn. Er würde uns nichts anhängen, wenn er was verbrochen hat. Olwen hat ein gutes Herz und ist außerdem sehr korrekt. Ich kann mir weder vorstellen, dass sein Moos blutbefleckt ist, noch dass er uns dann mit hineinziehen würde.«

»Du siehst das Gute in jedem«, sagte Edeline, ohne zu spezifizieren, wie das gemeint war.

Nascha rieb sich über die Schläfe. Womöglich lag dieser Ort einfach zu weit weg von den Wäldern. Aber etwas ließ sie befürchten, dass das nicht die ganze Wahrheit war.

»Fass das nicht an!« Caleb hatte sich halb zu seiner Schwester umgedreht und hob drohend den Finger. Olyvar ließ die Hand sinken, die halb nach dem Gemälde ausgestreckt gewesen war, und rollte mit den Augen.

»Was soll denn passieren?«

»Es fällt runter und ich muss es bezahlen. Du siehst echte Tiere überall. Die kannst du streicheln.« Er hielt inne. »Nein, bitte streichle keine Jagdhunde. Die beißen.«

Olyvar zog abschätzig die Nase kraus, dann wandte sie sich den Portraits an den Seiten zu. Auf den Goldplatten, die in die Rahmen eingelassen waren, befanden sich die Namen der abgebildeten Personen, welche sie genauer in Augenschein nahm. Schließlich blieb sie vor dem Gemälde eines jungen Mannes stehen. Er war von schlanker Statur, die Haut eschenblass, und sein Blick lag mit scharfer Überlegenheit auf dem Betrachter. Das dunkle Haar teilte sich am Schopf und fiel ihm in die Stirn. Der Prinz machte einen stolzen Eindruck, fand Nascha, und sicher verfielen ihm viele Mädchen, wenn er so aussah wie in den Gemälden.

»Der kommt gleich?«, fragte Olyvar.

»Wenn sein Schönheitsschlaf es erlaubt«, brummte Caleb. »Er sieht wirklich aus wie ein selbstherrlicher Bastard. Entschuldigt, ich meine, *sehr herrlich und apart*.«

»Ich hab gehört, er soll ein begnadeter Jäger sein«, meinte Edeline.

Olyvar legte den Kopf vor Severyn Pádraig schief, ehe sie vor den Bildern zurücktrat. Sie hatte ihren schönsten Rock angezogen, dazu ein beiges, leichtes Oberteil. Die vielen Armbänder an ihren Handgelenken klimperten. Nascha hatte sich selbst um ein vorzeigbares Aussehen bemüht und sogar ihren Mantel mit dem Amethystbesatz ausgelassen, obwohl sie sich ohne ihn stets ein wenig verloren fühlte.

»Streich dir die Haare nach hinten, Olyvar.« Caleb machte Anstalten, es selbst wegzuschieben. »Man sieht gar nichts von deinem Gesicht. Du siehst aus wie ein Höhlentroll.«

Olyvar wehrte seine Hand ab und strich sich das Haar hinter die Ohren. »Und du knöpf dein Hemd richtig zu.«

Caleb warf ihr einen beleidigten Blick zu. »Musst du immer gleich beleidigt sein?«

»Bloß weil du immer so dumme Kommentare machen und mich bemuttern musst, du Blödmann!«

»Ich bin eben dein Bruder, Rehkitz. Wenn ich dich bemuttere, ist es falsch, wenn ich es nicht tue, dann auch. Außerdem bevatere ich dich höchstens.«

»Vollpfosten!«

»Plagegeist.«

»Hohlkopf!«

»*Höhlentroll.*«

Olyvar schnaubte. »Wenn Rosie hier wäre, hätte sie mir noch die Haare geflochten.«

Nascha spannte sich unwillkürlich an. Solche Worte stachen wie Dornen in ihrer Brust. Der Gedanke, dass Rosie womöglich nie mehr bei ihnen sein würde, um Olyvar das Haar zu flechten, war trotz allem noch allzu schmerzhaft.

Sie hatte den anderen nichts von ihrer Begegnung mit Rosie erzählt. Für Caleb wäre es bloß neues Kanonenfutter und Olyvar würde sich nur unnötige Hoffnung machen, dass Rosie und Mattys doch zurückkehrten. Mit Edeline würde Nascha darüber reden, falls sich die Situation dafür ergab. Ihr war ohnehin, als würde Lene bereits etwas ahnen.

»Womöglich sind sie auch wütend, dass wir Newid benutzen, damit sich die Leute an uns erinnern«, murmelte sie gerade. »Schließlich ist sie eine Heldin der Eshwen und wir missbrauchen ihre Geschichte für unsere Zwecke …«

»Jetzt hör doch mal auf damit!« Caleb warf die Hände in die Luft. »Wir haben uns nichts zu Schulden kommen lassen. Oder zumindest nichts, was man uns anhängen kann. Wir hatten doch immer Mattys, der dafür gesorgt hat, dass alles korrekt vonstattengeht.«

»Und jetzt ist Mattys fort – was bleibt uns? Ein mysteriöses Waldmädchen, ein aufmüpfiger Narraph und ein Kind.« Edeline hob die Schultern. »Und ich. Ich sollte eigentlich gar nicht hier sein.«

»Deswegen sind wir ja auch bald wieder weg.«

»Spürt ihr denn nichts?«, entwich es Nascha und alle drei sahen sie an.

»Nein«, sagte Edeline. »Du denn?«

Sie fuhr über die Stelle, an der es unter ihrem Stirnband unangenehm brannte. »Da ist etwas Dunkles in diesem Gebäude. Nicht direkt *hier*, eher wie ein Echo … aber ich spüre es deutlich. Ich glaube … ich glaube nicht, dass sie uns nur für einen Auftritt wollen.« Nascha hielt inne und richtete sich ernst auf. »Hier geht etwas Größeres vor sich und wir sind dabei, Teil davon zu werden.«

»Das kann nicht euer Ernst sein«, knurrte Severyn. »Ich habe euch gebeten, mir jemanden zu besorgen, der mich nach Eschenhort bringt. Und ich bekomme *was*? Einen Haufen *Barden*?«

»Hoheit«, setzte der Gardist an, »wir haben die ganze Stadt durchkämmt und niemanden gefunden, der uns konkrete Auskunft über Euer Ziel geben konnte. Dabei haben wir Eshwen befragt, von denen wir vermuteten, dass sie Anhaltspunkte haben könnten. Dieser Barde Olwen Brandfuchs …«

»Er ist kein Barde, er ist Koch«, schaltete sich ein anderer Mann ein. Es handelte sich um Esmond, den Krieger, der Severyn gerettet hatte. Ruhig musterte er den Prinzen. »Zwei Keitha haben ihn unter die Lupe genommen, weil er ein Lied über Eschenhort gesungen hat.«

»Klingt nach einer ausgesprochen verlässlichen Quelle«, meinte Azahr.

»Legenden«, murmelte Breya, »Lieder und Legenden.«

»Und Hirngespinste!«, knurrte Severyn. Das Auftauchen von Esmond half nur wenig, seine Rage im Zaum zu halten. Nein, nicht mal Breya hätte dafür sorgen können, dass er sich beruhigte. Dessen war sie sich auch bewusst, denn sie versuchte es gar nicht erst.

Esmond neigte den Kopf und seufzte tief. »Mir ist bewusst, dass es nicht naheliegt, dass die Barden über solche Dinge Bescheid wissen. Sie rezitieren bloß, was im Volksmund gesprochen wird. Doch bis auf solch dürftige Hinweise gibt es keine Anhaltspunkte und erst recht niemanden, der tatsächlich in Eschenhort gewesen ist, Hoheit. Auch Herr Brandfuchs konnte uns keine genauere Auskunft geben. Er beteuerte, weder ein Barde zu sein noch über Eschenhort Bescheid zu wissen. Er hat lediglich überlieferte Lieder gesungen, wie es Spielleute tun.«

»Das hätte ich euch auch vorher sagen können!«, knurrte Severyn.

Esmond verneigte sich. »Ja, Hoheit. Herr Brandfuchs berichtete uns allerdings auch, dass uns diese vier womöglich weiterhelfen können. Dass sie den Weg kennen könnten, den ihr sucht.«

»In Narraph hätte man gesagt, dass das klingt, als mache jemand aus einem Laternenlicht eine Sonne«, sagte Azahr. »Wie würde man hier sagen?«

»Aus der Luft gegriffen«, meinte Breya. »Und um ehrlich zu sein … na ja.« Sie musterte zuerst Severyn, dann Esmond. »Es klingt schon ein wenig so.«

»Holt! Mir jemand! Richtigen!«, knurrte Severyn.

Der Keitha schien seinen Ärger kaum unterdrücken zu können. »Mir ist bewusst, dass das kein guter Anhaltspunkt ist, aber mit Verlaub, ich kann Euch keine pauschale Lösung für ein Mysterium bieten, an dem sich Gelehrte seit Jahren die Zähne ausbeißen!«

Severyn holte tief Luft und zwang sich zur Ruhe. Esmond hatte schließlich recht: Er hatte ihnen einen Auftrag gegeben, der nicht zu erfüllen war. Vor allem nicht in einer Nacht. Womöglich waren diese Barden tatsächlich das Beste, womit er in solch einer Situation rechnen konnte.

Und Esmond fuhr fort: »Dieser Koch meint, die Barden sind nicht gewöhnlich. Er konnte uns nichts Genaueres sagen … aber womöglich macht Ihr Euch ohnehin am besten selbst ein Bild.«

»Ich hoffe sehr, dass sie uns tatsächlich helfen können«, sagte Severyn warnend. »Ich bin hier nicht zum Spaß.«

»Natürlich nicht.« Esmond verneigte sich erneut und Severyn wandte sich der Tür zu.

»Na los. Azahr, du brauchst nicht mitzukommen. Das hier betrifft dich gar nicht.«

»Ich habe viel Zeit mit dem Fürsten verbracht, seit er mir Asyl gewährt hat«, erwiderte Azahr ruhig. »Ich habe ein Recht, bei dieser Unterredung dabei zu sein. Sagtest du nicht, eine zweite Meinung ist stets hilfreich?«

Severyn hätte gern etwas erwidert, befand aber, dass es die Mühe nicht wert war. Wahrscheinlich standen ihm noch genügend andere Dinge bevor, über die er in den Wahnsinn getrieben würde. Also nickte er

Breya, Azahr und den anwesenden Beratern zu, ehe er das Zimmer betrat und die Barden in Augenschein nahm, die seine vorerst einzige Hoffnung sein sollten.

Als Severyn von Führung und Geleit gesprochen hatte, hatte er keine Gruppe zweifelhafter Spielleute im Kopf gehabt. Und wenn er nach Esmonds Versprechungen gehofft hatte, dass seine Erwartungen zumindest nicht gänzlich enttäuscht würden, dann hätte er nicht falscher liegen können.

Vor ihm saßen vier Personen, so zusammengewürfelt, als hätte er seine Ölfarben versehentlich an einer Stelle ausgekippt und einmal stark gerührt. Als Erstes fiel ihm das kräftige Mädchen mit den runden Wangen und den dicken Locken ins Auge. Natürlich, ihre Haare waren so voluminös, dass sie sogleich den Blick einfingen. Ihre Haut hatte die Farbe warmer Erde. Das Gesicht war niedlich, mit vollen Lippen und einer Stupsnase – aber *niedlich* ging oft mit *dümmlich* einher und als sie ihn anlächelte, schoss ihm ebendieses Wort durch den Kopf. Sie trug ein Oniekleid und darüber eine helle gestrickte Jacke. Mit dem Stirnband, das ihr um den Kopf gebunden war, sah sie aus wie eine halbseidene Wahrsagerin auf einem Gauklerfest.

Neben ihr saß eine drahtige junge Frau mit kastanienrotem Haar, das ihr bis zum Schlüsselbein reichte. In den Hosen und mit dem scharf geschnittenen Gesicht und der schlanken Statur erschien sie ziemlich burschikos. Sie bemühte sich offenkundig, ihn nicht zu bohrend anzusehen, aber Severyn missfiel dieser Ausdruck dennoch. Diesem Mädchen haftete eine so trotzige Selbstständigkeit an, dass er sich unwillkürlich angegriffen fühlte.

Der Dritte im Bunde war ein Narraph. Seine Haut war nicht ganz so dunkel wie die von Azahr, die Wurzeln waren allerdings unbestreitbar. Die weißen Bilder auf der Narraphhaut waren durch das aufgeknöpfte Hemd gut sichtbar und sowohl weniger ausgeprägt als auch unstrukturierter als bei Azahr. Der ganze *Kerl* erschien ihm unstrukturiert, so wie er auf seinem Stuhl fläzte und die Daumen umeinanderkreisen ließ.

Zuletzt saß da eine Zehnjährige. Mit Klimperketten, einem leichten Silberblick in den blauen Augen, pfirsichfarbener Haut und blondem Weizenhaar.

Severyn musste sehr an sich halten, um nicht gleich wieder kehrtzumachen. Stattdessen atmete er ein und trat mit gemessenen Schritten auf die Gruppe zu.

»Kronprinz Severyn Pádraig, Thronfolger der Eshwen«, verkündete der Bedienstete, der ihnen die Tür geöffnet hatte. »Mit seiner Schwester, Prinzessin Breya Pádraig, und Prinz Azahr Khashba von den Narraph.«

»Willkommen«, sagte Severyn. »Ich schätze, ihr werdet mit meiner Person vertraut sein und euch ist bewusst, welche Ehre euch zuteilwird, mir zu begegnen.«

»Wir wissen das zu schätzen«, betonte das dümmliche Mädchen und die Rothaarige neigte mit Ergebenheit den Kopf. Der Narraph hob eine Hand zum Gruße, was Severyn mit einem Stirnrunzeln quittierte.

Er nickte Berater Blevins zu, der vor die Barden trat.

»Ehe wir euch über den Grund eures Erscheinens hier informieren werden, bin ich aufgefordert, euch auf eure Verschwiegenheit zu verpflichten«, erläuterte Blevins. »Ansonsten ist es den Soldaten des jungen Herren gewährt, mit euch zu verfahren, wie ihnen beliebt.«

»Dann werden wir umgebracht?«, fragte die Rothaarige entgeistert.

»Das wäre das erwartbare Prozedere«, bestätigte der Berater.

Der Narraph hob eine Braue und sah die Rothaarige an. »Offenbar sollen wir *nicht* für ihn singen.«

Die Barden tauschten einen Blick, ehe die mit den Locken nickte. »Haben wir verstanden.«

»Auch die Kleine?« Severyn wies auf die Zehnjährige.

»Ich passe auf, dass sie nichts verrät«, versicherte der Narraph. »Bin ihr Vormund.«

»Nun gut, dann verlieren wir keine weitere Zeit.« Severyn nahm vor den Barden am Tisch Platz und musterte sie prüfend. »Wir sind auf der Suche nach Eschenhort. Euer Freund Brandfuchs hat uns zugetragen, dass ihr wissen könntet, wie man diesen Ort finden kann.«

Der Narraph runzelte die Stirn, während der Rothaarigen alles aus dem Gesicht fiel. *»Wie bitte?«*

»Am gestrigen Tag kam es zu einem Angriff auf unseren schönen Palast. Zum Ball an meinem Geburtstag drangen Motten in den Festsaal ein und fielen über die Gäste und Angestellten her. Eshwen jeden Standes wurden in Monster verwandelt. Andere ließen ihr Leben, als die Kreaturen sie unbarmherzig ermordeten. Auch mein Vater wurde eines dieser Monster.« Severyn hob das Kinn. »Glücklicherweise konnte ein größerer Schaden verhindert werden. Durch mich. Die Wälder haben mich zum neuen Propheten erwählt.«

Die vier Spielleute betrachteten ihn ungläubig. Der Narraph lachte auf.

»Was ist?«, fragte Severyn.

»Nichts.« Er lachte weiter. »Aber Keyll Naomh hat einen guten Sinn für Humor.«

»Es ist wahr, Caleb.« Die mit den Locken sah zu Severyn auf, nun weitaus ernster und mit unverhohlener Bewunderung. »Man kann die Präsenz der Wälder doch beinahe aus der Luft greifen. Aber … wenn Keyll Naomh Euch zum Propheten ernannt hat, bedeutet das, dass etwas Unheilvolles bevorsteht.« Sie schlang die Arme um den Körper. »Ich habe euch gesagt, ich spüre etwas hier.«

»Ebendies sah auch die Sagart, die zum Anlass meines Geburtstages auf das Schloss kam«, pflichtete Severyn ihr bei.

»Was für eine Sagart?«

»Erzpriesterin Sydra«, erklärte Breya. »Sie will dafür sorgen, dass unser Vater in seinem Käfig bleibt und die Bevölkerung sicher vor ihm ist. Weil … er sich bisher nicht zurückverwandelt hat.«

»Wir vermuten, dass die Eschenelben mit dieser Invasion und den Mutationen in Verbindung stehen. Da es sich bei den Eshwen um die höher entwickelte Spezies handelt, waren sie schon immer abgeneigt uns gegenüber«, setzte Severyn dazu.

Die Rothaarige schnaubte abwertend.

»Aus diesem Grund möchte ich, der Auserwählte, sie aufsuchen, um sie zur Rechenschaft zu ziehen«, setzte Severyn hinzu. »Ich benötige dafür Führung und Geleit. Daher nun die Frage: Wisst ihr, wie man nach Eschenhort gelangt?«

»Nein«, knurrte die Rothaarige.

»Was ist das überhaupt für eine Frage?« Caleb lachte. »Weil Wenda Bran ihre Lügen über uns erzählt hat? Eilmeldung: Wir sind nicht wirklich mit Newid herumgezogen. Und auch sonst keine Barden, die so waren wie wir.«

Severyn fragte sich, warum er seine Zeit hier verschwendete. Doch die Dümmliche sah so nachdenklich aus und das machte ihn stutzig.

»Im Angesicht des Propheten seid ihr zur Wahrheit verpflichtet«, fügte er zu seinen Worten hinzu. »Euer Partner, dieser Koch, hält euch für etwas Besonderes.«

»Wir *sagen* die Wahrheit«, beharrte der Narraph. »Wir haben vielleicht von uns erzählen lassen wie von Helden, aber das waren doch nur Verkaufsstrategien! Das weiß jeder.«

»Und die Lieder über Newid und den Eschenhort?«, fragte Breya.

Er lachte. »Euer Anhaltspunkt sind *Bardenlieder*? Volksmund? Bei den Wäldern, das ist niedlich. Und da heißt es immer, die hohen Herren seien intelligent.«

Severyn war drauf und dran, auf den Tisch zu schlagen, um diesem Mann Einhalt zu gebieten. Doch da schaltete sich die Dümmliche ein: »Caleb, warte. Ich … ich glaube, wir können tatsächlich helfen.« Sie warf der Rothaarigen einen Blick zu, die ihn warnend erwiderte. »Edeline …«

»Sie redet Unsinn«, fiel Edeline ihr ins Wort. »Naschas Herz ist zu gut, sie will immer allen helfen, aber das bringt uns nur in Schwierigkeiten. Wir haben keine Ahnung, wie man nach Eschenhort kommt, nicht mehr als jeder andere. Nur durch Lieder, Legenden …«

Nascha kniff die Augen zusammen. »Hoheit, können wir uns bitte kurz allein unterhalten?«

Obwohl er am liebsten verneint hätte, gab Severyn sich geschlagen und erhob sich von seinem Platz. »Fünf Minuten. Und danach verlange ich die Wahrheit.«

»Bist du verrückt geworden?«, zischte Edeline, sobald die Adligen den Raum verlassen hatten.

Nascha legte die Hände auf ihr Herz. »Tut mir leid, aber das ändert alles! Er ist ein Prophet! Und es hat seit Jahrzehnten keinen Propheten gegeben, nicht mal nach der Schlacht bei Broc Môr. Ich will dich nicht in Schwierigkeiten bringen, wirklich.«

»Das tust du aber«, knurrte Edeline ungehalten. »Nascha, das tust du!«

»Dieser Mann ist ein Auserwählter der Wälder«, beteuerte Nascha weiter. »Wenn wir ihm helfen können, sind wir verpflichtet, das zu tun. Das ist unsere Verantwortung. Nicht nur meine, sondern die von uns allen.«

»Du kennst den Weg nach Eschenhort also wirklich noch?«, fragte Caleb an Edeline gewandt.

Die nickte. »Na klar! Ich spüre all das, sobald ich die Wälder betrete. Würde ich mich darauf einlassen, würde ich den Weg finden.« Zornig schüttelte sie den Kopf und stützte die Ellbogen auf die Tischplatte, vergrub das Gesicht in den Händen. »Das heißt aber nicht, dass ich ihn finden *will*.«

Caleb war ungewohnt ernst. »Pflicht hin oder her, Nascha, denk nach. Du fällst Lene in den Rücken. Wir hätten es so leicht geheim halten können.«

Nascha atmete aus. »Hier ist so viel Dunkles.« Als Severyn und seine Begleiter den Raum betreten hatten, war die Dunkelheit ihnen gefolgt wie eine finstere Wolke. Die fremde Präsenz war so unsagbar stark. Und der Teil von ihr, der einzig Keyll Naomh diente, wollte nichts lieber, als diese Dunkelheit vom Antlitz der Welt zu tilgen.

Trotzdem fühlte sich etwas daran so falsch an. Nascha war in erster Linie eine Dienerin der Wälder – aber sie war auch eine Bardin. Eine Freundin. Eine Schwester! Das hatte sie Rosie gerade noch gesagt.

Edeline holte tief Luft. Sie bewegte sich unruhig, ruhelos im Angesicht dessen, was sie vor ihrem inneren Auge sehen musste. Nascha fühlte sich furchtbar, als sie sah, dass ihre Freundin mit den Tränen kämpfte.

»Tut mir leid«, beteuerte sie, »aber was ist wichtiger, unsere eigenen Bedürfnisse oder das Wohl dieser Eshwen?«

»Die Eshwen sind mir so gleich«, knurrte Edeline. »Sie sind mir scheißegal!«

»Vergesst es, Leute. Es wird wohl auch noch andere geben, die den Weg nach Eschenhort kennen«, meinte auch Caleb. »Um ehrlich zu sein, habe ich auch keine Lust, bei diesen Mottenmonstern meinen Kopf zu riskieren. Ebenso wenig wie den von Olyvar.«

»Ihr könnt ja hierbleiben«, beharrte Nascha. »In Sicherheit, bis wir zurück sind. Edeline. Ich offenbare ihnen, wer ich bin, und dann tue ich, als wäre ich diejenige, die den Weg kennt. Du musst nicht mal mit hineingehen, nur bis zum Eingang.«

Edeline ballte die Hände zu Fäusten. »Du hast keine Ahnung. Es ist auch … er. Zu lange in seiner Nähe und … Nascha, es darf nicht so werden wie früher.«

»So wird es nicht«, erwiderte Nascha. »Ich bin doch da.«

Aber Edeline presste nur die Lippen aufeinander. »Bist du das?«

Der Satz brach Naschas Herz, als hätte jemand eine Zange um eine Walnuss geschlossen und fest zugedrückt.

»Wenn ihr auch weggeht«, schaltete sich Olyvar ein, »dann sind wir ja ganz auseinandergerissen.« Sie musterte die anderen Barden und ihre Stimme klang mit einem Mal belegt. »D-dann ist es wie früher und ich … bin wieder alleine mit Caleb.«

»Das wäre ja nicht für immer.« Nascha bemühte sich um einen sanften Tonfall. »Und ihr wärt in Sicherheit.«

»Ich fänd es nicht gut, euch alleine zu lassen«, entgegnete Caleb. »Das klingt verdammt gefährlich. Ich hab die Eschenelben nie getroffen, aber sie sollen nicht gerade umgänglich sein – vor allem, wenn sie den Eshwen offenkundig den Krieg erklärt haben. Leute, echt jetzt, lasst das besser.«

»Und wer hilft dann?«, fragte Nascha. »Wer soll ihnen helfen?«

Caleb bemühte sich um einen ruhigen Tonfall. »Dann bleibt dieser bescheuerte Fürst eben ein Mottenmonster. Wenn er nur einen Funken so ist wie sein Sohn, wäre es kein Verlust.«

Nascha schüttelte den Kopf. »Wie kannst du so was sagen?«

Olyvar machte ein Geräusch, das wie ein unterdrücktes Schluchzen klang. »Ich will das alles nicht …«

»Nascha, wo hast du uns reingeritten«, murmelte Caleb.

Nascha schluckte schwer. Es war doch ihre Pflicht, dem Propheten zu helfen. Und das, was hier im Palast zu fühlen war, das war so dunkel … sie konnte nicht zulassen, dass etwas so Finsteres von noch mehr Teilen dieser wunderbaren Welt Besitz ergriff. »Die Wälder hätten es so gewollt«, murmelte sie. »Alles andere wäre doch eigennützig und … m-man kann sich nicht selbst vor alle anderen stellen.« Rosie hätte sie in Schutz genommen. Sie hätte verstanden, dass Nascha Edeline nichts Böses wollte, und warum sie dennoch gegen sie argumentieren musste. Oder?

»Tut mir leid, Rehkitz«, sagte Caleb zu Olyvar. »Aber ich werd nicht zulassen, dass wir uns umbringen gehen. Und um ehrlich zu sein, finde ich es auch nicht gut, wenn ihr zwei diesen Sack begleitet. Er kann uns doch nicht befehlen, wie er will! Lene hat keine Lust, Prinz Seidenhand zu helfen. Und du, Nascha, hast einfach ein zu gutes Herz.«

Nascha wollte etwas erwidern, verstummte jedoch, als sie bemerkte, dass jemand den Raum betreten hatte.

»Das war nicht so gemeint mit dem Sack«, beeilte Caleb sich zu sagen.

»Keine Angst, ich verrate Severyn nichts.« Breya faltete die Hände ineinander und musterte die Barden unsicher. »Es tut mir leid, ich weiß, dass ihr in Ruhe sprechen wolltet. Aber … womöglich erlaubt ihr, dass ich euch etwas zeige.«

Die Barden tauschten einen Blick, ehe sie sich erhoben. Breya führte sie aus dem Zimmer über einen der Korridore. Die Prinzessin war jünger als Nascha, aber nicht so jung wie Olyvar. Vielleicht siebzehn Jahre alt? In ihrer Stimme klang noch das Kind, doch ihre Bewegungen waren so fließend und rein, dass sie Nascha unwillkürlich älter erschien.

Nascha hörte, wie Caleb Edeline etwas Beruhigendes zumurmelte, die angespannt hinter Breya herging. Ihr Gesicht war eine Maske, zeigte keinerlei Regung. Nascha wünschte, sie hätte besser nachgedacht, ehe sie gesprochen hatte. Sie war so durcheinander. Die Hellen Barden waren ihre Familie und sie wollte sich nicht gegen sie stellen, doch sie war auch eine Dienerin Keyll Naomhs und musste sich entsprechend verhalten. Bloß was sollte sie tun, wenn diese beiden Prinzipien miteinander kollidierten?

Mit jedem Schritt, den Breya sie führte, wuchs die Dunkelheit, die Nascha zuvor gespürt hatte. Als sie die Pforte zu einem ausschweifenden Saal erreichten, war sie so greifbar, dass die junge Frau sich nahezu erdrückt von der Macht fühlte. Sie sang und sirrte in der Luft, als flatterten die Motten noch immer in der Halle. Denn es handelte sich zweifellos um den Ort des Angriffs.

Nascha traute ihren Augen kaum. Über den Boden wuchsen dicke Stränge aus Wurzelwerk, dichte Flechten und Ranken, die zu pulsieren schienen, als hätten sie einen eigenen Atem. Bis gestern musste dieser Saal atemberaubend schön gewesen sein, mit dem funkelnden Gold, den Lüstern und Lichtern, die sich darin brachen. Die echten Ranken verwoben sich mit den Säulen und Reliefs, die zum Teil ebenfalls dem Wald nachempfunden waren. Im hinteren Teil des Saals erwuchsen die Wurzeln zu einem kräftigen Käfig, umrankt von Blättern und Dornengestrüpp, um die darin gefangene Gestalt festzuhalten. Nascha konnte das Monster kaum erkennen, so dicht war der Käfig – obwohl die Bestie weit größer war als sie selbst. Sie zuckte unwillkürlich, als das Mottending mit den Flügeln flatterte, die gegen das Gefängnis aus Ranken sirrten. Das Geräusch kroch in ihren Nacken, als handle es sich auch dabei um ein Insekt. Olyvar wich zurück, während Caleb und Edeline ganz still geworden waren.

Prinzessin Breya war beim Käfig ihres Vaters stehen geblieben und fuhr sanft über die Wurzeln. Sie wartete, bis die Barden sich ein Stück genähert hatten. »Gestern ist jemand unrechtmäßig in mein Zuhause eingedrungen.« Die Prinzessin schien sich zwingen zu müssen, laut und klar genug zu sprechen. »Dieser Jemand hat den Boden, auf dem ich als Kind gespielt, auf dem ich das Laufen und Spielen und Tanzen erlernt habe, mit Blut beschmutzt. Er hat mir den Ort genommen, an dem ich mich sicher und geborgen fühlte. Er hat meinen Vater zu diesem Monster gemacht, das nichts anderes kennt als Hunger und Verachtung. All das ist geschehen, ohne dass wir irgendetwas dafürkonnten.« Sie schluckte und verbarg das Gesicht in einer Hand, als Tränen über ihre Wangen zu laufen begannen.

Die Barden schwiegen betroffen und Olyvar trat zu ihr, streckte die Hand aus, um der Prinzessin vorsichtig über den Handrücken zu streicheln. Die junge Frau schien sich zu bemühen, sich zu beruhigen.

»Immerhin ist es jetzt vorbei«, sagte Edeline.

»Nein.« Breyas Stimme war wieder kräftig genug zum Sprechen. Sie wies um sich. »Man sieht es an diesem Ort, man sieht es unten in den Kerkern. Das Volk wird es bei der Beisetzung der Toten sehen und ich … sehe es hier, jeden Tag. Als mein Bruder zum Propheten erwählt wurde, habe ich geweint. Vor Erleichterung, dass jene Nacht nicht für alle von uns tragisch ausgehen würde. Aber auch vor Angst, weil ich ihn nicht verlieren will. Mein … mein Bruder kann furchtbar sein, aber tief in sich drin hat er ein gutes Herz.« Erneut musste Breya Luft holen. »Ich hätte nicht erwartet, dass seine Suche nach Geleit von Erfolg gekrönt sein würde. Ich hatte diese Hoffnung nicht. Aber … nun seid ihr hier und wenn ihr uns irgendwie helfen könnt, dann bitte ich euch inständig: Tut es.«

Edeline seufzte. Caleb legte eine Hand auf Olyvars Schulter, ehe er seinen angehaltenen Atem entließ.

»Es ist nicht so, als wollten wir nicht helfen«, beteuerte Nascha, »aber das ist alles nicht so einfach.«

»Glaubt mir«, Breya schüttelte den Kopf, »ich bilde mir nicht ein, dass es einfach ist. Weder der Weg nach Eschenhort noch die Zeit mit meinem Bruder. Aber Severyn muss nicht so bleiben – ich bin sicher, dass ihr bewirken könntet, dass er sich zum Guten wendet! Ich versuche es auch. Severyn … kann sich ändern.«

»Wir sollen ihn nach Eschenhort bringen und dabei auch noch zum besseren Menschen erziehen?« Caleb lachte, als würde er etwas sehr Niedliches betrachten. »Entschuldigt, Hoheit, aber ich bin nicht der beste Mann für so was. Habt ihr keine Gelehrten dafür?«

»Aber ihr kennt die Wälder. Ich habe sie aus der Ferne studiert, ebenso wie die Gelehrten in unserem Palast. Ihr dagegen – ihr durchstreift sie, singt über sie, und niemand begreift die Welt wie die Barden, die sie besingen. Ich glaube, ihr wärt die beste Wahl für diese Reise.«

Caleb schnaubte. »Ohne, dass für uns was rausspringt?«

Der letzte Satz drang auch an das Ohr des Fürstensohns, der gerade in den Saal getreten war. Prinz Azahr folgte ihm, als Severyn schneller wurde und auf sie zusteuerte. Mit einem unterdrückten Stöhnen drückte Nascha die Handballen gegen die Stirn, denn die Stelle zwischen ihren Brauen begann wieder stärker zu schmerzen. Sie hatte gar nicht bemerkt, dass es weniger geworden war.

»Was für euch rausspringt?«, fragte Severyn. »Ihr seid an der Rettung eines Fürsten beteiligt. Es sollte euch Bezahlung genug sein, dass euch die Ehre zuteilwird, diese Reise mit mir zu unternehmen!«

»Oh.« Caleb macht ein ärgerliches Geräusch. »Verzeiht, das hatte ich vergessen. Wir werden eine Menge Ansehen erhalten! Stimmt, das kommt gut bei den Mädchen an. Vor allem aber nützt es mir eine Menge, wenn ich tot bin! Keyll Naomh findet es sicher sehr schmeichelhaft, wenn ich für seinen Propheten sterbe, und macht einen besonders schönen Flecken Erde aus mir.«

»Was erlaubst du dir eigentlich?«, fuhr der Prinz auf und Nascha legte Caleb beschwichtigend die Hand auf den Arm. »Ein Schnipsen und ich kann dafür sorgen, dass du nie wieder auf meinem Grund und Boden ein Instrument zur Hand nehmen darfst! Wie redest du mit einem Prinzen und Propheten?«

Caleb machte sich los. »Prinzen, Spielleute, Soldaten, Wirte *und* Propheten«, sagte er, während er Severyn anfunkelte, »können alle dieselben Idioten sein.«

»Wenn ihr einen Weg nach Eschenhort kennt«, fuhr Severyn ihn an, »und es euch herausnehmt, ihn mir nicht zu verraten, dann lasse ich es euch auf der Stelle bereuen! Welche Strafe erwartet Barden gleich in Aradrov? Man hackt ihnen die Finger ab?«

»Severyn!«, mahnte Breya, doch ihr Bruder hob eine Hand. Er trat noch näher auf Caleb zu.

»Deine Entlohnung wird sein, dass du deine Daumen nicht verlierst, du vorlauter …«

»Wenn Ihr meine Daumen braucht, um Euren Vater zu rächen, gut«, knurrte Caleb. »Besser die als mein Leben oder das meiner Freunde. Den Fürsten bringt das auch nicht zurück! Entschuldigt, Breya, dass Ihr das hören müsst.«

»Du«, brachte der Fürstensohn hervor, doch Prinz Azahr hielt seinen Freund zurück und hob zu einer Beschwichtigung an. »Was Severyn sagen will, ist, dass er euch ausgesprochen dankbar für Eure Hilfe wäre und dass für euch selbstverständlich eine angemessene Vergütung herausspringen würde.«

Caleb hatte sich bereits halb abgewandt und auch Edeline war drauf und dran, ihm zu folgen. »Vergütung«, wiederholte er. »Definiert das.«

»Dreißigtausend Kopar.« Severyn weitete ungläubig die Augen, als Azahr das sagte. »Für jeden.«

»Ausgezahlt in Gold«, forderte Caleb.

»Caleb!« Edeline schüttelte alarmiert den Kopf.

Azahr nickte. »Selbstredend, wenn das euer Wunsch ist.«

Nascha sog leise Luft ein. Der Schmerz an ihrer Stirn verstärkte sich bei jedem Wort. Am liebsten hätte sie dem Narraphprinzen gesagt, dass er die Klappe halten sollte.

»Und ein neues Cornett.«

Olyvar stupste ihn an. »Und ein Kleid für mich, so wie die Prinzessin es trägt.«

Caleb wies auf sie. »Ihr hört meine Schwester.«

»Wie kannst du das sagen? Eben hieß es noch, du willst nicht sterben!«, brachte Edeline heraus.

»Schon, aber für sechzigtausend Kopar? Wir müssen ja nicht mit in den Hort gehen, wie Nascha meinte.« Caleb betrachtete die Prinzen mit Verstimmung. »Ich will das schriftlich.«

»Das ist hirnrissig«, knurrte Edeline. »Ihr habt sie nicht mehr alle!«

»Ihr werdet eure Entlohnung selbstverständlich erhalten. Das ist das Mindeste, was wir tun können, um die Rettung des Fürsten zurückzuzahlen.« Azahr wies auf das Mottenmonster. »Fürst Barcat selbst hätte euch reich entlohnt. Nicht wahr, Severyn?«

Severyn knurrte etwas. »Ich lasse eine Karte bringen. Zeigt uns die Stelle, dann müssen wir nie wieder miteinander reden.«

»Das ist nicht die Art, auf die Keyll Naomh funktioniert«, erwiderte Nascha. Sie ignorierte das ungute Gefühl und sah den Propheten fest an. »Die Eschenelben profitieren von seiner Magie. Ebenso wie viele andere Völker in den Tiefen der Wälder hat ihr Lager keinen festen Standort, sondern ist durch verschiedene Portale zugänglich. Nur, wer von den Elben gerufen wird, kann ihnen begegnen.«

»Und wie kann ich dafür sorgen, dass sie mich rufen?«, fragte Severyn ungeduldig.

»Das könnt Ihr nicht. Aber einen von uns rufen sie.«

»Und wen?«

Nascha schluckte schwer. »Mich.«

»Warum? Was ist so besonders an dir?«, drängte Severyn.

Nascha griff nach ihrem Stirnband und nahm es ab. Kühle Luft drang an ihre Haut, strich über das zusammengekniffene dritte Auge. In Breyas Gesicht zeigte sich Erkenntnis, während Severyns Brauen in die Luft zuckten und Azahr die Stirn runzelte. »Ich bin … eine Sagart. Eine Schweifende. Ich ziehe umher, um den Menschen die Worte des Waldes näherzubringen. Mein drittes Auge mag sich noch nicht geöffnet haben, deswegen bin ich noch keine vollwertige Priesterin … doch ich gehöre den Wäldern, bin in ihnen geboren. Und ich … ich war bereits einmal in Eschenhort, ich werde es wiederfinden.«

»Dann kommst du mit.« Severyn deutete auf sie. »Die anderen können bleiben, wo sie wollen.«

»Das geht nicht! Ich lasse Nascha nicht alleine gehen«, erwiderte Olyvar sofort. »Caleb?«

Ihr Bruder zuckte die Schultern. »Wenn was dabei rausspringt, wäre ich auch dabei.«

Edeline schüttelte den Kopf. Alle wussten, dass dieser Plan ohne ihre Hilfe nicht aufgehen würde. In ihrem Blick stand alles, was sie zu sagen gehabt hätte: der Schmerz, die Wut. Aber sie widersprach nicht.

»Wunderbar.« Severyn klatschte einmal die Hände. »Was benötigt ihr für die Reise? Können wir umgehend aufbrechen?«

»Ich sage Euch, was es zu packen gibt«, sagte Nascha. »Und ich muss Sydra sprechen. Es wird keine einfache Reise, Hoheit, aber gemeinsam werden wir das bewältigen.«

Severyn nickte und über seine Lippen zuckte ein zuversichtliches Lächeln. »Sicher. Schließlich bin ich Prophet.«

DER FERNE RUF

Die Palastgärten waren ein ungewöhnliches Duett aus zivilisierter Ordnung und ungebändigter Wildheit. An einigen Stellen spannten sich die Ranken und Wurzeln Keyll Naomhs so willkürlich und ungebunden über das Grün, als wollten die Wälder beweisen, dass sie sich nehmen konnten, was sie wollten. Dass ihnen all dies gehörte, selbst wenn sich die Eshwen diesen Ort zu eigen gemacht hatten. An anderen Stellen schien der Wald zurückzuweichen und mit kindlicher Neugierde zu beobachten, was die Eshwen aus seinen Pflanzen schufen, wenn er ihnen freie Hand ließ. Die ordentlich geschnittenen Hecken und Blumenrabatte waren unberührt von jeder Wurzel, kein Blatt an der falschen Stelle. Keyll Naomh schien das zu gefallen. An mancher Stelle schien es beinahe, als habe er versucht, die Werke der Eshwen nachzuahmen. Dann hingen die Äste der Eichen schwer und tief herab, als handle es sich um Bänke, Lichtungen standen frei wie Terrassen, Buchenstämme muteten an wie Statuen. Geben und Nehmen, Bewundern und Respektieren.

Die bemerkenswerte Ordnung im offiziellen Teil war das Werk einer Hand, die das Geschenk der Wälder entgegennahm und formte. Es war eine andere Art der Huldigung als die, welche die Sagart pflegten. Nascha fand, dass sich das auch gut auf die Eshwen selbst anwenden ließ: Eine strukturiertere Art von Lebewesen, entsprungen aus den Eschenelben. Schöpfungen des Waldes.

Tief im Dickicht der wilden Wurzeln, in einem Pavillon aus Zweigen, fand sie Sydra. Die Hohepriesterin saß im Schatten des Blätterdachs im Gras und nähte Kristalle in einen Mantel. Dabei murmelte sie leise Worte, ein Gebet an Keyll Naomh.

»Nascha«, sagte sie, als diese nähertrat. »Viele Tage sind vergangen, seit du Sydra das letzte Mal begegnet bist.«

»Sydra«, raunte Nascha. Ihre Kehle wurde eng, als sie das altvertraute Gesicht der Hohepriesterin erkannte, und mit einem Mal war es sehr schwer, Worte zu finden. »Mir geht es gut.«

»Du klingst wie die Menschen«, befand Sydra und Nascha zuckte unwillkürlich zusammen. Sie sprach nicht länger den Dialekt der Sagart und hatte sich auch davon distanziert, sich selbst mit der dritten Person zu benennen, wie ihr Volk es zu tun pflegte. Die anderen hatten das als merkwürdig empfunden und auch Nascha selbst kam sich unter den Menschen längst nicht mehr so fern von sich selbst vor wie in ihrem Zuhause.

»Entschuldige. Ich habe viel Zeit unter ihnen verbracht. Aber im Herzen bin ich, wozu die Wälder mich gemacht haben … wozu sie *Nascha* gemacht haben.«

»Die Menschen haben dich gut behandelt.« Sydra nähte weiter an dem Kleidungsstück. »Sie haben dich kein Leid erfahren lassen. Menschen sind fehlbar, Nascha, aber die deinigen haben dir Glück geschenkt.« Die Sagart wandte ihr das Gesicht zu und streckte die Hände aus. Tränen rannen über Naschas Wangen, als sie auf die Knie ging, um das Gesicht an der Schulter der anderen Sagart zu vergraben. Moos, Harz und Silber füllten ihre Nase, so erschlagend vertraut, dass sie sich beinahe zurück in ihre Heimat versetzt fühlte. Ihr Zuhause lag tief in den Wäldern, wo sie den Puls Keyll Naomhs spüren konnte, wenn sie sich auf dem Moos zusammenrollte und die Lider schloss.

Acht Jahre war es her, dass sie die Sagart verlassen hatte. Acht wunderbare Jahre, doch auch acht Jahre, in denen sie ihr Zuhause furchtbar vermisst hatte.

»Ich habe Freunde gefunden.« Die Worte purzelten aus ihrem Mund. »Eine Familie. Wir singen gemeinsam, auch die Botschaften des Waldes! Wenn die Sagart das hören würden …«

»Jedes Wort, das in Keyll Naomhs Namen gesprochen wird, ist ein gutes.«

»Sydra.« Nascha löste sich. Jetzt, da sie nach so langer Zeit wieder mit ihrer Obersten vereint war, überrollten die Schuldgefühle sie kalt. Es war die Pflicht jeder Sagart, Unschuld und Güte zu wahren, und Nascha war einem Verstoß gegen dieses Gebot heute gefährlich nahegekommen. »Ich … ich habe meiner Freundin Unrecht getan. Ich habe mich für die Wälder entschieden. War das falsch? Bricht es mit meiner Reinheit?«

»Deine Pflicht gilt Keyll Naomh«, sagte Sydra mit merkwürdigem Ton. »Niemandem sonst.«

Nascha schluckte. Wenn das so war, wie konnte sie sich dennoch schlecht fühlen? »Wieso muss das einander widersprechen?«

»Du bist unvollendet und ungeschliffen«, raunte Sydra, »sorge dich nicht. Keyll Naomh sieht dich an der Seite des Propheten. Tatsächlich …« Die Hohepriesterin neigte den Kopf, als lausche sie einer Stimme. »Tatsächlich wird dies deine letzte und wichtigste Prüfung sein. Wenn du zurückkehrst, wird Sydra dich in den Kreis der Sagart aufnehmen.«

Nascha stockte der Atem. »Wirklich?«

Was die Priesterin als Nächstes sagte, sollte Nascha erst sehr viel später verstehen. »Keyll Naomh hat zu Sydra gesprochen. Wir leben in keiner Welt, in der Licht und Schatten klar voneinander getrennt sind. Propheten verdunkeln die Sonne, Priester knüpfen Kettenhemden und Spielleute singen Mottenlieder. Und wenn eine Sagart einem Jäger die Hand reicht, ist *Reinheit* bloß noch eine Angelegenheit des Herzens.«

Nascha prägte sich jedes Wort ein, wenngleich vieles keinen Sinn zu ergeben schien.

»Du bist so viel.« Sydra streckte die Hand aus, um ihr durch das lockige Haar zu fahren. Ihr Daumen strich über das Auge auf Naschas Stirn, das noch geschlossen war. Die jüngere Sagart ließ es geschehen, stellte sich vor, wie es sich anfühlen mochte, wenn sie zum ersten Mal klar sehen würde. »Vergiss nie, woher du kommst.«

»Von den wilden Wäldern. Und von denen, die ihnen alle Ehre gewähren, die gebührt.«

Die Hohepriesterin nickte. »Sydra ist stolz auf dich. Hab eine sichere Reise, Nascha.«

»Wird es gefährlich?«

»Sicher.« Sydra nickte. »Aber du hast doch deine Familie.«

Die beiden lehnten die Stirn gegeneinander, mischten ihre Stimmen in einem leisen Aufseufzen. Nascha spürte die Nähe dieser geliebten Frau, die sie stets als Vorbild betrachtet hatte, und fühlte sich gewappnet für den Weg vor sich. »Der Mantel ist für Severyn, nicht wahr?«, fragte sie. Sydra neigte den Kopf und Nascha griff nach dem silbernen Garn. »Ich kann helfen. Damit wir rasch aufbrechen können – ich höre bereits, wie die Wälder mich rufen.«

»Wenige Tage«, wiederholte Severyn und hielt auf dem Weg zu seiner Zimmerflucht inne. »Es sind nur wenige Tage, Breya.«

»Wenige Tage oder für immer.« Sie knetete die Hände und warf Severyn einen flehenden Blick zu. »Niemand kann das sicher sagen.«

Severyn seufzte. Er legte ihr die Hände auf die Schultern. Noch lieber hätte er sie fest in den Arm genommen, aber Azahrs Anwesenheit verwehrte ihm, sie zu trösten, wie er es sich gewünscht hätte. »Ich komme zurück. Du musst so lange dafür sorgen, dass alles in geregelten Bahnen bleibt. Vater hat diese drei Berater bestimmt, die uns in einem Fall wie diesem vertreten sollen. Du musst absichern, dass sie ihre Arbeit gut machen, ja? Gib acht auf Mutter und kümmere dich um die Sagart. Sie ist unser Gast, das sollten wir anerkennen. Und du musst zum Volk sprechen.«

»Was soll ich ihnen denn sagen?«, fragte Breya hilflos.

»Etwas, das sie beruhigt. Wichtig ist, dass sie nicht in Panik geraten, also wäre die Wahrheit wohl unangebracht.«

»Dass es einen Angriff gab, wird wohl kaum geheim bleiben können«, meinte Azahr.

»Aber man könnte ihnen vorenthalten, dass sich ihr Fürst in eine monströse Motte verwandelt hat«, konterte Severyn. »Breya, sag einfach, dass ihm nicht wohl ist. Und verrate ihnen nicht, dass ich ein Prophet bin.«

»Weil sie sich keine Hoffnungen machen sollen, falls du scheiterst?«

Severyn schnaubte. »Hast du so wenig Vertrauen in mich?«

»Er will es ihnen selbst sagen.« Azahr betrachtete Severyn geringschätzig. »Severyn will das Lob für sich. Und ist dabei zu verblendet, um seiner einzigen Hoffnung auf Rettung ein paar Goldmünzen zu überlassen.«

Severyn fuhr zu Azahr herum. »O ja, deswegen: Was fällt dir eigentlich ein, mir die Worte vorwegzunehmen? Solange Vater fort ist und ich mich in diesem Palast befinde, habe ich die Entscheidungsgewalt! Wenn du mir noch einmal in den Rücken fällst ...«

»Was dann?«, fragte Azahr herausfordernd. »Dann schnipsen mich deine Prophetenwurzeln fort?«

»Dann werde ich dafür sorgen, dass dies der letzte Tag war, an dem du in diesen Hallen gewandelt bist und dich wie der Herr des Hauses aufgespielt hast.« Severyns Hand fuhr wütend durch die Luft. »Dann kannst du in dein Königreich aus Asche zurückkehren, Prinz Azahr Khashba von den Narraph!«

»Warum benimmst du dich auch noch wie ein Idiot, wenn die Flammen bereits um dein eigenes Königreich züngeln?«, entgegnete Azahr. »Wie kann man so ...« Er murmelte Worte in seiner Muttersprache, was Severyn beinahe noch ärgerlicher machte.

»Ich habe keine Ahnung, was dein kranker Vater gemacht hat, damit Narraph in Flammen aufgeht«, zischte Severyn, »aber ich werde jedes Mittel in Betracht ziehen, um zu verhindern, dass dasselbe mit Eshwen geschieht!«

Azahr presste zornesfunkelnd die Kiefer aufeinander. »Mein Vater hat sich nichts zu Schulden kommen lassen!«

»Ach ja? Man sagt sich, dass er verrückt war! Dass er selbst derjenige war, der euren Palast in Brand gesetzt und euer Königreich in Kohle und Asche verwandelt hat!« Severyn trat näher auf ihn zu. »Wenn du nach meiner Rückkehr nur einen Finger gerührt und etwas getan hast, das nicht meinem Willen oder dem meines Vaters entsprochen hätte, wirst du dafür geradestehen, Azahr! Und das gilt insbesondere für alles, was mit Breya zu tun hat.«

Azahr kochte vor Wut. »Womöglich solltest du darüber nachdenken, dass ich nicht der Feind bin!«

Ehe Severyn etwas erwidern konnte, ging Breya dazwischen. »Hört auf zu streiten! Das bringt uns nicht weiter. Severyn, hör auf, über Dinge zu reden, die gerade nicht wichtig sind! Azahr: Severyn hat die Entscheidungsgewalt inne, das ist nun mal so.«

Die beiden sahen einander nicht an, nickten aber.

»Schon gut«, sagte Severyn.

»Von mir aus«, murmelte Azahr.

Breya gab dem Narraphprinzen einen sachten Wink. »Lässt du uns kurz allein? Ich muss mit meinem Bruder sprechen.«

Azahr schien, als wollte er Severyn lieber weiterhin an den Kopf werfen, was er von ihm hielt, und diesem ging es nicht anders. Aber er atmete tief ein und nickte. »Ja. Sicher.«

Breya trat allein mit Severyn in sein Gemach. Sobald die Tür ins Schloss gefallen war, stieß der Auserwählte ein entnervtes Schnauben aus. »Er denkt, er kann sich alles erlauben! Bloß weil Vater ihn aufgenommen hat wie einen Sohn. Das ist er aber nicht! Und ich bin nicht sein Bruder! Nur weil er ständig mit dem Fürsten zusammensteckt, heißt das nicht, dass er nun Mitbestimmungsrecht hat!«

»Severyn, kann es sein, dass du eifersüchtig bist?«

Er drehte sich energisch zu ihr um. »Wusstest du, dass er dich heiraten will?«

Sie betrachtete ihn – amüsiert, wenn ihn nicht alles täuschte – und sagte nichts.

»Du wusstest es«, er seufzte, »natürlich.«

»Ich glaube, Azahr ist auch eifersüchtig auf dich«, meinte Breya. »Er weiß zwar nichts von unserer Beziehung, aber wir sind einander wichtig und er bleibt immer außen vor. Und du … du bist der Mittelpunkt von allem, Severyn. Selbst wenn er Keyll Naomh nicht zugetan ist, glaubt Azahr sicher, er wäre ein besserer Retter der Eshwen als du.« Sie griff nach seinen Händen. »Mach dir keine Sorgen, ich hege kein Interesse an Azahr. Du hast keinen Grund zur Eifersucht.«

Als sie ihn küsste, erwiderte Severyn den Druck ihrer Lippen mit einem Aufatmen. Wie oft war ihm, als würde er verdursten, wenn er sie nicht berühren konnte? Breya schob sich dichter an ihn und umarmte ihn fest. »Bitte gib auf dich acht.«

»Du auch.«

»Wegen Azahr?«

»Wegen allem, was geschieht, solange ich nicht da bin.«

Breya löste sich und trat an seinen Schreibtisch. Sie griff nach den Räucherbündeln, die sie ihm gemacht hatte, legte sie in seine Hände.

»Das Gesträuch. Was soll ich damit?«

»Das ist kein Gesträuch«, korrigierte Breya geduldig, »und vielleicht hilft es dir ja. Zünde jeden Abend eins an.«

Er lachte auf. »Damit schöner Geruch alle meine Wünsche in Erfüllung gehen lässt?«

»Damit du an mich denkst.« Breya fuhr sachte über seinen Handrücken. »Und mich nicht vergisst.« Sie küssten einander erneut und Breya zupfte dabei an dem dünnen Lederbändchen, das er noch immer am Handgelenk trug. »Nur wenige Tage«, wisperte sie.

»Wenige Tage«, murmelte auch er. »Dann los. Die Wälder rufen nach mir.«

»Dreißigtausend Kopar«, verkündete Caleb zu wiederholten Mal. »Dreißigtausend! Dreißigtausend für dich und dreißigtausend für mich! Das bedeutet zusammen … sechzigtausend! Davon kann man gut fünf Jahre leben, und das nicht mal schlecht! Man könnte ein Haus kaufen. Ein kleines. Aber mit Garten! Die Frage ist, wollen wir ein Haus?«

»Kann ich einen Marzipantaler haben?« Olyvar kletterte auf den Hocker neben ihm.

»Einen Marzipantaler«, bestellte Caleb bei Aaron Falkner. »Und eine Honigmilch. Und ein Bier!«

Falkner schmunzelte hilflos und begann, die Milch aufzugießen.

Olyvar baumelte mit den Beinen. »Meinst du, der Prinz wird auf der Reise auch mit uns essen und alles?«

»Der Prinz ist ein arroganter Sack und wird hoffentlich die meiste Zeit mit diesem Keitha verbringen, den er mitschleppt. Aber darüber muss man sich keine Gedanken machen. Heute übernachten wir in dem exquisitesten Gasthaus, das du dir vorstellen kannst. Natürlich nicht auf unsere Kosten.«

»Sicher, dass der junge Herr euch das bezahlt?«, fragte Aaron und Caleb verdrehte die Augen.

»Muss er ja wohl! Sonst gibt es keine Unterstützung.«

»Aber Edeline mag uns immer noch, oder?«, fragte Olyvar. »Ich meine, sie sah ziemlich wütend aus.«

Caleb nickte. »Klar! Wir müssen einfach für sie da sein. Ich hab gerade beim Erledigen der Einkäufe extra noch ein paar Salzlakritze mitgenommen, damit sie sich beruhigt.«

»Sie erschien mir ziemlich aufgelöst, als sie eben hier durchgerauscht ist«, meinte Brandfuchs, der gerade durch die Hintertür eintrat. Sein Haar war noch feucht, offenbar hatte er sich gerade gewaschen. Falkner reichte ihm den Kaffee, den er für ihn vorbereitet hatte.

»Olwen.« Caleb schlug halbherzig auf den Tisch. »Du hast uns das eingebrockt. Wegen dir gehen wir vielleicht alle drauf bei diesen geistesgestörten Elben. Aber soll ich dir was sagen? Du bist eine Goldgrube! Solltest öfter für uns singen, wenn du damit ein paar schwachsinnige Soldaten auf uns aufmerksam machen kannst.«

»Edeline ist da sicher anderer Meinung. Sie ist auf mich losgegangen wie Torc Triath auf Newid an ihrem dunkelsten Tag.« Brandfuchs trank mit unsicherem Ausdruck einen Schluck Kaffee. »Ich glaube, sie hätte mir am liebsten den Hals umgedreht, nachdem ich den Soldaten eure Namen weitergegeben habe.«

»Wo ist sie denn hin?«, fragte Caleb.

Brandfuchs zuckte die Schultern. »Keine Ahnung, raus in die Wälder. Wollte alleine sein, glaube ich. Sie kann ja auf sich aufpassen.«

»Solange sie uns noch mag, ist alles in Ordnung«, meinte Olyvar und lächelte Falkner an, der ihr den Marzipantaler und die Milch hinstellte. Caleb erhielt sein Bier und nahm einen kräftigen Zug.

»Ich verstehe das ja auch. Es ist ja auch nicht so, als wären wir arm.

Aber seht, das Cornett, das ich bekomme, ist immerhin ein richtig gutes, wenn es von ganz oben kommt. Und dieses Kleid für dich ist bestimmt auch viel wert.«

»Bestimmt ist es schön. Ich will ein blaues … oder besser ein grünes!«

»Wenn man es verhökern würde …«

»Caleb!«, fuhr sie auf. »Du wirst mein Kleid nicht verkaufen.«

»Auch nicht, wenn du rausgewachsen bist?«, wagte er nachzuhaken, während er den Krug leerte.

»Auch dann nicht!«

»Bist du gar nicht besorgt um deine Schwester?«, fragte Aaron, während er Caleb auf ein Winken noch ein Bier hinstellte. »Als Olwen mir von eurer Mission erzählt hat, war ich doch ausgesprochen froh, dass er hierbleibt.«

»Nah«, machte Caleb und brach ein Stück von Olyvars Marzipantaler ab. »Was soll schon passieren? Ich bin ein Spielmann.«

»Eben *das* macht mir Sorgen«, beharrte Aaron.

Olwen nickte. »Das klingt alles ganz schön wagemutig … und Eschenhort ist sicherlich kein Platz für ein kleines Mädchen. Es überrascht mich, dass du so leichtfertig mitziehst.«

»Jaaa, ich hab auch erst widersprochen.« Caleb machte ein paar abwiegelnde Gesten. »Das Ganze ist ein Selbstmordkommando. Aber für dreißigtausend Kopar? Und noch mal dreißigtausend, wenn Olyvar mitkommt?«

»Das heißt, du machst es nur für das Geld?« Aaron schüttelte den Kopf. »Wissen die Wälder, ich will kein Barde sein. Oder deine Schwester.«

Caleb wollte etwas erwidern, stockte aber. Wieso blieben ihm die Worte im Hals stecken? Sein Blick glitt zu seiner Schwester, die gerade ein Stück Marzipantaler in ihre Milch tunkte. Oftmals war sie abwesend und schien neben sich zu stehen, aber gerade grinste sie ihn munter an. War er ein schlechter Bruder, wenn er sie mitnahm? Er versuchte sich vorzustellen, welche Gefahren auf sie lauern würden, doch der Gedanke war merkwürdig verschwommen.

»Ich will bei meinem Bruder sein«, sagte Olyvar unverhofft. »Er kümmert sich gut um mich. Ich meine, Mattys hat mir Lesen und Schreiben beigebracht, Rosie das Tanzen, Edeline erzählt die alten Geschichten, die man als Bardin braucht, und Nascha erklärt mir, wie der Wald uns geschöpft hat. Aber die sind alle nicht so super wie Caleb. Wenn ich Marzipantaler will, brauche ich ihn nur zu fragen und bekomme welche. Wenn ich traurig bin, versucht er mich aufzuheitern und macht Schattenspiele an den Wänden. Wenn er ein Mädchen mit auf sein Zimmer nimmt, schickt er mich immer zu Nascha oder Rosie und behauptet, er würde Kiesellegen spielen. Das ist niedlich. Als hätte ich noch nicht verstanden, was sie da wirklich machen.«

Caleb sah hoch. »Wie bitte?«

»Ist wohl keine Überraschung«, meinte sie schulterzuckend.

»Du weißt das? Du bist zehn!«

»Na und? Bin doch nicht blöd deswegen.«

»Bei den Wäldern«, murmelte Caleb. »Du musst meine Schwester sein. Sonst wärst du nicht so frech. Aber nur fürs Protokoll, manchmal spielen wir wirklich Kiesellegen.«

Olyvar sah die beiden Männer hinter der Theke an. »Seht ihr? Er hat ein gutes Herz. Der beste Bruder. Und außerdem ist er immer warm.«

Caleb wog den Kopf zur Seite und berührte die Narraphbemalungen an seiner Halsbeuge. »Da hat sie recht.«

Falkner und Brandfuchs grinsten einander an.

»Und ich will Bardin sein«, fügte Olyvar noch hinzu. »Alle Leute, die ich mag, sind Barden. Alle *langweiligen* Leute sind dumme Soldaten und Wirte. Ich hab Besseres zu tun, als den ganzen Tag Gläser abzutrocknen.«

»Wie gemein!«, rief Aaron.

»*Trockne ab dein Glas*«, stimmte Caleb an. »*Und komm, bring mir volles Maß!*«

»Denk mal darüber nach, was Mattys und Rosie sagen würden«, raunte Olyvar ihm zu. »Die beiden würden sicher Augen machen, wenn sie wüssten, dass wir mit dem neuen Propheten herumziehen.«

»Mattys würde sagen, dass das die Vorhersehung war.« Oder Mattys hätte all das abgelehnt, weil ihm das Risiko zu hoch gewesen wäre. Was wäre vernünftig gewesen? Was hätte Mattys getan?

Und warum dachte er überhaupt darüber nach?

Olyvar mümmelte ihren Taler auf. »Wenn wir ihn sehen, erzählen wir ihm alles. Vielleicht sieht er dann, dass du doch zu was gut bist.«

Caleb erhob sich vom Hocker und legte ein paar Münzen auf den Tisch. »Hier die Kaution für den Planwagen. Passt bitte gut auf meine Sackpfeifen auf, ja?«

»Wir beschützen sie mit unserem Leben«, versprach Brandfuchs mit Belustigung, während Falkner das Geld entgegennahm und zu den geleerten Bechern und Tellern wies. »Das da geht aufs Haus.«

»Dann packt ihr noch ein paar von diesen Marzipantalern ein.« Caleb winkte Olyvar. »Komm, wir satteln die Pferde und holen die Taschen.«

»Gerne«, sagte Falkner und Brandfuchs winkte. »Gute Reise, Olyvar. Bis bald, Caleb.«

Ich beschütze dich. Sieben Jahre war das mittlerweile her. Im Dickicht der Wälder hatte er das winzige Kind huckepack durch die Dunkelheit getragen. Die kleine Wange hatte das Mädchen in seine Halsbeuge geschoben, um sich vor tiefhängenden Ästen zu schützen. Es war so schlaff gewesen, dass Caleb oft gedacht hatte, ein lebloses Ding mit sich durchs Dämmerlicht zu tragen, flink und hastig, immer gen Westen, niemals innehaltend. Tagelang waren sie geflohen, nie hatte er sich sicher genug gefühlt, um im Licht der Sonne zu rasten. Nur nachts war er ins Laub gesunken, schwindlig vor Erschöpfung, aber wachsam für seine Schwester. Unter einem umgestürzten Baumstamm hatte er sich im Laub verborgen, das Kind dicht in seine Arme gezogen und es mit seinem Körper gewärmt. Bis der Morgen graute, ein neuer Morgen, hatte Caleb immer wieder denselben Satz in seinen Ohren klingen hören.

Ich beschütze dich, um jeden Preis.

»Findest du mich unvorsichtig?«

»Hm?« Olyvar hatte einen Keks im Mund, den sie erst hinunterschlucken musste. »Ja klar. Du bist dämlich und gedankenlos und … hm, Mattys hat immer dieses eine Wort gesagt, das ist noch anders als geldgierig.«

»Genusssüchtig«, murmelte Caleb unzufrieden. Er zog Olyvars Satteltasche fest und tätschelte dem Brôcpony den Hals. Die Pferde der anderen Barden waren neben der Scheune angebunden und gesattelt.

»Ja. Aber wenn du sagst, dass alles gut wird, dann glaub ich das. Ich vertraue dir.«

Caleb ließ die Hände von den Sattelgurten gleiten und seufzte. Er war nicht sicher, ob er so viel Vertrauen verdiente. Aber dennoch hatten die Worte einen schönen Klang. »Danke für die Sachen, die du gesagt hast.«

»War alles die Wahrheit.« Sie verputzte den Keks.

»Ich passe immer auf dich auf, Rehkitz.«

»Jap. Außerdem bist du warm.« Olyvar grinste.

Caleb musste lachen, ehe er sich abwartend umsah. »Wo bleiben die anderen? Die Wälder rufen.«

Sie floh.

Sie taumelte zwischen den Stämmen, ihre Schritte raschelnd im Laub und den Wurzeln. Ihre Hände berührten ziellos Blätter und Zweige, streiften Äste gespickt von Dornen, ohne zu zucken, ehe ihr der Halt wieder entglitt. Sie scheuchte die Stille auf und füllte sie mit Geräuschen. Nicht lautlos sein, nicht der Schatten von dereinst, bloß *nichts* von dem, was sie einmal gewesen war. Die Welt bebte unter ihren Schritten, bebte im selben Takt wie ihr schlagendes Herz und ihr schwer gehender Atem, und Edeline war sicher, dass sie den Boden unter sich bröckeln und aufreißen spüren konnte. Dass er sie verschlucken und das wieder hervorbringen würde, was sie so tief in sich vergraben hatte.

Die Erde gab unter ihr nach und ließ sie vornüberfallen. Im Boden unter ihr klaffte ein schwarzes Loch, sie schrie – da fand sie sich auf Händen und Knien wieder. Edeline grub die Finger ins Moos, kniff die Augen fest zu. Tränen tropften auf das Geflecht, Schluchzen durchbrach die Stille Keyll Naomhs.

»Ich will nicht«, brachte sie hervor. »Ich …«

Sie hatte geglaubt, dass sie nie mehr zurückkehren müsste. Dass sie sicher war, solange sie dem Wispern nicht lauschte, solange sie Nascha und die bannbrechende Magie schützten. War das naiv gewesen? Hätte sie nicht ahnen müssen, dass ein solches Erbe nichts war, dem man leichtfertig entgehen konnte? Denn nun, da sie unter dem Blätterdach kniete und schluchzte, der ganze Wald um sie herum still, hörte sie das Wispern deutlicher denn je. Die Stimmen, die nach ihr riefen. Die sie zurück an ihren Platz zerrten und ihr den alten Namen zuflüsterten, den sie einst mit so viel Stolz getragen hatte.

»Nein, *Lene*«, flüsterte Edeline. »Lene.« Sie klammerte sich an den Namen, den sie von Caleb bekommen hatte. »Ich bin Lene, *Lene*.« Weil er alles war, was sie in diesem Leben ausmachte. Dabei hatte sie das alles gerade hierher zurückgebracht. Sie fühlte sich so verraten, so verloren, so … allein.

Wie die zarte Berührung einer Geliebten glitt das Flüstern über ihren Rücken, das Locken der Stimmen, und über allem der Wille des allmächtigen Waldes, der ihr Schicksal bestimmt hatte. Er vergegenwärtigte ihr schmerzlich, dass sie nicht weglaufen konnte. Dass es keinen Ort gab, an den sie gehen konnte, ohne auf sich selbst gestellt zu sein.

Edeline schluchzte. Sie hatte alles vergessen wollen. Aber sie erinnerte sich an alles.

Sie wollte dem entkommen und wurde zurückgeworfen – wieder, *wieder* und immer wieder.

Dass etwas zwischen den Bäumen knisterte, wurde beinahe von ihrem Schluchzen verschluckt. Edeline hob den Kopf, sah sich einem Schattenschweif gegenüber, der zwischen den Zweigen hindurchhuschte, und duckte sich hastig wieder hinter die Farne und Wurzeln. Möglichst geräuschlos zog sie die Kapuze der dunkelgrauen Jacke über den Kopf, um ihr karminfarbenes Haar zu verbergen. Angespannt lauschte sie, doch der Schatten war verschwunden.

War sie versehentlich in eine Falle getappt? Monster wagten sich auch in die Nähe von Dinas Rhedyn, wenn sie aufdringlich waren. Edeline schloss die Finger um den Amethystanhänger an ihrem Hals, um sich zu versichern, dass er dort war, um sie zu beschützen. Ein Amethyst machte nicht unsichtbar, doch wenn sie kein Geräusch von sich gab, würde sie damit nicht bemerkt werden. Noch immer raste ihr Herz vom Rennen, der Splitter saß tief, das Schluchzen steckte noch in ihrer Kehle. Edeline versuchte, trotz allem keinen erstickten Laut von sich zu geben.

Eine Weile verharrte die Bardin, ohne einen Muskel zu rühren. Dann erhob sie sich halb und lauschte in die Stille des Waldes. Leise, still. Wie sie nicht sein wollte, wie sie gewesen war. Schier lautlos bewegte sie sich durch das Geäst, das im Wind entkräftet summte. Das Wipfelwispern dämpfte ihre Schritte genug, um sie unhörbar zu machen.

Vor ihr befand sich ein Garten. Für einen Augenblick war Edeline verwirrt, einen solchen hier inmitten der Wildnis zu finden, doch dann wurde ihr klar, dass sie hier schon einmal gewesen war. Es war der Kräutergarten der Rabenmuhme. Wenda Bran jätete dieses Unkraut, erntete die Früchte von den Bäumen und säte Gemüsesamen in den Beeten. Sie schlief in der efeuüberwachsenen Backsteinhütte, die sich vor den grauen Baumwipfeln erhob. Hinter dem Haus erkannte Edeline den gepflasterten Pfad, der zum Nordtor der Stadt zurückführte.

Lene zögerte. Sie war versucht, sich auf die Tür zuzubewegen, um Wenda vor der Kreatur zu warnen, die in ihren Gärten umherstreifte. Doch das Unterholz knisterte und wisperte und die Bardin duckte sich rasch wieder hinter die Mauer, die den Garten von den wilden Wäldern trennte. Leises, sirrendes Klackern ertönte, dann etwas, das wie das Klappen von Leder auf Leder anmutete. Edeline raste das Herz. Aus ihrem Versteck zwischen einigen Adlerfarnzweigen konnte sie das Wesen ausmachen, das das Unterholz durchstreifte. Es war größer als sie, aber nicht so groß wie die Hütte der Muhme. Auf dem schwarzen, behaarten Körper, der auf dürren Insektenbeinen stand, saß ein dicker, mandibelbewehrter Kopf. Dicke Flügel sprossen aus dem Rücken. Die Kauwerkzeuge klackten, als die Kreatur sich suchend umsah.

Edeline hatte so etwas schon einmal gesehen. Heute, gerade eben im Thronsaal – nur in weitaus größer. Dies war eine der verwandelten Mottenkreaturen.

Sie duckte sich unter den Farn, als ein Windstoß die Blätter aufwirbeln ließ. Das Insektenwesen wandte den Kopf in ihre Richtung, als hätte es ihren Geruch wahrgenommen, und Edeline versuchte, sich so reglos wie möglich zu verhalten. Und als sie das Ungeheuer so starr betrachtete, wurde ihr etwas klar – da bemerkte sie die Ketten und Bänder, die um den Hals der Kreatur hingen. Sie musste ein Schluchzen unterdrücken.

Still, *still*.

Klacker, klacker, machten die Mandibeln.

Ewigkeiten vergingen, ehe das Wesen sich abwandte und davonhuschte, die Mottenflügel zum Flug auseinanderzuckend. Edeline entwich ein erstickter Laut, als sie sich erhob und forteilte, so rasch und leise sie konnte. Diese Bänder – das war Wenda Bran gewesen! Die arme alte Frau war den Motten ebenso zum Opfer gefallen wie die Eshwen im Schloss.

Das Problem beschränkte sich nicht auf den Palast. Es breitete sich aus, überall, in ganz Eshwen, ohne Einhalt.

Wie konnte sie sich da noch erwehren, etwas dagegen zu unternehmen? Wenn sogar ihre Freundin zu einer dieser Motten geworden war?

Lene blinzelte die Tränen fort. Sie war im Griff von Keyll Naomh. Und es gab nichts, was sie tun konnte, um dem Rufen der Wälder zu entgehen.

Lied vom Winterwind

Zwei kleine Falter hatten sich in den Schankraum des *Nüssleins* verirrt. Mit lautlosen, aber aufgebrachten Flügelschlägen flatterten sie um eine Laterne, die an der Wand befestigt war, und ließen dabei Schatten über die Tischplatte tanzen. Mattys hatte sich in eine Nische neben der Theke zurückgezogen und experimentierte mit einem Zupfmuster. Die Lichtspielte irritierten ihn, doch die Tiere ließen sich nicht vertreiben, wenn er halbherzig nach ihnen schlug. Ohne Licht war es zu dunkel. Sich umzusetzen hatte zwar kurz geholfen, aber dann waren sie hinterhergekommen.

Auch Mollie beobachtete die Insekten mit großem Argwohn. Sie schnappte zweimal nach ihnen, bevor sie die Vorderpfoten auf die Bank stellte, um besser heranzukommen.

»Mollie, runter!«, rügte Mattys sie und schob sie von der Bank. »Was soll Frau Lugh sagen?«

Mollie winselte und spähte zu den Motten, deren Flügel gegen das Glas der Laterne klappten.

»Ich finde sie auch nervig. Aber wenn ich sie totschlage, kleben sie auf dem Tisch, und ich habe sie lieber lebend als matschig.«

Mollie sah ihn aus Hundeaugen an und schleckte sich über die Schnauze.

»Sie zu fressen, wäre auch nicht besser«, meinte Mattys mit erhobener Braue. »Ich kann mir kaum vorstellen, dass sie schmecken. Ich hole dir was zu fressen, wenn du willst.«

»Nicht nötig.« Mollie sprang auf die Beine und tapste mit erfreutem Winseln auf Rosie zu, die soeben im Schankraum erschienen war und auf den Tisch in der Nische zusteuerte. Schwanzwedelnd beschnupperte Mollie sie und nahm dann den Lederbeutel auf ihrem Rücken in Augenschein. Rosie legte den Geigenkoffer und Mattys' Naraline auf der Bank ab. »Hier, leckere Rinderhautrollen. Würde ich am liebsten selber behalten.« Sie zog einen Streifen Trockenfleisch aus einer Tüte und reichte ihn Mollie, die sich artig hingesetzt hatte. Dann ließ sich Rosie neben Mattys am Tisch nieder. »Was ist das, Motten? Oh, wie nervig.«

»Der einzige Grund, aus dem Mollie dich nicht hat kommen hören.« Mattys betrachtete die Falter genervt.

»Wusstest du, dass Zeitungspapier gegen sie helfen soll?« Rosie legte ein Exemplar des *Eschenblatts* auf den Tisch. »Sie scheinen die Druckerschwärze oder Papiersorte nicht zu mögen.«

Mattys nahm die Zeitung. »Ist einen Versuch wert.«

»Sie können ja nichts dafür, dass sie vom Licht angezogen werden.« Rosie wickelte sich aus ihrem Schal und knöpfte den Mantel auf.

Er nickte. »Sie fliegen so lange um die Laterne, bis sie reinkommen und festsitzen, und dann verhungern sie. Die ganze Zeit streben sie nach dieser Sache, die für sie tödlich ist.«

Nicht ohne Mitleid musterte Rosie die Falter. »Ewiges Ringen um nichts.«

Er sah den Motten eine Weile zu, ehe er den Kopf schüttelte. »Na, egal. Wie geht es dir? Du bist noch ziemlich heiser.«

»Ich kann heute Abend singen«, sagte Rosie abwehrend.

»Sicherlich nicht. Aber das spielt keine Rolle.« Mattys schilderte ihr, was er mit Astryd Lugh besprochen hatte. Rosie lauschte aufmerksam, ehe sie nickte.

»Das beruhigt mich. Mein Hals tut echt weh.«

»Überrascht mich wenig. Aber ich war in der Apotheke und hab dir etwas besorgt. Frau Lugh rechnet mit zwei Tagen, ehe die Grafentochter hier eintrifft. Wir beten einfach zu den Wäldern, dass es bis dahin besser und nicht schlimmer geworden ist.« Mattys griff nach dem Becher auf dem Tisch und goss den Inhalt mit heißem Wasser aus der Teekanne auf. »Hier, das musst du trinken. Heute Abend noch mal, und vor dem Schlafengehen.«

»Mit dem ganzen Ekelzeug da drin?« Rosie begutachtete den Inhalt misstrauisch.

»Das ist kein Ekelzeug, das ist Lyttnarmoos. Ein Allheilmittel. Nun trink.«

Rosie trank und stellte sich übertrieben an, obwohl es höchstens nach

Spinat schmecken konnte. »Ich hoffe, du hast immerhin was zum Knabbern besorgt.« Als er eine Tüte Rosenthal-Zwiebäcke hochhielt, machte sie ein zufriedenes Gesicht.

»Übrigens, du glaubst nicht, wen ich eben vor der Taverne gesehen habe«, fuhr sie fort. »Cadmus Scathan!«

»Was du nicht sagst.« Mattys schenkte ihr Tee nach, um die Reste Moos aus dem Becher zu spülen. »*Ban Glásan* und wir dürfen uns den Auftritt teilen. Ezlynn ist glücklicherweise aus ihrer Untersuchungshaft entlassen worden und war so gnädig, uns dennoch hier zu dulden.«

»Die drei waren es, die Frau Lugh gebucht hatte?«, fragte Rosie ungläubig. Dann tippte sie sich gegen das Kinn. »Na gut, ich verstehe das. Ezlynn kann gut mit dem Rebec umgehen und Cadmus ist ein Frauenschwarm. Und Mond ist so geheimnisvoll und schön … die Männer sabbern auf die Tische bei ihrem Hüftschwung.«

»Du singst um Längen besser. Die Prinzessin wird Mond überhaupt nicht ansehen, wenn du in Höchstform bist. Deswegen nicht so viel reden.« Das Letzte sagte Mattys nur halbherzig, denn eigentlich sehnte er sich nach jemandem, mit dem er sprechen konnte. Außerdem wog er sich in der falschen Sicherheit, dass die drei oder vier Tage dafür sorgen würden, dass es Rosie bis zum Auftritt wieder gut ging. Mit dem Lyttnarmoos und seiner Fürsorge würde es hoffentlich glücken.

»Haben sie schon geprobt?«, fragte Rosie.

»Vorhin. Aber Cadmus hatte noch eine Verabredung zum Mittagessen und Ezlynn und Mond wollten neues Kolophonium zum Fetten für das Rebec besorgen. Sie waren so freundlich, mir den Schankraum so lange zu überlassen.«

»Sehr großzügig.«

Mattys lachte ohne Freude. »Oh, Calebs Cornett haben sie übrigens auch.«

»Ist nicht wahr.« Rosie schlug sich mit der flachen Hand gegen die Stirn. »Also hat Ezlynn uns das mit Evigstad noch immer nicht vergeben?«

»Noch lange nicht. Dabei hat *sie* Caleb mit den Karten betrogen und nicht damit gerechnet, dass wir dahinterkommen würden.«

»Es ist auch unsagbar ungerecht, dass Caleb einen cleveren Freund hat«, meinte Rosie. »Auf dich war sie deswegen immer besonders schlecht zu sprechen. Oh, weißt du noch in Hem Sommar?«

Mattys verdrehte die Augen. »Erinnere mich nicht dran. Sie musste auch darauf herumreiten.«

»Das hast du dir aber sicher nicht zu Herzen genommen?«

»Selbstverständlich nicht.« Sie nickten einander bekräftigend zu. Einen Moment betrachtete Mattys schweigend die Motten. Dann ballte er die Hände zu Fäusten und machte eine aufgebrachte Geste. »*Herre skog*, das war das einzige Mal, dass ich je wegen der Krankheit zusammengeklappt bin! Es war bloß, weil es furchtbar heiß war …«

»Du hattest auch den ganzen Tag nichts gegessen«, erinnerte sich Rosie.

»Ich war beschäftigt. Das war das erste Litha in Hem Sommar, zu dem wir auf der richtigen Bühne stehen durften. Edelines Geige war gesprungen, deswegen mussten wir am Vortag noch in die Stadt und sie beim Geigenmacher reparieren lassen. Es war alles viel zu viel. Und seitdem muss ich hören, dass ich die Widerstandsfähigkeit eines Feldhamsters habe.«

Rosie lachte leise. »Dafür war das Jahr danach klasse. Niemand hat sich mehr daran erinnert, nur die drei vielleicht. Aber Cadmus redet nur von sich selbst und Ezlynn hört eh keiner zu. Mond sagt nichts Böses über dich. Überhaupt habe ich sie bisher wenig sagen gehört.«

»Es ist mir vollkommen gleich, was sie sagen«, beharrte Mattys. »*Sie* sind mir gleich.«

»O ja, so klingt es.« Liebevoll umschloss Rosie seine Wange mit einer Hand. »Sie sollten dir egal sein, Mattys. Du weißt doch, dass sie im Unrecht sind. Wenn sie wüssten, was du schon durchgemacht hast, würden sie dich nicht Feldhamster nennen.«

»Sie nennen mich nicht wirklich Feldhamster.«

»Was fast schade ist.« Prüfend schürzte sie die Lippen. »Vielleicht sollte ich damit beginnen.«

Nun musste Mattys lachen. »Weißt du was? Du bist die Beste. Ich würde dich küssen, wärst du nicht erkältet.«

»Mach es trotzdem.«

»Ich mache es trotzdem.« Ihre Lippen trafen sich schmetterlingshaft, dann lehnte Rosie die Stirn gegen seine. Sie fühlte sich ziemlich warm an und Mattys beschloss, dass mehr Moos keine schlechte Idee war.

»Wie war es bei Falkner und Brandfuchs?«, fragte er, während er den Tee neu aufgoss. »Waren die anderen dort?«

»Der Planwagen stand da, wo wir ihn zurückgelassen haben. Ungefähr siebenhundert Kopar habe ich aus der Kasse genommen. Nicht gerade viel.«

»Wir bekommen schon noch was zusammen. Bist du jemandem begegnet?«

»Na, man begegnet vielen Leuten in der Stadt.« Gleichmütig streichelte Rosie über Mollies Kopf.

»Von den anderen, meine ich. War jemand da, der dich gesehen hat?«

Als sie ihn ansah, war ihr Blick merkwürdig. Mit Unbehagen erkannte Mattys, dass etwas geschehen sein musste und Rosie überlegte, ihn anzulügen.

»Ich hab Nascha getroffen, als ich die Sachen geholt hab«, gestand sie schließlich. »Es … hat sich nicht schön angefühlt, sie alleine zu lassen.«

»Und warum wolltest du das nicht sagen?«

Rosie hob die Schultern. »Irgendwie … ist es schwierig, darüber zu sprechen.«

Mattys nahm ihre Hand. »Ich versteh schon.«

»Sie hat mir was für dich mitgegeben.« Aus der Tasche zog sie einen von Naschas Amethystanhängern und reichte ihn Mattys. »Und wenn wir irgendwann zurückkommen wollen … dann nehmen sie uns auch wieder auf.«

»Das ist lieb.« Mattys nahm den Anhänger an sich. »Bestimmt war sie nicht glücklich, als sie erfahren hat, dass es nicht dazu kommen wird.«

»Ich hab ihr gesagt, dass es nicht an ihr liegt. Und eigentlich ja nicht mal an Caleb, nicht wahr?« Vorsichtig berührte sie seinen Arm.

Im Grund hatte sie recht. Caleb hatte das Fass vielleicht zum Überlaufen gebracht, aber er war nicht der Grund, warum Mattys die Gruppe hatte verlassen wollen. Immerhin waren sie jahrelang gut ausgekommen – teilweise sogar soweit gegangen einander als Familie zu bezeichnen.

»Weißt du, man kann ihm vielleicht eine Menge vorhalten«, wandte Mattys ein, »aber nicht, dass er kein gutes Herz hat. Und ich weiß, dass er diese Lieder nicht *wirklich* spielen wollte.«

»Er behauptet so was im Affekt, aber eigentlich respektiert er, dass du das nicht willst«, pflichtete Rosie ihm bei.

Mattys ließ sich gegen die Rückenlehne sinken und klopfte mit dem Stift auf das Papier. »Eigentlich ist es nicht so schön, dass wir auf diese Art auseinandergegangen sind.«

Nachdenklich stützte sie den Kopf in eine Hand. »Ich wünschte, wir könnten ihm sein Cornett zurückholen. Ezlynn spielt sicher nicht so gut wie er.«

»Als Versöhnungsgeschenk, meinst du?«

Rosie setzte zu einer Antwort an, wurde jedoch unterbrochen. In derselben Manier wie früher an diesem Tag flog die Tür zum Garten auf und Ezlynn wehte herein. »Wir sind wieder dran!«

»Macht doch«, murmelte Mattys.

Rosie bemühte sich um ein halbherziges Lächeln, als Ezlynn durch den Raum rauschte. Unter dem Tisch erklang ein leises Grollen und Mattys griff vorsichtshalber nach Mollies Halsband.

»Ach! Rosie!« Die Bardin marschierte auf sie zu und klopfte Rosie begrüßend auf die Schulter. »Die, die Sterne zu Honig schmilzt! Das Mädchen mit der goldenen Kehle!«

»Ezlynn«, sagte Rosie. »Die … die gerne Fliederschnaps trinkt.«

»So charmant wie immer.« Ezlynn grinste grimmig. »Schön, dich zu sehen. Ich hab schon gedacht, Mattys hätte nur behauptet, dass du noch da bist.«

»So schnell wird man mich nicht los.« Aus Rosies Lippen wurde ein schmaler Schlitz. »Euch offenbar auch nicht.«

»Sag mal, bist du ein bisschen erkältet? Nicht, dass du nicht gut singen kannst, wenn die Prinzessin auftaucht.« Ezlynn grinste mit Häme, was Rosie freundlich erwiderte.

»Mattys kümmert sich gut um mich. Aber es berührt mich, dass du dir solche Sorgen um mich machst.«

»Skoggen-Scharlatanerei. Deswegen riecht es hier auch so … grün«, pikierte sich die Bardin und beäugte das Lyttnarmoos. »Ein guter Obstbrand würde genauso helfen. Nur meine Meinung.«

»Vielleicht hätte ein Obstbrand auch deinem Rebec geholfen«, meinte Mattys. »Sollen wir es ausprobieren? Frau Lugh hat bestimmt welchen.«

»Danke, nein. Jetzt hab ich ja das.« Ezlynn zeigte ihnen das Kästchen mit dem Kolophonium. Aus dem Koffer auf ihrem Rücken holte sie ihr Rebec und den Bogen.

»Das ist ein schönes Ding, ist das neu?«, erkundigte sich Rosie und deutete auf das geigenähnliche Instrument.

»Erbe der Familie.« Mit gewichtiger Miene begann Ezlynn, den Bogen zu fetten. »Was viele Hände berührt haben, ist oft von gesteigertem Wert.«

»Außer es geht um Bettgenossen«, bemerkte Rosie.

»Oder Lebensmittel«, fügte Mattys hinzu.

Ezlynns Blick wurde finsterer. »Ihr fühlt euch heute sehr witzig, was?«

Mit liebevollem Lächeln hob Rosie die Schultern. »Du kennst uns. Immer witzig. Niemals unehrlich.«

Die andere Bardin strich sich die Locken aus dem runden Gesicht. »Übrigens, wenn ihr meint, dass ihr an den Vortagen alleine auftreten könnt, habt ihr euch geschnitten. Die Nüssleintante hat gesagt, wir wechseln uns ab.«

Etwas Ähnliches hatte Mattys erwartet. Es erleichterte ihn, dass die Wirtin sie immerhin nicht dazu drängte, Lieder gemeinsam zu spielen – womöglich gar im Duett. Wenn Elain de Beur hier eintraf, würden sie abwechselnd Liedersätze spielen. Sich den Auftritt zu teilen, war nicht optimal, aber man konnte es auch positiv betrachten: Im direkten Vergleich mit Mond würde noch deutlicher, wie talentiert Rosie war.

»Ist gut«, gab Mattys sich geschlagen. »Aber ich beginne heute. Ich bin besser vorbereitet.«

»Das würde dir passen! Du willst bloß den ersten Eindruck machen.

Aber das überlass uns, schließlich waren wir auf heute eingestellt. Du kannst morgen spielen, wenn die Begeisterung abgeflaut ist.«

»Aber ich habe das mit Astryd abgesprochen«, erwiderte Mattys.

»Absprachen kann man ändern.« Ezlynn schwang ihren Geigenbogen. »Ansonsten sollte man Astryd informieren, dass *du*, Rosie, momentan singst wie eine Krähe auf einem Friedhof, und *du*, Mattys, dich in aufregenden Situationen totstellst.«

Mattys knurrte ärgerlich. Als ein provokantes Grinsen auf Ezlynns Lippen trat, hob er die Hände. »Dann spielt eben! Aber vergrault die Leute nicht.«

»Na, wer sagt's denn? Das war doch nicht schwer. Mond!«

»Ich warte nur auf dich.« Mond, die sich die Kapuze aus der Stirn strich und das Rabenhaar entblößte, war bereits auf die Bühne gestiegen. Ezlynn sprang zu ihr und setzte sich an den Rand, wo sie fortfuhr, ihren Bogen zu fetten.

»Sollen sie ruhig Werbung machen.« Mattys schob Rosie den Tee hin. »Wir haben Askatag und es ist ein Tag nach dem Ostarafest. Wenn die Grafentochter nicht kommt, gibt es keinen Anlass, heute eine Taverne zu besuchen. Morgen dagegen haben wir Feyentag, da trinkt man schon mal auf den Feierabend.« Ein ungläubiges Lachen verließ seine Kehle. »Manchmal frage ich mich, ob ihr so was ehrlich nicht auffällt. Sie denkt so weit, wie ein Bär werfen kann.«

»Die Gute hat schon zu viel von ihrem Gehirn mit Obstbrand gematscht«, meinte Rosie und betrachtete den Tee naserümpfend, ehe sie nach der Zwiebackpackung griff. Sie nestelte an der Öffnung und zog einen Keks hervor. In Ermangelung einer heißen Milch tunkte sie ihn in den Tee und schnitt eine Grimasse, als sie abbiss.

»Mond, ich bin soweit«, sagte Ezlynn. Ihre Schwester setzte sich auf den Hocker, der auf der Bühne hingestellt worden war. Sie drapierte sich so apart darauf, dass Rosie missbilligend die Brauen zusammenzog. »Warum heißt sie eigentlich Mond?«, murmelte sie. »Ich meine, was ist das für ein Name?«

»Ein Künstlername.«

»Das ist mir bewusst. Aber ich wüsste gern, warum sie sich so genannt hat.«

Mattys hatte sich das auch schon gefragt. Er hatte nie erfahren, warum die drei Barden gemeinsam umherzogen. Aus Cadmus, der sich wie ein landloser, aber wohlvermögender Adelsspross aufführte, war nicht schwer zu lesen, aber was seine Schwestern zu dem gemacht hatte, was sie waren, blieb ein Rätsel. Offenkundig trugen sie Droviblut in sich, aber das musste nichts aussagen. Caleb war ein Narraph, ohne je in der Wüste gewesen zu sein. Waren sie überhaupt richtige Geschwister? Sie sahen einander gar nicht ähnlich – Cadmus elegant, Ezlynn klein und koboldhaft und Mond ätherisch schön. Auch innerlich glichen sie einander in nichts.

Mattys klappte die Zeitung auf und scheuchte die Motten damit fort, die um die Laterne davonstoben. Er grübelte nicht länger über Ban Glásan, als sein Blick auf einen Artikel fiel. »Sieh mal hier.« Er deutete auf das Bild, das neben dem Beitrag abgedruckt war. »Die Rabenmuhme wird vermisst.«

»Ach was.« Rosie beugte sich vor, um den Artikel zu studieren.

»Bitte um Mithilfe bei der Suche nach Wenda Bran«, las Mattys laut vor. »Am 20. Ostaratag verschwand die ehemalige Heilerin und Hebamme Wenda Bran auf dem Heimweg spurlos. Bran verließ nach Mitternacht die Taverne Falkners Brandfuchs, *in welcher ihr Zeugen zuletzt begegneten. Anwesenden zufolge verhielt sie sich wie gewohnt und zeigte keinerlei Wesensveränderung. Zur zeremoniellen Entzündung des Ostarafeuers am nächsten Abend erschien Bran jedoch nicht auf dem Glockenplatz, obwohl sie als Feuerdame erwartet wurde.«*

Mattys' Stimme stockte, als Ezlynn ein paar Striche auf dem Rebec vollführte und dem Instrument die ersten Noten einer Melodie entlockte. Seine Kehle wurde seltsam eng. *Alles, nur nicht das,* dachte er widerwillig. Aber selbst wenn er sich einredete, dass es nicht so war. Er kannte die Melodie ausgesprochen gut.

Er versuchte, sich nicht aus dem Konzept bringen zu lassen. *»Sollte jemand Hinweise auf ihr Verbleiben haben, möge man sich bei der zuständigen*

Dienststelle in der Habichtspassage melden. Ich hab ihr immer gesagt, dass es allein in den Wäldern gefährlich ist, aber sie ist bockig wie eine Ziege.«

Der Tanz der Motten vor der Laterne malte Schattenspiele auf Rosies Haut. »Meinst du … jemand hat ihr aufgelauert?«

»Der Rabenmuhme? Was soll die für Feinde gehabt haben?« Mattys machte eine Pause und blinzelte. »Sie war vielleicht kauzig, aber … sie hatte ja keine Feinde.«

»Sie geht mit leisem Schritte, den Blick niedergewandt
Das Bild der blut'gen Hände noch in ihr Herz gebrannt.
Die Augen ohne Leben, nur Furcht darin, ganz blank,
in einem Kalkgesichte, so furchtbar bleich und krank.«

Monds Lider waren geschlossen, als sie die Stimme zu Ezlynns Spiel erhob. Wenn sie schön aussah, stand ihr Gesang diesem Erscheinungsbild in nichts nach. In ihrer Singstimme lag ein solch wahrhaftiger Klang, dass jede Note unter die Haut drängte. Ezlynns Rebecstriche umgarnten den Gesang malerisch schön. Auch wenn die Koboldbardin sonst nicht mehr alles beisammenhatte, sie konnte zweifellos Musik machen.

Mattys wusste, dass Rosie das mit Edelines Begleitung besser hinbekommen hätte – womöglich war sie die Einzige auf der Welt. Bloß hatte sie dieses Lied noch nie in ihrem Leben gesungen.

Er kniff die Augen zusammen. »*Skog, visst inte*«, murmelte er zu sich selbst.

»Einst kamen tausend Männer und Frauen vor das Tor
Und rückten gegen andre Soldatentruppen vor
Sie wetzten ihre Klauen und schlugen sich entzwei
und erst nach vielen Stunden war diese Schlacht vorbei.

Und der Regen, der Regen, der Winterwind so kalt,
als der Gesang des Todes dort in Broc Môr erschallt.«

»Mattys.« Rosie schnippte vor seinem Gesicht und Mattys zuckte zusammen.

»Sie hat keine Feinde«, wiederholte er, als hätte er es nicht schon einmal zu oft gesagt. »Und jeder weiß, dass sie nicht viel besitzt. Das wäre doch bescheuert, ihr aufzulauern.«

»Wollen wir gehen?«, fragte Rosie, als hätte er nichts gesagt. »Wir können woanders weitermachen. Mollie, *haeng med*.«

»Nein. Mir geht's gut«, beteuerte Mattys.

»Aber das ist das Lied vom Winterwind.«

»Na und?« *Skog*, es war mittlerweile so lange her. Ein ganzes Leben lag zwischen ihm und dem, was damals geschehen war, und Mattys durfte nicht länger zulassen, dass er sich von einem dummen Lied in die Enge treiben ließ. Es war an der Zeit, dass er sich in einem Raum aufhalten konnte, in dem es gesungen wurde. Selbst wenn es nur war, um sich selbst zu beweisen, dass er dazu in der Lage war.

Heute war Mattys ein anderer Mensch als damals.

Aber irgendwie war er auch genau derselbe.

»Du musst nichts beweisen.« Rosie nahm seine Hand. Ihr Blick war so warm, dass er dem Drängen in seinem Herzen beinahe nachgegeben hätte.

»Hallo, Rosie!«

Rosie, die sich halb aufgerichtet hatte, hielt inne. Mattys' rasches Kopfschütteln, das sie am Sprechen hindern sollte, bemerkte sie nicht. »Hallo, Frau Lugh.«

Die Wirtin, die von der Theke auf sie zukam, zeigte sofort Besorgnis. »Bist du etwa heiser?«

»Äh, nein«, beeilte Rosie sich zu sagen. »Das heißt, doch.«

»Wir kümmern uns«, betonte Mattys. »Mach dir keine Sorgen um den Auftritt.«

»Hoffentlich. Es wäre schlimm, wenn du nicht singen könntest.«

Rosie biss sich auf die Unterlippe, als sie begriff, dass sie der Wirtin besser keine Sorge bereitet hätte. »Das wird schon. Wirklich.«

»Wenn ihr meint … ich vertraue euch.« Astryd Lugh musterte Mond. »Ach, ihr zwei, kann ich mich einen Moment dazusetzen und mit euch zuhören? Ich gebe auch eine heiße Honigmilch aus. Wir haben die beste der ganzen Stadt.«

Rosie hob die Hände. »Wir wollte gerade … wir haben noch was vor.«

Astryd verschränkte besorgt die Arme hinter dem Rücken. Mattys sah ihr an, dass sie sich fragte, ob sie etwas Falsches gesagt hatte. »Wir müssen noch zur Apotheke für Rosie«, setzte er dazu.

»Ach so. Genau jetzt?« Sie musste sich fragen, warum sie nicht zumindest die drei Minuten abwarten konnten, um ihr den Wunsch zu erfüllen. Mattys hätte gern einen Fluch gemurmelt. Nun dachte sie nicht nur, dass sie nicht auftreten konnten, sondern auch, dass sie sie nicht mochten. »Na ja. In Ordnung, dann geht mal geschwind.«

Rosie wollte sich erheben, aber Mattys kam ihr zuvor. »Nein, wir bleiben noch.« Er brachte es nicht über sich, dieser Frau noch mehr Sorge zu bereiten. Weil er sie verflucht nett fand, und auch, weil sie ihre Arbeitgeberin war. »Setz dich.«

Astryd lächelte ihn an, während Rosie unmerklich die Stirn runzelte. Obwohl sie besorgt schien, widersprach sie nicht. Sie berührte nur seine Hand, ganz sacht, und das war mehr Trost, als er hätte brauchen sollen.

Die Wirtin bestellte die Milch mit einem Wink in Richtung des Schankmädchens, ehe sie Platz nahm. Sie begrüßte Mollie, ehe sie sich Mond zuwandte, die mittlerweile zur nächsten Strophe angesetzt hatte:

»Beim ersten Sonnenlichte, da prallte Stahl auf Stahl.
Im Wind wehte die Stimme, die gnadenlos befahl.
Die Kriegshörner erschallten in schauderhaftem Moll,
als Tod wie eine Wolke über den Himmel quoll.«

»Ein schönes Lied«, fand Astryd. »Aber auch traurig. Bestimmt sind viele sehr ergriffen davon, schließlich gibt es eine Menge Zeugen der Schlacht von Broc Môr. Wie lange ist das her? Vier Jahre?«

Rosie nickte. »Die Menschen haben viel darüber nachgedacht, wie es gewesen sein muss, als die Drovi über die Skoggen hergefallen sind. Deswegen diese Lieder.«

Mattys rieb sich über den Unterarm. Er versuchte, nicht zu aufmerksam zu lauschen, aber etwas ließ die Worte in seiner Kehle ersticken, mit denen er Monds Stimme verdrängen wollte. Sie war ohnehin nicht auszublenden, dafür sang sie zu schön und einnehmend. Mattys erinnerte sich an das erste Mal, als er das Lied vom Winterwind in einer Taverne zu Ohren bekommen hatte. Er wusste, wie lang es gedauert hatte, es wieder aus dem Kopf zu bekommen. Dass die Akkorde ihn nachts beim Schlafengehen begleitet hatten wie die Schläge einer Turmuhr. Eingeholt von Erinnerungen, die er so erfolgreich verdrängt geglaubt hatte.

»Das Herz schlägt vor Erschöpfung, der Boden wird zu Schlamm,
der Regen und das Blut machen Soldatenhände klamm.
Sie halten ihre Brüder und Schwestern in den Armen
und flehen vor den Wäldern um ein göttliches Erbarmen.

Und der Regen, der Regen, der Winterwind so kalt
als der Gesang des Todes dort in Broc Môr erschallt.
Mütter klagen, sie fragen, Warum ist mir so kalt?
Warum wurden mein Sohn und meine Tochter niemals alt?«

Ein leises Knistern erklang und auf die Zeitung, auf den Artikel über die Rabenmuhme, fiel eine der Motten. Ihre Flügel glommen wie Papier. Sie war der Laterne zu nah gekommen und verbrannt.

»Es war auch furchtbar sinnlos«, sagte Astryd. »Als hätten die Drovi die Stadt nicht erobern, sondern einfach nur zerstören wollen.«

»Sie war zu kaputt, um noch etwas damit anzufangen«, erklärte Mattys. »Alles lag in Trümmern. Burg, Stadt, Umland. *Alles.* Und das bloß weil die Drovi den Skoggen nichts lassen wollten, was sie selbst nicht haben konnten. Sie wollten Broc Môr lieber zerstört als in fremder Hand sehen. Deswegen haben sich auch die Eshwen nicht eingeschaltet: Sie wollten es auch lieber vom Erdboden getilgt als in fremdem Besitz. Während Broc Môr vor die Hunde ging, haben sie keinen Finger gerührt.«

»Ja, ein Glück. Mein Sohn Tristan sollte damals eingezogen werden, aber dann haben sich die Eshwen nicht eingeschaltet. Er ist in Sicherheit geblieben.«

Mattys versuchte, sich nicht anmerken zu lassen, wie schwer ihn diese Worte trafen. Er war unsicher, ob er Tristan Lugh beglückwünschen oder ihm ins Gesicht schlagen wollte. Hätten die Eshwen sich damals nicht zurückgehalten, wären die Skoggen womöglich nicht so grausam abgeschlachtet worden. »Er soll sich glücklich schätzen.«

Rosie legte eine Hand auf die seine und brachte ihn zum Innehalten, als er stärker über sein Handgelenk rieb. Seine Nägel hatten blasse rote Linien auf der Haut hinterlassen. »Alles ist gut«, raunte sie.

Mattys schluckte und ließ die Hände hinabgleiten. Es ging nicht. Es ging einfach nicht. Aber nun hing er drin und musste hier durch.

»Ein grauer Himmel wölbt sich über das leere Feld,
während eine blasse Sonne der Toten Haut erhellt.
Einst füllten Lachen, Feste die Auen und das Tal
doch bald schon laden nur noch die Krähen hier zum Mahl.

Die Mütter wandeln klagend unter dem Himmelszelt
und mustern die Gesichter, verloren und entstellt.
Sind Waffenlied und Leiden schon lange Zeit verklungen,
dann suchen diese Eltern ihre Mädchen und die Jungen.

Und der Regen, der Regen, der Winterwind so kalt,
als der Gesang des Todes dort in Broc Môr erschallt.

Mütter klagen, sie fragen, Warum ist mir so kalt?
Warum wurden mein Sohn und meine Tochter niemals alt?

Wenn im Winde, im Wind der alte Klang noch widerhallt,
dann treffen wir den Tod in seiner dunkelsten Gestalt.«

»Ach, ich kann das kaum hören, ohne dass mir ganz anders wird«, seufzte Astryd.

»Geht mir auch so. Ist aber ein Stimmungstöter.« Rosie zuckte mit den Schultern. »Ich singe lieber Lieder, die romantisch und geheimnisvoll sind. Danach sind die Menschen besser gelaunt und schluchzen nicht in ihr Bier.«

Mattys sagte nicht mehr viel. Ihm war so furchtbar schlecht, dass selbst der Anblick der Zwiebackstücke Übelkeit in ihm erregte. Wie gern hätte er Zeitung gelesen oder seine Notizen weitergeschrieben, aber nichts schien sich gegen Monds Macht behaupten zu können. Oh, wie er die Lieder verachtete. Weil die Verse ihn wieder dorthin brachten, wo er damals … *nicht zu viel daran denken*. Es war bald vorbei. Er musste die Gedanken an das Kratzen von Stahl auf Stahl einfach verdrängen, das Schluchzen von Soldaten und Offizieren. Svenyas Keuchen, wenn sie ein Band festzurrte und die Blutzirkulation an einem Arm abkappte. Jemand hatte sich in einer Ecke des Zelts übergeben, wer war das gewesen? Albyn, Mattys hatte dabei zugesehen. Albyn. Oder er selbst? Es lag am Knirschen der Knochensäge und dem Schmatzen von Fleisch, immer und immer wieder. Mattys wusste noch genau, wie sich das getrocknete Blut angefühlt hatte, das seine Arme bis zu den Ellbogen bedeckt hatte.

Nein, nein, er stand mittlerweile über diesen Dingen.

»Hast du je gekämpft in eines andern Krieg
von Herrschenden, die lechzen nach bedeutungslosem Sieg?
Hast du jemals die Schärfe von kaltem Stahl gespürt
und eine Silberklinge in einem Kampf geführt?

Hast du je im Regen geschluchzt oder gebrüllt,
als Kameradenschreie die Seele dir gefüllt?
Das sind die Dinge, die du nicht mehr vergisst,
wenn du an jenem Tage in Broc Môr gewesen bist.

Und der Regen, der Regen, der Winterwind so kalt,
als der Gesang des Todes dort in Broc Môr erschallt.«

»Singt ihr das auch?«, fragte Astryd, als Monds Stimme verklang und auch die Rebecstriche versiegten. Mattys war, als fiele eine schwere Last von ihm, wenngleich das zurückbleibende Gefühl seltsam dumpf war. »Sie ist sehr gut. Aber mich würde auch interessieren, wie es aus deinem Mund klingt, Rosie.«

»Oh, ich singe die Lieder über Broc Môr nicht.«

»Warum nicht?«

»Weil wir kein Geld mit dem Leiden anderer machen wollen«, erklärte Rosie so geradeheraus, dass Astryd es ihr glauben musste. Dabei war es gelogen: Es war nur seinetwegen. *Mattys* wollte diese Lieder nicht aus Rosies Mund hören. Und selbst wenn er in der Lage gewesen wäre, ihnen zu lauschen wie ein normaler Mensch, hätte er es sich verboten, nur eine einzige Münze damit zu verdienen.

»Das ist schade«, sagte Frau Lugh. »Mir gefallen die Lieder gut. Auch das von den klagenden Kindern ... wie sagen sie, *Mutter, Mutter ...*«

»Schon gut, wir kennen die«, fiel Rosie ihr rasch ins Wort.

Astryd unterbrach sich tatsächlich. »Gut, ich verstehe. Ich werde euch nicht zwingen, sie zu singen.« Sie sah Mattys an, als erwartete sie, dass er sagen würde, dass sie eine Ausnahme machten. Er tat nichts dergleichen und so fuhr sie fort: »Ihr seid aber sicher, dass Rosie in einigen Tagen gesund sein wird? Nicht, dass ihr am Schluss absagen müsst. Die anderen Barden sind gut, aber sie wirken nicht gerade verlässlich ...«

»Wir schaffen das«, versprach Mattys. »Such niemand anderen.«

»Dann glaube ich euch.« Astryd nickte und streichelte Rosie liebevoll über den Arm. »Schlaf dich gesund. Wenn du willst, kannst du noch eine Honigmilch haben.« Sie erhob sich und ging, um Mond und Ezlynn zu sprechen.

Mattys vergrub das Gesicht in den Händen. »Hoffentlich denkt sie jetzt nicht, wir wären eingebildet. Oder wählerisch ...«

»Wir brauchen das Lied vom Winterwind nicht«, beschwichtigte Rosie ihn. »Es gibt so viele schöne Stücke.«

»Nicht solche.«

»Wir könnten dein Regenlied spielen ...«

Mattys schüttelte den Kopf. »Das ist nicht fertig. Ich hab gerade erst angefangen, die Melodie auszuarbeiten.«

»Aber es ist schön. Das würde ihr sicher gefallen.«

Es war lieb, wie sie ihn abzulenken versuchte, und irgendwie half es sogar. Rosie berührte seine Wange. »Alles in Ordnung bei dir?«

»Ja, alles gut. Ich hab entschieden, darüber hinwegzukommen.«

»Na gut«, meinte sie nach kurzem Zögern, »aber wenn etwas ist, weißt du, dass ich dir immer zuhöre.«

Aber Mattys wollte nicht darüber sprechen. Er wollte vergessen, dass dieses Lied und alle anderen dieser Art existierten. Heute war kein guter Tag, aber wenn er darüber nachdachte, gab es generell nur wenige, von denen sich das sagen ließ. Aber sich einzureden, dass alles gut war, würde vielleicht helfen.

Rosie schlief nicht gut in dieser Nacht. Sie schwitzte unter der warmen Decke und mit Mattys so nah bei sich, selbst wenn dieser sie früh ins Bett schickte und erst später nachkam. Ihre Kehle war trocken und brannte beim Schlucken, aber sie fühlte sich zu müde, um jedes Mal nach dem Wasserglas zu greifen, wenn sie aus dem Halbschlaf gerissen wurde.

Ihre Träume waren wirr. Sie handelten von Faltern, die über einen Raben herfielen und ihm das Gefieder vom Körper zupften. Es regnete silbern. Goldene Nüsse fielen zu Boden und zersprangen, ihr Inneres faulig und von Schimmel überzogen. Jemand schoss ein Foto von den Barden, doch als Rosie das Bild in die Hände nahm, waren die Gesichter von ihr und Mattys bloß schwarze, leere Höhlen.

Als sie aufschreckte, lag sie allein im Bett. Rosie fuhr mit der Hand über die Matratze, als könnte Mattys unsichtbar sein. Kurz war sie nicht sicher, ob sie nicht noch immer träumte. Nicht mal Mollie lag im Bett, aber als Rosie blinzelnd nach ihr Ausschau hielt, sah sie, wie sie nähertapste. Die feuchte Hundeschnauze beschnupperte Rosies ausgestreckte Hand.

Schlaftrunken richtete sich Rosie auf, die Decke über den Körper geschoben, und sah sich nach Mattys um. Ihr Kopf brummte schon von dieser schwachen Bewegung. Aus dem Bad fiel schwaches Licht in den Raum und sie hörte das dumpfe Schwappen von Wasser in einem Bottich.

Die Luft war eisig kalt, als sie die Decke von sich schob. Rosie griff nach einer Strickjacke, um sich ein wenig zu wärmen, und zog sie um den Körper, während sie auf die Beine kam. Die Müdigkeit und ihr Kranksein ließen sie schwindeln, aber sie schüttelte das Gefühl ab. Auf leisen Sohlen trat sie ins Bad.

»Was …« Rosie brachte nur einen Hauch heraus und musste sich räuspern – ihre Stimme war eine Katastrophe. »Was machst du da?«

»Nichts.« Mattys stand mit dem Rücken zu ihr vor dem Waschbottich. »Ich musste mal zur Toilette. Geh wieder ins Bett.«

»Kommst du auch?«

»Ja. Ich bin gleich da.« Er schrubbte über seine Hände, als wären sie seine Feinde. Als wären sie schuld an allem.

»Mattys«, sagte Rosie mit Nachdruck.

»Rosie, geh ins Bett!« Mattys drehte sich immer noch nicht um. »Ohne Decke ist es viel zu kalt. Auf diese Art wirst du nie gesund! Frau Lugh wird uns absagen und wir haben … wieder alles verloren, was wir gestern Abend hatten.« Er hielt inne und stützte sich auf den Rand des Bottichs. Seine Schultern sackten mit einem Ausatmen herab, ehe er nach Wasser schöpfte und energischer zu reiben begann.

Rosie kam tiefer ins Zimmer und trat an seine Seite. Mattys sah sie immer noch nicht an, als sie neben ihm stehenblieb, wusch sich weiter unsichtbaren Schmutz von den Händen. Sie griff nach ihm und selbst wenn er kurz Widerstand leistete, gab er letztlich nach und ließ sich in ihre Richtung drehen. Seine Unterarme waren ganz gerötet, an einer Stelle sogar so aufgeraut, dass es blutete. Sie hob den Kopf und sah Tränen in seinen Augen stehen.

»Ist nicht schlimm«, raunte sie. »Ist nicht schlimm, Mattys.«

»Warum bin ich so ein Idiot«, brachte er hervor. »I-ich will, dass wir glücklich sind, aber … aber ich schaffe es einfach nicht. Es zerrinnt alles …«

»Ich bin glücklich«, beharrte Rosie und nahm sein Gesicht in die Hände. »Ich brauche das alles nicht. Diesen Auftritt oder Geld oder jemanden, der keine Probleme hat. Ich bin hier und du auch, das genügt doch.«

»Aber …«

»Genügt es dir nicht?«

Mattys schüttelte den Kopf. »Ich …«

Sie kannten die Antwort beide, deswegen drängte Rosie ihn nicht. Sie fuhr mit den Daumen über sein Gesicht. »Dann werden wir dafür sorgen, dass auch du glücklich bist, Mattys.«

»Rosie, *jag aelsker dig.*« Er sagte die Worte, als wären sie eine Zauberformel. »Ich liebe dich.«

»Ich liebe dich auch. Kommst du wieder ins Bett?«

Mattys atmete ein und aus und blickte auf seine Hände, von denen Wasser zu Boden tropfte. »Ich bekomm es nicht ab«, murmelte er. »Es ist … nicht da, aber ich bekomme es trotzdem niemals ab.«

Rosies Herz brach ein wenig, als er die Augen zusammenkniff. Sie nahm ihn in die Arme und hielt ihn fest. Wie gern hätte sie gesungen – das Lied in der alten Sprache aus Nordskoggen, wie immer, wenn sie wusste, dass er es brauchte. Aber dafür war ihre Stimme zu kraftlos.

Interludium

»Die Rabenmuhme wird vermisst, hast du gesagt?«

»Ja, es steht in der Zeitung. Wieso fragst du?«

»Wenda Bran ist nicht mehr so, wie wir sie kennen. Gelinde gesagt.«

»Wie meinst du das?«

»Ich war bei ihrem Haus und … sie war dort, aber sie war anders. Diese Motten müssen auch von ihr Besitz ergriffen haben. Sie streift um das Haus, mehr Tier als Mensch. Geht nicht dorthin, Brandfuchs. Seht nicht nach, sagt es nur der Stadtgarde. Damit niemand die Wälder dort aufsucht.«

»Warum sagst du es ihnen nicht selbst?«

»… Ich schätze, ich habe andere Dinge zu tun. Sagst du es ihnen?«

»Mache ich.«

»Und noch etwas, Brandfuchs.«

»Ja, Edeline?«

»Misch dich nie wieder in unsere Angelegenheiten ein. Niemals wieder.«

»Glaube mir, ich verspreche es.«

TEIL DREI

Zwischen den Eschen

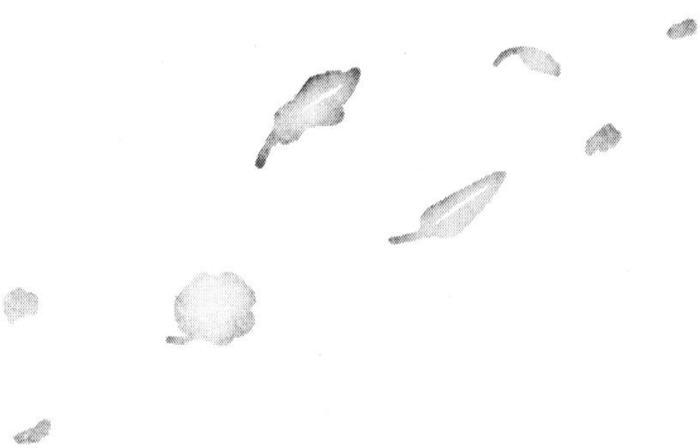

UNTER KIEFERN

In den Tavernen mit Füchsen und Falken
sitzen am Feuer die Jungen und Alten.
Sie lauschen Geschichten, geschmeidigen Lügen,
lassen sich von einer Muhme betrügen.

Dabei hätte niemand und keiner gedacht,
dass das, was Wenda Bran ihnen gesacht
Einmal wahr wird! Und …

»Das kannst du so nicht lassen«, beschwerte sich Olyvar und rümpfte die Nase. »Ge*sacht?* Das klingt ganz furchtbar.«

»Hör auf zu schauen! Das ist nur ein Entwurf.« Caleb schirmte das Papier mit einem Arm ab, aber Olyvar stellte sich auf die Zehenspitzen und schob das Kinn über seine Schulter.

»Du kannst überhaupt nicht reimen. So gar nicht. Und das mit *geschmeidige Lügen* und *betrügen* ist aus dem Lied vom Weidenmädchen geklaut. Das Mattys vor ein paar Jahren für Hem Sommar geschrieben hat.«

»Kannst du mal aufhören?« Caleb knurrte … ehe er *geschmeidig* wegstrich und durch *geschmackvoll* tauschte.

»*Geschmackvoll* klingt fast genauso schön, finde ich. Mattys würde es bestimmt mögen.«

»Wenn du so eine Expertin bist, sag mir was Besseres, was sich auf *gedacht* reimt.«

»Nacht.«

Caleb seufzte. Er strich die Wörter durch und schrieb dann die nächsten Zeilen.

Dabei hätte niemand und keiner gedacht,
was sich zutragen würde nach dieser Nacht.
Die Barden, die so unbedeutend erschienen,
war'n auserwählt, einem Propheten zu dienen.

»Schon besser.«
»Du nervst, Rehkitz.«
»Sagst du jetzt was Schönes über mich?«

Nascha kam dem Ruf nach, da sie den Wald verehrte,
während sich Edeline gegen ihr Schicksal wehrte.
Caleb, kühn und stattlich, der war ein großer Held,
die kleine Olyvar zog furchtlos in die Welt.

So heißen die Helden, von denen singen wir,
des Propheten Begleiter, an der Zahl sind es vier - plus ein Keitha.
Doch gab es ein Problem, das sage ich ganz harsch,
der Prinz, den sie begleiteten, der war ein blöder Arsch.

»Caleb …«
»Halt die Klappe, Rehkitz, und hol mir noch ein bisschen Eis, ja?«
»Geht klar.«

Dass ich diese Worte mit Recht und Segen sag,
das zeigte sich direkt am allerersten Tag.
Prophet, Keitha und Barden zogen los mit Sack und Pack.
Sie verließen …

Sie verließen Dinas Rhedyn durch das Pappeltor und folgten dem Maraid bis an den Waldrand. Severyn hatte dieses Tor nie durchschritten. Er war nur selten außerhalb der Stadtmauern unterwegs und wenn er Dinas Rhedyn verließ, durchquerte er das Haupttor, wie es sich für einen Kronprinzen ziemte. Manchmal ritt er mit der Jagdgesellschaft hinaus, um in den lichten Wäldern im Grenzbereich Kaninchen und Rehböcke zu schießen. Mit seinem Vater war er zweimal nach Dalenna und Caru'hen und einmal zu einer Konferenz nach Moorhaag gereist. Sein Auszug durch das Haupttor war stets pompös und ließ die Eshwenbürger ehrfürchtig innehalten. Sie knicksten mit Höflichkeit oder lächelten aufgeregt, als sie sich Angesicht zu Angesicht mit ihrem geliebten Kronprinzen wiederfanden. Severyn, das war selbstverständlich, genoss das wie wenig anderes in der Welt.

Aber all dies hatte nichts damit gemein, wie er heute in einen Kapuzenumhang gehüllt und mit niemandem bis auf Esmond und einer Handvoll minderbemittelter Barden an seiner Seite durch das Pappeltor ritt.

Es war nicht so, als wäre das Tor hässlich. Der Sandstein war von schlichter Eleganz und trug das eingravierte Wappen der Pádraigs. Hatte man es erst durchschritten, führte es auf eine namensgebende, von Pappeln gesäumte Straße. Der Maraid floss klar und kräftig neben der Allee und plätscherte hell und munter. Nichts am Pappeltor war unschön. Es war bloß weniger pompös – und das verstimmte Severyn nicht nur, es verdeutlichte ihm auch auf unangenehme Art, dass er nun eine andere Rolle innehatte. Man konnte seinen Auszug als Propheten beinahe als erbärmlich bescheiden bezeichnen, und obwohl er den Sinn verstand, fühlte er sich irrational verloren.

Die Sonne stand spöttelnd hell am Himmel. Nichts wies auf die grauenvollen Ereignisse hin, die sich in der letzten Nacht im Eshwenschloss zugetragen hatten. Ehe Severyn seine Stadt verließ, zügelte er das Pferd ein letztes Mal und blickte zum Palast, der über den Dächern weit in den Himmel ragte. Severyn dachte an Breya und alles, was ihm etwas bedeutete, und obwohl er all das ungern zurückließ, drängte die Entschlossenheit aus seinem Inneren, diese Dinge zu beschützen.

Die Pappelallee war idyllisch, schön anzusehen und mäßig frequentiert. Die gepflasterte Straße folgte dem Lauf des Flusses eine Senke hinab und führte dann an Kornfeldern und Graswiesen vorbei, die um diese Jahreszeit frisch eingesät dalagen. Frühlingsblumen in verschiedenen Farben blühten am Wegrand. Sie begegneten einigen Wanderern, berittenen Boten und einer Jagdgesellschaft mit geschulterten Flinten und Bündeln toter Fasane, die von ihren Sätteln baumelten. Sogar ein kleiner Oniekonvoi, der nach Dinas Rhedyn unterwegs war, kreuzte ihren Weg. Caleb pfiff zwei Mädchen auf dem Bock eines bemalten Planwagens zu, die sich von der goldenen Sonne wärmen ließen und ihm kichernd zuwinkten.

Severyn ritt mit Esmond in der Mitte – die beiden jungen Frauen bildeten die Vorhut, während der Narraph und das Kind hintendran folgten. In der Mittagssonne wurde ihm warm und er streifte den Mantel ab, den die Sagartpriesterin ihm angedreht hatte. Er fragte sich, warum sie hier auf der großen Straße ihre Zeit verschwendeten, anstatt direkt durch das Nordtor in den Wald zu verschwinden. Dabei hatte die dümmlich dreinschauende Nascha es ihm erklärt: »Wir folgen dem Ruf der Eschenelben.« Sie berührte das Stirnband, unter dem ihr drittes Auge verborgen war. »Man kann es sich so vorstellen: Verlässt ein Eschenelb sein Zuhause, trägt er ein Garn am Herzen, das mit dem Hort verbunden ist. Es ist stets gespannt und zieht sanft zurück nach Eschenhort. Ich kann dieses Garn erspüren – ich bin schließlich eine Sagart. Und es führt uns über diese Straße in die Wälder.«

Die rothaarige Edeline schnaubte spöttisch.

»Alles in Ordnung?«, fragte Nascha.

»Ja, Nascha, alles ist in bester Ordnung«, schnappte Edeline, noch ehe die Jungpriesterin zu Ende gesprochen hatte. »Geht mir blendend. Ich hoffe, deine Sagartfähigkeiten werden uns weiterhin verlässlich leiten.«

»Ich bin ihnen jedenfalls sehr dankbar«, fuhr Nascha langsam fort, »dass sie mich nicht verlassen haben.«

»Wahrlich ein Privileg«, knurrte Edeline. »Wer Elbengarn nie gespürt hat, weiß sicher nicht, was er verpasst.«

Nascha schien nicht zu wissen, was sie antworten sollte, und wandte bloß das Gesicht ab. Severyn fragte sich, was er gerade beobachtet hatte. Obwohl er gern mehr erfahren hätte, wusste er es besser, als seiner Neugierde nachzugeben und Edeline zu fragen. Die junge Frau hatte noch nicht viel gesprochen und nun, da sie es getan hatte, war ihre Miene finster genug, um ein Feuer zum Ersticken zu bringen.

»Streitet nicht«, brach Caleb das Schweigen. »Die Kiefernstuben liegen direkt auf dem Weg. Und ich freue mich unheimlich, Juna endlich wiederzusehen.«

Severyn nahm sich vor, in der Taverne zu tun, als würde er die Barden nicht kennen. Sie würden getrennt hinein- und auch getrennt wieder hinausgehen.

»Wie kann man so nervtötend sein«, murmelte er Esmond zu, während Caleb und das kleine Kind ein Bardenlied schmetterten.

»Ich schätze, das ist das Problem, wenn man mit Barden reist. Singen, trinken und huren sind alles, was sie richtig ernstnehmen.« Esmonds bernsteinfarbene Augen funkelten. Der junge Keitha hatte seine Rüstung gegen angemessene Reisekleidung getauscht und erschien Severyn wie ein ganz anderer, weit weniger bedrohlicher Mensch. »Aber es hätte schlimmer kommen können. Man hätte auch mit Teannan-Kultisten reisen können. Oder mit einem Wechselbalg, die könnt Ihr doch nicht ausstehen.«

»Ich bin gewillt, meine Meinung zu allem zu ändern«, sagte Severyn mit bemühtem Lächeln. Die Barden hatten schöne Pferde, das musste man ihnen lassen. Nascha ritt einen hübschen Falben mit heller, geflochtener Mähne. Er sah ebenso geliebt aus wie das dunkel gefleckte Brocpony des kleinen Mädchens, dem die Mähne keck ins Gesicht fiel. Selbst der anstrengende Caleb schien sein Pferd, einen dunkelbrauner Adhamer mit glänzend gepflegtem Fell, sehr zu schätzen. Aber vor allem die

Stute von Edeline hatte es Severyn angetan. Es war ein elegantes, eigenwilliges Pferd mit beeindruckendem Muskelspiel und einem kräftigen Hals, dessen Fell so schwarz schimmerte wie Rabenfedern. Der Kopf war wunderbar konkav. Die Rasse konnte Severyn nicht zuordnen – ein solches Pferd hatte er nie zu Gesicht bekommen.

»Ich frage mich, wie sie zueinander gefunden haben. Sie sind eine ungleiche Gruppe.«

»Wollt Ihr sie fragen?«

»Mit Sicherheit nicht.«

Er hielt sich selbst für besser als seine Begleiter
und so ging die Reise weiter und weiter.
Als Nascha ihn fragte …

»Wie ist es geschehen? Wie erkanntet Ihr, dass Ihr ein Prophet seid?«

Sie hatten den Rand des Waldes erreicht und tauchten zwischen lichte Buchenstämme. Ein gewundener Pfad führte zwischen Waldmeisterteppichen, Hainbuchen und violetten Glockenblumen in die Tiefen Keyll Naomhs. In den Wipfeln hörte Severyn das Hämmern der Spechte und Vogelgesang. Er war oft in solchen Teilen des Waldes gewesen und fragte sich bisweilen, warum die Menschen solchen Respekt vor den Wäldern hatten. Es war schön, zweifellos – er wollte diese Orte malen, wenngleich hauptsächlich für Breya. Aber uralte Macht? Der Puls Daer Awyrs? Sicher, sie befanden sich am Rande der Wälder, doch was konnte ihn in dessen Tiefen erwarten, was er sich nicht im Vorhinein vorstellen könnte? Wälder waren Wälder.

»Ach«, sagte Severyn, während er den Amethystmantel überstreifte, wie Nascha ihn gebeten hatte. »Das war keine Frage von Erkennen. Ich schätze, tief in mir habe ich das schon immer gewusst. Auf gewisse Weise habe ich mich … immer hingezogen gefühlt zu den Dingen der Wälder.«

»Faszinierend.« Nascha lächelte warm und interessiert.

»In diesem von Motten durchdrungenen Saal«, fuhr Severyn fort, »im Angesicht des Schreckens, da erreichte mich seine Stimme zum ersten Mal ganz klar. Ein goldener Tropfen fiel in meine Hände und ich wischte die Motten mit einem Schlag weg. Keine einzige regte mehr die Flügel.«

Nascha nickte. »Das ist sehr beeindruckend. Ich erinnere mich an eine Geschichte des Propheten Heladyn. Als er ernannt wurde, bewahrte er Evigstad vor einer heranrollenden Steinlawine, indem er einen Kokon aus Wurzeln um die ganze Stadt spann. Eure Geschichte ist beinahe genauso aufregend.«

»Na ja, so ein paar Wurzeln sind das eine«, sagte Severyn großspurig. »Ich habe diese Motten mit eigener Hand fortgewischt. Es war eigentlich, als hätte Keyll Naomh kaum geholfen.«

»Wenn Ihr so mächtige Dinge getan habt, muss große Kraft in Euch ruhen.«

»Herausragend große. Die Bedrohungen, die sich über Eshwen senken, sind nur ein Fingerschnippen wert. Wenn ich dem Eschenfürst begegne, wird er erkennen, dass es mit diesen Machtspielen vorüber ist.« Severyn schüttelte den Kopf. »Sie haben sich genug in unsere Machenschaften eingemischt.«

»Haben sie schon zuvor mit Euch in Zwietracht gestanden?«, fragte Nascha.

Severyn sah Esmond an, der sich besser damit auskannte. »Es gibt Dörfer in den Tiefen der Wälder«, erklärte der Keitha. »Immer wieder werden diese von Eschenelben heimgesucht – manchmal legen sie Feuer, um Stallungen in Brand zu setzen, oder entführen Kinder. Die sind dann oft eine Zeit lang verschwunden, ehe sie … nun, gepfählt oder geköpft aufgefunden werden.«

Nascha ließ sich zurückfallen, um eine Engstelle des Wegs zu passieren. »Ja, ich habe davon gehört. Sie benutzen diese Kinder, um an Air Deoch zu gelangen. Denn nur, wer ein reines Herz hat, kann das Harz aus den Stämmen entnehmen. Dummerweise sind nur wenige Kinder so rein, wie sich die Elben erhoffen. Wenn sie mit ihnen nichts anfangen können, müssen sie sterben.«

»Was wollen sie mit Air Deoch?«, fragte Severyn. »Ich dachte, Eschenelben könnten nicht verletzt werden.«

Nascha hob die Schultern. »Dennoch können sie krank werden. Sie wollen gesund und stark sein. So wie jeder.«

Auf eine verquere Weise konnte Severyn das verstehen. Die Sagart galten als Patroninnen des silbernen Harzes. Sie gewannen es aus dem Inneren der Stämme und brachten es den Menschen, wenn sie ihre heilige Stätte verließen. Das allerdings trat so selten auf, dass Severyn die Male, die er eine Sagart gesehen hatte, an einer Hand abzählen konnte. An Litha sollten sie in Scharen nach Hem Sommar kommen – sogar seine Großmutter war einmal dorthin gereist, um seinen kranken Großvater heilen zu lassen. Tausende pilgerten an diesem Tag nach Skoggen, um den Sagart zu begegnen. Aber sonst? Es war eine große Ehre, dass Sydra zu seinem Geburtstag gekommen war, um Severyn zu segnen. Ein Volk wie das der Eschenelben dagegen wurde sicherlich nie von Sagart besucht – dass sie sich dennoch nach dem Allheilmittel sehnten, schien ihm nicht abwegig. Und wenn sie eine Methode gefunden hatten, mit der Hilfe von Menschenkindern selbst daran zu gelangen …

Aber das war furchtbar. Unmoralisch und falsch! Kinder zu entführen, bloß weil die eigenen Seelen nicht rein genug waren … Severyn war ebenfalls nicht rein, immerhin hatte er schon Jagd auf Geschöpfe der Wälder gemacht. Doch selbst wenn er ein Kind zur Hilfe nähme, wäre es kein entführtes. Und er würde es mit Sicherheit nicht an einem Pfahl aufgespießt vor die Augen seiner Eltern stellen.

»Es ist Zeit, den Eschenelben Einhalt zu gebieten«, beschloss Severyn.

Nascha nickte. »Wahrlich. Aber Eschenelben sind mächtige Geschöpfe und unberechenbar, Hoheit. Sie besitzen Verstand, aber auch tierischen Instinkt und Grausamkeit. Und sie haben ihre Keitha.«

»Ich habe auch einen Keitha. Und Keyll Naomh, der uns alle gemacht hat, ist auf *meiner* Seite. Die Eschenelben werden erkennen, dass sie nicht mehr als eine verkümmerte Version der Eshwen sind. Wir haben sie abgelöst – sie müssen damit fertigwerden. Und auch meine Wunden heilen schnell, dank ihres Bluts in meinen Adern.« Severyn hob die Mundwinkel. »Außerdem habe ich eine Sagart, die mich im Falle eines Falles heilen würde, nicht wahr?«

Nascha lachte. »Mit Sicherheit. Solange es Wunden sind, die ich heilen kann.« Ein wenig unsicher blickte sie zu Edeline, ehe sie ihr Pferd mit einem letzten höflichen Lächeln antrieb und wieder zu ihr aufschloss.

»Keine Lügen.«

Severyn wandte sich zu Caleb um, der einen misstrauischen Gesichtsausdruck aufgesetzt hatte.

»Was für Lügen?«

»Von großen Heldentaten und leeren Versprechungen. Nascha glaubt das alles. Das auszunutzen ist ungerecht.« Caleb lockerte seinen Griff um die Zügel. »Ebenso wie zu missbrauchen, dass sie den Bäumen dieses Silberharz entziehen kann.«

»Ich bitte dich«, knurrte Severyn. »Ich bin ein gerechter Mann. Ich nehme, was sie mir geben kann und will. Ich werde sie zu nichts zwingen.«

»Das ist auch nicht notwendig, denn wenn der große Prophet sie fragt, gibt sie es freiwillig heraus. Sie wird nicht sagen, dass sie nur eine bestimmte Menge Air Deoch nehmen darf, damit die Bäume es wieder regenerieren können. Und diese Regeln zu brechen, ist für die Sagart ein Sakrileg.« Als Severyn ihn verständnislos ansah, neigte Caleb den Kopf. »Auch ein Baum hat Adern, wie jeder von uns. Schon mal bei der Blutabnahme gewesen?«

»Nein.«

Caleb schnippte einen Käfer von seinem Arm. »Was für eine Überraschung. Ich nehme an, solch heiliges Blut darf keiner in die Finger bekommen? Ein Kronprinz sollte doch als gutes Beispiel vorangehen. Wobei Eshwenblut bestimmt nicht so schön golden ist wie meins.«

»Du hast kein goldenes Blut.«

»Wollen wir wetten?«

»Mit Sicherheit nicht.«

Caleb schnalzte mit der Zunge. »Jedenfalls ist Nascha eine Jungsagart, sie darf nicht so viel Harz abzapfen wie die anderen. Sei bescheiden, selbst wenn dir das ein Fremdwort ist, ja, Severyn?«

Entsetzt ruckte Severyn an den Zügeln. »*Wie* hast du mich gerade genannt?«

»Severyn. Das war doch dein Name? Oder Severus? Serpentin?«

»Hör mal, was soll denn das?«

»*Du* zu dir zu sagen, ist das Mindeste, was du uns zugestehen kannst, jetzt da wir dich begleiten«, meinte Caleb. »Du duzt mich doch auch.«

»Hör sofort damit auf!«

Er lachte. »Kommt sonst deine Waldmagie zum Einsatz? Reißen mir dann die Glockenblumen ein Bein aus? Wie ist das eigentlich, kommt die Waldmagie nur, wenn du in Gefahr bist, oder reicht es schon, wenn ich Du zu dir sage?«

Severyn bemühte sich, nicht laut zu werden. »Diese *Waldmagie* ist ein Privileg, das mir zu schade wäre, um es an dir zu verschwenden. Ich hoffe, damit klären sich deine Fragen.«

»Alles klar. Ich schätze, dann muss ich mich nur vor ihm da fürchten.« Caleb nickte zu Esmond, der das Gespräch mit professionell geglätteter Miene verfolgte.

Er schmunzelte. »Zumeist bin ich ein friedliebender Mann.«

»Das sehe ich. Vor allem die Klinge da schreit nach Pazifismus.«

Esmond lachte und Caleb stimmte ein, ehe er sich wieder umwandte. »Du hast einen freundlichen Begleiter, Severyn. Wie kannst du selbst so unausstehlich sein?«

Ärgerlich runzelte Severyn die Stirn. »Sag, sind Narraph nicht eigentlich umgängliche Menschen? Bedachte Personen, die sich nur selten zu Abfälligkeiten herablassen?«

»Keine Ahnung.« Caleb zuckte mit den Schultern. »Ich war noch nie in Narraph. Mein Vater ist da schon weg, bevor ich geboren wurde, und er hatte auch nicht viel von den Narraph an mich weitergegeben. Hab nicht mal die Staatsbürgerschaft – wobei das jetzt ja ohnehin egal ist, nachdem alles niedergebrannt wurde. Die Sprache beherrsche ich auch nicht so gut. Ich kann aber ein paar Lieder, falls du sie hören möchtest.«

»Nein danke.« Das erklärte immerhin, warum Caleb sich aufführte wie ein ungehobelter Onie. Wenn er sein ganzes Leben so freigeistig wie sie verbracht hatte, prägte das natürlich den Charakter. Severyn kam nicht umhin – er wünschte, Caleb hätte ein bisschen mehr der Überlegtheit und Ruhe der Narraph an sich. Selbst Azahr war ihm da lieber. Selbst wenn der ihm Breya hatte wegnehmen wollen, er war immerhin nicht so nervtötend wie dieser Spielmann.

»Du hast schön gesungen, wollte ich noch sagen«, sagte Esmond zu Caleb. *»Die dreizehn Wanderer?«*

»Ja, das bleibt im Ohr. Und geht schön lang.« Caleb lächelte schief. »Wenn ich Severyn damit nerve, schlägst du mich dennoch, richtig?«

»Ich hebe bloß die Klinge, wenn der Prinz es befiehlt.«

»Beruhigend. Ein Auserwählter und seine Marionette.« Caleb rümpfte die Nase. »Hat man dich gezwungen mitzukommen?«

»Nein. Dich?«

»Auch nicht. Aber ich bekomme zumindest eine Gegenleistung.« Caleb wandte sich noch einmal an Severyn. »Sei einfach gerecht zu Nascha, ja? Sie ist es auch zu dir.«

Severyn reckte das Kinn. »Ich bin ein Prophet. Ich werde so viel Air Deoch erbitten, wie ich benötige, denn ich bin auf einer heiligen Mission. Wenn ich mehr benötige, muss an anderer Stelle weniger benutzt werden. Es gibt Dinge, die über jedem Gesetz stehen, selbst wenn dein Gehirn nicht in der Lage ist, das zu verarbeiten. Außerdem bitte ich dich, Höflichkeit zu wahren, selbst wenn dir das ein Fremdwort ist, *ja?*«

»So höflich, wie mir möglich ist«, murmelte Caleb.

So ritten sie dahin, den ganzen langen Tage,
der arrogante Prinz war ihnen eine Plage.
Bald schon war die Sonne am Horizont verborgen
und die Barden beschlossen zu rasten bis zum Morgen.

Sie tauchten in die Wälder, bevor die Sonne schwand,
und fanden die Taverne in kiefernem Gewand.
Im Dämmerlicht der Wälder …

Im Dämmerlicht der Wälder, das sich über sie wölbte, ereilte Severyn unwillkürlich ein ungutes Gefühl. Die Teppiche aus Glockenblumen und die hellen Buchenstämme, die bei Tage märchenhaft erschienen, waren alten Kiefern gewichen. Ihre Nadeln klickten bei jedem Windstoß gegeneinander, die mächtigen, aber entkräfteten Bäume ächzten gespenstisch. Unter den hochgewachsenen Stämmen war der Weg kaum auszumachen – wäre Edeline nicht sicher vorangeritten, hätte Severyn sich mit Sicherheit längst verirrt.

Die Kiefernnadeln dämpften die Pferdehufe, doch im Angesicht der Stille, die sich über die dunkelnde Gegend gesenkt hatte, waren sie nicht gerade leise. Nur Käuzchen riefen in den Wipfeln, Grillenzirpen erwachte zwischen den Pflanzen. Ihre Pferde dagegen schnaubten, Hufeisen klackten gegen Steinchen und hin und wieder erklang der Befehl von jemandem, der sein Tier antrieb. Severyn spürte den Wald in jeder Ader, doch das Goldgefühl aus der letzten Nacht war merkwürdig schwach. Keyll Naomh würde gewähren, dass ihm nichts zustieß, nicht wahr? Er war schon des Öfteren in den Wäldern gewesen und hatte hier auch übernachtet, doch immer in Begleitung vieler Soldaten und Jagdgenossen. Heute hatte er nur Esmond. Nie hatte er sich so verletzlich und beobachtet gefühlt. Wer konnte sagen, dass sie niemand in der Dunkelheit beobachtete? Schließlich gab es allein in Eshwen allzu viele Kreaturen, von denen man sich in den Tiefen Keyll Naomhs erzählte. Bowac, Anndac, Lithaweiber … Windwispern füllte die Stille mit Klängen, die sich nur allzu leicht fehlinterpretieren ließen.

»Buh!«

Ein hoher Schrei zerriss die Luft. Severyn zuckte heftig zusammen und sein Pferd scheute unter dem Rucken der Zügel. Esmonds Hand fuhr zu seinem Schwert, als er zu Caleb herumwirbelte.

»Was denn?«, fragte der. »Ich musste Olyvar wecken. Sie wäre fast eingeschlafen.«

»Das war voll gemein!«, zischte die Kleine. Severyn fragte sich, wie man in dieser Umgebung überhaupt ans Einschlafen denken konnte.

»Danke, du Idiot«, brummte Edeline. »Alle Wegelagerer, Nachterscheinungen und Mottenmonster im Umkreis von dreihundert Schritt wissen nun, wo wir sind.«

»Kann das gefährlich werden?«, fragte Esmond.

Die Bardin betrachtete ihn merkwürdig. Dann wandte sie sich nach vorn. »Nein. Seht ihr das Licht? Wir sind jetzt an der Taverne, hier können wir übernachten.«

Unwillkürlich atmete Severyn auf. Sein Herz hämmerte so sehr, dass es ihn ärgerlich stimmte.

Das Gasthaus lag in dämmriger Dunkelheit da, als es zwischen den Bäumen in Sicht geriet. Es handelte sich um ein überraschend hohes, geschindeltes Gebäude mit dunklem Dach und mehreren Anbauten. Beinahe ein Gutshof. Aus den Stallungen neben dem Hauptgebäude drang das Schnauben von Pferden und in einem Gehege befanden sich ein Dutzend Eshwener Schwarznasenschafe, die sich für die Nacht in einen Unterstand zurückgezogen hatten. Dahinter erkannte Severyn die Umrisse von Schaukeln, die sanft im Wind schwangen. Sie verschwanden hinter dem Hauptgebäude, als sie näherritten.

Über der Eingangstür hing ein Silberschild: *Kiefernstuben.*

»Hier kann man gut übernachten«, sagte Olyvar zu Severyn, als sie den Hof des Gasthauses erreichten. »Es gibt sogar eine Sauna, in der es heiß hergehen soll. Hat Caleb gesagt, ich war nicht drin.«

Edeline und Nascha warfen Caleb strafende Blicke zu, der rasch abwiegelte: »In der es *heiß ist,* wollte sie sagen.«

Severyn dachte mit aller Kraft an niedliche Schwarznasenschaflämmchen, um die Bilder aus seinem Kopf zu verbannen. Er zügelte sein Pferd und saß ab. Silhouetten bewegten sich im goldenen Lampenschein hinter den Fenstern und vor der Eingangstür diskutierte gerade ein Schankjunge mit drei Männern, die offenbar herausgeworfen worden waren.

Eines der Schwarznasenschafe blökte. »Willst du dir die Schafe genauer ansehen?«, fragte Severyn an Olyvar gewandt, während er Esmond die Zügel in die Hand drückte. »Die findest du doch sicher süß.« Breya hätte sie süß gefunden, da war er sicher.

Olyvar nickte. »Kommst du mit?«, fragte sie Nascha, die zusagte. Gemeinsam liefen sie zum Gatter außer Hörweite.

Severyn wandte sich an die übrigen Barden. »Esmond und ich beziehen unsere Zimmer. Ich bin müde, kümmert euch um mein Pferd. Danke.«

»Warum meldest du uns nicht alle an?«, fragte Caleb.

»Das bekommt ihr doch alleine hin. Ich bin sicher, dass ich euch nicht an der Hand nehmen muss.«

Ungläubig runzelte der Barde die Stirn. »Sicher, dass du nicht einfach nur nicht mit uns gesehen werden willst?«

»Ich bin sicher, dass ich nicht für euch bezahlen will, und ich nehme stark an, dass ihr darauf spekuliert«, knurrte Severyn.

Caleb funkelte ihn an. »Es ist zumindest nett, dass du Olyvar weggeschickt hast, ehe du uns für dumm verkaufst.«

»Ich verkaufe niemanden für dumm«, wehrte Severyn ab. »Dennoch seid ihr Barden und ich der Sohn eines Fürsten. Es ist merkwürdig und wenig standesgemäß, wenn wir zusammen auftreten.«

»Zu laut«, murmelte Edeline unwillig.

»Sohn eines Fürsten, wie?« Es war bereits zu spät. Die Männer, die eben herausgeworfen worden waren, näherten sich und grinsten Severyn zu, der sich unwillkürlich versteifte. Sie schienen Drovi zu sein, Söldner womöglich. Alle drei waren bewaffnet, zwei von ihnen trugen schwere Felle um die Schultern. Der dritte stellte den stolzen Beidhänder auf seinem Rücken offen zur Schau. »Große Ehre für Stuben der Kiefer. Seid Ihr wirklich Sohn von Fürst?«

»Ich wüsste nicht, was euch das angeht«, sagte Severyn eisig.

»Hast du Goldstück?«, fragte der zweite und grinste dann. Er hatte auffällige, dunkle Brauen. »Abgesehen von hübschen Frauen da?«

»Die mit Locken ist gutes Mädchen.«

»Auch die Rote ist gute. Aber wild sieht sie aus.«

»Sein Pferd, auch gut.« Severyn blinzelte irritiert, als ihm klarwurde, dass die dritte Person eine Frau war. Ihr Haar war kurzgeschoren, ihr Körper so muskelbepackt, dass Severyn sie fälschlicherweise für einen Mann gehalten hatte. »Würde ich gerne reiten.«

»Das genügt.« Esmonds Hand lag bereits auf dem Schwertgriff.

»Ach! Wir tun nichts.« Der mit den dunklen Augenbrauen hob das Kinn. »Ist nur Spaß. Wir brauchen jemanden, der gutes Wort für uns einlegt. Wir wollen einkehren in den Stuben. Droviruf ist nicht gut, ich denke, Prinz kann helfen. Haben nicht genug Geld für Bestechung, nur für normale Zimmermiete.«

»Ich werde euch mit Sicherheit kein Geld zustecken«, knurrte Severyn.

Die Miene des Drovi verfinsterte sich. »Du hast schöne Stiefel. Schönes Pferd, schöne Haare. Prinz ist freundlich und gibt armen Söldnern Unterschlupf für die Nacht. Kein Geld nötig, nur gutes Wort.«

»Ganz bestimmt nicht«, knurrte Severyn. »*Ich* bin eine Schöpfung Keyll Naomhs. Die größte Schöpfung! Jemandem, der einem Teannan-Kultisten die Füße küsst, werde ich sicher nicht helfen. Dann doch eher denen da.« Er wies auf Caleb, der allerdings auf die beiden Drovi im Hintergrund fixiert war, die in ihrer Muttersprache zu tuscheln begonnen hatten.

»Größte Schöpfung«, wiederholte der hintere Drovi dann. »Wir kennen Bardengeschichten von Newid. Man erzählt viel in Dinas Rhedyn. Du und die da, ihr seid Barden. Heißt das, du bist Prophet?«

Severyn richtete sich auf und trat nach hinten, während Caleb einen Fluch murmelte. »Was ein Schwachsinn.«

»Zar Andrej bezahlt viel für Propheten«, bemerkte die Frau. »Viel Goldstücke.«

»Ein weiteres Wort und Esmond macht euch einen Kopf kürzer! *Wyn cledd.*« In Esmonds Augen erwachte das Silber und er griff fester nach seinem Schwert, wurde jedoch durch Severyns erhobene Hand zum Innehalten gebracht.

»Severyn«, knurrte Caleb warnend.

Die Drovi schienen sich der Gefahr noch nicht gewahr. »Was soll das?«, fragte die Frau. »Mit dem Milchbart werden wir wohl fertig?«

»Das ist …« Der Söldner sagte ein drovisches Wort, ehe er nach seinem Beidhänder griff.

Severyn wollte die Hand senken und Esmond auf sie hetzen, als sich Caleb dazwischenwarf. »Halt!«, sagte er. »Se-Severion hat echt keine Ahnung, was er redet. Ihr seht doch, sein übertrieben hochmütiger Ausdruck, dieses Herumstolzieren … er ist nur ein gut angezogener Barde, der gern mit sich prahlt. Wir tun manchmal, als wäre er Prophet, das verkauft sich gut, aber das ist Spaß!« Severyn schnappte nach Luft, doch Caleb fuhr fort: »Aber er spielt fantastisch die Naraline, ihr solltet ihn hören! Was ich sagen will, ist, ich kenne eine der Besitzerinnen, äh, sehr gut. *Ich* lege ein gutes Wort für euch ein, ja? Dafür tut ihr ihm nichts.« Er fügte etwas in erstaunlich flüssigem Drovisch hinzu, das Severyn nur mit Mühe als *Bitte lasst den Idioten einfach, er hat keine Ahnung* übersetzte.

Der eine Söldner grunzte misstrauisch. »Lügst du?«

»Sehe ich so aus? Ich schwöre auf meine Schwester.« Er wies auf Olyvar, die zu ihnen zurückgekommen war. Als der Drovi die Braue hob, schüttelte Caleb den Kopf. »Es geht doch nur darum, dass ihr nicht draußen übernachten wollt. Meint ihr, da hilft eine Prügelei?« Hilfesuchend winkte er Edeline.

»Ihr seid Söldner«, fügte diese hinzu. »Noch dazu solche, die in Eshwen Arbeit suchen. Wie sehr könnt ihr schon hinter dem Zaren und Teannan stehen?«

Der, der die Waffe hatte ziehen wollen, ließ die Hand sinken. »Stimmt schon. Der Weg ist auch weit bis Aradrov.«

»Bin eigentlich nur müde«, ergänzte die Frau. »Gegen Bett bin ich bereit, mich nicht zu prügeln.«

»Solange ihr nichts demoliert, bürge ich für euch.«

»In Ordnung. Gib Hand.« Der Drovi streckte Caleb die Hand hin. »Du legst gutes Wort ein.«

»Und ihr rührt unsere Pferde nicht an. Und auch sonst nichts.« Der Mann zögerte, ehe er einschlug. Caleb schüttelte die Hand und die beiden bedankten sich auf Drovisch beieinander, dann winkte er Olyvar und Nascha. »Geht mit rein und seht, ob Juna da ist. Sagt ihr, Caleb ist da, er hat die Sauna vermisst. Rehkitz, guck besonders niedlich dabei. Ja, genau so. Ich kläre noch was mit Severyn.«

Nascha schien unsicher, ob sie sie allein lassen sollte, aber Olyvar nahm einen der Drovi bei der Hand. »Kommt.« Gemeinsam steuerten sie auf das Gebäude zu und auch Nascha folgte ihnen nach einem Augenblick.

»Bist du noch ganz bei Trost, meine Autorität zu untergraben?«, fuhr Severyn Caleb an, sobald sie in der Tür verschwunden waren.

Caleb ballte die Hände zu Fäusten. »Es hätte sicher viel gebracht, eine Prügelei anzuzetteln. Das wäre sehr unauffällig gewesen!«

»Es ist nicht so, als wäre ich auf eine Prügelei aus gewesen! Diese Menschen haben mich beleidigt und bedroht. Esmond hätte ihnen gezeigt, was ihr Verhalten zur Konsequenz hat! Wenn ich recht habe, was meist der Fall ist, dann haben diese Drovi nicht verdient, dass ich ihnen den Weg ebne!«

Caleb atmete tief ein. »Ist der immer so?«, fragte er an Esmond gewandt. »Ich bin gerade dabei, meine Entscheidungen der letzten Tage zu überdenken.«

Esmond behielt seine kühle Sachlichkeit. »Prinz Severyn ist uns übergeordnet. Ich bitte dich, ihm mit dem nötigen Respekt zu begegnen. Du bist sicher in der Lage, deine Gedanken für dich zu behalten.«

»Nein«, knurrte Caleb. »Womöglich sollte diesem selbstbezogenen Idioten mal jemand sagen, dass nicht jeder ihm wohlgesonnen ist! Weißt du, wie die Leute dich nennen, wenn niemand zuhört, Severyn? Den Hahnenprinz. Einen großtuerischen Proleten, dem sie keinen Respekt entgegenbringen. *Hoffentlich bin ich tot, bevor dieser Idiot unser Fürst wird*, sagen sie!«

»Caleb«, mahnte Edeline, doch Severyn fuhr ihr über den Mund.

»Das ist nicht wahr! Die Menschen lieben mich! Keyll Naomh hätte mich nicht erwählt, wenn er nicht dieser Überzeugung gewesen wäre!«

»Ach! Sicher! Dabei sagt selbst deine Schwester, dass du ein besserer Mensch werdet solltest!« Caleb lachte. »Dabei bemitleidet uns selbst *sie*, weil wir dich am Sack haben müssen!«

Severyn hatte genug gehört. Ehe er darüber nachdenken konnte, hatte er Esmond den Keithabefehl gegeben. Der Soldat schoss vor, packte Caleb, der vergeblich auszuweichen versuchte, am Arm und riss ihn herum, bis ein unangenehmes Geräusch ertönte und der Narraph betäubt aufschrie. Ein Schlag ging ihm in die Magengrube, ehe der Keitha ihn gegen die Wand des Gasthauses presste. Eine Dolchklinge lag an Calebs Kehle.

»Stopp!« Edeline ließ die Pferdezügel los und hastete näher. »Hört auf damit!«

Erst da hob Severyn ruhig die Stimme. »Das genügt schon. *Wyn cledd*.«

Das Silber in Esmonds Augen erlosch und er ließ von Caleb ab, der in sich zusammensank und nach Atem rang. Edeline kniete sich neben ihn und untersuchte seinen Arm, der glücklicherweise nicht gebrochen schien.

»Verfluchte Scheiße!«, brachte Caleb hervor. »Was sollte das?«

»Wir stehen nicht auf derselben Stufe«, sagte Severyn frostig. »Ich verschwende die Macht der Wälder nicht an dich, aber ich erlaube so ein Verhalten auch nicht. Beim nächsten Mal bin ich nicht so gnädig.« Er winkte Esmond, der unwillig den Kopf neigte. »Komm jetzt. Ich bin müde.«

Ein keitha, von einem Großmaul gelenkt,
hat mir heute meine Schulter verrenkt.
Nun frag ich die Wälder in meinen Gebeten,
was sie sich gedacht haben bei diesem Propheten.

Ich weiß aber, dass das Opfer dieser List
vor allem der arme keitha Esmond ist.
Er war ...

»Er war aufmüpfig und großspurig und *dumm*«, beschwerte sich Severyn und knallte die Tür. Wütend riss er sich den Umhang ab und ließ ihn auf den Stuhl vor dem Schreibtisch fallen, ohne die schöne Inneneinrichtung zu schätzen zu wissen. »Ein besserwisserischer Idiot, der meint, er könnte sich alles erlauben. Er muss akzeptieren, dass ich die Regeln mache! Selbst wenn sie diejenigen sind, die den Weg kennen. *Ich* bin der Anführer dieser Mission.« Seine Hand zupfte ärgerlich an dem Lederarmband. »Schlimm genug ist das eigentlich. Anführer einer Handvoll stupider Spielleute …«

»Ich sagte ja.« Esmond trug Severyns Sachen zu einer Ablage. Er wandte sich um, eine Hand locker auf dem Schwertknauf liegend. »Barden haben nicht viele Gesetze. Mit ihnen zu reisen, ist nie einfach.«

»Hast du Erfahrungen oder was sollen diese Anspielungen?«

»Bloß die Erkenntnisse aus Tavernenabenden. Dort gibt es viele Barden. Ich mag sie eigentlich. Die anderen Keitha und ich gehen gern in die Gasthäuser, wenn es die Zeit erlaubt. Die bloße Suche nach Gewöhnlichkeit.«

»Gewöhnlichkeit«, wiederholte Severyn.

»Einem Soldaten steht frei, sein Schicksal zu wählen. Er kann dem Dienst entsagen, wann immer er will. Aber als Keitha geboren zu werden, bedeutet, *immer* ein Keitha zu sein, Hoheit. Die Stunden, in denen ich nicht Keitha, sondern bloß Gast, Freund oder Sohn bin, sind ein hohes Gut. Weil ich das Silber immer in mir trage, auch wenn es nicht nach außen hin erkennbar ist. Ich denke, als Prinz wird es Euch nicht anders gehen.«

»Ich hatte nie ein Problem damit, ein Prinz zu sein.«

»Ich weiß, Hoheit.«

Nachdenklich schob Severyn die Lippen vor. Zum ersten Mal fragte er sich, wie alt Esmond eigentlich war. Der Bart machte ihn reifer, aber tatsächlich schien er nur wenig älter als er selbst zu sein. Severyn hatte nie Unmut darüber empfunden, als was er geboren worden war. Sicher, hin und wieder hatte er sich geärgert, weil er seine Gefühle Breya gegenüber nicht frei äußern konnte – doch das wäre kein Grund für ihn gewesen, seinen Anspruch auf den Thron oder seine Privilegien aufzugeben.

Allerdings hatte er es mit seinem Schicksal auch besser getroffen als Esmond. Das Leben als Keitha war hart, entbehrlich und wenig selbstbestimmt. Viele lebten in Keuschheit, um kein Kind zu zeugen, das in derselben Knechtschaft großwerden musste wie sie selbst. Obwohl die Pádraigs gut mit ihren Keitha umgingen und nicht ausnutzten, dass sie ihnen widerspruchslos gehorchten, war es sicher nicht einfach, stets unter dem Einfluss von jemand anderem zu stehen.

»Immerhin lebst du nicht bei den Elben«, sagte er deswegen. »Und wirst nicht gezwungen, Kinder zu entführen und zu pfählen.«

»Darüber bin ich auch sehr froh.« Esmond lächelte freudlos, doch es verging rasch wieder. »Hoheit, darf ich etwas sagen?«

»Sprich.«

»Bitte nutzt Eure Macht über mich nicht aus, um jemandem wehzutun, der es nicht verdient hat.«

Severyn hob das Kinn. »Dieser Barde hat meine Autorität …«

»Ich weiß. Er hat sich respektlos und beleidigend verhalten und das sollte man nicht unkommentiert lassen.« Esmond ließ die Hand vom Schwertknauf gleiten. »Ich möchte nur sagen – Ihr habt geschworen, stets *fír flathemon* zu entscheiden, wenn Ihr befehlt. Ich hätte ihm beinahe den Arm gebrochen. Und wenn Ihr mir befohlen hättet, ihn zu töten, hätte ich es getan.«

»Hab ich aber nicht! Wenn ich dir befehle, jemanden zu töten, wird das gerechtfertigt sein.«

»Sicher, Hoheit.«

Einen Augenblick füllte nur Stille die kühle, nach Kiefer duftende Luft. *Hahnenprinz,* flüsterte eine Stimme, die Severyn ärgerlich verdrängte. Damit kam er zurecht. Womit er *nicht* zurechtkam, war das, was danach gefallen war.

Hatte Breya wirklich gesagt, dass er ein unausstehlicher Mensch war? Dass er sich ändern sollte?

Und überraschte ihn das wirklich?

Severyn gab sich geschlagen. »Ein bisschen übertrieben war es womöglich. Ich werde mich immer um Gerechtigkeit bemühen, Esmond.«

»Danke, Hoheit.« Esmond neigte den Kopf und legte die Hand wieder auf sein Schwert. »Ihr habt das Potential zum Herrscher. Ich sehe viel von Eurem Vater in Euch. Eure Schwester … weiß das auch.«

Severyn versuchte, sich nicht anmerken zu lassen, wie sehr er diese Worte gebraucht hatte. »Dessen bin ich mir bewusst. Esmond – es freut mich, dass du mitgekommen bist.«

»Das ist meine Pflicht. Euer Befehl in meinem Ohr, Hoheit. Benötigt Ihr noch etwas?«

»Nein. Ich bin nur müde.« Severyn blickte zu seinem Rucksack, in dem die Räucherbündel verstaut waren. »Das heißt – ein Streichholz wäre nett.«

Caleb setzte den Stift ab und stöhnte. »Hast du noch mehr Eis?«

»Ich kann noch mal runtergehen, aber Juna hat eben schon nach dir persönlich gefragt. Sie meint, sie will sich das selbst mal anschauen.«

»Ich will sie gerade nicht treffen«, murmelte Caleb, ehe er den Stift aufsetzte. »Mir tut alles weh, ich würde gerade gar keinen hochkrie… ich meine, momentan komme ich nicht mal vom Stuhl hoch. Wie soll ich es da bis zur Sauna schaffen? Ist sowieso keine gute Idee, Hitze ist nicht gut für die Schulter.«

Olyvar nahm den mittlerweile aufgewärmten Eisbeutel entgegen. »Dass dieses Zeug bei dir auch immer so schnell warm wird.«

»Ich würde es nicht brauchen, wenn ich nicht grundlos verhauen worden wäre«, brummte Caleb. Er schrieb fertig und Olyvar las vor:

Und letztlich gibt es noch eine Weitere im Kreise,
die leidet schlimm unter dieser dummen Reise.
Ihre Absicht war gut, ihre Seele war rein,
jetzt fühlt sich Lene sicher furchtbar allein.

Caleb erhob sich ächzend. »Komm, Rehkitz.«

»Wohin gehen wir?«

»Uns anschreien lassen. Wir müssen uns endlich mit Edeline vertragen.«

»Aber ich bin schon im Nachthemd.«

»Das ist kein Problem.« Aus der Tasche holte er die Packung Salzlakritze. Caleb wusste, dass es manchmal das Beste war, den Knoten einfach platzen zu lassen. Und irgendwie *wollte* er laut ausgesprochen hören, was er falsch gemacht hatte – sonst würde er all seine idiotischen Handlungen nur weiter fortschieben und ignorieren.

Wenn er die vergangenen Tage Revue passieren ließ, musste er sich eingestehen, dass er sich nicht gerade mit Ruhm bekleckert hatte: Zuerst hatte er dafür gesorgt, dass Mattys und Rosie sie verließen, und nun war er Lene in den Rücken gefallen. All das für lausige sechzigtausend Kopar. Eine süß klingende Summe – aber nichts, was rechtfertigte, eine Freundin im Stich zu lassen.

Olyvar folgte ihm über den nach Kiefernnadeln duftenden Flur bis zum Zimmer von Nascha und Edeline. Auf sein Nicken hin klopfte sie an.

»Herein«, rief Nascha und Caleb stieß die Tür auf.

»Caleb.« Sie ließ das Tuch sinken, das sie vor ihr drittes Auge gehoben hatte, und kam auf die beiden zu. »Geht es dir gut? Tut es sehr weh? Morgen kann ich Air Deoch besorgen, hier gibt es keine Bäume, die …«

»Ich brauche nichts.« Caleb schob Olyvar hinein. Suchend sah er sich um. Edeline saß auf ihrem Bett und hatte ihnen den Rücken zugekehrt, schien zu lesen.

»Severyn hat das nicht so gemeint«, beteuerte Nascha. »Es war eine unbedachte Reaktion …«

»Ich bin sicher, dass es ihm ernst war.« Caleb schnaubte. »Nächstes Mal soll er sich doch schlagen. Er wird sehen, was er davon hat. Die Drovi sind arm dran, aber ich hab sie nicht so liebgewonnen, dass ich mich für sie verprügeln lasse.« Er nickte zu Edeline und sah Nascha fragend an.

Die hob die Schultern. »Sie redet nicht mit mir.«

»Wir haben Scheiße gebaut, Nascha«, flüsterte Caleb ihr zu.

»Ich weiß«, raunte sie zurück. »Ich fühle mich so dumm. Wir haben sie so traurig gemacht – sie hat das nicht verdient.«

»Ja. War beschissen.«

Bedrückt biss Nascha sich auf die Unterlippe. »Ich will sie nicht verlieren.«

Caleb legte ihr den Arm um die Schulter und drückte sie sacht an sich. »Ich auch nicht. Ich hab nicht so viele echte Freunde. Hab gerade erst zwei verloren und offenbar nichts gelernt.«

Die beiden wandten sich Edeline zu. Caleb trat näher. »Hey, Lene.«

Sie ignorierte ihn.

»Danke, dass du mir helfen wolltest. Hätte ich nicht verdient.«

Er schob die Lippen zusammen, als sie weiter schwieg.

»Hallo, rede mit mir. Eben haben wir doch auch geredet.« Stille. »Bist du echt noch beleidigt?«

»Lass sie«, lenkte Nascha ein, aber Caleb schüttelte den Kopf.

»Lene.« Er berührte ihre Schulter.

»Ich heiße. Edeline!« Mit einem Satz war sie auf den Beinen, schlug seine Hand weg. »Nenn mich noch mal beim Spitznamen und ich zeige dir, was wirklich wehtut! Nicht so eine lappige Schulterverrenkung!« Sie holte Luft. »Ich hab gedacht, wir wären Freunde! Du hast mich für dreißigtausend Kopar verraten!«

»Sechzigtausend«, korrigierte Caleb.

»Für den Arsch, Caleb«, knurrte Edeline. »Für den Arsch! Ein arroganter, maßloser Idiot, das ist alles, was du bist! Ich hätte abhauen sollen wie Rosie und Mattys, solange ich noch konnte!« Als er die Hände hob, schlug sie noch mal nach ihm – nicht so, dass es wehtat, nur als Warnung. Lene wandte sich an Nascha. »Und du! Du hast versprochen, dass ich nie zurückkehren muss! Dass du mich beschützt! Du *hast* mich nicht beschützt!«

»Da wusste ich nicht, dass wir auf einen Propheten stoßen«, beteuerte Nascha. »Das ist …«

»Das ist wichtiger!«, fuhr Edeline ihr über den Mund. Ihre grünen Augen funkelten vor Zorn. »*Ich* bin nicht wichtig! Versprechen sind nicht wichtig! Ich hab darauf vertraut, dass du die Wahrheit sagst, Nascha, und das nicht nur in Momenten, in denen es für dich angenehm ist! Aber ich bin zu wertlos! Nicht wahr? Ich bin zu wertlos!«

»Tut mir leid.« Nascha war den Tränen nahe. »Ich weiß, dass das dumm war.«

»Es war verflucht beschissen! Es war das Schlimmste, was du mir hättest antun können! Dabei bist du meine beste Freundin. Und *du* hast sie noch dabei unterstützt, du geldgieriger Ochse!« Sie funkelte Caleb an, atmete schwer. »Wisst ihr was? Ihr könnt mich mal! Ihr könnt mich alle mal!« Dann entwich ihr ein ersticktes Geräusch, sie strich sich das rote Haar aus dem Gesicht und schluchzte.

Caleb nahm Edeline in die Arme und obwohl sie ihn zuerst wieder wegstieß, ließ er dieses Mal nicht locker, bis er sie fest an sich gezogen hatte. Nascha kam dazu und kurz darauf auch Olyvar. Caleb konnte sich nicht erinnern, Lene jemals so aufgelöst gesehen zu haben – im Grunde war er nicht mal sicher, ob sie je eine Träne in seinem Angesicht vergossen hatte. Mit einer Hand klammerte sie sich an sein Hemd, die andere war irgendwo in Naschas Bluse vergraben. Edeline zwischen ihnen war ein Bündel aus Tränen, Beben und rotem Haar, fest eingeschlossen in ihrer Mitte. Zwischen ihnen verborgen, gewärmt und sicher und beschützt.

Lange, lange hielten sie Edeline so fest, bis sie sich beruhigte. Es schien für immer zu dauern. Aber die Barden gaben ihr so viel Zeit, wie sie brauchte.

Jäger und Schwert

Das Gefühl, allein zu sein, war das Schlimmste gewesen. Der Schmerz darüber, von den Menschen verlassen worden zu sein, die ihr auf der Welt am liebsten waren.

Edeline hatte lange Jahre ihres Lebens allein und unabhängig von anderen verbracht – und erst jetzt wurde ihr klar, wie sehr sie darauf baute, dass die Barden stets für sie da waren. Dass sie nicht verschwanden, sondern bei ihr blieben. Dass sie rannten, wenn sie rannte, dass sie innehielten, wenn sie innehielt. Das Verschwinden von Rosie und Mattys, das hatte sie verkraften können – tief in sich hatte sie schon lang gewusst, dass die beiden nicht für immer bleiben würden. Selbst Calebs dumme Geldgier hätte sie irgendwie kommen sehen und verarbeiten können. Aber Nascha? Nascha, die so beständig war wie die Wälder selbst? Von ihr verraten zu werden, traf Lene härter, als sie hätte erlauben sollen.

Irgendwo tief in sich konnte Edeline allerdings verstehen, was ihre Freundin angetrieben hatte. Nascha handelte aus einem höheren Prinzip heraus, das zu verfolgen wahrscheinlich nicht mal verwerflich war. Calebs Entscheidung war schlichtweg dumm, wenn auch nicht böswillig. Keiner von beiden hatte ihr Schlechtes gewollt. Das zu wissen … konnte genügen.

Als sie an diesem Morgen zum Frühstück zusammenkamen, versuchte sie, zur Normalität zurückzukehren. Mit den Salzlakritzen in ihrer Tasche und den Erinnerungen an die letzte Nacht, in der sie zusammen gesungen hatten wie früher, war das gar nicht so schwierig. Sie musste sich nur einbilden, dass Rosie und Mattys oben waren und auf sich warten ließen. Nicht Severyn und Esmond.

»Eshwener Schwarznasenschafe werden fast nie gezüchtet, damit man ihr Fleisch essen kann«, sagte Olyvar, die eine kleine Druckschrift vom Tresen mitgenommen hatte. »Man trinkt nur ihre Milch oder hält sie aus äh… än- ätherischen Gründen.«

»Ästhetisch«, verbesserte Caleb, während er ein Butterhörnchen aus dem Korb nahm. »Propheten, welcher inkompetente Idiot hat dir das Lesen beigebracht?«

»Können wir auch ein Schwarznasenschaf halten?«

»Guten Morgen.« Sie hoben die Köpfe. Esmond war zu ihnen an den Tisch getreten. »Darf man sich setzen?«

Edeline bemerkte erst, dass sie die Schultern versteift hatte, als die anderen Barden sie unsicher anschauten. Sie räusperte sich. »Sicher. Ist genug Platz für alle.«

»Wo ist Prinz Severyn?«, fragte Nascha, als Esmond neben Lene auf die Bank glitt. Er griff nach der Teekanne und schenkte sich ein.

»Der Prinz hat mich vorausgeschickt. Er lässt sich noch rasieren.«

»Natürlich lässt er sich rasieren.« Caleb verdrehte die Augen. »Es ist ein Wunder, dass er sich zu uns setzen will. Das ist merkwürdig und nicht standesgemäß.«

»Olyvar hat uns vorhin eingeladen und meinte, es wäre ihr wichtig, dass gemeinsam gefrühstückt wird«, erklärte Esmond. »Sie sah sehr niedlich aus dabei. Prinz Severyn würde es nicht zugeben, aber ich nehme an, dass er sie mag.«

Caleb stieß Olyvar an. »Du Verräterin!«

»Rosie sagte immer, dass ein gemeinsames Essen verbindet«, meinte Olyvar mit rosafarbenen Wangen. »Möchte jemand etwas Joghurt?«

Caleb schnaubte mit Unmut und wandte sich an Esmond. »Du hast einen bemerkenswert harten Griff.«

»Und du ein bemerkenswert großes Mundwerk.«

»Schlagfertig auch mit Worten. Du wärst ein guter Spielmann.«

»Jeder würde meine Abenteuer für gelogen halten.«

»So läuft es in unserem Geschäft. Nimm den da.« Caleb wies auf einen Weichkäse, als Esmond nachdenklich die verschiedenen Sorten betrachtete.

»Der Honig ist auch sehr gut«, ergänzte Nascha.

Caleb nickte. »Und der Kaffee.«

»Mit Schwarznasenschafmilch«, fügte Olyvar hinzu.

Esmond lächelte. »Danke, ich trinke keinen Kaffee.«

Er warf Edeline einen Blick zu, die ihn nicht erwiderte. Bisher hatte sie sich bemüht, seine Nähe zu meiden. Nun saß der Keitha so dicht bei ihr, dass sie den Ledergeruch seiner Kleider wahrnehmen konnte. Lene nippte an ihrem Tee und versuchte, sich nicht unauffällig von Esmond fortzuschieben. Sie tat ihm Unrecht damit, dass sie ihm so aus dem Weg ging – all das hatte nichts mit ihm zu tun. Esmond war im Grunde kein schlechter Kerl und konnte nichts dafür, wie er geboren worden war. Oder dass in seiner Gegenwart ständig diese Worte fielen.

Die Stiege knarrte, als Severyn und die Taverneninhaberin Juna herabkamen und den Schankraum betraten. Der Prophet sah sich in der gut gefüllten Stube um und schien in Betracht zu ziehen, sich an einen Tisch zu setzen, der eben freigemacht worden war. Als Juna freundlich zu ihnen wies, nickte er aber und trat herüber. Juna bedeutete einem Schankjungen, dem Prinzen den Stuhl zurückzuschieben.

»Eure Hoheit«, begrüßte Esmond ihn freundlich und Nascha neigte den Kopf.

Severyn setzte sich. »Guten Morgen.«

»Willst du Kaffee?« Olyvar streckte ihm die Kanne entgegen und der junge Mann gewährte ihr mit einer Handbewegung, ihm einzuschenken.

»Esst ihr auch alle gut?« Juna musterte die Barden freundlich, wobei ihr Blick etwas länger an Caleb hängen blieb. Sie trug die dunklen Haare länger als bei ihrem letzten Besuch, steckte sie aber noch immer auf dieselbe nachlässige Weise hoch. Obwohl die Sommertage erst noch kommen würden, hatte die Sonne bereits goldene Sprossen auf ihren Wangen hinterlassen. Ihre Hüften waren schon immer etwas runder gewesen, das stand ihr gut, selbst mit den Trägerhosen, in die sie sich an Arbeitstagen kleidete.

»Es ist fantastisch wie immer«, sagte Caleb.

»Das Essen ist wirklich gut«, lobte auch Esmond.

»Gut zu hören.« Juna grinste. »Ich hoffe, dass es seiner Hoheit Prinz Severyn auch schmeckt.«

»Sicher wird es nicht mit der Palastküche mithalten können, aber gut könnte es dennoch sein«, gestand dieser ihr zu.

»Das sind Severyns Worte dafür, dass es wirklich lecker ist«, erklärte Caleb, als Juna stirnrunzelnd die Mundwinkel hob. »Er tut sich schwer, Komplimente zu verbalisieren. Sicher habt ihr euch schon unterhalten? Immerhin hast du ihn ganz toll rasiert.«

»Man könnte meinen, die Eifersucht spricht aus dir.«

»Danke. Ich kann mich selbst rasieren.«

Juna hob eine Braue, ihr Lächeln steif. »Offenbar kannst du eine Menge Dinge allein. Jedenfalls scheinst du mich gestern nicht gebraucht zu haben.«

Caleb tauschte einen Blick mit Edeline, die eine Grimasse schnitt. »Das war nicht so. Ich hatte nicht aufschiebbare Angelegenheiten zu klären.«

»Ich hätte mich gefreut, wenn wir uns unterhalten hätten. Wir haben uns lang nicht gesehen. Hab dich schon ein bisschen vermisst.«

»Ich dich auch.« Caleb lehnte sich zu ihr. »Und nicht nur wegen der Sauna.«

Sie hob die Schultern. »Die hätte ich sogar angeschmissen. Na, beim nächsten Mal. Man ist nicht jeden Tag auf geheimer Mission mit einem Propheten. Übrigens – diese Drovisöldner haben das für dich abgegeben.« Aus ihrer Tasche zog sie ein gemustertes Tuch hervor. Sie verstellte die Stimme zu einer Imitation der Soldaten: »Sie sagten: ›Narraphmann ist guter Kerl. Drovifreund. Deswegen Erkennungszeichen.‹«

»Oha.« Caleb nahm das Tuch entgegen. »Das heißt, wenn ich mich das nächste Mal mit jemandem prügle, kommen mir Drovi zur Hilfe, wenn ich damit wedle?«

»Bitte nimm das nicht als Anreiz«, bat Edeline.

»Und wenn dann bitte nicht hier«, setzte Juna dahinter.

Caleb legte sich das gemusterte Stoffstück ums Handgelenk und hielt es Juna hin, damit sie die Enden verknoten konnte. Nachdem sie das Band festgezogen hatte, beugte sie sich vor und küsste ihn auf die Wange. »Gebt auf euch acht.« Sie wuschelte Olyvar über das Haar, ehe sie hinter der Theke verschwand.

»Ich hab sie für cleverer gehalten«, murmelte Severyn.

»Sie ist clever«, erwiderte Caleb. »Niemand, der nicht clever wäre, würde erfolgreich eine Taverne im Nirgendwo betreiben. Sie macht das ganz alleine mit ihrer Mutter.« Er rückte das Droviband gerade.

»War schon riskant, für diese Söldner zu bürgen«, meinte Edeline, die ein paar Getreideflocken mit Milch aufgoss, »Wenn sie doch etwas kaputtgemacht hätten, wärst du verantwortlich gewesen.«

»Die langjährige Erfahrung mit Tavernengästen schult den Blick«, meinte Caleb gleichmütig. »Die drei waren müde, reizbar – typische Söldner eben. Stumpfer als ein Fetzen Schwarznasenschafwolle und so brachial wie eine Horde wilder Eber. Wenn man ihnen nichts tut, tun sie einem auch nichts.«

»Du kennst dich mit diesen Leuten aus?«, fragte Severyn misstrauisch. »Dein Drovisch ist jedenfalls ziemlich flüssig.«

»Hättest du das etwa nicht erwartet?« Ohne falsche Bescheidenheit zuckte Caleb mit den Schultern. »Ich kann Drovisch fließend, bisschen Skoggen und Moorie und die Gemeine Zunge – eben alles, was man als Spielmann so braucht. Narraph ist wie gesagt etwas schwierig, weil ich da nie gewesen bin. Da weiß ich nur *Hallo* und *Auf Wiedersehen*.«

»Wo hast du Drovisch so gut gelernt?«, fragte Esmond neugierig.

»Hab da mal eine Weile mit meinem Vater gelebt, direkt in der Hauptstadt Nowrisk. War eine schöne Zeit.« Caleb wog den Kopf. »Aber ich bin bisschen eingerostet. Wir reisen nicht oft da hin. Für Spielleute, die die Wälder besingen, ist es da momentan nicht so sicher.«

»Ganz genau«, pflichtete Severyn ihm bei. »Soweit ich informiert bin, erzählt Zar Andrej jedem, er stehe in Kontakt mit dem abtrünnigen Propheten Teannan. Dem Feind Keyll Naomhs! *Meinem* Feind.«

»Was für ein Teemann?«, fragte Olyvar. Caleb begann zu lachen.

»Das ist nicht lustig«, rügte Severyn ihn. »Sein Name ist *Teannan*, und er verkörpert nichts Gutes.«

Obwohl sich vier Barden am Tisch befanden, war es Esmond, der als Erstes zu dem alten Reim anhob.

»Wie flüstert dort zwischen den Bäumen die Nacht,
wenn Teannan der Schütze erwacht?
Zieht er die Waffen, der falsche Prophet,
dann faltet die Hände zum stummen Gebet.«

Caleb klatschte beeindruckt in die Hände und selbst Lene musste unwillkürlich schmunzeln.

»Heißt das, er war auch ein Auserwählter?«, fragte Olyvar.

»Man sagt, Teannan soll ein abtrünniger Prophet sein«, erklärte Nascha. »Er hat vor etwas mehr als dreihundert Jahren auf Daer Awyr gewirkt.«

»Als es damals zu Reibereien zwischen Skoggen und Aradrov kam, drohte ein Krieg, der die ganze bekannte Welt miteingeschlossen hätte«, setzte Esmond hinzu. »Doch ehe es dazu kommen konnte, ernannte Keyll Naomh zwei Propheten – Gwell den Heiler aus Skoggen und Teannan den Schützen aus Aradrov. Gemeinsam gelang es ihnen, den Krieg zu verhindern. Erst danach wandte Teannan sich von Keyll Naomh ab.«

Nascha verlagerte ihr Gewicht. »Die Aufgabe der Propheten ist es, das Herz der Wälder im Tod zu beschützen. Wann immer er einen neuen Propheten ernennt, trennt Keyll Naomh ein Stück seiner alten Macht ab und platziert sie an einem anderen Ort – damit der Schaden begrenzt ist, sollte ein Splitter davon zerstört werden. Denn ohne Herz kann nichts leben, nicht einmal die heiligen Wälder. Und die Propheten sollen diese uralte Kraft beschützen.«

Am Tisch war es still. Alle lauschten Naschas Stimme, als sie fortfuhr: »Und Teannan nutzte seine Position, um sich gegen die Wälder zu wenden. Er strebte nach Macht, er wollte seinen Teil von Keyll Naomhs Herz für sich beanspruchen. Als Gwell starb, gelang es Teannan mit einer List, seinen Tod ebenfalls vorzutäuschen, sodass die beiden gemeinsam an den Ort gebracht wurden, an dem Keyll Naomhs Herzsplitter bereitlag. In dem Kokon aus Magie, in den die beiden Propheten gesponnen wurden, riss Teannan jenen Herzsplitter an sich, um die Macht der Wälder zu rauben. An jenem Tag krümmte sich die Erde, die Wälder ächzten und stöhnten, als sie mit dem Propheten um die gestohlene Macht rangen. Nur mit großer Not gelang es den Wäldern, Teannan aufzuhalten.«

»So sagt man zumindest«, warf Esmond ein. »Seit einigen Jahren wird schließlich gemunkelt, Teannan wäre damals gar nicht gestorben. Zar Andrej behauptet, er stünde schon seit Kindertagen in Kontakt mit ihm.«

»Einige behaupten sogar, Zar Andrej *wäre* Teannan«, fügte Caleb hinzu. »Wiedergeboren oder unsterblich.«

»Echt?«, fragte Olyvar.

»Hätte Teannan das Herz wirklich an sich gerissen, wäre die Welt nicht mehr dieselbe«, erwiderte Nascha. »Er würde die Macht in sich tragen, die nötig war, um zwei Propheten zu schaffen und mit Magie auszustatten. Dann wären große Teile Keyll Naomhs heute zerstört.«

»Also gibt es ihn nicht?«, fragte Olyvar

Caleb wuschelte ihr durchs Haar. »Es gibt jedenfalls genug Menschen, die an seine Existenz glauben. Erinnerst du dich noch, als wir in Aradrov diesen Leuten begegnet sind, die Pfeil und Bogen dabeihatten? Das waren Teannananhänger.«

»Die waren voll sauer, als wir das Lied der sieben Sonnen gesungen haben.« Olyvar kaute mit Unbehagen auf ihrer Unterlippe.

»Jedenfalls – wer sich auf ihn verschworen hat, ist böse und niederträchtig«, schloss Severyn. »Und vor allem diesen Drovi gegenüber sollte man skeptisch bleiben.«

»Ja, aber die Söldner waren keine Teannananhänger«, erwiderte Caleb genervt. »Die sind nicht der Grund, warum es in Aradrov für uns nicht sicher ist.«

»Sie haben mir gedroht! Es ist vollkommen gerechtfertigt, im Falle einer Bedrohung den Leibwächter zur Hilfe zu nehmen. Und ihnen zu zeigen, dass *wyn cledd* nicht nur eine leere Formel ist.«

Die Worte durchfuhren Edeline beinahe mit derselben Schärfe wie am Vorabend. Sie schluckte den bissigen Kommentar hinunter, der auf ihrer Zunge lag, und versuchte, das merkwürdige Gefühl zu verdrängen. Es war wie ein alter Kopfschmerz, schwer loszuwerden und immerwährend. Ihr Herz klopfte unangenehm.

»Musst du immer gleich so predigen?«, fragte Caleb.

»Musst *du* immer gleich so ausfallend werden?«, knurrte Severyn.

Caleb verdrehte die Augen. »Wieso hast du ihn eingeladen, Kitz? Ich wollte in Ruhe frühstücken. Mach so was noch mal und du bist nicht mehr meine Schwester.«

»Sie ist doch gar nicht *wirklich* deine Schwester«, behauptete Severyn.

Beide warfen ihm einen irritierten Blick zu. Caleb schüttelte den Kopf. »Äh, doch?«

Severyn taxierte die Geschwister. »Ihr habt quasi keine Ähnlichkeit.«

»Wow.« Caleb atmete tief ein und aus und beugte sich vor. »Ich erkläre dir einfache Zusammenhänge, Severyn: Mein Vater war ein Narraph. Olyvars Vater war ein Hurensohn. Unsere Mutter war eine durchgeknallte Onie. Jetzt kannst du dir selber zusammenrechnen, wer von denen welche Hautfarbe hatte.«

Severyn erhob eine Braue. »Kaum zu glauben, dass ein so liebes und niedliches Mädchen mit solch einem pietätlosen Ochsen verwandt sein kann.« Olyvar wurde hochrot und mümmelte rasch weiter an ihren Getreideflocken.

»Du ärgerst dich doch nur, weil du weder so ein Droviband noch eine liebe kleine Schwester noch ein hübsches Mädchen hast.« Zufrieden hob Caleb das Kinn. »Ich würde sagen, einer am Tisch hat alles richtig gemacht.«

»Und andere am Tisch ziehen es schlichtweg vor, sich von stumpfsinnigen Söldnern fernzuhalten und nicht mit jeder Dahergelaufenen ins Bett zu steigen«, erwiderte Severyn.

»He, Juna macht es nicht mit jedem!«, protestierte Caleb.

»Wenn sie mit dir vorliebnimmt, kann ich mir nichts anderes vorstellen.«

»Es kann nicht jeder so ein unschuldiges Lämmchen wie die Schwarznasenschafe sein. Leben Propheten eigentlich in Keuschheit?«

»Caleb!«, sagte Nascha tadelnd, als Severyn zu einer Erwiderung anhob, die sicherlich nicht freundlich gewesen wäre.

Caleb hob unschuldig die Hände. »Was? Würde mich interessieren. Calibar soll ein ziemlicher Frauenheld gewesen sein.«

»Aber Sanna hat nie jemanden angerührt«, wandte Nascha ein. »Es kommt auf den Propheten an.«

»Ah, Sanna, die Mutter aller Menschen.« Caleb schenkte sich mehr Kaffee ein. »Das hätte mich auch sehr verstört. Obwohl das eigentlich merkwürdig ist, so als Mutter muss man ja …«

Nascha tat sich Haferflocken und Apfelschnitzen auf und besaß die

Güte, nicht noch einmal darauf einzugehen. Auf einen Wink von Severyn reichte sie ihm die Obstschale. »Was ist Euer Attribut? Ich meine, Newid nannte man die Wanderin. Calibar den Söldner, Heladyn den Schmied, Sanna die Mutter, Teannan den Schützen und Gwell den Heiler. Und wer ist Severyn?«

Severyn schien zu überlegen. Offenkundig hatte er noch nicht darüber nachgedacht, was für eine Art Prophet er sein wollte.

»Gibt es etwas, was Ihr gern tut?«, fragte Nascha. »Worauf Ihr Euch gut versteht?«

»Nun, da gibt es viele Dinge. Malerei etwa …«

»Musik? Vielleicht spielt Ihr Geige?« Nascha überlegte, als er verneinte. »Querflöte?«

»Klavier?«, schlug Olyvar vor.

»Mandoline?«, fügte Nascha hinzu.

»Balalaika?«, fragte Caleb. »Schalmei? Oder Sackpfeife?«

Severyn runzelte verstört die Stirn. »Ich werde mich mit Sicherheit nicht als Musiker vermarkten, bloß weil ihr das gernhättet.«

»Und was gefällt Euch besser?«, fragte Esmond.

Eine Weile war der Prophet still, ehe er antwortete: »Nun, ich gehe gern zur Jagd.«

»Toll«, brummte Caleb. »Severyn der Jäger. Klingt super motivierend.«

Esmond sah Edeline an. »Klingt doch gut, oder?«

»Kann sein.« Lene fand, dass es einen angemessenen Klang hatte, wenngleich der Gedanke sie unwillkürlich frösteln ließ. Schließlich war ein Jäger niemand, der für seine Gnade bekannt war – und die Macht über Leben und Tod in den Händen dieses so unberechenbaren Mannes zu sehen, bereitete ihr merkwürdiges Unbehagen. War Esmond dann sein Bluthund? Wer waren die Hellen Barden?

Trotz allem kam sie nicht umhin zu sagen, dass der Begriff sich nicht falsch anhörte. Und so wurde ihr Prophet über dem Frühstück zum Jäger ernannt.

»Naht der Winter, und
fallen Flocken unverwandt,
dann sehn ich mich nach Haus
in mein schönes Heimatland.«
- Lynd Avarsson, übersetzt von Wolfgang Flammann

»Was lässt dich die Nase rümpfen?«, fragte Jakob Klingwahr. »Das ist eine schöne Lektüre.«

Adeena betrachtete das Gedicht mit Unmut, während die Kutsche unter ihr ruckelte. »Gedichte zu übersetzen, erscheint mir so … sinnlos.«

Jakob hob die Brauen. »Ich schätze, das wird getan, damit man versteht, was dort geschrieben ist.«

»Aber es geht doch nicht nur um die Worte. Sondern um den Klang, den lyrische Texte in sich tragen. Dies hier klingt ganz anders als das Original.«

»Du würdest diesen Text also lieber auf Skoggen lesen, obwohl du nicht wüsstest, was gesagt wird.«

»Ich würde gern hören, wie es jemand vorträgt, der die Sprache beherrscht. Anstatt solch krumme Reime zu lesen, in denen keine Emotion zu finden ist. Das ist – ich verstehe die Worte, aber die Bedeutung kann ich nicht länger erschließen.«

»Amadeus«, sagte ihr Vater. »Entschuldige, aber ich bin zu müde, um über den ästhetischen Anspruch meiner Reiselektüre zu diskutieren. Obwohl es ein interessantes Thema ist.« Er streckte den Arm aus. »Komm jetzt. Zuhause besorge ich dir den Band unübersetzbarer Gedichte, die in der alten Eshwensprache geschrieben wurden. Der wird dir gefallen. Daran ist nichts krumm, die Klagelieder und Elegien sind in all ihrer melodramatischen Pracht nachzulesen.«

»Wie ich es gernhabe.« Die beiden lächelten, ehe Adeena näher rückte und zuließ, dass er den Arm um sie legte. Ihr Vater fuhr ihr über die Schulter, während sie durch die Lektüre blätterte und den Text mit mäßigem Interesse überflog. Vielleicht konnte sie sich damit einfach zu gut identifizieren. Ihr ganzes Sein schien in einer Sprache geschrieben, die niemand beherrschte. Eine Sprache, die übersetzt keinen Sinn mehr ergab und deren Klang in einem anderen Mund hässlich und entstellt erschien.

Sie kam nicht umhin, sich zu fragen, ob sie das Gedicht vielleicht einfach nicht verstehen *konnte*. Adeena kehrte nach Hause zurück und obwohl der Ort, den sie verließ, ihr nichts Gutes gebracht hatte, freute sie sich nicht auf ihre Heimat. Wie auch? Dort war sie ebenso unerwünscht wie im Eshwenpalast – wenn nicht noch unerwünschter. Wo war der Ort auf dieser Welt, an dem sie willkommen war? Adeena war nicht sicher, ob es ihn überhaupt gab, und wenn ja, dann fragte sie sich, ob sie ihn je finden würde.

Oder ging sie all das falsch an? Womöglich hatte sie einen derartigen Ort längst gefunden.

Im Arm ihres Vaters fühlte sie sich ausgesprochen zuhause.

… Ein heftiger Ruck erweckte Adeena. Die junge Frau wusste nicht, wie ihr geschah, als die Welt in Chaos explodierte. Mit einem Mal wurde sie durch die Luft geschleudert und mit roher Wucht gegen die Rückenlehne der Kutsche geworfen. Ihr Aufschrei ging unter, als sämtliche Luft aus ihren Lungen gepresst wurde. *Schmerz*, und – Heilige, sie wusste nicht mehr, wo oben und unten war.

»Amadeus!«, brachte ihr Vater hervor und wollte sie packen, was ihm nicht gelang, da sie erneut durch die Luft geworfen wurden. Adeena schrie und klammerte sich in das Polster, ehe sie unsanft auf der Seite landete und sich an der Decke der Kutsche wiederfand. Das Gefährt lag auf dem Rücken wie ein Käfer.

»Was ist das?«, fragte sie. »W-was ist da?«

Sie hoben die Köpfe und spähten durch die Fenster, die Gardinen waren hinabgerutscht. Adeena schnappte nach Luft, als Hände gegen das Glas schlugen und blutige Abdrücke hinterließen. Durch das verschmierte Rot erkannte sie die Umrisse einer schwarzen Gestalt, grauenvolles Klackern untermalte einen gurgelnden, sterbenden Schrei.

Erneut fuhr ein Ruck durch die sterbende Kutsche und etwas warf sich gegen die Tür. Jakob Klingwahr richtete sich ächzend auf. Er blutete an der Stirn und schnitt eine Grimasse, als er den Rücken streckte. »Adeena?«

»Bist du verletzt?«, fragte sie und machte Anstalten, seine Schulter zu berühren.

Er packte sie. »Adeena, geh und verschwinde im Unterholz! Du läufst, so lange du kannst, dann versteckst du dich im Gebüsch. Bete so lange das Amadeus Ewig, bis du keinen Laut mehr hörst, ja?«

»A-aber –«

Erneut ein Poltern gegen die Tür, dann splitterte das Holz.

»Hinaus!«, drängte Jakob.

Adeena wusste weder ein noch aus. Ihr Herz flatterte vor Angst, als sie sich aufrichtete und die Tür der Kutsche auf jener Seite aufstieß, die noch sicher erschien. Sie kletterte über den erhöhten Einstieg, purzelte ungelenk aus dem Inneren und kam nur mühsam auf den Füßen auf.

Halb unter dem Gefährt verborgen lag einer ihrer Leibwächter. Der Druck hatte seine Augäpfel aus den Höhlen treten lassen, der Brustkorb war geborsten und blutbeschmiert. Adeena zitterte am ganzen Leib und presste die Hände auf den Mund, um nicht zu schreien.

Sie zählte drei Mottenkreaturen, von denen eine die Insektenbeine im Oberkörper des Kutschers vergraben hatte und eine zweite auf der Vorderseite der Kutsche klebte, den Kopf im Inneren vergraben. Die dritte setzte gerade vor und rammte die Kauwerkzeuge in die Schulter einer Bediensteten, woraufhin diese zu Boden stürzte und in hysterisches Schreien verfiel. Der übriggebliebene Leibwächter schnellte vor, um ihr zur Hilfe zu eilen.

Adeena atmete so schwer, als wäre sie hunderte Schritt gerannt. Sie traf die abstruse Erkenntnis, dass die Mottenflügel dieselbe Bemalung wie die von *leamhan severyn* hatten. An den Körpern der Monster hingen noch Stofffetzen, auf ihren Köpfen saßen die Reste zerdrückter Blumenkränze. Menschen, die am Tag eines Fests zu Ungeheuern gemacht worden waren.

Jakob Klingwahr hatte seinen Degen gezogen und packte die andere Bedienstete, die schlimm aus einer Wunde am Rücken blutete. Sie schluchzte, als er sie in Adeenas Richtung schob. »Verschwindet!«, rief er nochmals, ehe er die zweite Bedienstete in den Klauen der Motte packte, um sie in Deckung zu schleifen. Das Dienstmädchen, das noch zum Gehen imstande war, stolperte Adeena aufgelöst in die Arme, grub die Finger fest in die Haut der jungen Adligen. Erst dieser irrelevante Schmerz riss sie aus ihrer Apathie. Adeena stolperte nach hinten, wobei ihre Hüfte beinahe wegknickte – »Schnell!«, brachte sie zusammen und wollte im Dickicht unterkommen, wie ihr Vater gesagt hatte. Er hatte keineswegs bloß im Affekt entschieden oder sich nur den Motten entgegengestellt, um sie zu schützen. Nein, er wusste genau, was zu tun war!

Die Sonne senkte sich rotgolden über die gepflasterte Straße, tauchte Kutsche, Körper und Kämpfende in einen Kranz aus Licht. Ehe Adeena den Waldrand erreichen konnte, sprang ihnen eine der Kreaturen in den Weg. Adeena nahm den Luftzug wahr und hörte das Klappen der Flügel, als das Wesen sich auf die Bedienstete warf. Das Mädchen ließ sich instinktiv zu Boden fallen und nur durch ein Wunder geriet sie nicht zwischen die klackenden Mandibeln. »Nein!«, schrie das Dienstmädchen, als ein weiteres Monster sie beim Bein packte. Sie ergriff Adeena am Knöchel und krallte sich an ihr fest. »Hilf mir!«, brüllte sie.

Adeena taumelte nach hinten, von Ekel und Panik und Grauen ergriffen, und geriet aus dem Gleichgewicht. Sie landete auf dem Boden und brachte einen Schrei hervor, als die Hand um ihren Knöchel fester zupackte. Das Dienstmädchen klammerte sich an sie, um nicht davongeschleift zu werden. Doch dann – *schnapp* – hatte das Ding die Kiefer in den Hals des Dienstmädchens geschlagen, die voller Schmerz aufbrüllte. »NEIN!« Beide Mottenkreaturen rissen von anderen Seiten an der jungen Frau, die Adeenas Knöchel freigeben musste. Ein Rucken, zwei, drei, dann schmatzte und knackte es und ein markerschütternder Schrei zerriss die Luft, als das Mädchen in zwei Hälften geteilt wurde. Einen Augenblick schrie sie noch, doch ehe sie verstummte, war Adeena auf die Beine gekommen und im Wald verschwunden.

»*Amadeus, ewig ist meine Seele von deinem Licht erfüllt*«, brachte sie zwischen zwei Atemzügen hervor, als sie durch das Dickicht hinkte. So schnell, wie sie konnte. »*Amadeus, dein sind mein Atem und mein Herz. Amadeus, behüte und beschütze mich vor allem Unheil. Nimm Schlechtes von mir und vergib* … ah – *meine Sünden.*« Sie stolperte, fing sich wieder, wandte sich rastlos nach hinten. Ihre Hüfte brannte, als bestünde sie aus heißem Eisen. Ihr Herz schmerzte so sehr. »*Glühende Liebe lässt meine schwachen Glieder erbeben. Allmächtiges Feuer lodert in meinem Herzen. Denn du bist mein Licht … du bist die Wahrheit … du bist der Frieden*. Ahh!« Adeena fiel und landete mit Händen und Knien in Wurzeln, Schmutz, Moos. Schluchzend richtete sie sich auf, fuhr sich über die aufgeplatzte Stirn. »*I-in deinem Ang-gesicht, Amadeus, ewig.*« Sie schob sich hinter eine dicke Baumwurzel. »Amadeus«, Adeena schlotterte, »bring mich heim. Bring mich heim.« Nein, das waren nicht die richtigen Worte, das waren …

Schreie erklangen von der Lichtung und Adeena wimmerte.

»Bring Papa heim. Amadeus, bring Papa heim.« Wenn dieser Gott, der ihr nie geholfen hatte, sie hören konnte, dann sollte er ihr diesen Wunsch erfüllen. Adeena wiederholte die Worte, ohne Atem zu schöpfen. »*Amadeus, ewig ist meine Seele von deinem Licht erfüllt* …«

Sie betete flüsternd, dicht verborgen im Unterholz, bis der Kampflärm verklang und nur Stille zurückblieb.

Schwankend kam sie auf die Beine und taumelte durch die Stille ins Licht der Abendsonne. Der Weg durch das Geäst erschien ihr ewig und jeder Schritt zurück an diesen Ort war so schwer, als seien ihre Glieder aus Marmor. Sie blutete und sie trug fremdes Blut auf der Haut. Ihre Hüfte schmerzte wie nie zuvor.

Im Rot des sterbenden Tages lagen Kutsche und Leichname in gespenstischer Stille da. Die Deichsel der Kutsche war gebrochen, davor lag zwischen dem Schutt und geborstenen Holz der Kadaver eines der vorgespannten Pferde. Hals, Flanke und Kruppe waren aufgerissen. Daneben befanden sich die zerteilten Überreste jener Bediensteten, der beinahe ebenfalls die Flucht gelungen war. Ihr Gesicht war eine Fratze des Grauens, der Mund zu einem ewigwährenden Schrei verzerrt.

Adeena erinnerte sich nicht an ihren Namen. Ebenso wenig wie an den der anderen jungen Frau, die ein Stück weiter hinten lag – zumindest ging sie davon aus, dass es sich bei diesem Haufen an Rot und Fleisch um das Mädchen handelte.

Adeena trat zwischen der Kutsche und den Überresten der Bediensteten und des Gardisten hindurch, hielt sich mit einer Hand die Hüfte. Dann krampfte ihr Herz in hartem Schmerz zusammen. Adeena taumelte ein, zwei Schritte auf den Rand der Lichtung zu, wo sie neben dem Körper ihres Vaters auf die Knie sank. Ihr entwich eine Reihe unartikulierter Laute, Wimmern, wortlose Silben, während sie das Gesicht Jakob Klingwahrs in die Hände nahm. Schluchzend strich sie über seine Wangen, die Schläfen, als würde es ihn wecken können. Dabei atmete er schon nicht mehr. Ein sauberer Schnitt hatte ihm die Kehle aufgetrennt, Blut war in einer Pfütze um ihn verteilt. Eine Hand lag noch an seinem Hals – es war ihm nicht gelungen, die Blutung zu stoppen. Der zweite Leibwächter kauerte neben ihm, ebenso reglos wie jeder auf der Lichtung. Er schien versucht zu haben, seinem Herrn noch zu helfen. Die Innereien, die ihm aus der geöffneten Bauchdecke quollen, sprachen davon, warum es ihm nicht gelungen war.

»P-papa.« Adeena wisperte das Wort, das ungehört verklang. Ihre Hände zitterten unkontrolliert, als sie wieder, wieder, *wieder* über seine Wangen fuhr. Der Wald war still, als sie bitterlich zu weinen begann. »Papa, Papa …« Sie klammerte sich an ihn, an alles, was von ihm geblieben war, und alles, was sie je geliebt hatte. Wünschte seine Berührung herbei, die Wärme seiner Haut, die nie so kalt und klamm gewesen war. Adeena hielt an dem fest, was sie immer gehalten hatte. Und weinte.

»Hier?« Severyn sah sich ungläubig um, während sie absaßen.

»Wenn wir erst ein Feuer gemacht haben und die Zelte aufgeschlagen sind, sieht das ganz anders aus«, versicherte Nascha. »Wir können die Schafmilch von Juna aufwärmen, dann haben wir es richtig gemütlich.«

»Das ist nicht meine Definition von *gemütlich*«, meinte Severyn.

Edeline bemerkte, dass Nascha der Kommentar betrübte, obwohl sie das Gesicht abwandte. Nascha mochte es abtun, aber tief in ihrem Herzen musste sie Unmut darüber empfinden, dass ihr Prophet war, wie er war. Sicher sehnte Nascha sich nach jemandem, dem Keyll Naomh ebenso lieb und teuer war wie Newid – nach jemandem, der seinen Sinn ebenso im Umherziehen und Wertschätzen derselben Dinge fand.

Lene band ihre Stute neben Naschas an einem Baum an und begann, die Satteltaschen abzugurten.

»Ich begreife nicht, warum jeder solche Furcht vor den Wäldern empfindet«, sagte Severyn zu Esmond. »Sie sind beeindruckend. Es sieht verwunschen aus und hier lauert sicherlich das ein oder andere Ungeheuer. Aber solange wir diese Amethysten tragen, spüren sie unsere Anwesenheit doch nicht.«

»Zumindest solange wir ihnen nicht direkt in die Arme laufen«, meinte Esmond.

»Das Schlimmste, was mir hier zustoßen kann, scheint der Biss einer Feuerameise«, brummte Severyn. »Nicht, dass ich besonders angetan von dem Gedanken wäre. Warum können wir nicht wieder in einem Gasthaus übernachten?«

»Es gibt keines in der Nähe. Und dies hier ist nicht das Innerste von Keyll Naomh«, erklärte Edeline. »Ihr wart noch nie tief genug, Hoheit. Im einen Moment ist der Wald das Produkt von Märchengeschichten – im anderen beginnt er zu summen und säuseln, als hätten sich die Stämme und Blätter in Abermillionen von Insekten verwandelt.«

»Und dann fragt man sich, was noch Realität ist und was bloß der Fantasie entspringt«, ergänzte Caleb, der sein Pferd anband. »Wenn man Singen hört, ohne dass jemand da ist. Wenn Schattenspiele sich zu Gestalten formen und über die Haut streicheln. Man spürt, dass man zu tief drin ist.«

Edeline nickte gewichtig. »Dann überkommt einen solche Furcht, als hätte eine kalte Hand einen gepackt. Uralte, tausende Schritte hohe Bäume knirschen, Weiber tanzen mit knarrenden Wurzeln und gigantische, nie gesehene Kreaturen durchstreifen das Dickicht. Unentdeckt von Menschen. Weil jeder, der sie je zu Gesicht bekam, nicht mehr darüber reden kann.« Sie schlug die Hände wie Klauen in Olyvars Schultern, die quiekte und lachte.

»Oder man gelangt in die Moorwälder oder die tiefen Haine«, setzte Caleb dahinter. »Mari Lughs und ihre Anhänger singen im Chor und beten ihre schauerlichen Liturgien. Furchterregende Kreaturen spießen die Schädel von Toten zwischen Rosen und Magnolien. In den Hainen hört man die Nymphen und Feelynge singen.«

»Lockend.«

»Frohlockend.«

»O ja, wunderbare Vokabel.«

Caleb schnaubte. »Tückisch sind diese Nymphen. Nichts als Illusionen. Im einen Augenblick hältst du eine wunderschöne Frau im Arm und im nächsten wird dir klar, dass du dir nur in einem Baumloch einen runterholst.«

Severyn starrte ihn entgeistert an und Caleb brach in Gelächter aus. »Du solltest dich mal sehen! Nein, ich spreche nicht aus Erfahrung. Betritt bitte dennoch niemals einen Feelyngzirkel.«

»Ihr fühlt euch wohl sehr witzig heute«, knurrte Severyn. »Mit euren Schauergeschichten und Schattenspielen. Aber der Wald hat mich gemacht und würde mir nie schaden wollen. Ansonsten habe ich Esmond. *Wyn cledd, yn wy llaw.*«

Esmonds Brauen zuckten und Edeline konnte das Silber in seinen Iriden flackern sehen. Sie schluckte ihren Ärger hinunter. Noch einmal diese Worte und sie würde schreien. »Müsst Ihr das immer sagen?«, fragte sie mit schwer verhohlenem Ärger. »Man sieht doch, dass es Esmond stört.«

Severyn pampte zurück: »Das sind ganz gewöhnliche Worte.«

»Es ist der Befehl, der ihn umdreht, Hoheit.« Edeline hob das Kinn. »Ich würde mich nicht immer dagegenstemmen wollen.«

»Das hab immer noch ich zu entscheiden. Ich will nicht immer achtgeben müssen, was ich sagen darf und was nicht.« Severyn betrachtete sie ärgerlich. »Es stört dich nicht, oder Esmond?«

Esmond zögerte. »Es geht schon.«

Um das Gespräch zu beenden, nahm Olyvar Severyn bei der Hand. »Kann ich dir meine Flöte zeigen? Ich will dir ein Lied vorspielen.«

Severyn seufzte. »Ja. Warum nicht?«

Edeline und Esmond blieben zurück, während die beiden davonhuschten und Caleb Nascha beim Aufstellen der Zelte zu helfen begann. Lene spannte unwillkürlich die Schultern, während sie den Sattelgurt löste.

»Danke, dass du mir helfen wolltest«, sagte Esmond, der sich um Severyns Pferd kümmerte.

»Bringt ja eh nichts.«

»Bei Severyn kommt man mit Vernunft nicht weit, aber es war trotzdem freundlich.«

»Scheint so.«

»Du hast übrigens ein schönes Pferd. Ist eine Stute, oder?«

»Ja.«

»Was für eine Rasse?«

»Weiß keiner so genau.«

Amüsiert neigte Esmond den Kopf. »Wirst du jemals mehr als vier Worte am Stück zu mir sagen?«

»Was?«

Der junge Krieger fuhr sich über den Bart. »Du bist immer so verschlossen. Erst reißt du Witze mit Caleb und dann wirst du wieder so schweigsam.«

»Ich weiß einfach nicht, was du von mir willst.«

Edeline hob den Kopf, als er lachte. »Ich hoffe, du hältst das nicht für Anmachen. Ich bin ein Keitha, ich lebe enthaltsam.«

»Und ich stehe auf Frauen.«

Jetzt lachte er wieder und dieses Mal musste sie sich bemühen, nicht ebenfalls zu schmunzeln. Lene hatte einen Plan gefasst, der nicht miteinschloss, dass Esmond ihr Freund wurde. Auch jetzt, da sie sich nicht darauf konzentrierte, spürte sie den Ruf und das Zerren in ihrem Inneren, das sie in eine Richtung lotsen wollte. Es fiel ihr schwer genug, sich dagegen zu stemmen. Und jedes *wyn cledd* von Severyn war eine zusätzliche Belastung, die Esmond enger an ihn zu fesseln schien. Wie lange würde sie sich dagegen erwehren können?

Edeline stützte sich auf den Rücken ihrer Stute. »Wir brauchen Feuerholz. Unten an der Quelle habe ich lose Äste gesehen. Kannst du runtergehen und welche holen? Du musst vielleicht ein kleines Stück laufen. Ich kann die Pferde so lange fertig trockenreiben.«

»Das waren definitiv mehr als vier Worte.« Esmond hob die Schultern. »Von mir aus. Severyn wird so lang wohl nicht in Gefahr geraten?«

»Versprochen.« Das Wort entlockte ihm ein Lächeln, das sie halb erwiderte.

Sobald Esmond im Unterholz verschwunden war, zog Edeline den Gurt wieder fest. Es tat ihr leid, dass sie ihm das antun musste. Aber sie konnte Severyn nicht loswerden und wenn sie die Worte nicht länger hören wollte, blieb nur eine Möglichkeit. Esmond konnte nichts dafür – er hatte auch keine Ahnung, dass sie lediglich sich selbst beschützte, wenn sie ihm zur Hilfe kam. Er wusste ja nicht, dass sie genauso war wie er.

Edeline lief zu den anderen. »Wir müssen umziehen.«

»Echt jetzt?«, stöhnte Caleb.

»Da hinten ist ein Feenlyngszirkel. Mit dem so nah am Lager ist es nicht sicher genug. Sattelt die Pferde wieder.«

»Wo ist Esmond?«, fragte Severyn, der sich von seinem Sitzkissen aufrichtete. Olyvar packte murrend ihre Flöte weg.

»Er kommt gleich nach. Er möchte ein paar Spuren verwischen, damit uns kein Feelyng folgt«, erklärte Edeline. »Wir können sein Pferd hierlassen.« Und wenn er sie nicht wiederfand, würde sie einfach sagen, dass Severyns unsinnige Befehle ihn vertrieben hatten.

»Na, dann packen wir mal wieder ein. Nicht, dass *Severus* doch einem Feelyng verfällt«, brummte Caleb und rollte das Zelt wieder ein.

»Immerhin bin ich nicht brünstig wie ein Hirsch, *Casper*«, konterte Severyn. Er machte Anstalten, sein Pferd loszubinden. Edeline wollte sich rasch auf den Weg machen, als hinter ihnen eine Stimme erklang.

»Hey, ich brauche Hilfe!« Esmond erschien aus dem Dickicht. »Ich habe ein verwundetes Pferd entdeckt – nahe des Bachs verläuft eine Straße und …« Er blieb wie angewurzelt stehen. »Wolltet ihr gerade abhauen?«

Edeline überkam es kalt. Caleb und Nascha tauschten einen verwirrten Blick, ehe sie ihre Freundin ansahen, und auch Severyn schaute finster drein.

»Wolltest du uns hochnehmen? Was soll das?«

»Ich …« Edeline biss sich auf die Unterlippe – sie hatte keine Ahnung, was sie sagen sollte.

Es war ausgerechnet Esmond, der ihr zur Hilfe kam.

»Kommt erstmal mit. Es gibt was, das ihr euch ansehen solltet.«

Prinz ohne Land

Nerys beruhigte sich auch am zweiten Tag nach Severyns Abreise nicht. Sie weinte unentwegt – und wenn sie nicht weinte, dann saß sie in stummer Apathie auf einem Diwan, die schlanken Beine an den Körper gezogen und eine schmale Hand um das Handgelenk geschlossen. Blickte mit leeren Augen in die Zimmerflucht und bewegte stumm die Lippen. Sie ließ sich nicht schminken, frisieren oder einkleiden, blieb zumeist nur in ihrem Morgenmantel und band die blonden Haare im Nacken zusammen. Zu schlafen schien sie, gemessen an den Schatten unter ihren Augen, ebenfalls nicht. Sie zum Essen zu bewegen, war so schwierig, dass die Bediensteten dreimal am Tag nach Breya schicken ließen, der es als Einzige zu gelingen schien, und das auch nicht jedes Mal.

»Sieh, Mutter, ich habe wieder Ostarabrot mitgebracht.« Breya zeigte Nerys den süßen Stollen, ehe sie sich neben ihr auf den Diwan sinken ließ.

Vor dem Fenster hatte es zu dämmern begonnen und Nerys sah dabei zu.

»Willst du nichts?«

Sie atmete ein und schüttelte den Kopf. »Ich habe keinen Appetit.«

»Hast du denn ein wenig geschlafen?«

»Wie geht es Barcat? Haben sie ihn zurückverwandelt?«

»Nein, aber Severyn gibt sein Bestes.«

In ihren Augen standen schon wieder Tränen. »Dass er sich in solche Gefahr begibt … euer Vater hätte das nicht gewollt. Oder – doch, wahrscheinlich hätte er es gewollt, wenn es seine Pflicht ist.« Sie sah Breya an. »Seryn wird gut beschützt, nicht wahr?«

»Ihm passiert nichts«, versicherte Breya aufrichtig. »Versprochen.«

»Und Barcat?«

»Er hat alles, was er gerade braucht.«

»Alles, was er braucht.« Nerys murmelte die Worte noch mal. »Aber wenn er mich braucht? Wenn ich für ihn da sein muss?«

Breya hielt sie auf, als sie aufstehen wollte. In der gestrigen Nacht war Nerys wie ein Geist durch die Korridore gewandelt und hatte versucht, in den Thronsaal zu gelangen, doch die Gardisten hatten sie nicht gelassen. Es war viel zu gefährlich. »Geh dort besser erstmal nicht hin. Willst du jetzt nicht lieber ein wenig schlafen? Du musst sehr müde sein.« Als Nerys nicht antwortete, legte Breya ihr eine Hand auf den Arm, streichelte darüber. »Du kannst dich in mein Bett legen, wenn du magst.«

»Da gehörst du hinein«, erwiderte Nerys abwesend.

»Ich würde es liebend gern an dich abtreten.«

Leise Schritte erklangen und als Breya sich umwandte, sah sie Azahr durch die Tür zum Arbeitszimmer des Fürsten treten. Er näherte sich langsam, ehe er in höflicher Entfernung stehen blieb. »Hallo, Breya.«

»Hallo, Azahr.«

Er nickte zu Nerys, die ihn kaum wahrgenommen zu haben schien. Breya hob unmerklich die Schultern. »Danke noch einmal, dass ich hier sein durfte. Ich habe jetzt alles erledigt.«

»Das ist schön«, meinte Nerys. »Das würde Barcat sicher freuen. Weißt du, wie es ihm geht?«

Das Zucken seiner Lippen verriet Breya, dass sie diese Frage zuvor schon gestellt hatte. »Nein.«

»Meint ihr …« Sie zog den Morgenmantel enger um die Schultern. »Meint ihr, er muss schlimm leiden? Erträgt er schlimme Schmerzen?«

Azahr trat näher und ging neben ihnen in die Hocke. Die Worte glitten ihm mit weichem Akzent von der Zunge, als er zum Sprechen anhob: »Barcat hat schon vielen Dingen die Stirn geboten. Dies ist nur eine Sache unter unzähligen.«

»Und er war stets bereit, jeden Schmerz tapfer zu erdulden«, pflichtete Breya ihm bei. »Mutig für sein Volk und seine Familie.«

Azahr nickte. »Deswegen sollten wir genauso stark sein wie er. Wie er es gewollt hätte.«

»Er würde sicher gutheißen, wenn du etwas zu dir nehmen würdest.« Breya reichte ihr das Ostarabrot.

Nerys betrachtete es und war den Tränen nahe, als würde Barcat es ihr persönlich hinhalten. »Stell es da hin.«

Azahr nahm das Brot von Breya entgegen, um es auf dem Beistelltisch abzulegen. Nerys sah den beiden abwesend dabei zu, wie sie zusammenarbeiteten. »Ich würde mir wünschen, dass ihr heiratet. Und dass ihr genau wie Barcat und ich seid.«

Breya war erleichtert, dass weder Nerys noch Azahr etwas hinzufügten, denn dann konnte auch sie bloß höflich schweigen. Sie deckte Nerys, die sich auf dem Diwan zusammenrollte, mit der leichten Decke zu. »Versuch zu schlafen«, raunte sie, ehe sie sich aufrichtete und gemeinsam mit Azahr aus dem Zimmer trat.

»Man erkennt sie wahrlich kaum wieder«, sagte der Prinz mit besorgter Miene.

Breya nickte. »Sie schläft nicht mehr in ihrem Bett, seit Vater nicht mehr dort ist. Es gab in der Vergangenheit nicht viele Fürsten, die sich lange ein Zimmer mit ihrer Gemahlin geteilt haben. Aber die beiden sind nie auseinandergegangen. Ohne ihn fühlt sie sich schrecklich einsam dort.«

»Dabei muss sie furchtbar müde sein.«

»Ja. Mittlerweile hat sie drei Nächte durchgemacht. Sie vermisst ihn zu sehr.«

Azahr zupfte an einer der gedrehten Haarsträhnen, die über seine Schultern fielen. Er trug ein sandfarbenes Hemd und eine dunkle Hose und stellte damit dieselbe Bescheidenheit zur Schau wie jeher. Breya hatte schon früh begriffen, dass der Narraphprinz eher durch Höflichkeit und Klugheit zu überzeugen versuchte als mit edelster Kleidung. »Weißt du«, setzte er vorsichtig an, »sie wirkte nie besonders … scharfsinnig auf mich. Barcat schien nie viel auf ihre Meinung zu geben und hat bloß belächelt, wie sie Kleider zusammenstellte und Feste vorbereitete. Ich habe nie gesehen, wie viel sie einander bedeuten.«

Ja, auch sie selbst war sich dessen nicht bewusst gewesen, ehe sich der Eshwenfürst in dieses Monster verwandelt hatte. Breya war der Überzeugung gewesen, die Fürstenfamilie gut zu kennen, doch sie hatte eine Sache an ihrer Ziehmutter Nerys nie begriffen: Sie liebte ihren Mann mehr als alles, was sie besaß.

Sie traten in die Gärten und schritten einen der gepflasterten Steinwege entlang. Der Himmel hatte die Farbe von Milch und reifen Kirschen und eine rote Sonne senkte sich tief über den Horizont. Sie verschwand bald zwischen den raschelnden Blättern der Bäume. Breya wusste, dass Azahr ungern zu tief in die wilden Teile der Gärten schritt, deswegen führte sie ihn einen breiteren Pfad entlang. Zwischen den ordentlich geschnittenen Buchsbäumen und Fackeln, die um diese Zeit entzündet wurden, hatte sie mit Severyn Verstecken gespielt – manchmal sogar noch, als sie bereits zu alt dafür gewesen waren. Über den runden Gewächsen erhob sich eine Statue von Seryns Großvater und blickte erhaben auf den Betrachter herab. Eine Handvoll Eschenelben, winzig klein in seinem Angesicht, beteten zu seinen Füßen.

»Was hast du in Vaters Arbeitszimmer getrieben?«

»Ein paar Dinge, von denen er sagte, dass ich sie erledigen soll. Sollte es zu so einem Zwischenfall kommen.«

»Das können doch die Berater übernehmen?«

»Können sie nicht.« Als sie ihn ansah, lachte Azahr. »Es waren Dokumente zum Asylrecht meiner Leute. Sorge dich nicht, ich habe nicht heimlich unsere Verlobung arrangiert. Ich begreife ein Nein.« Er machte eine Pause. »Selbst wenn ich gern wüsste, was dich dazu bewegt, mich abzuweisen. Reine Neugier.«

Breya zögerte. »Ich fühle mich nicht bereit zum Heiraten.«

»Ist das so?«

»Ich bin noch jung, erst siebzehn. Außerdem muss Severyn vor mir vermählt werden. Mutter wollte ihn vor drei Jahren mit Alea Freymann aus Broc Môr verheiraten, um unsere Beziehungen zu Skoggen zu stärken. Doch ehe es dazu kommen konnte, griffen die Drovi an und Alea und der Rest ihrer Familie wurden in der Schlacht getötet. Severyn sagt, er findet niemanden sonst, der ihm gerecht wird.« Niemanden außer ihr. Denn so furchtbar der Tod der Prinzessin von Broc Môr auch gewesen war – er hatte sie selbst und Severyn begreifen lassen, dass sie nur einander wollten. Ein Stück weit war Breya froh, dass er nie mit diesem Mädchen vermählt worden war.

»Du lässt dich aber nicht zu sehr von deinem Bruder beeinflussen, oder?«, fragte Azahr.

»Von Seryn?« Breya faltete die Hände ineinander. »Er ist mein Bruder, wir sind sehr vertraut. Das heißt aber nicht, dass ich nicht für mich selbst denken kann.«

»Ja. Ihr seid ausgesprochen vertraut.« Abendlicht fiel über sein Gesicht, als Azahr sich ihr zuwandte. »Ich möchte bloß nicht, dass du für ihn eine falsche Entscheidung triffst. Er will alles für sich haben. Selbst seine Schwester.«

Breya hätte beinahe gelacht. Wie viele falsche Entscheidungen hatte sie schon für Severyn getroffen? Sie konnte es nicht sagen, aber sie wusste sicher, dass sie keine von ihnen bereute. Severyn mochte nicht mit Worten über sie entscheiden können, doch dass sie ihn liebte, ließ sie noch immer genug dumme Dinge tun. »Du hast ein falsches Bild von ihm, Azahr. Er mag sich nicht immer so verhalten, aber er trägt auch Gutes in sich.« Nur die wenigsten Menschen hatten ihr bislang geglaubt, wenn sie das gesagt hatte. Es erschien Breya oft, als sei sie die einzige Person auf der Welt, die diese Dinge in Severyn sah. Seine Willensstärke und Konsequenz – die Standhaftigkeit in den Dingen, die ihm etwas bedeuteten. Hin und wieder schien nicht einmal Keyll Naomh in der Lage, an das Gute in ihm zu glauben. Aber jemand, der sie so innig küsste und so zärtlich zu ihr war, der musste doch auch Tugend in sich tragen?

Azahr seufzte. »Wahrlich, Breya, mitunter frage ich mich, ob die Wälder auch zu euch grausam sein wollen, dass sie ihn zum Propheten gemacht haben.«

Breya versteifte sich sogleich. »Was meinst du? Die Wälder wissen, was sie tun.«

»Wenn das so ist, dann können sie nichts Gutes wollen.«

Obwohl sie sich bemühte, den abfälligen Kommentar herunterzuschlucken, brandete eine Welle der Abscheu in ihrem Inneren auf. »Könntest du aufhören, Severyn und Keyll Naomh so schlechtzureden?«

Er hob die Brauen. »Verzeih. Ich vergaß, wie wichtig dir diese dummen Dinge sind.«

»Vielleicht ist auch das ein Grund, aus dem ich dich nicht heiraten möchte. Keyll Naomh bedeutet mir alles, Azahr – und jemandem, der ihn so verachtet, kann ich meine Hand nicht reichen.«

Azahr blieb stehen. »Weißt du eigentlich, wovon du sprichst, wenn du sagst, dass der Wald dir alles bedeutet?«

»Sicher.«

»*Warst* du je in den Wäldern? Nicht in den beschaulichen Hainen, die hier an die Stadt grenzen. In seinen Tiefen, die kaum ein Mensch je lebend zu Gesicht bekommen hat. Wie viel dieses verwunschenen, alles überwuchernden Monstrums ist unerforscht? Sieben Achtel?«

»Ich weiß genug über die Wälder, um zu wissen, dass sie mir kein Leid antun würden«, erwiderte sie harsch.

Azahr schnaubte. »Du lebst in einer Welt, die von Bäumen und Blättern beherrscht wird. Ich schätze, für euch ist es schwierig zu erkennen, was direkt vor der eigenen Nase liegt.«

»Die Wälder sind mir das Heiligste auf der Welt«, entgegnete Breya. »Wenn du sie weiter herabwürdigst, werde ich nicht länger mit dir sprechen!«

»Verflucht, du hast wirklich keine Ahnung. Verzeih, dass ich das, was dir das Heiligste ist, nicht verehre. Es fällt mir schwer, etwas anzubeten, das mir Heimat, Familie und Existenz geraubt hat!«

»An den Feuern in Narraph waren die Wälder nicht schuld«, sagte Breya frostig. »Das weiß ich!«

»Ach ja? Und woher? Warst du dabei?«

»Nein, war ich nicht«, schnappte sie.

»Ich war es«, knurrte Azahr. »Ich war dort. Und dann war ich in den Tiefen dieses Ortes der Verdammnis und habe alles gesehen, wovor man mich je gewarnt hat. Hat dir jemals jemand erzählt, wie es gewesen ist? Hat dir jemand davon berichtet, was die Wälder getan haben?«

Breya zögerte, ehe sie den Kopf schüttelte. »Nein. Wer hätte mir davon erzählen sollen, wenn nicht du?«

Einen Augenblick standen sie starr voreinander, ehe sie auffordernd das Kinn hob. Azahr stieß den angehaltenen Atem aus, offenbar gewillt, für kurze Zeit die Waffen niederzulegen.

Nebeneinander nahmen sie auf einer Steinbank Platz, vor ihnen die stille Gartenanlage. Noch immer fiel es Breya schwer, nicht wütend die Fäuste zu ballen – sie konnte eine Menge Dinge ertragen, doch jemanden so missbilligend über ihre Religion sprechen zu hören, ging zu weit. Dennoch war sie gewillt zu hören, was Azahr über jene furchtbaren Ereignisse im letzten Winter zu sagen haben würde.

Der Narraphprinz hatte die Hände in den Schoß sinken lassen, abwesend, als würde er Breya nicht länger wahrnehmen. Mit der von Wald überwachsenen Parkanlage vor sich, die in der Dämmerung von kühlem Wind durchfahren wurde, schien er die Ereignisse von damals deutlich vor sich zu sehen. Breya glaubte beinahe, dass Azahr nicht darüber reden würde. Dann aber brachen die Worte seine Lippen auf.

»Während der Regenzeit war Narraph wunderschön. Weit im Süden liegen die Wüsten, in die sich niemand wagt – aber direkt hinter den Gebirgen, in den Savannen, war stets alles voller Leben. Die Landschaft strotzte vor Grün, die Pflanzen standen in voller Blüte ... der Regen säuselte in der Nacht in den Gärten und rann von den Kuppeldächern des Palasts. Wir feierten das Regenfest, sobald die ersten Tropfen auf den Boden der Stadt fielen, und ganz Chemwal war bei Donner und prasselndem Regen auf den Straßen ... das war wunderschön.«

»Einen Ort, an dem Regen so herbeigesehnt wird, kann ich mir kaum vorstellen.«

»Ja, hier regnet es so oft, dass es beinahe nervtötend ist.« Das Lächeln erreichte seine Augen nicht. »In der letzten Trockenzeit erwarteten wir den Regen sehnlicher denn je. Die Pflanzen waren träge und dorr, die Tiere müde, die Menschen stöhnten unter der Sonne. Hätte der Regen uns eher erreicht, wäre all das womöglich nicht geschehen. So jedoch waren die Savannen so trocken, dass das Feuer sich rasend schnell verbreitete, sobald es erst entfacht war.«

»Die Sonne hat es entzündet?«, fragte Breya.

Azahr schüttelte den Kopf. »Das war kein gewöhnlicher Buschbrand oder dergleichen. Bei Morgengrauen brauten sich dunkle Wolken über dem Palast von Chemwal zusammen. Wir rechneten mit Regen und standen in der

Frühe auf, um das Spektakel zu verfolgen. Aber es fiel kein Tropfen – bloß mehr und mehr dunkle Wolken türmten sich über unseren Köpfen auf. Und dann entlud sich alles in einem Inferno. Blitze gingen auf das Kuppeldach des Palasts nieder – Blitze, die nicht von dieser Welt waren, nicht *so*. Der Druck war so stark, dass das Kuppeldach des Palasts zerbarst, als sei es von einer Riesenhand zerquetscht worden. Alles stand in Flammen, der Palast, die Türme, und Feuerfetzen und Brocken stürzten auf Chemwal herab und setzten die Wohnviertel ebenfalls in Brand. Bald waren überall in der Stadt Schreie zu hören. Böen kamen auf, die Stadt brannte in Windeseile lichterloh.« Er hielt inne. »Ich war nicht im Turm, als die Kuppel zerbarst. Meine *Inyo* hat mich geschickt, um ihr einen Becher Honigmilch zu besorgen. So ein dummer Grund … nur das hat mir das Leben gerettet.«

»Deine *Inyo*«, murmelte Breya. »Das ist deine Mutter?«

Azahr nickte. »Ja, richtig. Als ich die Explosion hörte, stürmte ich zurück zum Turm, so schnell meine Beine mich trugen. Verbrannte, hustende Gestalten taumelten mir entgegen, prallten gegen mich, versuchten mich aufzuhalten. Als ich meine *Inyo* in den Rauchschwaden ausmachte, konnte sie sich schon kaum mehr auf den Beinen halten. Ich erinnere mich noch, dass sie nach mir greifen wollte – doch da wo sie einmal die Finger gehabt hatte, war nur schwarze Kohle zurückgeblieben. *Inyo* hatte Konda und Arawet, meine beiden kleinen Brüder, unter ihrem Gewand versteckt, damit die Flammen ihnen nicht schaden konnten. Sie schob mir die beiden in die Arme und flehte mich an zu fliehen. Das Inferno war über sie hinweggefegt, ehe ich einen Gedanken an ihre Rettung verschwenden konnte. Ich war Zeuge davon, wie meine *Inyo* verbrannte, und auch meinen Vater sah ich niemals wieder.«

Breya war ganz kalt – nicht nur, weil der Wind langsam frostiger wurde. In Azahrs Worten fand sie einen undurchbrochenen Schmerz, den sie kaum nachempfinden konnte. Sie hatte solche furchtbaren Dinge nie erlebt. »Sie waren dir sehr wichtig, nicht wahr?«

»*Luu asista*, hat *Inyo* mich immer genannt«, raunte Azahr. »Scheinende Sonne. Vater war ein strenger Mann, prinzipientreu und herrisch. Aber Konda und Arawet und ich waren meinen Eltern wichtiger als alles auf der Welt.«

»Was geschah mit deinen Brüdern?«

»Ich nahm sie mit. Ich weiß nicht, wie mir das gelungen ist, aber ich schaffte es damals heil bis zu den Stallungen. In den vorangegangenen Jahren hatte ich unzählige Stunden damit verbracht, einen Kerit zu zähmen – nur deswegen bin ich heute wohl hier.«

»Was ist ein Kerit?«

»Sie leben in den Savannen – womöglich Mutationen aus Bären oder Hyänen, denn so sehen sie aus«, erklärte Azahr. »Bloß größer, mächtig und mit tödlichem Biss. Furchtbar anstrengende Genossen, aber intelligent. Legenden besagen, sie seien unsterbliche Wesen – dass sie die Urahnen der Narraph sind und in Tiere verwandelt wurden, um für immer am Leben zu bleiben. Aber womöglich sagt man sich das auch bloß, weil sie ein drittes Auge besitzen wie die Sagart.«

»Und du hast eines dieser Tiere gezähmt?«

»O ja. Die Bestie war furchtloser als ein Pferd und stellte sich den Flammen tapfer entgegen, als ich mit den Zwillingen im Arm über die Straßen stürmte. Das Stadttor ließ sich nicht mehr öffnen – die Kurbeln waren verbrannt und die Kette geborsten. Aber mithilfe des Kerits gelang es uns, das Tor durch Hebelwirkung ein Stück anzuheben, einen Felsbrocken darunterzuschieben und zu fliehen.«

»Dann muss das Tier dir blind gehorchen.« Breya nickte beeindruckt.

»Vor mir ist es niemandem gelungen, einen Kerit so zu zähmen«, antwortete Azahr ohne Arroganz. »Die Überlebenden, die es mit mir hinausgeschafft haben, flohen zu einem angrenzenden See, um zu warten. Es blieb kaum Zeit, denn das Feuer breitete sich rasend schnell aus und hatte längst auch das trockene Gras und Geäst außerhalb der Stadtmauern erreicht. Ich versuchte, mich bis nach Duma durchzuschlagen – doch als ich dort ankam, konnte ich auch dieser Stadt bloß beim Brennen zusehen.« Sein Blick glitt in die Leere. »Nicht nur der Palast stand in Flammen. Nicht meine Stadt Chemwal. Nein, ganz *Narraph* brannte, und uns blieb nur die Flucht an jenen Ort, an den wir nie gehen wollten. Vor dem unsere Ahnen vor hunderten Jahren geflohen sind.«

»Keyll Naomh.«

Er nickte. »Ich führte meine Leute, so gut ich konnte. Zwei Berater meines Vaters hatten es mit mir hinausgeschafft, ebenso wie etwa zweitausend Einwohner und Soldaten, die mich begleiteten. Einige blieben und hofften auf ein Wunder, andere versuchten, sich bis zur Wüste durchzuschlagen. Ich glaube, sie sind alle gestorben, verbrannt oder verdurstet.«

»Und ihr, die nach Keyll Naomh gegangen seid?«

»Der Wald begrüßte uns beinahe liebevoll«, sagte Azahr leise, »aber bald zeigte er sein wahres Gesicht. In den Tiefen der Wälder ... Breya, da habe ich Dinge gesehen, wie sie niemand sehen will. Kreaturen und – Geschehnisse, von denen ich geglaubt habe, sie seien bloß Schauergeschichten meiner Heimat. Nachts hörte ich Schreie, wenn Kreaturen sich an unserem Zug bedienten wie an einem Festmahl. Morgens war immer jemand Neues verschwunden – wir sahen diese Menschen niemals wieder. Nebel behinderte unseren Weg, Pilze und Beeren vergifteten meine Gefolgsleute und ließen sie qualvoll verenden. Nachts streckten sich die Zweige und Wurzeln nach uns ... die Wälder fielen über uns her wie ein wildes Tier. Kurz vor Dinas Rhedyn begegneten wir einer Pappelspinnerin. Da verlor ich meine beiden Berater.« Er machte eine Pause. »Am Schluss waren wir nur noch halb so viele wie zuvor. Meine Brüder ... Konda starb an einer Rauchvergiftung, schon wenige Tage nach unserer Flucht. Arawet verlor ich an Keyll Naomh.«

Breya erkannte, dass er nicht darüber reden wollte, was genau mit seinem Bruder geschehen war. Sie drängte ihn nicht – all das war erst ein halbes Jahr her und noch unsagbar frisch.

»Vollkommen erschöpft trafen wir hier ein«, schloss Azahr. »Barcat nahm mich so liebevoll auf, dass ich für immer in seiner Schuld stehen werde. Das ist das Ende der Geschichte.« Er wandte sich ihr zu, als sie eine Hand auf seine Schulter legte. Seine Finger hatten während des Erzählens zu beben begonnen.

»Du hast sehr viel geleistet. Nicht jeder hätte dein Volk anführen und in Sicherheit bringen können.«

»In einer solchen Situation handelt man oder stirbt«, erwiderte Azahr.

»Aber du hörst ja – ich habe nicht alle retten können. Keyll Naomh hat mir meine Familie genommen und ich habe nichts dagegen unternehmen können.«

»Ich …« Breya schluckte. »Ich hätte nicht so abfällig sein dürfen. Selbst wenn ich deine Ansichten den Wäldern gegenüber nicht teile.« Sie bereute, dass sie Azahr so angefahren hatte. Er hatte eine Menge durchgemacht, als er aus Narraph geflüchtet war. War es da nicht bloß nachvollziehbar, dass er nach etwas suchte, um all dem die Schuld zu geben?

»Das ist schon in Ordnung.« Azahr klang nicht verletzt, aber sie hatte ihn ohnehin selten verwundbar erlebt. Selbst an jenem Tag, als er schmutzig und erschöpft in ihrem Palast eingetroffen war, um Hilfe für seine Anhänger zu erflehen, hatte er mit klarer Stimme gesprochen und sich aufrecht gehalten. »Ich habe eine Menge verloren – im Grunde täte dein Vater mir bloß einen weiteren Gefallen, wenn er mir deine Hand gewähren würde. Von einer standesgemäßen Verbindung zu sprechen, ist da schwierig. Ich bin ein Prinz ohne Land. Mir bleiben bloß meine Leute, mein Wissen, meine Beziehungen. Und noch dazu betrachte ich euer Heiligtum als meinen Feind.«

»Ich will dich nicht kränken«, setzte Breya noch einmal an, »aber ich begreife nicht, was Keyll Naomh mit dem Feuer zu tun haben soll. Er fürchtet die Flammen. Vor den Feuermauern, die Austradar umgeben, weicht er zurück.«

»Wer sonst soll es gewesen sein?«

»Was ist mit Teannan? Er war ein abtrünniger Prophet, der sich von Keyll Naomh losgesagt hat und seither nach Macht strebt. Er hat lang geschwiegen, aber Gerüchte besagen, dass er wieder erstarken soll. Angeblich spricht Teannan bereits zum Zaren von Aradrov.«

Azahr lachte. »Was hätte Teannan davon, uns auszulöschen? Er ist nicht so dumm, Gleichgesinnte zu beseitigen. Nein, Breya, die Macht von Daer Awyr pulsiert in diesen Wäldern … und sie haben uns auf dieselbe Weise bestraft, wie wir die Wechselbälger und Missionare vernichtet haben.« Azahr wandte ihr das Gesicht zu. »Womöglich seid ihr die Nächsten, die folgen.«

»Das ist doch Unsinn«, entgegnete Breya ungehalten. »Wir waren ihm stets wohlgesonnen.«

»Ich kenne die Beweggründe Keyll Naomhs nicht. Aber sind die Eschenelben nicht eine Schöpfung des Waldes?«

»Aber Keyll Naomh hat uns *geholfen*. Er hat Severyn zum Propheten gemacht! Ich begreife nicht, warum er uns bestrafen sollte. Er besitzt nicht die Kontrolle über alles, was seine Schöpfungen tun, und er hätte den Eschenelben sicher nicht befohlen, Vater in ein Monster zu verwandeln.«

Azahr war ganz ruhig. »Wie kannst du sicher sein, dass er das nicht verdient hätte? Weißt du über alles Bescheid, was dein Vater getan hat?«

Breya zögerte, sagte nichts. Sie konnte ihm keine ehrliche Antwort geben.

»Als diese Motten über den Palast hergefallen sind«, fuhr er leise fort, »das hat mich sehr daran erinnert, wie es an jenem Tag war. Die Schreie, das Chaos, die Sterbenden …«

»Ich habe dich gar nicht mehr gesehen an jenem Abend. Du warst wie vom Erdboden verschluckt.«

Azahr hob die Schultern. »Diese Geschichte handelt nicht von mir, Breya. Meine Geschichte wurde erzählt und ich kann nur hoffen, dass eure besser ausgehen wird. Womöglich war Keyll Naomh bereit, euch im Gegensatz zu uns eine letzte Chance zu geben, indem er deinen Bruder zum Propheten ernannt hat.«

Breya schlang die Arme um den Körper. Mit einem Mal war ihr kalt. »Womöglich.«

Schweigend saßen die beiden nebeneinander, umgeben von den Statuen der einstigen Eshwenfürsten, während Wind ihre Seelen frieren ließ.

»Danke, dass du mir davon erzählt hast«, sagte Breya.

Azahr lächelte halb. »Ich bin vielleicht nicht der Held dieser Geschichte – aber ich bin auch nicht der Feind, den ihr um mich malt. Vielleicht erinnert dich das daran, dass du nicht allem trauen darfst, was du siehst – nicht, solange selbst die Blätter der Bäume und das Säuseln im Gras sich gegen uns wenden können.«

Die Hexe von Maenblod

Alles, was Naschas Gedanken gefüllt hatte, war wie weggefegt, als sie die Lichtung erreichten. Augenblicklich überkam sie ein Schauer, so kalt, dass sie einen Schritt nach hinten wich und gegen Calebs Schulter stieß. Die dunkle Präsenz, die sie bereits im Palast wahrgenommen hatte, war so greifbar, dass eine Gänsehaut auf ihrer Haut erblühte und das dritte Auge an ihrer Stirn unangenehm zu schmerzen begann.

Nascha hatte Schwierigkeiten, sich einen Überblick über das Bild zu verschaffen, das sich ihnen bot. Es stank nach Eisen und den Ausdünstungen von Kadavern. Krähen flatterten auf, als Esmond auf Severyns Wink hin nach vorn trat, um nach Feinden Ausschau zu halten. Nascha starrte stumm auf die starren Gestalten, erfüllt von unsagbarem Grauen. Sie kannte das Leben. Vom Tod wusste sie nichts. Wäre Mattys hier gewesen, hätte er sicher feststellen können, wie lang diese Menschen schon nicht mehr am Leben waren, welche Wunde ihren Tod bedeutet und welche Waffe sie verursacht hatte. Doch in Naschas Kopf hallten bloß dieselben Worte nach: *reglos, leblos, tot.*

Caleb hatte seine Schwester geistesgegenwärtig vom Geschehen abgewandt und bedeutete den anderen, dass er mit ihr warten würde, als sie auf die Straße traten. Nascha blieb dicht an Edelines Seite – zu unbehaglich war ihr bei dem Gedanken daran, hier ohne eine Freundin in ihrer Nähe zu sein. Außerdem trug Edeline eine Lampe bei sich, die sie von der Satteltasche ihres Pferdes losgemacht hatte. Im Schein der Laterne musterte sie den Toten, der neben dem Pferd zusammengesunken war, und das reglose Mädchen, das in einer Lache aus Blut lag. Wälder, ihr war so schlecht.

»Was ist das gewesen?«, fragte Edeline. »War das …?«

»Dieselbe Macht wie die, die im Palast gewütet hat.« Nascha hockte sich neben den toten Mann und legte den Daumen auf seine Stirn. Anstatt seine Lider zu schließen, strich sie zwischen ihnen nach oben, wie um ihm das dritte Auge zu öffnen – hätte er eins gehabt. Mit tauben Lippen murmelte sie ein Gebet an die Wälder.

»Was tut sie?«, fragte Severyn an Edeline gewandt. Er war ihnen gefolgt, die Hand auf dem Schwertknauf liegend, als würden die Toten um sie herum ihm Unbehagen bereiten.

»Sie öffnet diese Menschen, damit Keyll Naomh sie bei sich aufnimmt«, erklärte Lene. »Sie hilft ihnen, die letzte Ruhe zu finden.«

Severyn schluckte. »Das muss aufhören. Die Eschenelben gehören nicht gezüchtigt, sie sollten ausgelöscht werden.«

»Hey, kommt mal her!«, rief Esmond da und Nascha richtete sich auf. Im Dämmerlicht hob sich die Silhouette des Keitha dunkel vom Himmel ab. »Ich glaube, das Mädchen hier lebt!«

Sogleich beschleunigte sich Naschas Herzschlag. Zwischen den Körpern und Trümmern eilte sie auf Esmond zu. Er hockte neben einem leblosen Mann mit aufgerissener Kehle, auf dessen Gesicht sich noch der Ausdruck vom Zeitpunkt seines Todes abzeichnete. Über ihm kauerte eine weibliche Gestalt in einem hellen, knöchellangen Kleid. Man erkannte das Weiß des Rocks kaum mehr, so schlimm war er mit Blut besudelt. Zuerst war Nascha nicht sicher, ob Esmond sich nur einbildete, dass sie lebte – aber dann spürte sie das Aufatmen von Leben, das von der jungen Frau ausging. Und da sah sie auch, dass sich ihre Brust hob und senkte. Dass sie den Kopf regte, der im Hemd des toten Mannes vergraben war.

»Hey?«, fragte Nascha und kniete sich neben sie. »Bist du verletzt?«

Sie dachte, sie würde keine Reaktion erhalten, doch da verließ ein Laut die Kehle der jungen Frau, kaum mehr als ein Atmen.

»Keine Angst, wir tun dir nichts. Haben sie dir etwas getan?« Nascha streckte die Hand aus. Doch kaum hatte sie die Finger auf die Schulter der jungen Frau gelegt, fuhr diese herum und schlug sie weg.

»Bleib weg!«, rief sie keuchend. Sie schlug noch einmal nach Nascha und noch mal, sodass diese vor Schreck auf den Boden plumpste. »Lasst mich in Ruhe! Lasst ihn in Ruhe!«

»Schon gut!« Nascha wich weiter zurück, als die Nägel der jungen

Frau ihr die Haut aufkratzten. »Wir wollen nur helfen! He, beruhige dich!« Sie wollte nach dem Mädchen greifen, um sie davon abzuhalten, weiter auf sie einzuschlagen, und auch, um sie zu besänftigen … doch sie wehrte sich nur noch heftiger.

»Lasst mich! Lasst mich!«

»Adeena?«, fragte Severyn da.

Die junge Frau ließ von Nascha ab und wandte sich abrupt dem Prinzen zu. »*Du?*«, brachte sie atemlos hervor und sackte zurück. Ihre Brust hob sich noch ein-, zweimal, dann entwich ihr ein unkontrolliertes Schluchzen. Nascha kam in die Hocke, unsicher, ob sie noch einen Versuch unternehmen sollte, die junge Frau zu berühren.

»Ihr kennt sie?«, fragte Edeline.

»Adeena Klingwahr. Sie ist eine Grafentochter aus Veena«, sagte Severyn merkwürdig distanziert. »Ihr Vater ist … *war* ein Diplomat des Kaisers Ferdinand.«

Adeena war verloren. In ihren Augen sah Nascha die durch nichts zu hemmende Trauer über den Tod ihres Vaters, die Panik, die nach dem Angriff zurückgeblieben war, die unerklärte Abscheu gegenüber Severyn. Sie atmete scharf ein und aus. »Hau ab!«, fuhr sie ihn an. »Verschwinde!«

Esmond murmelte etwas und schob Severyn sanft fort, was dieser nach kurzem Zögern mit sich machen ließ. Edeline und Nascha blieben zurück. Die Freundinnen schwiegen betreten – sie konnten sich nur ausmalen, was zwischen dem Prinzen und dieser jungen Adligen vorgefallen war. Adeena zitterte so sehr, dass Nascha den Mantel abstreifte und ihr reichte. »Ist gut.«

Als ein Schluchzen aus Adeenas Kehle floh, nahm Nascha sie in die Arme. Dieses Mal erlaubte die junge Frau, dass sie ihr über das Haar strich, wenngleich sie die eigenen blutigen Hände nicht um sie legte. »Schon gut«, wisperte Nascha. »Er ist weg, ja? Er ist weg.«

»Mein Vater«, brachte Adeena hervor. Nascha nahm sie fester in den Arm.

Edeline hatte die übrigen, reglosen Körper gemustert, um zu überprüfen, ob noch jemand atmete. »Waren das die Motten?«, fragte sie, als sie sich neben Nascha und Adeena hockte.

»S-sie hatten … das … das waren einmal Men-schen«, brachte Adeena zusammen. »Kränze haben sie getragen, zerrissene K-kleidung …«

»Die müssen aus Maenblod stammen«, murmelte Edeline. »Ich … ich glaube, das ist nicht so weit entfernt von hier.«

»Haben sie dir auch was getan?«, fragte Nascha, aber Adeena schüttelte den Kopf. Nascha berührte die Schläfe der jungen Frau, an der Blut glänzte, das offensichtlich nicht von jemand anderem stammte. »Du bist ein bisschen verletzt. Ich werde dir Air Deoch besorgen, um das zu heilen …«

Adeena schüttelte den Kopf. »N-nein, nicht mich, du musst … d-du musst meinem Vater helfen.« Sie wollte sich zu dem Mann umdrehen und Nascha zerriss es fast, als sie über seinen Körper tastete, über seine Brust, in der nie wieder ein Herz schlagen würde.

»Es tut mir leid … aber ich kann kein Licht wieder entzünden, das erloschen ist.«

Adeena holte leise Luft. Sie zitterte am ganzen Körper.

»Nascha.« Edeline wandte ihre Freundin ein Stück ab, um ihr zuzuflüstern: »Was sollen wir denn jetzt machen?«

»Wir können sie zum Lager bringen«, schlug Nascha vor.

»Das Mädchen hat hier sicher zwei oder drei Stunden zwischen den Leichen gesessen«, zischte Edeline. »Sie ist völlig durch und muss sofort irgendwohin, wo man für sie sorgt. Bei uns ist es nicht sicher! Und was ist mit den Toten, wir können sie schlecht hier auf der Straße lassen.«

»Nein«, widersprach Nascha. »Nein, sie müssen der Erde übergeben werden.« Aber wie würden sie die Leichname hier von der Straße schaffen? Wo sollte man sie beerdigen? Und was würde dann mit Adeena geschehen? »Wir müssen Hilfe holen – aber hier gibt es keinen Ort, an dem man uns helfen könnte.«

Schweigen folgte, bis Edeline hart schluckte. »Doch, schon. Maenblod.«

Nascha bebte. Sie erinnerte sich an die Abende, an denen sie und Edeline am Feuer gesessen und Geschichten und Speis und Trank geteilt hatten. Es waren Edelines erste Tage in Freiheit gewesen, jene Augenblicke, an denen sie alles von ihrer Seele abgestreift und hinter sich gelassen hatte. All die Sünden, all die Missetaten waren aus ihren Worten gedrungen und in der Luft verhallt. Tränen waren über ihre Wange gelaufen, Flüche über ihre Lippen gekommen, unsichtbares Blut, das noch immer an ihren Händen klebte, war fortgewaschen worden. Nascha kannte jede Geschichte über Maenblod – und die rote Hexe. Sie war dabei gewesen, als Edeline ihre Waffen abgelegt und in den Fluss geworfen hatte. Bis heute hatte nie wieder eine Klinge in ihrer Hand gelegen, die größer war als ein Schneidmesser. Und weit weg von ihrer Vergangenheit in Eschenhort waren die Erinnerungen an das alte Leben erst verblasst und schließlich gänzlich ausgeblichen.

Edeline fluchte. Sie erhob sich und lief auf und ab, trat Steinchen weg und fluchte noch mal. »Warum?«, fuhr sie die Wälder an und drehte sich mit wenigen Schritten um sich selbst. »Warum macht ihr das?«

Nascha wollte Edeline sagen, dass es nicht nötig war, in dieses Dorf zu gehen. Dass sie das nicht tun *musste*. Aber sie stellte sich vor, wie sie in der Dunkelheit Tote verscharrten, fragte sich, was sie mit Adeena machen sollten – und all das ließ sie nichts davon über die Lippen bringen.

»Zeig mir nur den Weg«, sagte sie. »Du kannst draußen warten.«

Edeline schüttelte den Kopf. »Verdammt nochmal! Es spielt keine Rolle, was gewesen ist. Was sollen wir sonst tun? Sie hier verfaulen lassen? Das ist ihr Vater, der hier im Blut liegt, und das Mädchen braucht auch Hilfe. Was auch in Maenblod passiert ist – es muss jetzt egal sein.«

Nascha nickte. »Dann lass uns keine Zeit verlieren.«

Warum Severyn. Warum Severyn. Warum Severyn.

Ich will ihn verfluchen, hassen. Amadeus, ich will ihm zurückzahlen, was er mit mir gemacht hat. Ich will alles an ihm auslassen, was mir wehtut.

Aber der Gedanke an Papa macht alles so taub.

Olyvar schien einverstanden, mit Caleb eine Runde Kiesellegen zwischen den dunklen Baumstämmen zu spielen. Sie wussten beide, dass das hier keine Zeit war, um Spiele zu spielen. Olyvar war nicht dumm – sie hörte die besorgten Stimmen der anderen und hatte womöglich sogar einen Blick auf all das Blut erhascht. Doch ihr musste es so vor der blutbefleckten Straße grauen, dass sie widerspruchslos mitmachte, als Caleb ein paar Kiesel auflas und ihr eine Runde anbot. Stumm warfen sie Steinchen und ignorierten das Murmeln fernab der Bäume, horchten nur kurz auf, als jemand Severyn anzuschreien begann.

Edeline und Nascha brachten die verwundete junge Frau zu ihnen und brachen sogleich auf, um das Dorf zu finden, das in der Nähe lag. »Nimm sie an die Hand.« Caleb stupste Olyvar an, als Nascha und Edeline auf die Pferde stiegen.

Seine Schwester trat von einem Fuß auf den anderen. »Soll ich?«

»Ja. Du bist lieb und niedlich, das ist genau das, was sie braucht.« Caleb winkte auffordernd. »Hab keine Angst.«

Olyvar zögerte. Caleb war nicht sicher, warum sie sich vor der jungen Frau fürchtete – zugleich verstand er das auch. Adeena zitterte am ganzen Leibe und sah aus, als würde sie zu schreien oder zu weinen beginnen, sobald man das Wort an sie richtete. An ihren Händen klebte Blut, sie war schmutzig und verwundet. Noch dazu hatte sie gehumpelt wie ein Bergtroll, als sie von Nascha und Edeline gestützt auf sie zugekommen war. Caleb sprach gern mit Menschen, wenn sie unbeschwert und ausgelassen waren. Aber er hatte keine Ahnung, wie er mit jemandem umgehen sollte, der soeben eine traumatisierende Erfahrung gemacht hatte. Er musste ehrlich sein – er schickte Olyvar, weil er selbst keinen Schimmer hatte, wie er zu der jungen Frau sprechen sollte.

Seine Schwester überwand sich, dem unheimlichen Mädchen näher zu kommen und ihr die Hand hinzustrecken. Obwohl Blut daran kleben blieb, führte sie Adeena kommentarlos zu ihrem halb aufgebauten und dann zu einem Viertel wieder abgebauten Lager und setzte sie an einen Baum. Olyvar gab ihr einen Becher mit Wasser, erzählte dabei, dass sie Barden waren und Severyn nur aus dummen Gründen begleiteten.

Während sie berichtete, welche Lieder sie für gewöhnlich spielten und welche davon ihr am besten gefielen, entzündeten Caleb und Esmond mehrere Laternen, machten die Pferde bereit und packten die Sachen fertig zusammen. Severyn hielt sich im Hintergrund, schien merkwürdig verunsichert.

»Was hat sie gegen dich?«, fragte Caleb, als er ihm zwischen den Pferdekruppen begegnete.

Severyn betrachtete ihn unwillig. »Das tut nichts zur Sache.«

»Hattet ihr mal was?«

»Nein«, knurrte der Prinz und Caleb hob die Hände.

»Mann, ich will nur wissen, was ich sagen darf und was nicht.«

Severyn atmete tief durch. »Sie …«, er setzte neu an, »jeder sagt, sie sei ein Wechselbalg. Weil sie diese krumme Hüfte hat.«

»Wechselbälger sind super.« Caleb stockte. »Das heißt, manche sind ein bisschen boshaft. Aber mit vielen kann man eine Menge Spaß haben.«

»So etwas gehört aber nicht auf mein *Schloss*.«

Caleb lachte trocken. »Ah, entschuldige. Ich vergaß, dass ihr Eshwen diskriminierende Großmäuler seid.«

Severyn warf ihm einen scharfen Blick zu. »All das ändert nichts daran, dass ihr Vater ein guter Mann war, dessen Tod mich durchaus trifft. Sie waren auf dem Heimweg. Und all das wegen dieser Eschenbastarde.«

»Du magst sie nicht, weil sie vielleicht ein Wechselbalg ist«, schlussfolgerte Caleb, »aber sie tut dir dennoch leid.«

Severyn wandte sich ab und murmelte etwas davon, wie lächerlich das wäre. Caleb wusste, dass er ins Schwarze getroffen hatte. Er fragte sich, was der Prinz getan hatte, um seine Verachtung Wechselbälgern gegenüber zu verdeutlichen. Die meisten Arten, auf die man solche Wesen enttarnte, waren entwürdigend und furchtbar dumm. Hatten die Eshwen Adeena mit kochendem Wasser zu übergießen versucht? Ihr tote Frösche oder Schweinefutter zum Essen hingestellt, um ihr zu entlocken, wer oder was sie wirklich war? Wie weit würde Severyn gehen, wenn er in Höchstform war?

Caleb hatte schon Wechselbälger getroffen. Es handelte sich um Wesen der Wälder, die diese aus verschiedenen Gründen nicht bei sich haben wollten und die deshalb gegen Menschenkinder ausgetauscht wurden. Eschenelben, Feelynge, Keiju – alle Geschöpfe Keyll Naomhs bedienten sich dieser Methode, und ihre ausgetauschten Nachkommen führten tatsächlich oft nichts Gutes im Schilde. Manche Wechselbälger sprachen als Kleinkinder mit schauderhaft tiefer oder rauer Stimme, balancierten summend auf den Dachfirsten, ohne abzustürzen, oder quälten Katzen. Vor allem in den kleineren Dörfern in Skoggen, Moorhaag oder Lyttnar kamen solche öfter vor – missgebildete Hexensprösslinge, die eigentlich nicht lebensfähig waren und von den Kreaturen der Wälder beauftragt worden waren, den Menschen wehzutun. Solche Wechselbälger konnten zu bestialischen Taten neigen und mehr als einmal hatte er davon gehört, dass ein solches Ding jemandem die Kehle aufgeschlitzt hatte. Meist starben sie vor dem zehnten Lebensjahr.

Aber ebenso wie es unzählige Kreaturen in den Wäldern gab, so brachten sie auch unzählige Arten von Wechselbälgern hervor. Caleb hatte einmal ein Mädchen kennengelernt, das so überwältigend gewesen war, dass er monatelang nur an sie gedacht und sich mit keiner anderen vergnügt hatte. Syris Haar war golden wie Weizen gewesen, ihre Lippen rot wie Erdbeeren im Sommer. Es war nicht mal schlimm gewesen, dass sie einen Schwanz wie eine Kuh gehabt hatte. Mattys hatte ihn verspottet, weil er einem Huldrasprössling verfallen war wie der letzte Idiot. Eigentlich aber war beiden klar gewesen, dass Syri nicht wie ihre nymphischen Ahnen war – sie verführte keine Männer, sie benötigte jemanden, der für immer bei ihr blieb. So war es ironischerweise *Caleb* gewesen, der Syri nicht das hatte geben können, was sie gebraucht hätte. Seine platonischen Briefe las sie trotzdem gern – und antwortete immer.

Syri war ein Wechselbalg – aber eins, das sich nach einem guten und gewöhnlichen Leben sehnte. Caleb hatte nie begriffen, was so schlimm an dieser Art Wechselbalg war. Die Legenden besagten schließlich sogar, dass jedes Volk Daer Awyrs, Eshwen wie Narraph, Skoggen wie Drovi und alle anderen, von Wechselbälgern abstammte. Wie konnten da gerade die Eshwen, die sich so viel auf ihr Elbenblut einbildeten, die Wechselbälger so verachten?

Olyvar erzählte Adeena noch immer Geschichten, wobei sie dicht bei ihr saß, ohne sie zu berühren. Obwohl die junge Frau Olyvar nicht zuhörte, schien deren beständiger Redefluss zu helfen, denn sie weinte kaum mehr. Ihr Körper war unter Naschas Amethystmantel zusammengekauert, darunter starrten Dreck und Blut. Caleb fragte sich, wann endlich Hilfe kommen würde. Würden Nascha und Edeline überhaupt welche finden?

Mit Esmond schöpfte er Wasser vom Fluss, damit Adeena sich das Blut von den Händen waschen konnte.

»Was bringt es, ein Keitha zu sein, wenn man so was nicht verhindern kann?«, fragte Esmond.

»Das hatte nichts mit dir zu tun«, widersprach Caleb.

Esmond seufzte, während er den Wassereimer annahm, den Caleb aus dem Fluss zog. »Es ist dumm. Aber als ich die Toten auf der Straße entdeckt habe … ich war so frustriert, dass ich nichts dagegen habe unternehmen können, bevor es zu spät war. Wäre ich eher da gewesen, hätte ich ihnen geholfen – sie wären vielleicht nicht alle gestorben.«

»Das wäre immerhin eine sinnvolle Art, die Fähigkeiten eines Keithas einzusetzen.«

»Was nützt es, ein herausragender Krieger zu sein, wenn man bloß sinnentleerte Dinge tut?«, fragte Esmond böse. »Wenn ich schon ein solches Leben führen muss, warum dann keins, auf das ich stolz sein kann?«

Caleb hob die Schultern. Er wusste, dass es nicht so einfach war, aber eine solche Frage ließ sich nur auf eine Art beantworten. »Hör auf, dich mit Severyn rumzutreiben.«

Esmond lachte. »Es wäre schön, wenn nur das nötig wäre.«

»Ansonsten sehe ich zwei Möglichkeiten«, sagte Caleb. »Entweder bringst du dich um oder du findest Freunde, die dich dran erinnern, dass du nicht nur ein Schwert bist.«

»Freunde«, echote Esmond mit einem Schnauben, als wäre das ein

Wort, das er nur aus kühnen Träumen kannte. Dann aber wurde er ernst. »Das ist vielleicht nicht die Frage, die gerade angebracht ist … aber warum wollte Edeline mich loswerden?«

Caleb wandte den Blick nach vorn. »Das fragst du sie am besten selbst.«

Hat er geatmet? Da sind doch Regungen gewesen.
Sein Brustkorb
hat sich geregt.
Oder nicht?

Ich will zu ihm zurück, den Kopf wieder auf seine Brust legen. Seinem Herzschlag lauschen. Und zugleich habe ich furchtbare Angst davor. Weil seine Haut jetzt so kalt und leblos ist.

Maenblod lag so tief in den Wäldern, dass das Rascheln im Gras nicht länger nur vom Wind rührte. Zwischen dem vertrauten Giersch, Geißblatt und Farnen ragten fremde Sträucher und Blattwerk aus dem Boden. Die Stämme der Bäume wuchsen höher in den Himmel als noch in den lichten Hainen Dinas Rhedyns, reckten sich bedrohlich gegen den Mond, als wollten sie ihn in einen Kokon aus Ästen schließen. Alles glänzte silbern von den hohen Buchen ebenso wie vom Mondlicht, das die Blätter küsste. Mehr als einmal hörte Edeline Wispern in den Zweigen und bemerkte Augenpaare im schattenumwobenen Dickicht.

Sie kannte diesen Weg. Sie war ihn selten gegangen und hatte ihn doch oft gesehen, hatte Eltern und ihre Kinder verfolgt, die über die Straße geschlendert waren. Hatte die Jungen und Mädchen beobachtet, ob sich nicht eines von ihnen zu weit in die eng stehenden Bäume wagte. Eschenhort lag hier in der Nähe und auch jetzt spürte sie die Macht der Elben so lebendig, dass das Band beinahe schmerzhaft an ihr zerrte. Die Elben wollten sie nicht in Maenblod. Die Elben wollten sie *zuhause.*

Nascha fragte nicht, warum sie das mit Esmond getan hatte, und Edeline war froh darüber.

Mit jedem Mal, das die Hufe ihrer Pferde auf den Boden trafen, kam die Stadt näher und eine weitere Erinnerung erblühte in Edelines Innerem. Die Straße mündete in einen ausgetretenen Lehmpfad, ehe die Mauern Maenblods in Sicht kamen. Ein einsames Dorf so tief in den Wäldern war auf eine Schutzmauer angewiesen – ob sie ausreichte, war eine andere Frage. Edeline wusste tausend Wege, die Stadt zu betreten. Waren die Stäbe an der Öffnung zur Kanalisation noch immer offen? Und ob die Stelle im Südwesten, die im Schatten des hohen Lagerturms lag und an der die große Eiche wuchs, noch immer so schlecht bewacht wurde? Sie fragte sich das, obwohl sie die Antworten nicht kennen wollte.

Das Tor war verriegelt, was sie hoffen ließ, dass nicht ganz Maenblod einem Mottenangriff zum Opfer gefallen war. Edeline zog die Kapuze tief ins Gesicht, als sie und Nascha absaßen und auf das Tor zutraten.

»Wer da?«, rief eine der Wachen von oben.

Nascha ergriff das Wort. »Wir brauchen Hilfe. Es gab einen Überfall nicht weit von hier – ein Mädchen ist verwundet worden, Tote gibt es auch.«

Murmeln erklang und ein Schatten verschwand aus dem Laternenschein. Eine Luke auf Augenhöhe wurde beiseitegeschoben und ein Wachmann erschien. »Zeigt die Gesichter her.«

Edeline zögerte, ehe sie die Kapuze vom Kopf streifte. Im Schein des Mondes musste ihr rotes Haar wie Kupfer leuchten. Sie hatte sich kaum verändert – aber sie war damals nur ein roter Schatten gewesen. Auch Nascha schob ihre Kapuze nach hinten und hielt dem prüfenden Blick des Gardisten stand. Edeline war so angespannt, dass sie glaubte, ihre Muskeln bersten zu spüren, doch der Wachmann schwieg quälend weiter.

»Na, willkommen in Maenblod. Was habter denn erlebt, Mädchen?«, fragte er schließlich.

»Wir waren nicht dabei«, erläuterte Nascha, »doch etwas sehr Finsteres muss seine Finger im Spiel gehabt haben. In Dinas Rhedyn gab es an Ostara ein paar merkwürdige Ereignisse – ist hier vielleicht auch etwas passiert?«

Der Wachmann schnaubte. »Kann man wohl sagen. Am Ostarafest begannen paar Dorfbewohner, sich hilflos am Boden zu krümmen. Ihre Kleider zerrissen, aus ihrer Haut barsten diese schwatten Körper. Flügelschwingen wie von Monstern, das habt ihr nicht gesehen. Sie fielen über die Feiernden her und brachten bestimmt zwei Dutzend Dorfbewohner kaltblütig um, ehe sie abhauten. Nur einen konnten wir gefangen nehmen und in einen Schuppen sperren. Die Kleene von der Familie Berne.« Er hielt inne. »Es gibt Suchtrupps, aber keiner hat die anderen gefunden. Jetzt sind sie uns zuvorgekommen.«

»Sie müssen immer noch da draußen sein«, murmelte Nascha.

»Ja, kommt mal rein, hier ist sicherer. Einfach die Straße runter? Wir senden wen aus. Habter noch wen da?«

Während eine Gruppe Soldaten ausgesandt wurde, die der Straße bis zum Fundort folgen sollte, wurden Edeline und Nascha ins Innere der Stadt geleitet. Der redselige, stämmige Gardist von zuvor begleitete sie zu einem Gasthaus, in dem sie die Nacht verbringen konnten. Obwohl die beiden Bardinnen beteuerten, keine Angst vor den Wäldern zu haben und den Gardisten die Stelle zeigen zu können, verklangen ihre Worte ungehört. Man behandelte sie mit Umsicht, als seien sie zarte Reisende, die des Nachts nicht allein draußen bleiben sollten. Edeline fragte sich, wie sie mit ihr umgegangen wären, wenn sie gewusst hätten, warum sie schon früher hier gewesen war.

Maenblod hatte ohnehin andere Probleme, die viel präsenter waren. Auf den ersten Blick erschien alles wie jeher, mit den flachen Holzbauten, die sich in verspielter Unordnung aneinanderreihten, bis man einen runden Platz in der Dorfmitte erreichte. Katzen strichen über die Dächer, hinter einigen Fensterläden brannte noch Licht, weil jemand in der Nacht las oder nicht schlafen konnte. Die Stadt lag in gespenstischer Stille da, doch das hätte man der Uhrzeit zuschreiben können. Edeline kannte die blauen Kränze aus Vergissmeinnicht, die die Menschen an ihre Türen hängten, wenn sie eine geliebte Person verloren hatten. Sie hatte hier schon so manche gesehen, allerdings nie in solch großer Zahl wie heute. Sieben zählte sie allein auf den Straßen, die sie durchquerten.

Für diejenigen, die keinen Blick für die Kränze hatten, war die Trauer spätestens auf dem zentralen Platz unübersehbar. Edeline fand sich einem Meer aus Kerzen und Laternen gegenüber, die unzählige Vergissmeinnichtblüten, Stoffpuppen, beschriebene Papiere und geliebte Gegenstände in goldenen Schein tauchten. Sie waren um eine Feuerschale verteilt, das Herz des Zentralplatzes. Lene war so ergriffen, dass sie unwillkürlich innehielt.

»Zum Ostarafest errichten wir immer ein richtig großes Feuer«, erläuterte der Gardist, als Edeline und Nascha stehenblieben. »Alle tanzen und feiern, wie es sich gehört. In dieser Nacht … Mann, das hätte man sehen müssen – auf einmal dieser riesige Mottenschwarm.« Er machte eine große Geste. »Und sie fliegen in einer Art Formation um die Feuerstelle, als wäre das einstudiert … alle waren ganz fasziniert. Deswegen hat es erst keiner verstanden, als einige mit einem Mal zu schreien begonnen haben. Sie krümmten sich hier auf dem Boden, wanden sich … und dann wuchsen ihnen diese Riesenflügel auf dem Rücken, da wo die Stümpfe unserer Vorfahren übriggeblieben sind. Ich stand da, ohne mich regen zu können. Zehn oder so haben sich verwandelt, drei Soldaten, zwei Kinder, der alte Kalden auch.«

»Und dann?«, fragte Nascha, während Edeline sich im Angesicht der Lichter anspannte.

»Na, die sind auf uns los wie die Tiere. Waren ja auch welche.« Der Soldat schauderte. »Haben gnadenlos getötet, ehe wir sie mit den Schwertern in die Flucht schlagen konnten. Jetzt streifen sie durch die Wälder, das ist nicht besser. Keiner traut sich mehr vor die Tür, die können ja über die Mauer kommen. Schützen haben wir verdoppelt. So was hab ich noch nicht gesehen. Das war … nicht normal.« Er seufzte. »Ist nicht schön hier momentan. Aber war's eigentlich nie.«

Edeline fasste sich ein Herz. »Gibt es denn noch Kinderraub?«

»Nee, paar Jahre schon nicht mehr. Früher ist jedes Jahr mindestens ein Kind verschwunden. Einmal sogar Bruder und Schwester und einmal ganze drei auf mal. In den Hainen haben sie gespielt, kennen sich ja eigentlich aus. Aber gegen die *flann gwiddon*, die rote Hexe, hatten sie keine Chance. Man berichtet, sie kommt aus den Schatten und nimmt das Kind weg, ehe man sich versieht. Ist selten ins Innere der Mauern gekommen, um was für das Elbenpack mitzunehmen. Dafür war sie zu schlau.«

Edeline lauschte ihm stumm. Jedes seiner Worte riss einen neuen Gedanken auf, eine weitere Erinnerung. Sie schaufelte in einem Grab, häufte mit beiden Händen feuchte Erde von einem Kadaver, den sie einst selbst zugeschüttet hatte.

Bei Einbruch der Dunkelheit begann die Jagd der *flann gwiddon.* Nicht zu oft an derselben Stelle, das Risiko war zu hoch. Eschenhort hatte viele Ausgänge, sodass sie stets einen anderen Ort aufsuchen konnte. Ein neues Dorf für jedes Kind, das die Elben ihr zu holen befahlen.

Nichts war heilig, wenn die Augen silbern waren. Silberaugen verfolgten das Spiel der Kinder, die noch nicht heimgekehrt waren, feine Ohren lauschten auf die tippelnden Schritte ins Bett schlüpfender Gestalten. Rotes Haar flammte auf, wenn sie aus dem Versteck huschte, einen kleinen Körper an sich drückte und kleine Hände auf der Haut spürte. Nie das Laudanum vergessen – aber nicht zu hoch dosiert, schließlich handelte es sich um Kinder. Sie sollten leben, zumindest solange sie nützlich waren. Und wenn sie es nicht waren, lag es an der roten Hexe, sie an die Pfähle zu nageln, einen Kranz aus Eschenzweigen auf ihre Köpfe zu platzieren und den Schreien der Eltern zu lauschen. All das nur, um den Eshwen zu beweisen, dass die Elben noch immer die Stärkeren waren.

Edeline erinnerte sich an die entführten Kinder. Die Geschwister – das Mädchen war als Erste gestorben –, den Jungen mit dem feinen blonden Haar, die Schmiedetochter, die sich so tapfer gewehrt hatte. Sie erinnerte sich lebhaft an ihre Gesichter, die würde sie nie vergessen. Jedes ihrer Opfer war ihr vor Augen, lebendig wie ein junges Reh, aber auch starr und kalt wie eine reglose Puppe.

Die *flann gwiddon* jagte allein, lautlos und ohne Gnade. Kein Kind kehrte lebend heim. Die rote Hexe hatte kein Herz, deswegen ließ sie niemanden gehen. Nur nachts lag sie wach und weinte stumme Tränen.

Edeline hatte das Grab freigeschaufelt, Klumpen aus Erde und Erinnerungen von dem Kadaver unter ihren Füßen gehäuft und nun fand sie sich der rothaarigen, silberäugigen *flann gwiddon* wieder gegenüber. Klamm fragte sie sich, ob die Hexe atmete.

»Der Bantar aus der Wegerichstraße behauptet immer, er hätte die *flann gwiddon* in die Flucht geschlagen«, schnaubte der Soldat. »Aber ich glaube das nicht. Da muss mehr hinterstecken, so eine Hexe lässt sich nicht einfach vertreiben. Sie muss das selber gewollt haben.«

»Wie lange ist sie schon weg?«

»Vier Jahre. Seitdem gab's auch keine Kinder mehr, die verschwunden sind. Waren aber Kinder dabei bei den Motten jetzt.«

»Es ist gut, dass sie weg ist«, sagte Edeline matt.

»Kann man wohl sagen.« Der Mann nickte. »Wollen wir hoffen, dass sie nie wieder einen Fuß in dieses Dorf setzt.«

Als der Gardist zurück auf Posten ging, blieben sie noch eine Weile vor den Lichtern stehen, die Pferde an den Zügeln. Edeline stellte sich vor, dass jede Kerze ein Licht war, das gelöscht worden war. Von den Motten, von den Elben, von ihr. Es spielte keine Rolle – das Ergebnis war dasselbe. Maenblod musste darunter leiden.

Sie versuchte sich vorzustellen, wie die Motten die Kehlen der Dorfbewohner aufrissen, wie sie es bei Adeenas Vater getan hatten. Aber stets vermischte sich das Bild der Insekten mit dem einer jungen Frau, schnell wie ein Schatten, glimmend wie ein Feuer. Sie sah kupfernes Haar aufleuchten, Arme, die sich um einen kleinen Körper schlossen, und die donnernden Hufe einer fortpreschenden Rappstute.

Edeline benötigte die Kapuze nicht. Niemand hier kannte sie – dafür hatte sie zu sauber gearbeitet. Niemand würde ihre Stimme erkennen, ihr rotes Haar oder die grünen Augen, denn grün waren sie nie gewesen, wenn sie in diesen Mauern gewesen war. Und doch waren es Orte wie dieser, Dörfer in den Tiefen der Wälder, wie Maenblod, die sie aus dem Sumpf hervorgerissen und wachgerüttelt hatten. Nur so hatte sie sich stets gewahr bleiben können, was sie alles falsch gemacht hatte.

»Deine Vergangenheit ist hier überall«, sagte Nascha.

Überall. In jedem Blatt der Bäume, jedem Kindergesicht, jeder Duftnote. Edelines Schultern sackten kraftlos hinab. »Verstehst du, wieso ich bei dieser Sache nicht mitmachen wollte? Das ist alles …« Zu viel. Es war viel zu viel.

Nascha schien etwas sagen zu wollen, doch sie schlang nur die Arme um den Körper und schwieg schuldbewusst.

Edeline seufzte. »Ich wünschte, die Motten wären nicht hierhergekommen. Kein Platz auf der Welt hat verdient, so zerrüttet zu werden. Ich wünschte … sie hätten diesen Leuten endlich ihren Frieden gelassen.«

»Womöglich haben die Elben die Motten geschaffen, weil es ihnen nicht mehr reicht, mehr Kinder zu rauben.«

»Weißt du, was ich merkwürdig finde?« Edeline schüttelte sich eine Haarsträhen aus dem Gesicht. »Wenn die Eshwen andere in Motten verwandeln können, warum weiß ich nichts davon? Warum haben sie das nicht früher getan?«

»Womöglich haben sie erst jetzt herausgefunden, wie so was geht.«

Edeline hob die Schultern. »Und dann verwandeln sie die Kinder, die sie sonst für Air Deoch missbrauchen, in Monster? Warum ohne dahinterstehende Logik? Sie sind gnadenlos, aber nicht ineffizient.«

»Ich weiß es nicht, Edeline.« Einen Herzschlag schwieg Nascha, ehe die unabwendbaren Worte doch ihre Lippen verließen. »Ich werde dich nicht fragen, warum du das mit Esmond gemacht hast. Weil ich es weiß.«

Edeline wandte das Gesicht ab.

»Aber mach so was nicht noch mal, ja?«

»Er wäre doch nicht gestorben. Er hätte einfach heimgehen können, der Weg war nicht schwer zu finden.«

»Ihm hätte etwas zustoßen können. Du siehst doch, was mit dieser Kutsche geschehen ist. Und wenn ich ehrlich bin, scheint Esmond kein Mann zu sein, der gern die Klinge erhebt. Ich glaube, ihr seid euch sehr ähnlich.«

»Natürlich sind wir uns ähnlich«, antwortete Edeline etwas zu scharf. »Wir sind uns *viel* zu ähnlich.«

»Ich schätze, dann bleiben dir nur zwei Möglichkeiten.« Nascha zeigte ihr die offenen Hände, als lägen die Optionen darin. »Du wirst ihn los – oder du wirst ihm eine Freundin, die ihn daran erinnert, dass er nicht nur ein Schwert ist. So wie wir dich daran erinnern.«

Edeline schloss die Augen und atmete tief ein, während die Stute ihr sanft gegen die Handfläche schnaubte. Freunde. Wie sollte sie Esmonds Freundin werden, wenn er sie an all das erinnerte, was sie einst gewesen war? Als sie an diesem Ort Kinder geraubt hatte, den Befehl der Eschenelben im Ohr, hatte sie keinen Platz für Freunde gehabt. Nicht, solange das Wort eines anderen sie in einen Zustand zu verwandeln vermochte, in dem sie jedem Freund ohne zu zögern die Kehle aufgeschlitzt hätte.

Edeline war so müde. Die *flann gwiddon* wallte unter ihrer Haut wie eine Urgewalt, kämpfte sich nach oben. War das nicht der Name gewesen, den sie nie wieder hatte tragen wollen? Dabei ließ Severyns Stimme, die Esmond die Keithabefehle gab, den Klang so süß schmecken. Dieser Ort, Esmond und der Auserwählte, ihre Zweifel – alles band sie wieder an das, was sie einst gewesen war. Aber Edeline wollte nichts davon. Sie wollte nur Frieden.

Wieso berührt man mich? Hände überall an meinem Körper. Ich will alles fortstoßen, jeden, ich will mich nicht beruhigen.

Nur Papa. Ich will Papa.

Aber ihn bekomme ich nicht mehr zurück.

Er hätte befehlen sollen, Adeena sich selbst zu überlassen. Er hätte behaupten sollen, dass das alles ihre Schuld gewesen war, weil sie ein verfluchter Wechselbalg war, ein Monster, ein Sprössling der finstersten Kreaturen dieser Welt. Er hätte sagen können, dass sie der Kern allen Übels war, war sie doch auch am Tag des Angriffs auf dem Schloss zugegen gewesen. Es hätte seiner Rolle entsprochen, seine Überzeugungen konturiert und seinen vermeintlichen Hass auf Wechselbälger unterstrichen.

Aber Severyn hatte nicht die Kälte gehabt, diese Worte über die Lippen zu bringen. Er hatte es nicht über sich gebracht, dieses auf dem Boden kauernde Mädchen, das um alles trauerte, was ihr auf der Welt geblieben war, noch herabzuwürdigen – und das nur, um eine Handvoll Barden davon zu überzeugen, dass er Wechselbälgern keinerlei positive Gefühle entgegenbrachte.

Severyn fiel es schwer, das zu gestehen, aber Caleb hatte recht gehabt: Adeena tat ihm leid. Die ganze Welt verschmähte sie, ihr Zuhause war meilenweit entfernt und sie trug die frischen Wunden seiner Demütigungen – und nun hatte sie ihren Vater auf die furchtbarste Art verloren. Vor ihren Augen, umgeben von Leichnamen und Monstern, während sein Blut ihre Hände bedeckte.

Sein eigener Vater war ein Ungeheuer, doch immerhin *lebte* er.

Ihm tat nicht bloß leid, dass sie so viel durchgemacht hatte. Ihm tat auch leid, dass er daran beteiligt gewesen war, und obwohl er an jenem Abend Spaß an ihrer Verzweiflung gehabt hatte, verspürte er nun ein schlechtes Gewissen, sie ausgesperrt zu haben. Sicher, wenn er sich für Wechselbälger aussprechen würde, würde man hinter Breyas Geheimnis kommen. Es würde dem Prestige des Fürstenhauses einen ordentlichen Knacks bescheren. Aber war das so schlimm? Nun, da er der Jäger war – konnte er sich da nicht alles leisten? Schließlich hatte Caleb damit recht gehabt, dass es eine Menge gutartige Wechselbälger gab, die man nicht ausstoßen, sondern schätzen sollte. Allen voran seine geliebte Breya.

Als die Wachen sie auffanden, die Toten auf einen Wagen luden und ihre Gruppe mitsamt Adeena nach Maenblod eskortierten, fasste Severyn den Entschluss, Wechselbälger fortan in Eshwen zu akzeptieren. Er würde sich zu Breya bekennen, bekanntmachen, dass sie keine Geschwister, sondern Liebende waren. Er würde alles hinnehmen, was die Eshwen über ihn sagten, und ihnen verbieten, die Nase zu rümpfen, wenn eine schöne Person humpelte, ein Glasauge oder spitze Ohren oder einen Rinderschwanz hatte.

Er wünschte bloß, er hätte einige Tage früher damit begonnen.

Selbstverständlich hätte er Adeena nichts davon gesagt. Selbst wenn sie ihn angehört und nicht um sich geschrien hätte wie eine Verrückte, sobald er sich näherte, hätte er sich diese Blöße nicht gegeben. Überhaupt bedeutete sein Mitleid mit ihr nicht, dass er sie nicht noch immer seltsam fand.

Als sie Maenblod nach einer halben Ewigkeit erreichten, war er so müde, dass er beinahe auf dem Pferderücken weggenickt wäre. Hätte man ihm jetzt einen Platz auf einer Matte am Boden angeboten, er hätte sich bereitwillig zusammengerollt und wäre sogleich eingeschlafen. Der Anblick des fremden, beinahe beleidigend kleinen Dorfs brachte seine Aufmerksamkeit ein wenig zurück, und auch der Weg in die Taverne, nachdem Esmond ihm das Pferd abgenommen hatte, klärte seinen Kopf. Olyvar brachte Adeena ins Haus, in dem eine Angestellte sie zu den Waschräumen geleitete, um ihr das Blut und den Schmutz abzuwaschen.

Edeline und Nascha hatten bereits Zimmer für jeden von ihnen gebucht, weswegen Severyn direkt in sein Gemach hätte gehen können. Zunächst aber trat er an die Theke neben Olyvar.

»Wartest du auf deinen Bruder?«

»Ja, und Nascha und Edeline, die kümmern sich noch um die Pferde. Außerdem hat Caleb gesagt, ich soll auf Adeena aufpassen.«

Sie baumelte mit den Beinen und schaute zu Severyn hoch, der nicht sicher war, was sie von ihm erwartete. Wie alt war Olyvar gleich? Zehn? Und musste sie nicht todmüde sein?

»Gebt dem Mädchen einen Kakao«, sagte er zu der Wirtin. »Sie hat eine Menge durchgemacht.«

»Danke.« Olyvar nahm die dampfende Tasse entgegen, die ihr hingestellt wurde, und blies den Rauch von der Oberfläche.

»Kein Problem.« Severyn sah zu, wie sie einen Schluck trank und sich das blonde Haar wegstrich. »He … Adeena. Geht es ihr gut?«

Die Zehnjährige rümpfte mit düsterem Amüsement die Nase.

»Ich meine, den Umständen entsprechend«, spezifizierte Severyn.

»Nein, es geht ihr nicht gut. Wegen ihres Vaters, wegen dieser Motten und wegen dir. Was hast du denn mit ihr gemacht?«

»Nichts, was von Relevanz wäre«, wehrte Severyn ab. »Im Vergleich zu dem, was ihr heute passiert ist, ist es nicht erwähnenswert.«

»Ich glaube, das war einfach zu viel«, murmelte Olyvar. »Sie muss sich erstmal beruhigen. Man muss vorsichtig mit ihr sein. Ich finde … sie ist ein bisschen komisch, sie humpelt so. Aber eigentlich tut sie mir leid, deswegen versuche ich, mir nichts anmerken zu lassen.«

»Du machst das sehr gut.«

»Danke.« Olyvar errötete und knabberte verlegen an ihrer Unterlippe. »Warum fragst du mich das alles?«

Severyn wollte etwas Abfälliges antworten, doch er brachte es nicht übers Herz. »Na, ich kann sie nicht selbst fragen.«

Sie trank noch einen Schluck Kakao. »Verstehe. Ich werde keinem verraten, dass du dich nach ihr erkundigt hast.«

Dankbar nickte er ihr zu. »Du bist ein gutes Mädchen, Olyvar.« Wenn sie keine Bardin gewesen wäre, hätte die Kleine es womöglich sogar zu etwas gebracht.

Der Morgen graute beinahe, als er in seinem Zimmer in der Schenke nach einem Räucherbündel griff und es entzündete. Der Duft süßen Honigs erfüllte den Raum und Severyn, der ihn tief einsog, dachte an Breyas goldenes Haar, ihre weiche Haut und das warme, liebevolle Lächeln. »Wärst du stolz auf mich?«, fragte er. Er wünschte, sie hätte antworten können.

Ich sterbe. Ich bin verloren. Vergessen.

Mein Herz schlägt, doch ich spüre nichts. Ich atme, doch ich bekomme keine Luft. Ich bewege die Glieder, doch alles ist taub.

Ich lebe. Doch etwas in mir ist gestorben, als ich die Totenhaut meines Vaters berührt habe.

Raubvögel

Mit Großbuchstaben schrieb Rosie in Mattys' Notizbuch und hielt es hoch. *Ich fühle mich furchtbar.*

Mattys las flüchtig den Text, ehe er seine Schnürsenkel festzog. Er richtete die Manschetten des Hemds. »Finde ich nicht überraschend. Du bist bleich wie ein Laken und Fieber hast du auch. Wo hattest du meine Taschenuhr hingelegt?«

Augenverdrehend wies sie auf die abschließbare Schreibtischschublade und Mattys erhob sich, um die Uhr hervorzuholen. Er warf einen Blick auf das Ziffernblatt, ehe er sie in die Westentasche gleiten ließ und die Kette befestigte. Bis zu seinem Auftritt waren noch beinahe zwei Stunden.

Mit matter Bedrückung betrachtete er die Mandoline, die neben der Garderobe bereitstand. Sie erinnerte ihn nur daran, dass ihr Klang sich nicht mit Rosies Stimme mischen würde – zumindest nicht in den nächsten Tagen.

Mattys nahm seine Injektionsnadeln und die Blütenlösung aus der Schublade und rollte den Ärmel auf. Der Stich tat schon lange nicht mehr weh, weswegen er den Hergang mit Gleichgültigkeit abwickelte. Nachdem er die Sachen wieder verstaut hatte, griff er nach dem Roggenbrot und den Apfelschnitzen, die sie mit nach oben genommen hatten, um vor dem Auftritt noch etwas zu sich zu nehmen. Während er an einem Apfelstück knabberte, schrieb Rosie eine weitere Zeile unter die erste. Sie hielt das Notizbuch hoch und schaute niedergeschlagen.

Weil wir absagen müssen, meine ich.

Mattys entwich ein Seufzen. Rosie würde morgen unter keinen Umständen gesund genug sein, um auftreten zu können. Spätestens heute, am Abend seines Soloauftritts mit der Mandoline, wusste er das ohne jeden Zweifel. Sie war ungesund heiß, blass wie ein Geist und furchtbar erschöpft, obwohl sie sich den ganzen Tag ausgeruht hatte. Ihre Stimme klang so kratzig und rau wie Olyvars erste Striche auf dem Rebec, als sie sechs Jahre alt gewesen war.

Mattys war Realist. In seiner Ausbildung war er zum bewanderten Heiler geworden und hatte alle notwendigen Fähigkeiten erworben, um einen Infekt wie Rosies zu behandeln. Aber auch er war nur ein Mensch und konnte sie nicht durch bloßes Fingerschnipsen gesund machen, selbst wenn er gern gewollt hätte. Er konnte den Prozess abmildern, womöglich sogar beschleunigen – doch er hatte keine Ahnung, wie er dafür sorgen sollte, dass ihre Stimme übermorgen so honigklar wie jeher war.

Er trat zu Rosie und ließ sich neben ihr auf das Bett sinken. Das Gefühl, versagt zu haben, brannte heiß in seinem Inneren, selbst wenn das weder Sinn noch Nutzen hatte. »Sei nicht traurig. Nicht wegen so was Blödem.«

»Aber es frustriert mich.« Ihre Stimme war so rau und gedämpft, dass er sie nur aus dieser Nähe verstehen konnte. »Ich wollte das für dich machen. Es wäre meine leichteste Übung gewesen, wenn mich nicht die Stimme verlassen hätte.«

Mattys strich ihr das Haar weg und fasste es im Nacken zusammen. »Wir bekommen schon noch eine andere Gelegenheit. Echt, es gibt Schlimmeres.«

»Du brauchst das nicht zu sagen, damit ich mich besser fühle.« Rosie biss sich auf die Unterlippe. »Es war dir wichtig. Du bist sogar zu Falkner und Brandfuchs gegangen, verflucht.«

»Hat auch nichts gebracht. War ja niemand mehr da.«

»Na, eben! Wo bleibt die Belohnung dafür, dass wir so viel machen?«

Sicher, das fragte er sich auch. Als Mattys an diesem Morgen erwacht und es Rosie noch schlechter gegangen war, hatte er alles hinuntergeschluckt und sich zu *Falkners Brandfuchs* aufgemacht. Wenn die Logik nicht mehr half, blieb nur die Magie. Und er wusste, dass Nascha ihm Air Deoch geben würde, wenn er sie darum bat – selbst wenn das bedeutete, dass er sich seinen einstigen Bardenpartnern stellen musste. Für Rosie hätte er das getan, für den Auftritt, für alles, was ihm etwas bedeutete. Er hätte es getan – wären die anderen nicht längst fort gewesen.

»Es ist jetzt egal«, sagte er, »Air Deoch soll ohnehin schädlich sein, wenn man zu viel davon zu sich nimmt. Ich mache dich viel besser gesund.«

»Aber nicht schnell genug.«

»Lass uns jetzt einfach nicht mehr darüber reden. Ist dumm gelaufen, aber man kann es nicht ändern. Das war zwar eine Chance, die nicht so schnell wiederkommt … und wo wir jetzt hingehen oder den nächsten anständigen Auftritt finden sollen … oder generell irgendetwas Vergleichbares, das dir gerecht wird, weiß ich nicht … und Astryd wird sicher auch furchtbar enttäuscht sein … aber das ist alles in Ordnung. Schon in Ordnung.«

Rosie ließ die Stirn gegen seine Schulter sinken, eine Hand in seinem Nacken liegend. »Mattys, es tut mir leid.«

Mattys atmete tief ein. Am liebsten hätte er gegen etwas getreten. Alles war so unverschämt schiefgegangen, dass man bloß darüber lachen konnte. Zuerst die Trennung von den anderen, dann Rosies fehlende Stimme und schließlich das Auftauchen von Ban Glásan – es war, als würde etwas nicht wollen, dass sie vor der Moorieprinzessin spielten. Tatsächlich konnte er sich nur wenig Schlimmeres vorstellen, als eine solch einmalige Chance verstreichen zu sehen. Aber was nützte es, das Rosie zu sagen? Sie fühlte sich schuldig genug, vor allem nachdem er in der gestrigen Nacht diesen sinnentleerten Nervenzusammenbruch gehabt hatte.

Rosie konnte für all das nichts – nicht dafür, dass sie krank war, nicht dafür, dass Mond seine Erinnerungen aufgewühlt hatte wie Sand am Grund eines Sees, und nicht dafür, dass es ihm nicht genügte, dass sie einander hatten. All das war nicht ihre Schuld.

Mattys küsste sie auf die heiße Stirn. »Sei jetzt still. Es ist schon gut.« Er wies auf seine Kleidung. »Sehe ich gut aus?«

Rosie richtete seinen Kragen und durchwuschelte seine Haare, um sie in eine absichtliche Unordnung zu bringen. »Alle werden dir verfallen. Obwohl es sich komisch anfühlt, dass du die Sachen für den Auftritt anhast und ich nicht.«

»Mir gefällst du so besser. Mit meinen Schlafsachen und deinem Morgenmantel.« Er pikte sie, ließ aber von ihr ab, als Rosie vom Lachen zu husten anfing.

Sie nahm sein Gesicht in eine Hand, als sie sich wieder beruhigt hatte, und sagte heiser: »Erzähl mir, wie es war, wenn du zurückkommst. Und was Astryd gesagt hat.«

Das war ein weiterer schwieriger Teil des heutigen Abends – Astryd gestehen zu müssen, dass sie ausfielen. Sicher würde sie furchtbar enttäuscht sein, vor allem nachdem er ihr gerade noch das Gegenteil versprochen hatte. Mattys hoffte bloß, dass Ban Glásan nicht in der Nähe sein würde.

Er zog Rosie an sich und die beiden umarmten einander fest. »*Min flicka*«, murmelte er an ihre Schulter und schöpfte Kraft aus ihrer Nähe. Rosie schmiegte sich eng an ihn.

»Ich liebe dich«, murmelte sie.

»Ich liebe dich auch.« Sie machten sich los und Mattys erhob sich. Als Rosie ebenfalls aufstehen wollte, hielt er sie sanft zurück und schob stattdessen die Decke über ihre Beine. »Bis zur Tür schaffe ich es schon alleine.«

»Wenn alle Stricke reißen, spiel Astryd das Regenlied vor.« Rosie räusperte sich, ehe sie nach ihrem Teebecher griff. »Sie findet uns süß, glaube ich. Das würde ihr gefallen.«

Mattys schob den Gurt seines Instruments über die Schulter, nachdem er den Mantel übergestreift hatte. »Vielleicht darf ich morgen alleine auftreten. Vielleicht wird Elain de Beur uns an den Hof mitnehmen, weil mein Spiel auf der Naraline so fantastisch ist und ich so emotionale Liebeslieder singe.«

»Hoffentlich nicht. Du würdest viel zu eingebildet!«

»Du bist nur eifersüchtig, weil ich den ganzen Applaus für mich bekomme. Mollie, *haeng med.*«

Rosie hob drohend eine Hand, winkte aber, ehe Mattys und Mollie durch die Tür verschwanden.

Auf dem Weg zum *Nüsslein* sanken Mattys' Schultern unter der Last der Geschehnisse. Er wollte Rosie ihre Sorgen nehmen. Das bedeutete aber nicht, dass *er* nicht furchtbar frustriert war. Es hätte so gut funktionieren können. Stattdessen befand sich Rosie krank und ohne Stimme auf dem Zimmer und konnte nicht schlafen, weil seine Vergangenheit sie beide wachhielt. Unter dem Hemd spürte Mattys seine Haut brennen – und wenn er zu lang darüber nachdachte, war ihm, als klebte noch immer unsichtbares Blut daran.

Der Wind pfiff kalt durch die Gassen der Stadt und ließ seine Seele frieren. Es war reine Gewohnheit, dass er schon so früh aufbrach. Bei den Hellen Barden hatten sie sich stets eher am Spielort eingefunden, um alle Instrumente aufzubauen und die notwendigen Vorbereitungen für den Auftritt zu treffen. Vor dem ersten Stück stießen sie stets hinter der Bühne auf eine gute Vorstellung an – Nascha, Olyvar und Mattys mit Wasser oder Schorle, die anderen mit einem traditionellen Getränk der jeweiligen Küche. Dann setzte Nascha sich in eine Raumecke und meditierte, bis die Bemalungen auf ihrer Stirn, den Augenlidern und den Wangen weiß schimmerten. Rosie trug ihr liebstes Parfum auf. Was war Edelines Ritual? Richtig, sie summte ein Schanklied über Barden und Soldaten: *Erhebe ich die Stimme, dann einzig, um zu singen, solange, wie ich lebe, sind Worte meine Klingen*. Dann küsste sie den Amethystanhänger an ihrer Kette. Mattys selbst nahm die Taschenuhr seines Vaters, die er bei jedem Auftritt bei sich trug, und rieb dreimal mit dem Daumen über das Glas. Sein Vater hatte ihm damals erklärt, dass das Glück bringen würde. Caleb und Olyvar schließlich hatten sich einen Handschlag ausgedacht. Mattys versuchte, sich daran zu erinnern, wie er ging, aber er konnte es gerade nicht zusammenbringen.

Heute würde nichts von alledem passieren. Mattys war allein auf der Bühne. Ob er mit sich selbst anstoßen sollte?

Genug davon. Es hätten weitaus schlimmere Dinge passieren können. Rosie hätte sich ernsthaft verletzen oder schlimmer erkranken können. Oder was, wenn Mollie etwas zugestoßen wäre? Verglichen mit solchen Dingen war das hier nahezu lächerlich.

Trotzdem fühlte es sich an, als hätten sich unsichtbare Kräfte gegen sie verschworen. Warum hatte es nicht Mattys treffen können? Er hätte jede Krankheit für Rosie auf sich genommen, wenn sie dafür gesund geblieben wäre. Dummerweise war er ein Skogge und natürlicherweise damit gesegnet, quasi niemals krank zu werden. Ein einziges Mal in seinem Leben hatte er eine Grippe gehabt. Es war der kälteste Winter seines Lebens gewesen und Mattys, damals gerade sieben Jahre alt, hatte die meiste Zeit davon im Dämmerschlaf vor dem Feuer verbracht, die Stimme seiner Mutter im Ohr, die mit Heilern sprach oder ihm Geschichten vorlas. Er hatte nur vage Erinnerungen an jene Wochen. Er erinnerte sich bloß an das Gefühl, kurz bevor er sich übergeben musste, die Kälte, wenn ein Lufthauch über die schweißnasse Haut strich, und den schrecklichen Durst, der über allem geschwebt hatte wie eine dunkle Wolke. Essen, laufen, selbst die Arme zu heben und ein Glas Wasser zu halten, waren unheimlich anstrengend gewesen. Niemand hatte bemerkt, wie die Grippe etwas in seinem Inneren unwiderruflich zerstört hatte. Aber als sie vorübergegangen war, hatte sie die Melyskrankheit in seinem Körper gesät.

Für Mattys war die Erkrankung nie so schlimm gewesen, wie es hätte sein können. Bevor die Melyspflanzen vor einigen Jahren entdeckt worden waren, hatte die Honigkrankheit als Todesurteil gegolten. Ein Leben damit war kurz, schmerzvoll und von verstörenden Nebenbeschwerden geprägt gewesen, weswegen Mattys auch heute nur ungern Abhandlungen über seine eigene Erkrankung las. Mattys' Mutter, die sich nicht im Klaren über die heutigen Möglichkeiten gewesen war, hatte viel geweint, als die Nachricht damals eingetroffen war. Dabei gab es keinen Grund zur Sorge. Die Krankheit war unheilbar, aber mit den Pflanzen war es möglich, ein annähernd normales Leben zu führen, und seit Mattys Mollie hatte, ging es ihm ausgesprochen gut. Für eine Weile war er dieser zermürbenden, hartnäckigen Krankheit sogar dankbar gewesen – denn sie hatte ihn inspiriert, sich zum Heiler ausbilden zu lassen. Und die Zeit in Broc Môr war die beste seines Lebens gewesen, wenn man davon absah, wie sie geendet hatte.

Mattys trat ein Steinchen weg. Rosies Erkältung war bei weitem nicht so schlimm, wie honigkrank zu sein, eine Katastrophe war sie trotzdem. Aber er hatte alles getan, was in seiner Macht stand. Er wäre sogar bereit gewesen, das Silberharz zu benutzen, obwohl er Air Deoch noch immer skeptisch gegenüberstand.

Er hatte diese Einstellung von seinem Lehrmeister in Broc Môr. Vidar Nielas war kein Mann gewesen, der viel von Naturmagie und Ritualen hielt. Der Chirurg hatte eine Weltanschauung innegehabt, die nur von wenigen anderen Skoggen geteilt wurde und der zufolge Daer Awyr nicht durch göttliche Macht, sondern natürliche Evolution geschaffen worden war. »Der Wald schenkt uns viel und nimmt eine Menge«, hatte Vidar stets gesagt. »Das ist der Kreis des Lebens. Deshalb müssen wir ihn nicht vergöttlichen. Oder hat euch schon mal ein Blatt geantwortet? Keyll Naomh hat keine Seele wie wir. Und die ganzen Wunder, die er hervorbringt, werden arkane Gelehrte und Physiker eines Tages erklären können.«

Zu Beginn war Mattys über solche beinahe ketzerischen Aussagen zusammengezuckt. Vidar sprach mit solcher Abfälligkeit über die heiligen Wälder, dass es ihm eine Gänsehaut bereitet hatte. Propheten wären ein Produkt der Waldvölker, die die Menschen an der Nase herumführten. Liturgien verklangen im Wind, als würde ein Kind einem Spielzeugsoldaten befehlen, von allein loszumarschieren. Nutzlos waren sie. Heiler mussten mit dem arbeiten, was die Natur bot. Einen gebrochenen Arm heilte man durch Ruhigstellen, nicht durch Beschwörungen. Eine Grippe behandelte man mit Lyttnarmoos, Pelargoniumlösung und Erholung, nicht mit Gebeten.

Es gab wenige Menschen auf der Welt, zu denen Mattys so sehr aufsah wie zu einem einstigen Lehrmeister. Womöglich hatte er dessen Gedankengut deshalb in sich aufgenommen und war dem Wald weniger zugetan als die meisten anderen Skoggen. Auf medizinischer Ebene hatte die Perspektive seines Lehrmeisters ihn stets weiter gebracht, als vor den Wäldern um Gnade zu flehen. Die Philosophie seiner Heimat und seiner Eltern, der zufolge Keyll Naomh tatsächlich über eine Seele verfügte und die Waagschalen der Welt im Gleichgewicht hielt, hatte Mattys allerdings auch nie ganz abschütteln können. Dafür hatte er zu viele Wunder gesehen, zu viele Geschichten gehört und zu viele Bekanntschaften geschlossen, die mehr mit Keyll Naomh verband als der bloße Glaube.

Vidar Nielas war skeptisch gegenüber Air Deoch. Womöglich in erster Linie, weil er nicht daran gelangte und sich seine Bedeutung nicht erklären konnte. Mattys aber wusste, dass manchmal nichts anderes blieb als zu beten. Und seinen eigenen Stolz zu überwinden, alten Streit niederzulegen und sich an Freunde der Wälder zu wenden.

Umso frustrierender war es, wenn seine Gebete nicht erhört wurden.

Mollie stupste ihm gegen die Hand und Mattys streichelte ihr über den Kopf, ließ eines ihrer Ohren durch die Finger gleiten. Am Ende der Straße kam das *Nüsslein* in Sicht.

»Bist du aufgeregt?«, fragte er, denn er selbst kam sich überraschend nervös vor. Der Wind fegte kalt über die Gassen der Stadt und unter Mattys' Mantel, aber trotz der Kälte fühlte er sich merkwürdig klamm. Es war bewölkt, aber nicht regnerisch – optimales Wetter für einen Tavernenbesuch am Feyentag. Mattys zwang sich zur Konzentration und steuerte auf die Taverne zu. Er sollte seine Aufmerksamkeit zunächst darauf richten, eine gute Vorstellung zu geben. Danach konnte er weitersehen.

Rosie hatte es schon immer nervtötend gefunden, krank zu sein. Schon damals, als sie noch mit ihrer Familie umhergezogen war, hatte sie bei jeder Erkältung sehnsüchtig aus dem Fenster des Wohnwagens gespäht und den anderen Kindern beim Spielen zugeschaut. Sie war beleidigt gewesen, wenn die anderen Spielleute ohne sie auftraten und sich amüsierten, obwohl Rosie nicht dabei sein und mit ihnen lachen konnte. Die Welt sollte stillstehen, wenn Rosie innehielt. Sie sollte aufhören sich zu drehen, solange sie nicht an ihrem Treiben teilhaben konnte.

Das Schmerzen ihrer Kehle, die Müdigkeit und die Schwere ihrer Glieder wären bei weitem nicht so schlimm gewesen, wenn sie sich hätte nützlich machen können. So aber konnte Rosie bloß darüber nachdenken, dass sie Mattys im Stich ließ und ihnen die Chance verwehrte, diesen Platz bei Hofe zu bekommen.

Und der Gedanke, dass sie über Letzteres ein bisschen froh war, machte es nicht unbedingt besser.

Genervt ließ sie den Kopf ins Kissen sinken und starrte in das leere Zimmer. Warum konnte sie nicht helfen? Zumindest Mattys' Sachen tragen oder während des Auftritts ein Tambourin anschlagen? Ihm sein Plektrum angeben, das da auf dem Schreibtisch …

Rosie stockte. Sie fuhr hoch und erhob sich ungeachtet des leichten Schwindels, der sie dabei erfasste. Mattys' Plektrum lag noch auf dem Tisch, neben dem Notizbuch, in das sie vorhin geschrieben hatte.

»Wälder«, murmelte sie mit rauer Stimme, während sie in Mattys' Rucksack nach dem Säckchen mit den Ersatzplektren zu suchen begann. Sie waren noch vollständig, er hatte also auch kein anderes zum Austauschen dabei.

Nachdenklich runzelte Rosie die Stirn. Eine Mandoline ließ sich kaum ohne ein Plektrum spielen, weil die Saiten so eng beieinanderlagen. Wenn er es nicht hatte, würde Mattys nicht auftreten können. Was sollte sie machen?

Mattys war viel früher aufgebrochen als notwendig – wenn er feststellte, dass er das Plektrum vergessen hatte, würde er bestimmt noch genügend Zeit haben, um hierher zurückzukehren.

Aber was, wenn er es zu spät bemerkte?

Rosie hatte nicht ganz begriffen, was sie tat, da hatte sie schon nach ihren Stiefeletten gegriffen und streifte sich die Jacke über den Morgenmantel. Verantwortungsbewusst wickelte sie sich einen dicken Schal um. Sie griff nach dem Plektrum und verbarg es in einer Hand, ehe sie das Zimmer verließ. Den Gedanken, dass sie nur Gründe vorschob, um sich nicht zu langweilen, verdrängte sie.

Draußen nieselte es leicht, was in Eshwen keine Überraschung war. Rosie zog die Nase hoch und streifte sich die Kapuze übers Haar, während sie den Weg zum *Nüsslein* einschlug. Ihr Kopf brummte und die

Geräusche der Stadt kamen ihr merkwürdig intensiv vor. Zweimal stieß sie aus Unaufmerksamkeit beinahe mit jemandem zusammen. Durch die Kälte begannen ihre Glieder zu zittern und Schauer krochen in ihren Nacken, rieselten in einer Gänsehaut ihre Haut hinab. Mit einem Mal wusste sie die Wärme und Ruhe des Zimmers im Gasthaus viel mehr zu schätzen. Aber ihre Beine trugen sie stetig weiter.

Am besten blieb sie nicht lang. Sie würde Mattys nur rasch das Plektrum bringen, sich Ärger von ihm abholen und dann wieder gehen. Falls sie sich gut genug fühlte, konnte sie vielleicht noch einem seiner Lieder lauschen, wenn sie schon einmal da war. Das *Nüsslein* geriet bereits in Sicht und Rosie schlang die Arme um den Körper.

»… halt mal die Klappe und hör zu! Das wird der Diebstahl meines Lebens! Mond wird so stolz auf mich sein!«

Die Stimme ließ sie innehalten. War das nicht …

Sie machte ein paar Schritte zurück, verbarg sich hinter einer Hauswand und spähte um die Straßenecke. Es handelte sich um einen kleinen Hinterhof mit Kellerluken in die angrenzenden Häuser und tröpfelnden Regenrinnen. Zwischen den Abfalltonnen standen Ezlynn und Cadmus, die Kapuzen ins Gesicht gezogen und die Arme ob der Kälte verschränkt. Ezlynn hatte eine Pfeife zwischen den Lippen und paffte Rauch in die Regenluft, während Cadmus augenverdrehend das Gesicht abwandte.

»Mann, Ez«, zischte er, »doch nicht direkt vor dem Gasthaus!«

»Das hört doch keiner! Ich sag dir, Mond hat ein gutes Auge. Die Nüsschen sind der Wahnsinn! Sie flüstern es mir zu: *Ezlynn, wir wollen euch gehören.*«

Geistesgegenwärtig schob sich Rosie dichter an die Hauswand und zog die Kapuze ins Gesicht. Regentropfen sogen sich in ihren Mantel und verfingen sich in ihren Wimpern, aber sie blinzelte sie fort und räusperte sich möglichst lautlos.

»Nicht so laut! Bei Teannan, du verrätst dich, bevor du auch nur einen Finger krumm gemacht hast.«

»Die Alte kapiert das doch nicht. Sie wird es erst durchblickt haben, wenn wir schon auf und davon sind. Aber deswegen, Cadmus, deswegen dürfen wir nichts überstürzen. Sie schließt die Nüsschen immer weg, wenn sie nachts geht. Aber der Schrank, der ist das primitivste Ding, was du je gesehen hast. Heute noch nicht – aber morgen, wenn wir das Geld kassieren, hole ich die Nüsschen.«

Rosie schluckte. Warum musste ihre Kehle nun zu kratzen beginnen?

»Ganz toll, Ezlynn. Du meinst, das bemerkt niemand?«

»Die lauschen doch Rosie. Und wenn die Grafentochter hier den Laden aufwühlt, sind eh alle unvorsichtig. Es ist der perfekte Tag dafür, Cadmus! Sie werden denken, es wäre irgendwer gewesen, der unsere Vorstellung als Aufhänger genommen hat, um die Nüsse zu stehlen. Wer verdächtigt schon die Barden, die gerade aufgetreten sind?«

Rosie versuchte den Atem anzuhalten – aber trotzdem entwich ihr ein leises Husten.

»He, was war das?«, fragte Ezlynn. Kies knirschte, als sie ihr Gewicht verlagerte.

Rasch hielt Rosie sich den Mund zu. Eine Weile flüsterte nur der Regen – sie wagte nicht zu atmen.

»Da ist nichts. Höchstens Ratten und so.«

»Die einzige Ratte hier bist du, Cadmus. Du willst mir nicht helfen?«

»Du bist gerade erst aus dem Gewahrsam entlassen worden – und das nur durch meine Hilfe. Ist das nötig?«

»Ach, sei nicht so ein Spielverderber, du Hornochse.«

»Die Alte weiß das auch mit deiner Gefangennahme!«

»Und das ändert was genau? Momentan denkt sie eh, ich wäre zu Unrecht verhaftet worden! Ihre Meinung von uns ist blendend, wegen Mond! Bevor sie merkt, dass die Nüsslein weg sind, sind wir über alle Berge. Mond hat gesagt, sie will die Haseln. Sie glänzen nicht nur schön – sie können auch eine Menge! Du weißt schon!«

»Hmm … wenn Mond das sagt. Sie weiß viel mehr als du und ich.«

»Ich sage doch. Für sie machen wir alles, oder nicht?«

»Sie weiß jedenfalls, wo in der Welt *er* seine Sachen verteilt hat. Und … wir haben Mond lange kein Geschenk mehr gemacht.« Mit einem Mal klang Cadmus' Stimme weicher. »Wir sind ihr immerhin zu Dank verpflichtet, schließlich hat sie uns …«

»Jaja. Also bist du dabei?«

Cadmus schwieg für eine Weile. »Ich weiß nicht. Ich bin kein Dieb, das ist deine Aufgabe! Ich habe andere Qualitäten.«

»Du bist echt zu nichts zu gebrauchen.«

»Was können diese Nüsslein denn?«

»Dir deine große Klappe stopfen, zum Beispiel. Wenn du mir nicht helfen willst, dann mache ich es halt alleine.«

»Um ehrlich zu sein – ja. Das ist deine Aufgabe. Wahrlich.«

Die Schritte entfernten sich und kurz darauf wurde eine Tür zugeschlagen. Rosie atmete auf. »Propheten«, murmelte sie durch ihre raue Kehle, während sie den Hinterkopf gegen die Hauswand sinken ließ und versuchte, ihr klopfendes Herz zu beruhigen. Regentropfen benetzten ihr Gesicht, aber für den Moment nahm sie das kaum wahr.

Wälder, was hatte sie da gerade belauscht? Ezlynn war schon immer ein diebisches Biest gewesen, aber Rosie hätte nicht erwartet, dass sie so weit gehen und einer Wirtin ihren Familienschatz rauben würde. Andererseits hatte sie einen Eindruck von Monds Garderobe, die vor juwelenbesetzten Kleidern und Schmuckstücken strotzte. Und Calebs Cornett?

Ezlynn behauptete immer, die Dinge zu stehlen, um sie ihrer Schwester zu schenken. Das eben hatte auch so geklungen.

Rosie zögerte nicht. Sie musste Mattys und Astryd davon berichten, so schnell es ging, damit sie die Nüsse in Sicherheit bringen konnten!

Aschegrau

Maenblod war so deprimierend wie eine Taverne, in der sich niemand betrank. In der Nacht war es kaum aufgefallen und hatte noch den Anschein erweckt, es sei nur so still, weil die Menschen schliefen. Aber als Caleb an diesem Nachmittag mit Olyvar in den Schankraum des Gasthauses trat und ein bisschen trockenes Brot mit Butter und einen unfassbar dünnen Kaffee frühstückte, war er sich der Grabesstimmung allzu bewusst.

Nach den Strapazen der Nacht waren sie erst bei Morgengrauen zu Bett gegangen und hatten bis zum späten Nachmittag geschlafen. Caleb war in Tiefschlaf verfallen, sobald sein Kopf das Kissen berührt hatte. Olyvar schien noch wachgelegen zu haben und war zu ihm unter die Decke geklettert, ohne dass es ihm aufgefallen war. Beim Aufwachen hatte sie an seine Brust gekuschelt geschlafen.

Der Nachmittagshimmel über Maenblod war eine graue Suppe. Die Sonne blinzelte kaum durch die Nebeldecke und die angelaufenen Fenster taten das Übrige, um das Tageslicht zu trüben. Caleb fand die Stimmung unangenehm und verspürte den Wunsch, diesen Ort rasch wieder zu verlassen. Er war die Unruhe der Städte gewohnt, die vor den Fenstern tausend Geschichten erzählten. Oder zumindest das geschäftige Treiben eines großen Gasthauses wie den Kiefernstuben. Hier aber drangen kaum Geräusche zum milchigen Fenster hinauf – höchstens das Knarren von Wagenrädern, ein gelegentliches Pferdeschnauben oder das Zwitschern eines Vogels. Kaum einer sprach, von Lachen konnte gar nicht die Rede sein.

»In dieser Stadt würde ich draufgehen«, brummte Caleb. »Die Leute hier sind verdorrt wie tote Pflanzen. Man könnte meinen, es wäre jemand gestorben.«

Während Olyvar an ihrem Butterbrot kaute, unterdrückte sie ein Gähnen. »Es *ist* jemand gestorben.«

»Das ist kein Grund, nur trocken Brot anzubieten.« Caleb rümpfte die Nase wegen des Kaffees, ehe er einen weiteren Schluck nahm. Bei *Falkners Brandfuchs* hatte immer jemand gepfiffen oder beim Arbeiten geredet und gelacht. Er fragte sich, ob die Leute hier das Lachen verlernt hatten. Es war sowieso kaum jemand in der Taverne zugegen – nur ein paar graue Gestalten. Wobei … zwei Tische weit weg saß eine vergleichsweise interessante Gruppe. Es handelte sich um zwei Männer, eine junge Frau und ein Kind, das etwas jünger als Olyvar war. Die drei Erwachsenen warfen abwechselnd Karten auf einen Stapel in der Mitte, während die Kleine mit der Gabel ein Muster in den Tisch kerbte. Sonderbar war daran nichts. Was Calebs Neugierde allerdings weckte, war, dass alle drei von oben bis unten schwarz gekleidet und schmutzig waren. Mit grauem Ruß beschmierte Hände, Wangen und Kleidung. Nur das kleine Mädchen war sauber.

»Warum sind die so voller Dreck?«, fragte Olyvar.

Caleb hob die Schultern. »Keine Ahnung. Aber die Blonde ist echt hübsch.«

Seine Schwester rollte mit den Augen. »Ernsthaft?«

»Und sie hat auch eine kleine Schwester, die echt nett aussieht«, setzte er dahinter. »Du brauchst mal Freunde in deinem Alter.«

»Die sieht voll langweilig aus.« Olyvar zog die Beine an den Körper und stützte die Fersen an der Kante der Sitzbank ab. »Können wir nicht lieber Severyn und die anderen suchen?«

»Willst du denn nicht wissen, warum die so dreckig sind?«

»Ich will was mit den anderen machen«, murrte Olyvar. »Oder dir.«

Der jungen Frau schien aufzufallen, dass sie gemustert wurde, denn sie fing Calebs Blick ein. Ihre Mundwinkel zuckten.

»Du hast da was im Gesicht«, sagte Caleb. »Oder … eigentlich überall.«

»Was denn?«

»Na, du bist ganz schwarz.«

Sie lachte. »Du auch.«

»Das ist normal«, entgegnete Olyvar. »Aber ihr seht komisch aus.«

Caleb nickte. »Was macht ihr, Kinder erschrecken?«

»Das ist unsere Tarnung vor den Motten«, erklärte die junge Frau mit frechem Grinsen.

»Verstehe, dann verraten wir besser nichts. Ich will nicht schuld sein, wenn die Tarnung auffliegt.«

Sie hob die Karten. »Wollt ihr mitspielen?«

»Geht nicht. Wir müssen erst rausfinden, wo unsere Freunde stecken.« Neugierig reckte er den Hals. »Was ist das, Bauernsolo?«

»Jap.« Erneut zuckten ihre Lippen. Sie hatte ein schönes Lächeln, ein breites, bei dem ihre Augen kleiner wurden. Wie sie wohl aussah, wenn sie gewöhnliche Kleider trug? »Schon mal gespielt?«

»Ich bin Barde«, sagte Caleb großspurig. »Ich verdiene mein Geld damit.«

»So selbsteingenommen?«

»Nur realistisch.«

»Letzte Karte«, verkündete einer ihrer Spielpartner. Die junge Frau besah sich ihr Blatt und legte die drei Karten auf ihrer Hand nacheinander ab, ehe sie sich selbstzufrieden zurücklehnte. Ihr Gegner fluchte und knallte die Karte auf den Tisch, während der andere lachte.

Caleb leerte seinen Kaffee und unterdrückte ein Husten. Er wusste, wo er nicht mehr essen gehen würde. Olyvar war auch fertig und murrte unwillig, als er sie mitwinkte.

»Hast du vielleicht eine Ahnung, wo die anderen sind, die mit uns ankamen?«, fragte er die junge Frau, da ihre Gruppe ebenfalls aufstand. Im Stehen war sie mindestens anderthalb Köpfe kleiner als er selbst. Caleb fiel auf, dass sie zu der gänzlich schwarzen Kleidung hohe Stiefeletten trug, um sich größer zu machen. Sie war schlank, aber drahtig. »Die eine ist klein, kräftig und mit Locken. Die andere hat so lange rote Haare.« Er zeigte Edelines Haarlänge an seinem Schlüsselbein. »Der dritte ist ein arroganter Sack mit seinem Fußsoldaten, erkennbar daran, dass er schöne Stiefel trägt und meistens fantastisch rasiert ist.«

Sie nickte. »Die habe ich gesehen, kommt ruhig mit. Mit wem hab ich denn die Ehre? Zu mir könnt ihr Rhia sagen.« Sie streckte ihm die Hand entgegen, hielt aber inne. »Ach ja. Bin ja voller Ruß.«

Caleb ergriff ihre Hand trotzdem. »Caleb. Das ist Olyvar.«

»Schön, euch kennenzulernen.«

»Wieso bist du denn nun so rußig?«, fragte Olyvar, die ihnen hinaus auf den Dorfplatz folgte. Rhias kleine Schwester sprang ihnen ebenfalls nach.

»Ich bin Schornsteinfegerin«, erklärte Rhia. »Ist Familienerbe. Mein Vater arbeitet auch nachmittags, aber ich habe um diese Uhrzeit immer schon frei, um auf Maggie aufzupassen.« Sie wies auf ihre Schwester neben sich. »Sie kommt dann aus der Dorfschule.«

»Wow. Du bist *Schornsteinfegerin*?«

»Was dagegen?«

»Nein!« Caleb hob die Hände. »Das ist total spannend, ehrlich! Ich hab noch nie ein Mädchen kennengelernt, das Schornsteinfegerin ist. Ich kenne sonst nur schlecht gelaunte alte Männer, die solche Arbeit machen.«

»Na, mein Vater bedankt sich.« Sie grinste, winkte dann aber ab. »Es hilft, wenn man klein ist, um besser in die Rohre zu kommen. Ich mache es gern. Hab kein Problem damit, mich schmutzig zu machen. Außerdem kann der Funkenflug echt gefährlich werden und ich leiste gern meinen Beitrag, um Maenblod vor einem Großbrand zu bewahren.«

»Heldenhaft«, meinte Caleb. »Mich interessiert trotzdem, wie du aussiehst, wenn du nicht voller Ruß bist.«

Olyvar flüsterte Rhias kleiner Schwester etwas zu, die sie schüchtern ansah. Sie deutete auf ein paar Kinder in der Nähe und die beiden liefen davon, um mit ihnen ein Spiel anzufangen.

Rhia neigte den Kopf. »Ich passe mich meiner Umgebung an. Eigentlich bin ich gesellig und ansehnlich, aber mich bedeckt eine dunkle Schicht.«

»So selbstüberzeugt?«

»Nur realistisch.«

»Heißt das, sonst ist es hier nicht so furchtbar bedrückend?«

Rhia schob die Hände in die Jackentaschen. »Na ja. Wir dachten für eine Weile, wir wären mit Keyll Naomh in Einklang gekommen. Aber wenn die Wälder existieren, um der Welt Gutes zu tun …«

Wenn die Wälder existierten, um der Welt Gutes zu tun, dann mussten sie Maenblod vergessen haben. Tief im Dunkel der Stämme und Äste, wo kaum Licht hindrang, abgeschieden vom Rest der Welt, waren die Bewohner des Dorfes auf sich allein gestellt. Abgesehen von einer Handvoll verirrter Händler und dem Lebensmittel- und Hausratszug, der alle paar Wochen aus Dinas Rhedyn hierherkam, gab es keinen Kontakt zur Außenwelt. Zur nächsten Stadt traute man sich bloß unter dem Schutz einer Soldatengruppe – und nach dem blutigen Ereignis mit der Pappelspinnerin vor einigen Jahren scheute man auch davor zurück. Allein nach Dinas Rhedyn zu reisen, was mehrere Nächte allein in den Wäldern bedeutete, war der Tod. Nein, wenn die Dunkelheit in den Zweigen hing, verließ niemand allein die schützenden Mauern. Die Sphäre der Bewohner Maenblods war ihr Dorf – und die Wälder. Und die kannten sie gut genug, um sie zu fürchten.

Der Bürgermeister Dyfed Kadwallader, welcher schon seit vielen Jahren wiederkehrend gewählt wurde, lag stets nächtelang wach, wenn ein neues Unglück seine Stadt heimsuchte. Seit der Gründung Maenblods hatte es zahlreiche tragische Ereignisse gegeben. In den ersten Jahren ihrer Gemeinschaft hatten Eschenelben ihnen persönlich aufgelauert und die Schwächsten unter ihnen an Bäumen aufgeknüpft. Im neunten Jahr nach der Gründung hatte ein Gwiber ihr Dorf beinahe komplett zerschlagen, weswegen sie die Palisaden durch eine anständige Mauer ersetzt hatten. Im dreizehnten Jahr waren ihnen zusätzliche Gardisten gestellt worden, nachdem es zu dem Vorfall mit der Pappelspinnerin gekommen war.

Dann waren die Kinder an die Reihe gekommen. Dyfed Kadwallader hatte wegen ihnen oft in seinem Lehnstuhl gesessen, sich ratlos über den dichten Bart gestrichen und an den sich spannenden Knöpfen der Weste genestelt. Jahr für Jahr wurden ihnen Kinder geraubt. Es schien nichts zu geben, was die Diebin von ihrem grundlosen Feldzug abbringen konnte.

Manchmal blieb sie so lang fern, dass alle glaubten, sie würde Maenblod endlich in Ruhe lassen, dann wieder verschwanden drei Kinder in einer Woche. Kadwallader hatte ein Verbot für die Kinder verhängt, allein zu den Quellen zu gehen oder in den Hainen zu spielen. Ab da wurden sie entführt, wenn sie ihre Eltern auf dem Weg nach Dinas Rhedyn begleiteten, sogar trotz Soldateneskorten. Also hatte der Bürgermeister ihnen untersagt, die Stadtmauern überhaupt zu verlassen – jeder Schritt in die Wälder konnte bedeuten, dass sie der *flann gwiddon* in die Falle gingen. Nachdem die Kinder nicht mehr hinausgekommen waren, war die Hexe ins Innere der Stadt eingedrungen.

Nicht selten hatte eine Mutter geweint, wenn ihr gewahr geworden war, dass ein Kind in ihrem Leib heranwuchs. Zu groß war die Angst, die Söhne und Töchter könnten das Jugendalter nicht erreichen, da sie zuvor von den Elben geraubt und auf Pfähle gesteckt wurden. Als die *flann gwiddon* das Dorf heimgesucht hatte, waren viele Eltern mit ihren Kindern in die großen Städte gegangen. Heute, mehrere Jahre nach ihrem Verschwinden, gab es wieder mehr von ihnen, aber jedes Mädchen und jeder Junge wurde mit besonderer Vorsicht behandelt.

Man hätte sagen können: Maenblod war verflucht.

Warum blieb überhaupt irgendjemand an diesem unsäglichen Ort? Diese Frage stellten sich die Händler und Reisenden, die auf das Dorf stießen. Bisweilen stellten die Bewohner Maenblods selbst sich diese Frage. Und auch Dyfed Kadwallader fragte sich das, wenngleich er die Antwort kannte. Ihr Dorf war umgeben von sagenumwoben schönen und unvergleichlich lukrativen Goldbaumhainen. Die meisten Dorfbewohner waren von Großhändlern angestellt und hergeschickt worden, um das Gold abzutragen. Die Eschenbäume, deren Rinde mit dem Edelmetall durchbrochen war und deren Zweige mitunter aus purem Gold bestanden, brachten Reichtum und Ansehen. Zumindest denen, die Keyll Naomh überlebten.

Manch einer bezeichnete die Haine als Geschenk der Wälder – als eine Entschädigung für alles, was ihnen widerfahren war.

»Das ist aber nicht die Wahrheit.« Der stämmige ältere Mann rümpfte den Bart, schüttelte den Kopf. »Ich lebe hier mein halbes Leben, Hoheit. Und eins habe ich mittlerweile erkannt: Den Wäldern sind wir schnurzegal.«

»Keyll Naomh urteilt weise und gerecht. Er wird seine Gründe haben, euch nicht zu helfen.«

»Und was für Gründe? Sind wir der Kollateralschaden? Das Zünglein, das die Waagschalen ausgleicht?« Kadwallader wies mit einer großen Hand auf den Vorplatz des Dorfes, schloss die ersten Ausläufer der Häuser mit ein. »Seht es Euch an, mein Herr. Hier wohnen rechtschaffende Leute, die Jahr für Jahr in Angst leben müssen, weil die Kreaturen der Wälder sie heimsuchen. Ihr seid vom Wald auserwählt. Wenn Keyll Naomh Euch lauscht, dann fragt ihn mal, was er sich dabei denkt.«

Der Hauptplatz lag grau vor ihnen. Die Zweige der Bäume hoben sich knorrig und blätterbewehrt über den Mauern und trübten den wolkenverhangenen Himmel noch weiter. Über Maenblod schien eine dunkle Wolke zu schweben, die kaum Licht hindurchließ. Severyn fröstelte in der Kälte, obwohl er den Amethystenmantel und sogar einen Schal trug, um sich zu wärmen. In Eshwen regnete es oft, nur selten brach die Sonne den Himmel genügend auf, dass alles in Licht getaucht war – aber Maenblod schien kaum einen einzigen Strahl abzubekommen. Die Trübe raubte den Eshwen das Lächeln, ließ die Männer seufzen und die Frauen schweigen. Die Kerzen brannten auch bei Tage und tauchten alles in trüben, beinahe schaurigen Schein. Ein paar Kinder spielten ein Hüpfspiel, bei dem sie in einem bestimmten Muster durch kleine Zweigvierecke springen mussten. Auch Olyvar machte mit, ihr Lachen drang durch die klamme Luft. Severyn erschien das merkwürdig: Jede Äußerung der Freude wirkte in diesem Dorf unangebracht.

»Wir waren nicht immer so«, meinte der Bürgermeister, während sie weiterschlenderten. »Nach dem Verschwinden der *flann gwiddon* haben wir lange, glückliche Jahre verbracht. Maenblod kann ein Ort voller Freude und ausgelassener Feiern sein. Zuletzt an Ostara hat es ein wunderbares Fest gegeben – wäre es nicht durch die besagten Ereignisse unterbrochen worden.« Kadwallader seufzte. »Ich glaube lieber, dass

Keyll Naomh schlichtweg keinen Einfluss auf uns üben kann, Hoheit. Dass ihn eine höhere Gewalt davon abhält, uns zu helfen. Dann besteht zwar keine Hoffnung, dass uns jemand beistehen wird – aber es heißt zumindest, dass die Wälder uns nicht absichtlich ignorieren.«

Feierlich legte Severyn eine Hand auf sein Herz. »Ich bin hier und helfe euch. Das ist Zeichen genug von Keyll Naomh, dass ihr nicht allein seid.«

»Na, wenn Ihr meint«, brummte Kadwallader.

Severyn beschloss, dass es an der Zeit war, das Thema zu wechseln. »Wir sind gestern mit dieser jungen Frau eingetroffen, deren Vater und Gefolge … nun. Den Motten zum Opfer fielen.«

Der Bürgermeister nickte, dass sein Kinn schwabbelte. »Ich hoffe, es geht dem Mädchen besser.«

»Sie ist traurig«, sagte Severyn mit Nachdruck, »unter anderem, weil man ihr gesagt hat, dass ihr Vater und ihre Leute *begraben* werden sollen.«

»Sie werden der Erde übergeben wie jeder andere. Was ist das Problem?«

»Adeena stammt aus Austradar. Sie wünscht sich, dass die Toten kremiert werden, wie es für austrische Leichname üblich ist. Sie wünscht, die Asche mitzunehmen und nicht auf einem Friedhof zu begraben, den sie in ihrem Leben nie mehr besuchen wird.«

Der ältere Mann schnaubte verstimmt. »Verzeiht, dass ich kein Krematorium aus dem Hut zaubern kann. Und ich bezweifle, dass meine Bürger es gutheißen werden, wenn der Gestank verbrannter Leichen über Maenblod hinwegweht. Ob die Wälder uns wohlgesonnen sind oder nicht – was tot ist, gehört unter die Erde.«

Severyn seufzte und tauschte einen Blick mit Esmond, der ein wenig abseitsstand und bloß die Schultern hob. »Gibt es nicht irgendeinen Weg, das zu bewerkstelligen? Mein Soldat würde sich auch beteiligen.«

Kadwallader brummte unzufrieden. »Ihr seid der Prophet. *Ihr* solltet derjenige sein, der darauf besteht, dass Tote den Wäldern übergeben werden.«

»Ich tue es aber nicht. Und Ihr seid derjenige, der eben behauptete, der Wald gäbe ohnehin nichts zurück. Tut, was ich Euch sage.«

Nach einem Moment des Zögerns nickte der Bürgermeister. »Es gibt eine alte Ruine nicht weit weg. Ich werde ein paar Soldaten aussenden, die dort das Feuer errichten und die Toten hinbringen. Entfachen müsst Ihr es selbst. Damit hab ich nichts zu tun.«

Severyn nickte. »Ich verspreche, dass ich mein Bestes tun werde, um Maenblod vor dem Bösen zu beschützen.«

»Danke.« Der Mann wirkte nicht gerade zuversichtlich und Severyn spürte Unmut darüber, als Kadwallader sich entfernte. Es missfiel ihm, dass er ihm nicht den Respekt entgegenbrachte, der einem Propheten gebührte. Auf eine verquere Weise konnte er es dem Mann allerdings nicht verübeln. Die Wälder hatten Maenblod nie Gutes getan – da war es offensichtlich, warum er keine große Hoffnung in das Auftauchen eines Propheten setzte. Severyn gefiel es dennoch nicht und er war angestachelt, diesem Bürgermeister zu zeigen, dass er und Keyll Naomh Maenblod gemeinsam beschützen würden.

Immerhin würde Adeenas Vater eine angemessene Bestattung bekommen. So konnte Severyn wiedergutmachen, was auf dem Ball geschehen war, und quitt mit Adeena werden. Er würde mit ihr übereinkommen und auch Maenblod seinen Frieden bringen. Ob Breya ihn anlächeln würde, wenn er ihr davon erzählte? Das wäre es jedenfalls wert.

Edeline sog die klare, klamme Luft ein, als hätte sie tagelang keinen richtigen Sauerstoff geatmet. Dieses Dorf brachte sie um. Sie wünschte sich sehnlichst zurück in die Tavernen von Dinas Rhedyn, nach Hem Sommar oder gar nach Hennaport, obwohl sie es da gehasst hatte. Überall, nur nicht hier.

Das Problem war nicht nur, dass sie alles an die *flann gwiddon* erinnerte. Schlimmer war, dass diese Menschen so verflucht nett zu ihr waren – weil sie keine Ahnung hatten, mit wem sie sprachen. Edeline bemühte sich, normal zu erscheinen, unschuldig im Angesicht der Dinge, die diese Menschen noch immer in Angst und Schrecken versetzten. Aber das war schwierig, wenn die Hexe in ihrem Inneren immer mehr nach oben drängte. Wenn die Eschenelben nach ihr riefen und auch Severyns ständige Befehle an Esmond ihr das Silber aufzwingen wollten. Mittlerweile war es Severyns bloße Nähe, die das Blut in ihren Adern sirren ließ. Ihr Kopf schmerzte und machte es unsagbar schwierig, sich auf etwas Sinnvolles zu konzentrieren. Hatte sie heute Nacht von Klingen geträumt? Davon, wie sie für Severyn tötete? War das ein Albtraum gewesen oder hatte es ihr gefallen?

Wälder, sie musste etwas unternehmen, ehe es zu spät für sie war.

Sie sah sich auf dem Platz um, fing Esmonds Blick ein und wandte sich rasch ab. Noch so eine Sache, über die sie besser nicht nachdachte.

»Edeline, kann ich den anderen deine Geige zeigen?«, fragte Olyvar, die gemeinsam mit einer Gruppe Kinder auf sie zugelaufen kam. »Ich will was vorspielen, ja?«

»Nimm ruhig.« Wohlwollend gab Edeline ihr einen Wink. »Sie liegt auf der Anrichte. Zeig ihnen, was für eine gute Bardin du bist.«

»Mach ich.« Olyvar grinste, ehe sie weghüpfte.

»Lene!«, rief Caleb und kam zu ihr herüber. Er wies auf eine über und über mit Ruß bedeckte Frau. »Sieh mal, das ist Rhia. Sie ist Schornsteinfegerin und hilft Maenblod ganz heldenhaft.«

»Hey.« Edeline hielt Rhias Blick stand, auch wenn ihr das schwerfiel. *Und das ist Edeline. Sie ist die rote Hexe und hat Maenblod ganz heldenhaft die Kinder geraubt.*

»Edeline spielt so gut Geige, dass man meinen könnte, sie hätte ihr Leben lang nichts anderes getan«, erklärte Caleb. »Dabei macht sie das erst drei Jahre lang. Sie ist echt super. Macht immer alles für ihre Freunde, selbst wenn die Idioten sind.«

»Und sind deine Freunde oft Idioten?«, fragte Rhia.

Gleichmütig hob sie die Schultern. »Genauso oft wie ich selber.«

»Wie geht es Adeena?«, erkundigte sich Caleb.

»Nascha ist bei ihr. Anders als andere Leute haben wir nicht bis nachmittags geschlafen, sondern uns um unsere Angelegenheiten gekümmert«, stichelte sie und Rhia lachte. »Adeena ist ziemlich durch den Wind. Es nimmt sie mit, dass sie ihre Toten nicht verbrennen lassen kann. Severyn spricht mit dem Bürgermeister deshalb.«

»Soll er sie doch verbrennen«, meinte Rhia. »Ich finde Einäscherungen sowieso besser. Ich will diesem Monstrum nicht übergeben werden, das uns so viel Schlechtes getan hat.«

»Ist der Tod eigentlich alles, worüber ihr sprecht?«, fragte Caleb. »Wenn ich hier am Arsch der Welt leben würde, hätte ich längst Depressionen.«

Rhia hob die Schultern. »Es ist mal anders gewesen. Als ich ein Kind war, war es schön hier. Das war, bevor eine Pappelspinnerin eine ganze Kohorte Soldaten und Bürger am Julfest umgebracht hat. Lange vor der *flann gwiddon*. Da waren wir noch mehr eine Gemeinschaft. Heute suchen die Leute nur nach Wegen, Maenblod so schnell es geht mit möglichst viel Ertrag aus den Goldbaumhainen zu verlassen.«

»Dann sollte es wieder werden wie damals«, meinte Caleb.

Rhia lachte. »Das ist nicht so einfach. Ich versuche immer, meinen Mut nicht zu verlieren. Aber ich erinnere mich kaum, wie unbeschwert es war, als ich ein Kind gewesen bin. Liegt eine dicke Ascheschicht drauf.«

Caleb nahm ihre Hand, als wollte er darin lesen. »Vielleicht können wir ja helfen, das Lachen wieder hierher zurückzubringen. Immerhin sind wir Spielleute.« Er schloss die Finger um Rhias. »Soll ich dir mein liebstes Lied zeigen? Ich hab es selbst geschrieben. Das heißt, ich und ein Freund. Ein ehemaliger Freund. Aber ich habe das meiste gemacht, du wirst sehen.« Er grinste. »Es spielt sich besonders gut, wenn es später wird und die Leute schon ein bisschen betrunken sind.«

»Verstehe.« Rhia hob eine Braue.

Caleb gab Edeline einen Wink. »Lene, komm, hol deine Geige.«

»Ernsthaft jetzt?«

»Ich brauche Begleitung!«

Lene zog unwillig die Schultern hoch. Ihr Herzschlag beschleunigte sich bei dem Gedanken, für ein Publikum von Menschen zu spielen, dem sie einst so viel genommen hatte. Hier Musik zu machen, als wäre niemals etwas geschehen, kam ihr ausgesprochen falsch vor.

Andererseits … war nicht genau das nötig, um sich zu versöhnen? Und Frieden mit Maenblod zu schließen?

»Geige«, wiederholte Caleb mit beiläufigem Drängen, und da pfiff Edeline nach Olyvar und ließ sich die Geige bringen. Die einstige rote Hexe schloss die Finger um den schlanken Hals, griff den ersten Ton und ließ den Bogen über die Saiten gleiten.

Caleb trat einen Schritt vor Rhia zurück. »*Ein Zuhause kenne ich als Spielmann nicht.*« Sein Bariton drang durch die trübe Luft, wurde von den Gebäuden auf dem Platz zurückgeworfen.

»Die Fremde steht mir zu Gesicht.
Ich gehe frei und ohne Band,
keine Hand in meiner Hand.«

Mit einer großen Geste zeigte er auf Rhia und wandte sich an die Umstehenden. Er erhob die Stimme.

»Doch dann kam sie! Ich traf sie –
eine warme Symphonie.
In allen meinen Sommern und Wintern
sah ich nie so einen wunderhübschen …«

Er hielt inne und grinste. »*Menschen.*«

Edeline verdrehte die Augen und grinste, ehe sie den Refrain auf dem Instrument erklingen ließ. Bei den ersten Geigenstrichen hatte sie Unsicherheit verspürt, doch jede Note ließ sie mehr an Selbstbewusstsein gewinnen. Hinter dem Klang des Instruments konnte die Bardin sich vor der roten Hexe verbergen. Mit ihrer Geige konnte sie *Lene* sein. Beinahe war ihr, als würden sogar die Eschenelben und das Band, das sie zu Severyn zog, in den Hintergrund weichen.

Caleb nahm Rhias Hand in seine.

»Ich find selten die richtigen Worte,
doch kenne ich unzählbar viele Orte,
und ein Mädchen so wie sie
traf ich nirgends, nimmer, nie.«

Rhia lachte, als er sie unter seiner Hand eine Pirouette machen ließ. Mehr und mehr Menschen versammelten sich um sie, weswegen Edeline die Lider senkte und sich ganz auf die Musik konzentrierte. Es war einfacher, wenn sie nicht daran dachte, dass diese Menschen hier waren. Es war einfacher, wenn sie ignorierte, dass auch Severyn und Esmond zu ihnen herüberblickten, dass der Keitha lächelte. Wenn sie nicht über die Umstände nachdachte, war das Spielen das Leichteste der Welt. Lene hatte nicht erwartet, dass die Musik so viel Macht in sich trug, doch während sie den Bogen über die vertrauten Saiten fahren ließ, wurde sie von einer altbekannten Euphorie erfasst. Welch unglaublichen Effekt so ein dämliches Lied doch haben konnte.

»Sie erfüllt mein Herz mit Licht wie keine Zweite,
sie tanzt im Funkenflug auf ihre Weise.
Zu schön, um sie zu berühren,
viel zu clever zum Verführen.
Schon als wir uns zum ersten Male trafen,
wollte ich nur mit ihr – Karten spielen.«

Rhia schien nicht umhinzukommen und lachte. Auch die anderen Menschen beobachteten amüsiert, wie Caleb die junge Frau umrundete.

»Sicher, dass du nichts anderes sagen wolltest?«

»Wie denkst du denn von mir? Ich bin ein aufrechter Mann. Ich würde nie etwas Unanständiges sagen. Nicht einmal in Versform.«

»Aufrecht wohl«, meinte Rhia mit erhobener Braue. Edeline setzte zum Refrain an und Caleb erhob scharf grinsend wieder die Stimme. Schließlich blieb er vor Rhia stehen und nahm ihre Hände. Die letzte Strophe spielte sich leiser und Lene strich sanfter über die Saiten.

»Nun trinke ich allein mein Bier
und wünsche mir, sie wäre hier.
Sie ist so schön, sie ist so nett,
ich will sie in meinem – Arm.«

Damit zog er sie in die Arme und hielt sie für eine Weile ganz fest. Edeline ließ den letzten Ton verklingen und senkte die Geige. Nachdem er sich gelöst hatte, machte Caleb eine Verbeugung vor Rhia, die amüsiert in die Hände klatschte. Unwillkürlich zuckte Lene, als auch andere in den Applaus miteinfielen.

»Ich bin beeindruckt.« Rhia stieß Caleb an. »Sogar der Funkenflug kam vor. Und wenn ein Reim mal nicht gestimmt hat, ist es mir selbstredend nicht aufgefallen.«

»Es macht am meisten Spaß, wenn alle mitsingen.« Caleb wackelte mit den Brauen. »In den großen Städten können es auch die meisten.«

»Ihr seid wirklich talentierte Spielleute«, sagte Esmond, der näher gekommen war. »Wisst die Menge mitzureißen.«

»So würdest du auch gern singen, was?«, fragte Caleb und schlug ihm auf die Schulter.

Der Keitha grinste. »Ich würde gern so Geige spielen.«

»Das kann man lernen«, wehrte Lene ab. Esmond zählte an den Fingern ab und lachte müde. »Vier Wörter.«

»Wollt ihr jetzt eine Runde Bauernsolo spielen?«, fragte Rhia.

Caleb nickte. »Gerne! Esmond, willst du auch mitmachen?«

Esmond zögerte und sah Edeline an, die seinem Blick auswich. »Ich hab das noch nie gespielt.«

Lene sagte: »Mir ist auch nicht nach Karten.«

»Ich sollte besser bei Severyn bleiben.«

»Ich glaube, ich sehe mal nach den Pferden.«

Caleb rollte mit den Augen. »Ihr seid solche Spielverderber. Komm, Rhia, wir haben alleine Spaß in Maenblod.«

Edeline und Esmond tauschten einen unsicheren Blick, ehe sie sich voneinander abwandten. *Flann gwiddon,* flüsterte etwas in ihrem Inneren und erinnerte Lene daran, dass die Musik sie nicht für immer beschützen konnte. Dass es nichts gab, was sie für immer vor ihrer Vergangenheit bewahrte.

Die kleinsten Dinge konnten wunderschön sein. Ein heißes Bad, in dem Adeena sich alles Blut fortwusch. Das noch feuchte Haar im Nacken zusammenstecken und einige Strähnen aus dem Knoten hervorzupfen zu können. Neue Kleidung zu bekommen, selbst wenn es sich um ein Sammelsurium aus den Garderoben ihrer Helfer handelte: ein Männerhemd, das ihr zu groß war, eine weiche Hose, die sich um ihre Beine schmiegte, ein Paar Stiefeletten von Nascha, welche sich gerade im Schneidersitz bei ihr hinsetzte. Eine weiche Decke, die ihre Beine wärmte und unter der sie die schiefe Hüfte verbergen konnte. Die unaufdringlichen Geräusche vor dem Fenster, die davon zeugten, dass sie nicht allein auf der Welt war. Vertraute Gegenstände unter den Fingern zu spüren: die Reiselektüre ihres Vaters, ihren eigenen Kamm, die Schmuckschatulle, die man zwischen ihren Sachen gefunden hatte.

»Hier.« Nascha reichte ihr einen Becher, in dem eine Art dickflüssiger Saft schwappte. Vorsichtig nahm Adeena das Gefäß entgegen und musterte den silbrig schimmernden Inhalt.

»Ist das … dieses Silberharz?«

»Air Deoch.« Nascha nickte. »Es wird deine Prellungen und Schürfwunden heilen. Du bist zum Glück mit dem Schrecken davongekommen.« Weil Adeena nicht sofort trank, fügte die Bardin hinzu: »Keine Sorge, das ist nichts Schlimmes. Ich weiß, dass ihr dem Wald gegenüber misstrauisch seid, aber Air Deoch heilt nur deine Wunden.«

»Nein, darum geht es nicht«, erwiderte Adeena. »Ich weiß, dass ich nichts zu befürchten habe. Aber – dieses Harz können doch nur Priesterinnen aus den Bäumen gewinnen, dachte ich.«

Nascha nickte. »Ich bin eine Jungpriesterin. Muss aber noch eine Menge lernen, bevor ich vollwertige Sagart werde. Meine Zeit hier draußen ist eine meiner Prüfungen. Eigentlich sieht es Keyll Naomh nicht gern, wenn wir unter den Menschen leben.«

»Hilfst du Severyn, weil du eine Sagart bist?«

Sie nickte abermals. »Ich gehe davon aus, dass das der Weg ist, den die Wälder für mich vorgesehen haben. Dass ich mein Zuhause deswegen verlassen durfte.«

»Und?«, fragte Adeena. »Wie ist er so? Severyn, meine ich.«

Nascha zögerte. »Er ist kein umgänglicher Mensch«, gestand sie, »die anderen sind oft wütend auf ihn. Aber ich weiß, dass etwas Gutes in ihm steckt, sonst hätte Keyll Naomh ihn nicht ausgewählt. Gerade jedenfalls setzt er sich dafür ein, dass dein Vater und die anderen eingeäschert werden.«

»Das ist nett.« Adeena zog die Decke höher, weil sie mit einem Mal fror. Die Erinnerung an ihren Vater machte alles so taub. Alles, was in der letzten Nacht und den Tag über geschehen war, erschien ihr verzerrt und verschwommen. Sie wollte nicht daran denken, dass Jakob Klingwahr irgendwo aufgebahrt lag und für eine Beerdigung vorbereitet wurde.

»Ist es für dich in Ordnung, dass ich sie verbrennen lassen will?«, fragte Adeena. »Müsstest du nicht wütend sein? Ich verstecke sie dadurch vor den Wäldern.«

»Wieso sollte ich darüber wütend sein?«, fragte Nascha. »Bloß weil ich es anders machen würde? Keyll Naomh hat mir nie befohlen, jemanden zu verachten, weil diese Person ihm keine Ehrerbietung zuteilwerden lässt. Weder der Wald noch ich wollen dir schaden, bloß weil du ihn für böse hältst.«

»Ich halte ihn nicht für böse.« Adeena blickte zum Fenster, wo die Wipfel der Bäume über der Stadtmauer ragten. »Ich habe Respekt vor ihm. Die Austrier verachten die Wälder und haben sich hinter diese Feuermauer zurückgezogen. Aber sie verachten auch mich. Also sind der Wald und ich uns gar nicht so unähnlich.« Blinzelnd trieb sie die Tränen fort. »Ich hasse diese Mottenmonster, weil sie meinen Vater getötet haben. Aber ich glaube nicht, dass der Wald irgendeinen Einfluss auf sie hatte.«

»Keyll Naomh hat alles Leben hervorgebracht«, erklärte Nascha. »Das Gute und das Schlechte. Aber über die Moral dieser Geschöpfe hat er keine Macht. Wenn ein Mann einen Mann aus seiner eigenen Überzeugung heraus erdolcht, wird dann sein Vater dafür bestraft?«

Adeena schüttelte den Kopf. »Wir können die Schuld keinem anderen zuschieben.«

»Ich freue mich, dass du das verstehst.« Die Jungsagart lächelte zaghaft. »Willst du das jetzt trinken?«

Adeena schnupperte an dem Silberharz, dann nahm sie einen vorsichtigen Schluck. Das dickflüssige Air Deoch brachte ihre Lippen zum Kribbeln – aber es war nicht unangenehm, eher wie ein süßes Kitzeln. Als sie den Becher geleert hatte, spürte sie einen Juckreiz an der Schläfe, den Ellbogen, den Knien, der Hüfte. Als sie die Hand zur Stirn führte, berührte sie glatte Haut, wo zuvor eine Schürfwunde gewesen war.

»Geht es dir besser?«, fragte Nascha und nahm den Becher wieder entgegen.

»Kann das auch … größere Dinge heilen?«, fragte Adeena. »Angeborene Dinge?«

Nascha wurde unsicher. »Nein, Air Deoch heilt nur einfache Krankheiten, Knochenbrüche, Prellungen, offene Wunden. Wenn man größere Dinge heilen will, muss man mehr davon trinken. Und das ist … nicht so gut.«

Adeena nickte. »Ich verstehe.« Tief in sich hatte sie bereits gewusst, dass es nicht funktionieren würde. Wenn es ein Heilmittel gegeben hätte, hätte ihr Vater es längst mitgebracht.

»Du bist wirklich schön«, sagte Nascha unvermittelt und brachte Adeena zum Aufsehen.

»Ich?«

»Ja. Du bist so anmutig und elegant. Deine Haare sind wie Ebenholz. Und deine Haut ist so vornehm blass, als wärst du eine Porzellanpuppe.« Sie lächelte schüchtern und zupfte an den Enden ihrer nussbraunen Locken, die hüpfend in ihre Position zurücksprangen.

Adeenas Augen brannten mit jedem Wort mehr. Nicht, weil sie Nascha nicht glaubte – im Gegenteil. Sie hatte selten jemanden so aufrichtig sprechen gehört und das war kaum zu verkraften. »Hast du gesehen, wie ich gehe?«, fragte sie. »Mein Humpeln. Daran ist nichts schön.«

»Das ändert doch nichts«, erwiderte Nascha. »Die anderen sagen immer, ich gehe wie ein Kobold. Vielleicht, weil ich so große Füße habe.«

Adeena konnte sich nicht daran hindern zu lachen. »Nascha, kann ich dich etwas fragen? Spricht der Wald zu dir?«

»Manchmal.«

»Kannst du ihn fragen, ob ich …«

Ein Klopfen ließ sie verstummen. »Ja, bitte?«

Adeena hatte mit der anderen Bardin gerechnet, die sich um sie gekümmert hatte – Edeline. Stattdessen war es Severyn, der durch den Türspalt trat und vor ihnen stehenblieb. Die junge Frau versteifte sich, zum einen aus Missfallen, zum anderen, weil sie sich erinnerte, wie sie gestern auf ihn losgegangen war. Das hatte sicher nicht dazu beigetragen, dass er besser von ihr dachte.

Severyn räusperte sich. »Der Bürgermeister hat sich bereiterklärt, eine Ruine in Stadtnähe für die Verbrennung zur Verfügung zu stellen. Esmond wird sich darum kümmern, dass den Toten der nötige Respekt entgegengebracht wird.«

»… Danke«, sagte Adeena.

»Ich werde auch dafür sorgen, dass Ihr sicher nach Austradar gelangt. Es wird aber eine Weile dauern, da ich zunächst meine Mission zu erfüllen habe.«

»Ja. Ich verstehe.«

Die beiden musterten einander und Adeena glaubte, unter seiner Selbstüberzeugung einen Hauch Unsicherheit zu finden. Schließlich rang er sich zu einem weiteren Satz durch. »Es tut mir leid.« Als sie fragend schwieg, setzte er dahinter: »Es tut mir leid, was mit Eurem Vater geschehen ist. Und den Bediensteten. Ich hätte es gern verhindert.«

Adeena nickte. »Das weiß ich zu schätzen.«

»Ich nehme an, dass zwischen uns kein böses Blut mehr herrscht.«

Sie zögerte. »Nein. Es gibt Schlimmere als Euch, Prinz Severyn.«

Obwohl das sicher nicht das gewesen war, was er gern gehört hätte, nickte Severyn. »Gut. Dann werde ich Euch nicht länger behelligen. Nascha.«

Nascha nickte ihm zu, als er sich zurückzog. Adeena blickte dem jungen Prinzen noch eine Weile nach. Sie wurde den Gedanken nicht los, dass er sich für etwas anderes hatte entschuldigen wollen. Und sie fragte sich, ob sie bereit war, ihm das zu vergeben.

Edeline hoffte, bei den Pferden sicher vor Esmond zu sein. In den Ställen kontrollierte sie das Wasser und legte Heu für ihre Stute nach. Maenblod besaß keine großen Stallungen für Gäste, nur eine Scheune mit lose gezimmerten Boxen. Draußen war es bereits so dunkel, dass man eine Laterne entzünden musste, um in dem kargen Gebäude noch etwas sehen zu können. Die Dämmerung kam zu dieser Jahreszeit noch recht zeitig, doch auch die Nebelsuppe trug zu der frühen Dunkelheit bei.

Sie ließ die Stirn gegen die ihrer Stute sinken, die das kurz geschehen ließ, ehe sie mit dem Kopf ruckte. Edeline klopfte ihr den Hals. »Du fühlst dich eingesperrt, oder?«, fragte sie. Das Pferd schnaubte gegen ihre Handfläche. »Verstehe ich. Ich will auch weg von hier.«

»Wie heißt dein Pferd eigentlich?«

Lene biss sich auf die Unterlippe, als sie Esmonds Stimme hinter sich hörte. »Sie hat keinen Namen.«

»Wie?«

»Sie heißt Tänzerin. Oder Schwalbe. Oder Muschel. Oder verfressener Klepper, je nachdem, wie ich sie gerade nennen will.«

Esmond trat neben sie. »Du hast ihr absichtlich keinen richtigen Namen gegeben?«

»Sie kann mir nicht sagen, welchen Namen sie tragen will. Also werde ich keinen für sie bestimmen.«

Sie wich einen Schritt nach hinten, als Esmond neben sie trat, um den Hals der Stute zu tätscheln. »Hey, Tänzerin oder Schwalbe oder Muschel oder verfressener Klepper.« Er lachte, als das Pferd die Nüstern gegen seine Schulter stieß. »Du hast also ein Problem mit Beständigkeit?«

Lene zögerte. Sie war rastlos – sie lief ständig vor sich selbst fort. Aber es gab Dinge, die bestehen bleiben mussten. »Nicht immer.«

»Wolltest du deswegen nicht, dass ich in deiner Nähe bin?«

Edeline warf Esmond einen unwilligen Blick zu. »Warum lässt du mich nicht einfach in Ruhe?«

»Oh, entschuldige«, Esmond lachte ohne Freude, »ich wüsste einfach gern, warum du mich im Wald verloren gehen lassen willst. Und die anderen anschwindelst, um mich loszuwerden. Willst du mich tot sehen?«

»Nein!«, antwortete sie sofort. »Das hat nichts mit dir zu tun.«

»Es fühlt sich so an.« Der Keitha betrachtete sie ein bisschen verletzt. Seine Worte waren so ehrlich, dass es ihr einen Stich versetzte. »Ich hatte noch nicht viele Freunde, weißt du? Ich hab keine Ahnung, wie so was geht. Hab ich was falsch gemacht? Denkst du doch, ich will was von dir?«

»Verdammt, wenn ich das denken würde, wäre ich ganz anders«, knurrte Lene.

»Dann lass es mich verstehen.« Esmond wies auf sich. »Ich dachte, wir könnten vielleicht Freunde sein. Ich … hab das Gefühl, wir sind uns ähnlich. Wenn du das nicht willst, ist es schon in Ordnung. Ich wüsste es nur gern.«

Sie waren sich viel zu ähnlich, das war das Problem. Aber Edeline wusste nicht, wie sie ihm das sagen sollte. Sie hatte allerdings auch nicht den Mut oder den Wunsch, Esmond länger unglücklich zu machen. Lene erinnerte sich daran, wie einsam sie damals gewesen war, und ihr Herz brannte, wenn sie sich vergegenwärtigte, dass sie für Esmond alles bloß schlimmer machte. »Es geht nicht um dich. Ich … ich habe ein Problem mit Severyn. Aber ihn kann ich nicht loswerden, deswegen hab ich dich zum Ziel genommen.«

»Du wolltest, dass er keinen Leibwächter mehr hat?«, fragte Esmond mit erhobener Braue. »Deshalb wolltest du mich weghaben?«

Schulterzuckend nickte sie. »Kann man so sagen.«

Esmond lachte. »Ich habe nicht viel Welterfahrung, Edeline, aber ich glaube, dass das eine sehr ineffektive Art der Problemlösung ist.«

»Das weiß ich auch!«, fuhr sie ihn an. »Jetzt hör auf, mich auszulachen!«

Er lachte immer noch. »Entschuldige, ich finde es so erfrischend, wenn mich jemand anschreit. Die meisten trauen sich nicht. Du siehst echt niedlich aus dabei.«

»Niedlich?«, wiederholte sie perplex.

»Ja, wie du die Brauen senkst.«

Edeline schnaubte. »Wenigstens bin ich nicht vollkommen sozial inkompetent und leite jedes Gespräch mit Pferden ein, weil mir nichts Besseres einfällt.«

Sie betrachteten einander schweigend. Dann begann Esmond wieder zu kichern, Edelines Fäuste öffneten sich und schließlich lachten sie beide.

»Ich bin kein schlechter Kerl«, sagte er, »bitte wirf mich nicht den Motten zum Fraß vor, weil du meinen Herrn hasst. Frieden?«

»Frieden.« Sie ergriff seine Hand, die sich warm anfühlte. »Willst du vielleicht noch Karten spielen? Ich würde dich liebend gern …«

Die Worte erstickten und mit einem Mal – spürte sie nur Silber. *Wyn cledd*. Eisengeschmack. Und das Drängen …

Edeline keuchte und blinzelte gegen das Silber an, das Esmonds Gesicht hatte verschwimmen lassen. Ein klagender Laut entwich ihr, als sie taumelte und gegen die Boxentür stolperte. Kurz war sie überzeugt, dass sie gefangen war. In den Klauen eines Herrn, dem sie nicht gehorchen wollte, *schon wieder*. Nur dass es diese Mal kein Eschenelb war. In ihrem Kopf hallte Severyns Stimme wider, langte nach der *flann gwiddon*, die sich bereits lechzend die Lippen leckte. Begierig, wieder Blut fließen zu lassen, Lene unter sich zu begraben oder gänzlich zu verschlingen. Blut, Silber, Blut.

Nein! Noch war sie nicht gebrochen. Lene grub sich frei, drängte das Silber fort und fand sich auf die Boxentür gestützt wieder. Gerade noch sah sie Esmond wie einen Schatten aus der Tür gleiten.

Ihr schwer gehender Atem wurde von einem wütenden Knurren durchbrochen. Edeline eilte ihm nach, knallte die Tür und überquerte den mittlerweile nachtschwarzen Platz von Maenblod schnellen Schrittes.

»Ihr habt mich gerufen.« Einsatzbereit legte Esmond die Hand an seinen Schwertgriff.

Severyn stand auf der Treppe zum Wirtshaus. »Ja. Ich wusste nicht, wo du bist.«

Edeline konnte nicht glauben, was sie hörte. »Ihr habt ihn umgedreht, nur damit er *herkommt?*«

»Wie sonst sollte ich ihn finden?« Wenn Severyn noch etwas hatte hinzufügen wollen, dann kam er nicht dazu, denn Edeline schnellte vor und packte ihn am Kragen.

»Das ist kein verdammter Ortungszauber!«, schrie sie. »Hört auf der Stelle auf mit dem Scheiß! Oder ich trete Euch in die prophetischen Eier, dass Eure Stimme drei Oktaven in die Höhe springt!«

Esmond musste ein Lachen unterdrücken. Ein paar Leute blickten herüber, aber das war ihr egal.

»Sag mal, was meinst du, wer du –«

»Halt! Deine! Klappe!« Lene funkelte Severyn an. »Das ist nicht die Art, wie man diesen verdammten Ruf benutzt! So benutzt man ihn niemals! Werde damit fertig!« Sie ließ ihn los und trat zurück, bemühte sich um Ruhe. »Ich werde nicht länger zulassen, dass Ihr heilige Worte benutzt, damit Esmond gedemütigt wird oder auf Unschuldige losgeht! Umgedreht zu sein, ist verdammt unangenehm, und mit etwas so Heiligem werdet Ihr nicht weiter so respektlos umgehen!«

Severyn öffnete den Mund, klappte ihn wieder zu. »Es geht darum, *fír flathemon* zu entscheiden. Diese heilige Pflicht hat mein Vater mir vererbt. So versuche ich zu handeln.«

Finster blickte sie ihn an. »Dann seid Ihr wahrhaft schlecht darin, Severyn Pádraig.«

»Bist du dieser Meinung auch?«, fragte Severyn Esmond.

»N-na ja …«, stammelte dieser.

Severyn kniff die Augen zusammen und schien einen bissigen Kommentar zu unterdrücken. »Wie soll ich ihn denn finden, wenn nicht so?«

Finster knirschte Edeline mit dem Kiefer. »Sprecht ihn beim Namen an. Behandelt ihn wie den Menschen, der er ist. Sein Name ist *Esmond*, nicht ›mein Schwert‹.«

Aus Esmonds Blick sprach Anerkennung. Ihre Worte schienen selbst Severyn zum Nachdenken zu bringen und schließlich seufzte er. »Esmond. Ich möchte zu Abend essen. Ich wollte nur, dass du Bescheid weißt.«

»Ja, Hoheit.« Der Keitha neigte den Kopf.

»Wenn ich dir keine gerechten Befehle gebe, sag es mir.«

»Das werde ich, Hoheit.«

Edeline, deren Brust sich noch immer hob und senkte, entspannte sich langsam. Erneut hatte sie nicht nur Esmond, sondern auch sich selbst beschützt – denn noch ein weiteres Mal die magischen Worte und sie würde Severyns Befehl verfallen. Aber irgendwie fühlte es sich auch richtig an, Esmond in Schutz zu nehmen. Womöglich konnten sie doch Freunde werden.

An diesem Abend aber würden sie keine Karten mehr spielen. Denn als ihre Stimmen verklungen waren, näherte sich ihnen eine Gruppe Soldaten.

»Vermisst ihr ein Mädchen?«, fragte einer. »Wir haben Kinderschreie von draußen gehört. Die Kinder aus dem Dorf sind aber vollzählig.« Er wies auf die Kinderschar, die auf dem Dorfplatz gespielt hatte und gerade von den Soldaten zusammengescheucht wurde.

Lene wurde ganz kalt. Ihr Blick huschte über die Kindergesichter, doch keines davon war Olyvars.

»Sie hat doch mit euch gespielt«, drängte Severyn.

»Eben ist sie weg«, piepste eines der Kinder. »Wir haben sie schon eine Weile nicht mehr gesehen.«

Edeline entließ den angehaltenen Atem in einem Keuchen. Bleierne Angst überkam sie. »Wo ist Caleb?«

»Wenn sie im Dunklen rausgelaufen ist, kann ich für nichts garantieren«, sagte einer der Soldaten. »War eindeutig ein Kinderschrei, den ich da gehört hab.«

Skeptisch runzelte Severyn die Stirn. »Als würde sie sich so dumm verhalten.« Edeline antwortete nicht und falls Esmond es tat, hörte sie es nicht mehr. Sie war bereits im Gasthaus verschwunden und rief Calebs Namen.

Das Holz summte und beinahe ging eine Vase auf der Anrichte zu Bruch, als Rhias Körper gegen die Zimmerwand gedrückt wurde, doch jedes Geräusch ging unter der stürmischen Ekstase unter. Ihre Lippen schmeckten nach Ruß, aber ihr Körper war weich und die Laute, die ihr entwichen, als sie seine Küsse erwiderte, hatten einen verführerisch süßen Klang. Mit Bestimmtheit schloss sie die Schenkel um seine Hüfte, während Caleb ihren Hintern mit beiden Händen knetete, sich gegen ihren schmalen Oberkörper drängte. Ihre Zungen erkundeten den Mund des anderen, nur durchbrochen von ihrem nachdrücklichen Stöhnen und seinem tiefen, begierigen Knurren. Rhias Hände hinterließen Funkenschläge überall in seinem Inneren, der Klang ihrer Stimme erweckte ein Feuer, das nur sie zu löschen in der Lage war. Ihre Finger malten Ruß auf sein helles Hemd und seine Haut, wo immer sie ihn berührte.

Caleb setzte sie auf die Anrichte seines Zimmers, wobei ihre Küsse in keinem Wimpernschlag enden wollten. Das Holz knarrte, als er gegen die junge Frau drängte, zwei der Schubladen blieben einen Spaltbreit geöffnet. Er schloss die Lippen um die empfindsame Stelle an ihrem Hals, um ihr die süßen Laute zu entlocken, die ihn so in Euphorie versetzten. Seine Hände wanderten unter ihre Jacke und das Hemd, fanden die kleinen Knospen ihrer Brüste und fuhren darüber, bis sie sich verzückt unter seinen Berührungen wand.

»Ihr könnt ja doch Spaß haben«, raunte er mit wildem Lächeln, als sie an seinem Hosenbund nestelte und den Stoff ungeduldig fortschob.

Rhia lachte. »Ich verstehe nun, was du mit Funkenflug meintest.« Caleb stöhnte entrückt, als sie die Hände tiefer wandern ließ, über seine Lenden strich.

»Wälder«, brachte er hervor. »Schornsteinfegerinnen sind wunderbar.«

»Spaß in Maenblod.« Wohlwollend spreizte Rhia die Beine und legte die Arme um ihn.

»Spaß in Maenblod.« Caleb wollte den entscheidenden Schritt tun, als ein Hämmern an der Tür erklang.

»Caleb!«, rief Edeline.

»Nee«, knurrte er, während Rhia gegen seinen Hals lachte. »Ich kann gerade nicht!«

Rhia schob die Hände wieder tiefer.

»Caleb, ist Olyvar bei dir?«

»Die spielt draußen«, antwortete Caleb mit belegter Stimme. »Lene, jetzt ist nicht der Zeitpunkt, echt!« Er fuhr zusammen, als Edeline die Tür aufstieß. Fluchend ließ er die Hände von Rhia gleiten, knöpfte sich hastig die Hose zu. »Scheiße, Lene, das geht gar nicht! Privatsphäre!«

»Wann hast du Olyvar zuletzt gesehen, hm?«, fuhr Lene ihn an. Rhia glitt von der Anrichte und streifte sich rasch die Hose wieder über.

»Na, eben, vor paar Minuten! Gut, vielleicht eher vor einer Stunde?«

»Deine Schwester ist *zehn!*« Edeline brüllte beinahe, während sie nach unten eilten. »In einem Dorf, in dem Kinderdiebstahl Gang und Gebe ist! Und dir fällt nichts Besseres ein, als sie alleine herumlaufen zu lassen, während du hier rumvögelst?!«

»Scheiße, woher soll ich denn wissen, dass sie abhaut?«, stieß Caleb aus.

»Maggie!«, rief Rhia, als sie draußen ankamen. Die Kinder, die im Schein der Laternen mit den Soldaten sprachen, blickten hoch. Für einen Augenblick war Caleb erleichtert, als er sie entdeckte. Dann jedoch wurde ihm klar, dass sich Olyvar nicht unter ihnen befand – und da wurde er von einer solch allumfassenden, tiefsitzenden Angst gepackt, dass ihm der Atem versiegte.

Seine Schwester war fort.

Interludium

»*Wovor hast du Angst? Du hast dir nichts zu Schulden kommen lassen.*«

»Ich nehme an … ich fühle mich einfach allein. Nun, da nicht mal Barcat mehr ist, um mich zu unterstützen.«

»*Das brauchst du nicht. Ich bin hier. Bei dir.*«

»Aber die Verantwortung lastet auf meinen Schultern. Ein Auserwählter wurde ernannt – bedeutet das nicht, dass man mir auf der Spur ist?«

»*Wie ich es verstanden habe, ist dieser Auserwählte ausgesprochen inkompetent?*«

»Ich weiß nicht … ich habe das Gefühl, es steckt mehr dahinter. Diese Motten …«

»*Wenn du einen Verdacht hast, solltest du ihn überprüfen, solange du noch hier bist.*«

»Aber wie?«

»*Halt deine Augen offen.*«

TEIL VIER

FALTER IM LICHT

Grüne Priesterinnen

»Deine Mutter wollte mich mit deinem Bruder verheiraten.« Elain de Beur setzte die Tasse an die Lippen und musterte Breya über den Rand.

Augenrollend stellte Breya die Teekanne ab. »Ich weiß. Sie will alles und jeden mit uns verheiraten. Azahr und mich hat sie noch immer im Visier, selbst jetzt.« Während sie ihren Schwarztee mit Milch aufgoss, ließ sie den Blick aus dem Fenster schweifen. Der Regen sang bereits seit dem Vormittag und färbte die Welt in verwaschene Töne. Über ihren Köpfen mischten sich Blaugrau und Weiß miteinander, als hätte jemand Aquarellfarben über den Himmel ausgegossen.

Für gewöhnlich waren es Tage wie diese, an denen sie Severyn besonders nah war. Er konnte nicht zur Jagd gehen oder sich draußen im Kampf üben und über den Schriften und Dokumenten seines Vaters benötigte er hin und wieder eine Pause. Oft saß sie während der Arbeit bei ihm und studierte ihre Schriften über Keyll Naomh oder lernte Vokabeln einer neuen Sprache. Wenn der Regen draußen säuselte, klangen jedes Seitenumblättern und jedes Kratzen des Stifts über Papier wie Musik. Breya liebte es, Severyn einfach zu lauschen. Sie liebte es, ihm beim Malen zuzuschauen, sein konzentriertes Gesicht, wenn er ganz in die Arbeit vertieft war. Sie liebte, wenn er auf dem Klavier spielte, selbst wenn er kein erstklassiger Pianist war. In den Abendstunden, wenn nichts anderes zu tun verblieb, kuschelte sie sich an seine Seite und genoss seine Wärme. Das liebte sie am meisten.

»Aber du lässt das nicht zu?«, fragte Elain.

»Nein. Ich suche mir meinen Ehemann lieber selbst aus. Und du?«

Die Prinzessin stellte die Tasse hin. »Ich denke, ich bin froh, dass Severyn dieser Prophet geworden ist. Es wäre keine glückliche Ehe geworden. Niemand von uns hat Interesse am anderen.«

»Damit könntest du recht haben.« Sie hatte keine Ahnung, *wie* recht sie damit hatte.

»Machst du dir Sorgen um deinen Bruder?« Elain betrachtete sie. »Ich meine – fürchtest du, dass er nicht erfolgreich sein könnte?«

Ruhig schüttelte Breya den Kopf. »Severyn geht es gut.«

»Wie kannst du dir so gewiss sein?«

Sie zuckte die Schultern. »Ich weiß es einfach.«

»Du wirkst Zauber, damit er in Sicherheit ist, nicht wahr?«, fragte Elain. »Ich habe deine Bücher gesehen.«

»Ich verstehe mich nicht allzu gut darauf, aber ich versuche, ihn mit Sprüchen zu schützen – damit er ungesehen bleibt, gut schläft und einen klaren Kopf behält.« Breya hob eine Braue. »Letzteres kann er besonders gut gebrauchen.«

»Wahrlich, so scheint es mir.« Die beiden lächelten einander verschwörerisch zu. »Was benutzt du für die Zauber? Schafgarbe? Immergrün?«

»Ja, genau.« Elains ehrliches Interesse überraschte Breya, war allerdings eine angenehme Abwechslung. »Meistens auch Mutterkraut oder Jasmin, um den Effekt zu verstärken. Kennst du dich damit aus?«

»Nur dürftig. Ich hatte nie Zeit, mich damit auseinanderzusetzen. Bist du eine richtige Grüne Priesterin?«, fragte Elain. »Ich habe nie eine Eshwen gesehen, die dem so zugeneigt ist.«

»Nicht offiziell«, sagte Breya mit Bedauern. »Von mir werden andere Dinge erwartet. Obwohl ich es gern wäre.« Sie hatte lange Jahre ihres Lebens geträumt, eine Grüne Priesterin zu werden, die den Wäldern diente. Schon damals hatte sie gewusst, dass das ein Wunschtraum war – schließlich waren die Eshwen den Wäldern nicht ergeben genug, um Grüne Priester zu weihen wie die Skoggen oder Moorie. Dennoch kümmerte sie sich um ihren Altar, knüpfte Räucherbündel und schrieb Sprüche nieder. Sie betete zu Keyll Naomh, damit er ihrer Familie nicht übelnahm, dass sie ihn mit so viel Ignoranz bedachte. Vor allem für Severyn betete sie.

»Wie ist es mit dir?« Elains Neugierde schmeichelte Breya – sie konnte nur mit wenigen so offen über ihre Liebe zu den Wäldern sprechen. Auf dem Ball hatte sie sich wenig mit der kräftigen jungen Prinzessin unterhalten, doch nun, da deren Gehirnerschütterung sie noch einige Tage auf dem Schloss gehalten hatte, verstand sie sich immer besser mit ihr. Breya hatte Elain keine große Aufmerksamkeit beigemessen, schließlich waren an jenem Tag andere Dinge von Bedeutung gewesen. Doch hinter dem einfachen Gesicht der Prinzessin verbarg sich eine intelligente junge Frau, die sicher einmal für ihre Klugheit berüchtigt sein würde.

Elain trank einen Schluck Tee. »Leider nein. Bei uns in Moorhaag gibt es einige Grüne Priester. In den Wäldern, die an unseren Palast angrenzen, hat sich vor langer Zeit einer niedergelassen. Den Fischerkönig nennt man ihn. Ich war früher oft dort und er ist zu fantastischen Dingen fähig – er kann das Augenlicht wiederherstellen, Behinderungen heilen oder Fehlstellungen richten. Es ist ein bisschen unheimlich, aber vor allem spannend. Hast du je versucht, solche Dinge auch zu wirken?«

Breya schüttelte den Kopf. »Nein, dazu hatte ich nie die Gelegenheit«, sagte sie, während ihre Hand kurz zu ihrem Glasauge wanderte und über die Haut darunter tastete. Manchmal hatte sie sich gefragt, ob das möglich war – ob der Wald in der Lage wäre, es wiederherzustellen. Aber sie hatte nie darum gebeten. Tief in sich hatte sie gewusst, dass das Fehlen ihres linken Auges zu etwas gut war – und den Willen der Wälder wollte sie nicht infrage stellen. »Ich bin keine große Priesterin. Keyll Naomh und ich … haben eine gute Verbindung, aber in anderer Art.«

»Ich würde viel dafür geben, es selbst einmal probieren zu können. Das ist beinahe, als wäre man selbst prophetisch.« Elain stellte die Tasse ab. »Hast du eine Kristallkugel?«

»Eine Malachitkugel. Aber darin zu sehen ist schwierig.« Sie war auf einem Kissen gleich neben ihrem Buch der Schatten gebettet, das ihr als Einziges ein noch größerer Schatz war. Das Buch hatte einen schönen dunkelbraunen Ledereinband mit mehreren Lesezeichen und dicken Pergamentseiten, wie sie heute kaum mehr benutzt wurden. Drumherum waren Glückssteine, Juwelen und getrocknete Blütenbündel verteilt, die der jeweiligen Jahreszeit entsprachen. In einem Kästchen lagen die Partnerlederbändchen, die sie für sich und Severyn gemacht hatte. Breya goss jeden Morgen die Pflanzen, die ihren Altar schmückten und von der Anrichte hinabrankten, und murmelte jeden Abend einen Schutzspruch für Severyn, während sie ein Bündel entzündete oder Wasser mit Tinkturen versah.

Alle Sprüche, die sie mit den Jahren gelernt hatte, alle Geheimnisse der Kreaturen zwischen den Bäumen – all ihr Wissen über die Wälder hatte sie auf die Seiten ihres Buchs der Schatten gebannt. Ein Grüner Priester aus Skoggen hatte ihr einmal erzählt, dass jeder in ihrer Gemeinschaft ein solches Buch führte, um die gesammelten Informationen an einem Ort verewigt zu haben. Und weil Breya im Herzen eine solche Priesterin war, hatte sie sich auch eines angelegt.

Sie griff nach Elains Hand. »Ich kann dir ein paar Sprüche zeigen. Wenn du willst, gebe ich dir auch ein paar meiner Räucherbündel mit, ich habe gerade neue gemacht. Morgen vor deiner Abreise.«

»Das wäre wunderbar«, sagte Elain. »Ich weiß, wie wichtig einem Grünen Priester seine Habseligkeiten sind. Es ist lieb, dass du sie mir zeigen willst.«

»Für jemand so Netten mache ich das.« Die beiden lächelten einander zu. Elain griff nach einem kleinen Kuchen und bot auch ihr einen an, den Breya dankend annahm.

Sie lehnte den Kopf gegen die Sessellehne und blickte aus dem Fenster. Der Regen war zu einem leichten Nieseln abgeflaut. Draußen in den Gärten befand sich eine Gestalt, die den Blick auf die überwucherten, verwunschenen Teile der Anlage gerichtet hatte. Azahrs dunkle Silhouette hob sich schwach vom wässrigen Grün ab, verschmolz mit dem trüben Wetter.

»In Eshwen haben viele vergessen, was die Wälder uns schenken können«, meinte Elain. »Severyn kann wahrlich froh sein, dass er eine Schwester wie dich hat – vor allem als Auserwählter. Er erschien mir den Wäldern bei weitem nicht so zugetan wie du.«

»Magst du Severyn?«, fragte Breya vorsichtig.

»Er ist ein kluger Mann. Ich bin sicher, dass er seine Pflichten als Herrscher gut erfüllen würde. Aber ob er ein guter Prophet ist? Ich weiß nicht, ob es Bessere gegeben hätte.«

»Damit hast du bestimmt recht.«

Mit halbem Lächeln neigte Elain den Kopf. »Du hättest es sicher gut gemacht.«

Breya lachte. »Ich bin froh, dass ich nicht ausgewählt wurde. Ich bleibe lieber im Hintergrund.« Neugierig beugte sie sich vor und stützte die Ellbogen auf die Sessellehnen. »Aber gib es zu, du wärst gern Prophetin. Nicht wahr?«

Einen Moment schien die junge Frau zu überlegen. »Ich bin nicht sicher. Ich diene Keyll Naomh gern – aber ich tue es lieber auf meine eigene Weise. Ich bin ein Kind der Wälder, aber ich habe auch gern einen freien Willen.«

»Verstehe«, sagte Breya, obwohl sie nicht ganz überzeugt war. Während sie ihre Teetasse leerte, blickte sie zum Fenster und erkannte Azahr zwischen den Regentropfen. Er hatte die Kapuze seines Mantels abgezogen und hob den Kopf zum Himmel. Ob er an seine Heimat dachte? Daran, wie es sich angefühlt hatte, wenn der Regen nach Monaten der Trockenheit zum ersten Mal wieder gefallen war? Oder woran dachte er, wenn er Regen auf seiner Haut spürte?

»Er sieht dich immer an«, bemerkte Elain. »Azahr. Du bemerkst es vielleicht nicht, aber er betrachtet dich stets.«

Seufzend runzelte Breya die Stirn. »Du hast mehr Erfahrung als ich. Meinst du, er ist nicht darüber hinweg, dass wir nicht heiraten werden?«

Elain hob die Schultern. »Vielleicht das. Aber ehrlich gesagt glaube ich, dass etwas anderes dahintersteckt.«

Das Wispern der Wurzeln

Caleb verlor die Nerven, wie Edeline es bislang nur selten erlebt hatte.

»Wo ist sie?«, rief er und lief von einem zum anderen. »Wo ist meine Schwester?!«

»Wir haben sie schreien gehört«, erklärte ein Soldat. Esmond hatte die Hand schon an seinem Schwertgriff liegen und schien bereit, es zu ziehen, selbst wenn keine direkte Gefahr in Sicht war. »Von draußen!«

»Verdammte Scheiße!«, fluchte Caleb. »Sie kann nicht weg sein! Sie kann nicht …«

»Hättest du nicht besser auf sie aufpassen können?«, fragte Severyn und machte eine ungehaltene Geste. »Das sind die Konsequenzen, wenn man keine Verantwortung übernimmt!«

»Was sagst du da?« Caleb trat bedrohlich auf ihn zu.

»Offenbar bist du nicht in der Lage, für ein Kind zu sorgen«, warf Severyn ihm an den Kopf. »Du denkst nämlich nur an dich! Ein toller Bruder bist du, an ihrer Stelle wäre ich auch weggelaufen.«

Caleb explodierte. »Sie ist kein Kleinkind, du Affe! Sie kann auf sich aufpassen! Und ihren eigenen Verstand anschalten, scheiße! Es ist nicht so, als hätte ich ihr gesagt, dass sie da im Gestrüpp spielen soll, wie sie witzig ist!«

»Trotzdem bist du nicht nur ihr Vormund, wenn es dir gerade in den Kram passt!«, konterte Severyn. »Ich hoffe, du wirst nie wieder glücklich, wenn die Kleine tot ist!«

Caleb sah aus, als wollte er dem Propheten den Schädel einschlagen. Glücklicherweise setzte niemand etwas dahinter, was das Fass zum Überlaufen gebracht hätte. Stattdessen ergriff Rhia das Wort.

»Maggie!«

Das kleine Mädchen kam zwischen ihren Freunden hervor und duckte sich unter den Blicken der Erwachsenen.

»Was ist passiert? Wo ist Olyvar hingegangen?«

Maggie rieb mit der Schuhspitze über den sandigen Boden.

»Maggie!«, drängte Rhia.

»Sie wollte Liebranke holen«, piepste das Mädchen. »Für das Zauberritual mit den Verliebten. Sie meinte, sie hat keine Angst, weil sie Bardin ist. Sie hat gesagt, dass sie wissen will, wie man an den Gardisten-Leuten vorbeikommt. Wir haben ihr deshalb gezeigt, wo das Gitter locker ist.«

Edeline hätte am liebsten laut geschrien. Aber sie musste sich bemühen, überhaupt einen Laut herauszubekommen, der kein leises Wimmern war. Denn die *flann gwiddon* wallte in ihren Adern, ließ ihre Hände zucken und ihr Herz stärker schlagen – so stark riss das Garn der Eschenelben an ihr. Zu ihnen. *Nach Eschenhort.*

»Ihr müsst sie retten!«, fuhr Caleb die Gardisten an.

Diese suchten hilflos nach Worten, ehe einer die Hände hob. »Wir können sie suchen, aber wahrscheinlich wird es nichts bringen. Die Kleine wird tot sein, so wie sie geschrien hat. Und wenn die Elben sie geholt haben, finden wir sie nie. Der Hort ist versteckt.«

»Deshalb seid ihr doch hier«, fügte ein anderer Gardist hinzu. »Der Prophet soll in den Hort gehen, das war doch euer Plan. Oder habt ihr's euch anders überlegt?«

Abfällig schnaubte Severyn. »Im Gegenteil. Ich gehe von mir aus sofort. Los, wo ist meine Sagart?«

Lene hob aufgewühlt den Kopf. »*Ich* bring euch hin. Ich weiß, wo der Hort ist.«

»Woher?«, fragte Severyn. Esmond bedachte sie mit merkwürdigem Blick. Erneut hatte er bereits begriffen, was Severyn noch nicht erkannte.

Glücklicherweise wurde Edeline vor einer Antwort bewahrt, da Nascha in diesem Moment aus dem Gebäude eilte. Reflexartig schloss sie die Hände um den Amethystanhänger an ihrem Hals, als sie bei ihnen stehenblieb. Mittlerweile war Eschenhort so nah, dass auch sie den Ruf der Elben spüren musste. Sogar Adeena humpelte ihr nach, angezogen von dem Lärm.

»Was ist los?«, fragte Nascha.

Lene holte Luft. »Eschenhort ist hier in der Nähe. Wenn Olyvar dort ist … und wir nicht bald handeln, ist es womöglich zu spät für sie.«

»Dann bringen wir es jetzt zu Ende«, beschloss Severyn. »Zeit, diese Elben für ihre Taten zu bestrafen und Gerechtigkeit zu bringen.«

»Dann kommt jetzt, verflucht!«, drängte Caleb.

Ehe er kehrtmachen konnte, hatte Edeline ihn beim Arm gepackt. »Jetzt bewahr mal Ruhe! Du bleibst hier.«

Caleb starrte sie an, als glaubte er, sich verhört zu haben. »Was?«

»Wartet hier und kümmert euch um Adeena. Wir holen Olyvar zurück. Ich verspreche, dass ich alles tue, um sie zurückzuholen, ja?«

Caleb packte ihre Handgelenke und umklammerte sie so fest, dass es wehtat. Sein Blick war wild. »Ich werde nicht rumsitzen, während Olyvar auf Stöcke gespießt wird!«, brüllte er.

»Verdammt, Caleb!« Edeline brüllte zurück, damit er es begriff. »Sei nicht bescheuert! Du kannst nichts Nützliches, kapiert? Wenn du mitkommst, machst du nur Probleme!«

»Aber sie ist meine *Schwester!*«

»Ich weiß!« Lene funkelte ihn an. »Wir holen sie zurück. Ich verspreche dir, dass ich alles tun werde! Aber nur, wenn du mir nicht im Weg rumstehst!«

»Leck mich am Arsch, Lene«, knurrte Caleb und stieß sie fort. Er fluchte und trat einen Stein weg, der scheppernd gegen einen Eimer klirrte. »Scheiße!«

Edeline wandte sich Nascha zu. »Und du kannst auch nicht mit. Sie suchen nach jemandem, der ihnen das Silberharz geben kann. Das Risiko, dass sie dich dabehalten, ist viel zu hoch.«

Unwillig schüttelte Nascha den Kopf. »Und was, wenn sie *dich* dabehalten?«

Lenes Kiefer mahlten. »Dann hab ich es für Olyvar gemacht.«

Unwillig legte Nascha ihr eine Hand auf den Arm. »Du musst das nicht tun. *Du* kannst hier warten. Wir schaffen das ohne deine Hilfe.«

Edeline schlug die Augen nieder. Wie gern hätte sie getan, was Nascha sagte. Aber sie wusste, dass sie diesen Weg nicht gehen konnte. Sie traute Severyn und den anderen nicht zu, allein gegen die Eschenelben zu bestehen und es heil mitsamt Olyvar herauszuschaffen. Trotzdem war sie sich bewusst, dass sie den Hort womöglich nicht wieder verlassen würde. Edeline war sicher, solange sie den Elben nicht zu nahe kam. Und nun begab sie sich direkt in ihre Fänge.

»Ich schaffe das schon.« Damit nahm sie Nascha fest in die Arme, vergrub das Gesicht und die Finger in ihren Locken und blinzelte die Tränen fort. Den Eshwen und vor allem Maenblod zu helfen, würde immerhin ihre Fehler begleichen.

Für Maenblod, für Adeena, für Olyvar.

Nascha ergriff ihre Hand fest und Edeline drückte die Finger ihrer besten Freundin. Ein letztes Mal. Mit aller Macht versuchte sie, ihren Unwillen unter dem Adrenalin, der Wut und der Furcht zu begraben. Die Abmachung war gewesen, dass sie nicht mit nach Eschenhort gehen musste – dass sie Severyn nur vor die Tore führen und dann mit Olyvar und Caleb warten konnte, bis er zurückkehrte. Aber jetzt konnte sie sich nicht mehr vor den Elben verstecken. Wenn Edeline nicht wollte, dass Olyvar dasselbe Schicksal ereilte wie die Kinder, die sie als *flann gwiddon* gestohlen hatte, musste sie handeln. Und wenn sie den Eschenelben dafür wieder zum Opfer fiel, würde sie sich mit der ersten Klinge, die sie in die Hände bekam, selbst töten.

Sie musste Olyvar um jeden Preis beschützen. Weil sie im Grunde nicht nur Calebs, sondern ihrer aller Schwester war.

In den tiefen Wäldern,
wächst ein Liebrankenast,
der weiß dir zu helfen, wenn
du Liebeskummer hast.

Denn wenn du lieblich schlummerst,
den Zweig unter dem Kissen,
dann wirst du deinen Liebsten
schon bald nicht mehr vermissen.

Olyvar war kein dummes Mädchen. Sie verstand eine Menge Dinge gut, die meisten sogar besser als die anderen Kinder in ihrem Alter. Aber obwohl Olyvar ein kluges Mädchen war, gab es Dinge, die sie schlichtweg nicht begriff.

Schatten glitten über die Baumwipfel, sandten wispernde Windstöße durch das Blätterdach. Zweige verfingen sich in ihrem offenen blonden Haar, griffen nach ihr wie feine Klauen. Olyvar zerrte daran, bis sie freikam, aber einige dünne Strähnen blieben an den Bäumen hängen. »Böse Äste«, wisperte sie.

Olyvar fühlte in den Wäldern keine Angst. Nascha hatte ihr von der Güte Keyll Naomhs erzählt und ihr Amethystarmbänder gegeben, die sie vor den bösen Kreaturen beschützen sollten. Sogar den besonders großen Anhänger mit dem Juwel trug sie um den Hals. Kein finsteres Wesen würde sie damit bemerken, wenn sie sich nicht gerade vor ihre Nase stellte. Und Olyvar war nicht so dumm, einem direkt in die Arme zu laufen. Sie hatte in den Wäldern gelebt, war von der Kraft Keyll Naomhs genährt worden wie von der Milch ihrer Mutter – seine Macht wanderte durch ihre Adern. Ihre Freunde standen nicht alle gleich zu Keyll Naomh, doch sie waren in einer Sache einig: Respekt wahren, ja. Aber Angst haben? Nein.

Olyvar fröstelte im kalten Wind der Nacht und zog sich die Kapuze übers Haar. Ihre Hände streiften Blätter und raue Stämme. Sie bemerkte nicht, wie Klauen über die Äste strichen und die feinen, abgerissenen Haarsträhnen auflasen. Oder waren das nur knarrende Zweige?

Nicht weit. In der Nähe der Quelle, hatten die Kinder gesagt, und sie hörte deren Plätschern und Gluckern ganz dicht. Sie stellte sich vor, dass die Quelle ihr zuflüsterte, um ihr zu helfen. »Ich komme schon«, flüsterte Olyvar. »Sprich weiter, dann kann ich deiner Stimme folgen, Quelle.«

Lagen die Liebranken erst unter ihrem Kopfkissen, würde sie bekommen, was sie sich wünschte. Sie dachte an die schönen blauen Augen, das verzaubernde Lächeln, sein dunkelbraunes Haar, das in der Sonne so schön golden leuchtete. Sie dachte daran, wie er ihr gesagt hatte, sie sei niedlich. Wie er sie angesehen und ihrem Lied auf der Flöte gelauscht hatte. Sie bewunderte, wie sein Umhang im Wind tanzte, wie melodisch seine Stimme klang, wie seine Augen funkelten. Sie wollte seine Freundin sein. Nicht so eine Freundin wie Edeline oder Nascha und erst recht nicht wie die Mädchen ihres Bruders. So, wie Rosie die Freundin von Mattys war.

Das Flügelflattern eines aufgescheuchten Vogels wurde von den hohen Stämmen zurückgeworfen und hallte in Olyvars Ohren wider. Ein Rabe krächzte. Im Dunkel der Nacht huschte etwas durchs Geäst, das sicher nur ein Tier war. Sie bemerkte nicht, wie etwas hinter ihr säuselte und ihren Tritten auf leisen Sohlen folgte. Oder waren das ohnehin nur der Wind und das Rauschen der Quelle?

Olyvar war ein kluges Mädchen. Sie begriff, was es bedeutete, jemandes Freundin zu sein. Sie wusste, was alles dazugehörte. Allerdings war sie zu jung, um das Flattern in ihrem Herzen, das immer aufkam, wenn sie *ihn* ansah, mit diesem Wissen zu vereinen. Olyvar wünschte sich nur, so genannt zu werden – seine Hand zu halten, seine Blicke zu fangen. Der Gedanke daran schmeckte so süß, er ließ ihre Hände aufgeregt zittern und beschleunigte ihre Schritte.

Sie brauchte die Liebranken.

Der Wald roch nach Harz und Kiefernnadeln, liebkoste ihre zarte Haut mit sanften Windböen, die den Duft der Nacht in sich trugen. Unter dem Atem von Blattwerk und Farn, Erde und Staub lag ein schwacher Eisengeruch, der kaum an Olyvars Nase drang. Denn die Gestalt mit den Silberaugen und der schimmernden Klinge befand sich direkt hinter ihr und jedes Geräusch und jede Geruchsnote wurde vom Wind fortgetragen. Sie folgte ihr auf Schritt und Tritt. Oder war es bloß ein Tier, das zufällig ihren Weg kreuzte?

Endlich tat sich das Geäst auf und gab eine Quelle frei, die unter einer Felsschicht verschwand. Olyvar sprang flink über die Steine, ihre Hände fanden die raue Oberfläche, die sie im Dunkel kaum erkennen konnte. Mit den Fingerkuppen ertastete sie Blätter und Stängel und erkannte die Pflanzen, die die Kinder ihr beschrieben hatten. Ein Lächeln zuckte über ihre Lippen. Sie griff nach einer der Ranken und grub die Nägel in den

Strang, um sie loszureißen. Ein-, zweimal ruckte sie an dem Pflanzenstrang, ächzte angestrengt und schaffte es schließlich, eine Ranke mit kräftigem Zerren abzubekommen. Olyvar taumelte einige Schritte nach hinten, als der Widerstand nachließ.

Sie stolperte rückwärts, bis sie gegen einen Körper stieß, Arme, kräftig wie Eisenstangen, nach ihr griffen und ein tiefes, schweres Ausatmen ihre Ohren brausen ließ. Die Liebranke fiel zu Boden, rollte ein Stück und blieb leblos liegen. Grauen erfasste das Mädchen, brachte seine Muskeln zum Verkrampfen und entlockte Olyvar einen hohen, angsterfüllten Schrei – und dann noch einen, als die Gestalt sie in stählernem Griff an den nach Kiefernnadeln und Eisen riechenden Körper zog. Arme schlossen sich um sie wie eine schwere Decke und – Stille.

Sie waren so nah. Edeline konnte die Anwesenheit der Elben in der Luft knistern spüren. Sie prickelte auf ihrer Haut, ließ ihr Blut wallen, stahl den Atem aus ihren Lungen. Immer wieder beschleunigte sie ungewollt den Schritt, steuerte schneller auf den Ort zu, den sie so lange gemieden hatte. Immer wieder zwang sie sich, langsamer zu gehen und sich gegen das Drängen der Elben zu stemmen, die so nach ihr lechzten.

Der Weg nach Eschenhort war stets ein anderer, war das Zuhause der Elben doch immerzu an einem anderen Ort. Edeline erschien der Pfad dennoch unsagbar vertraut. Jeder ihrer Schritte war sicher, zog sie weiter in die Richtung jenes Ortes der Verdammnis. Äste strichen wie Spinnweben vorüber, Kolkraben krächzten schaurig und musterten sie von den Ästen aus. Severyn und Esmond folgten ihr eiligen Schrittes. Was Severyn anging, so konnte sie nicht sagen, ob er den Ruf der Elben vernahm. Esmond aber runzelte des Öfteren die Stirn, schien etwas vertreiben zu wollen wie einen lästigen Falter. Die Elben griffen nach ihm – sie wollten ihn für sich, wie sie jeden Keitha wollten.

Wälder, Edeline hatte solche Angst. Angst, zu versagen – Angst, nie wieder zurückzukehren. Angst, dass sie dieses Mal für immer bleiben würde.

Der Wald verlor die Farben, alle Wärme verrauchte im Nachthimmel und entsagte sich ihrer Nähe, ließ nur kühle Luft zurück. Mit jedem Schritt leerte sich die Welt und tat sich vor ihnen auf, gab den Blick auf eine umgestürzte, gigantische Esche frei. Ein dichtes Wurzelgeflecht umspann die Senke, in der der verendete Baum einst Leben geschöpft hatte. Die Esche war so mächtig, dass ihr Wurzelwerk sich meterweit erstreckte und wie knöcherne Arme in den Nachthimmel ragte. Edeline musste den Kopf in den Nacken legen, und das ganze Ausmaß der alten Wurzeln zu erkennen.

Alle drei blieben sie vor dem Koloss stehen.

»Hier ist er, nicht wahr?« Esmonds Stimme war nicht mehr als ein Wispern. Die Macht der Eschenelben musste ihm mit solcher Wucht durch die Adern gehen, dass er kaum ein Wort über die Lippen brachte.

Edeline ging es ähnlich, deswegen nickte sie bloß.

»Das ist es?«, fragte Severyn. »Wo ist der Eingang?«

»Willst du zu den Elben«, murmelte Edeline, stimmte eine leise Melodie an, *»geh durch die Eschen, find Wurzeln und Ursprung, lange vergessen. Durchquere die Erde, lausch Knarren und Knistern, dort flüstern die Falter, da hörst du ihr Wispern.«*

Severyn begriff den alten Reim und wies auf die Wurzeln. »Da durch?«

Klamm nickte sie. »Wenn sie Euch sehen wollen, werden sie Euch einlassen. Aber von da gibt es kein Zurück.« Edeline fixierte Severyn, damit er ihre nächsten Worte ernstnahm. »Wenn Ihr die Elben nicht milde stimmt, werden sie uns nicht gehen lassen.«

»Ich werde schon dafür sorgen, dass wir hinauskommen«, sagte Severyn kalt. »Schließlich bin ich der Auserwählte.«

Edeline seufzte. »Sicher.«

»Eine Frage noch.« Esmond musste mehrmals blinzeln, ehe er den Blick sicher auf sie richten konnte. »Du hast Caleb gesagt, dass er keine nützlichen Fähigkeiten hat. Darf ich fragen, was *du* Nützliches kannst?«

Edeline schluckte. Der Moment hatte kommen müssen – sie hatte ihn kommen sehen. »Das ist vielleicht ein guter Zeitpunkt, um euch zu gestehen, dass ich nicht immer eine Bardin war«, murmelte sie. »Sondern eine Keitha, die den Eschenelben gedient hat.«

Während Severyn alles aus dem Gesicht fiel, nickte Esmond. »Deswegen das alles.«

Der Eshwenprinz drängte an ihm vorbei. »Du hast mich die ganze Zeit belogen?!«

»Eher … nicht ganz die Wahrheit gesagt«, korrigierte Edeline. »Nascha war wirklich in Eschenhort. Aber das Eschengarn spürt sie bei weitem nicht so intensiv wie ich. Sie hat mir geholfen, es geheim zu halten, indem sie so getan hat, als würde sie den Weg kennen.« Dass Nascha sie in diese Situation hineinmanövriert hatte, ging ihn nichts an.

»Warum hast du nichts gesagt, verdammt?«, fuhr Severyn sie mit wütend funkelnden Augen an.

»Damit Ihr mich nicht drängt, mit Euch reinzugehen!« Edeline wies auf die Wurzeln. »Ich habe mir geschworen, nie zurückzukehren. Nie wieder … für jemanden zu töten, ohne dass ich die Gewalt über meine Handlungen habe.« Sie ballte die Hände zu Fäusten. »Und dann kommt Ihr daher und erzählt von Schicksal und Bestimmung! Und die Wälder zwingen mich, diesen Weg doch zu gehen! Ich wollte nicht hierherkommen, Hoheit. Ich hätte mich so gern weiter versteckt. Aber jetzt ist Olyvar fort und das ändert alles.«

Severyn gestikulierte wütend. »Du hättest mir wichtige Informationen über die Elben geben können! Die ganze Zeit! Das wäre nützlich gewesen!«

Edeline funkelte ihn an. »Ja, und womöglich hättet Ihr mich mit Eurer Zauberzunge in Eure Dienerin verwandelt! Ihr hättet es ohnehin beinahe getan, so rücksichtslos, wie Ihr die Formel missbraucht!«

»Ich fasse es nicht!« Severyn riss ungehalten die Hände hoch. »Mir war klar, dass ihr keinen Sinn für Verantwortung und Aufrichtigkeit habt! Aber das? Was kommt noch? Sicher ist Nascha auch gar keine Sagart! Und als Nächstes stellt sich heraus, dass nicht ich der Auserwählte bin, sondern dass es die ganze Zeit Esmond war!«

»Beruhigt Euch!« Edeline ballte die Hände zu Fäusten. »Das bringt uns nicht weiter! Wenn wir nicht bald handeln, ist es für Olyvar zu spät.«

»Wie hast du es da rausgeschafft?« Kapitulierend wies Esmond auf die Wurzeln. »Die Elben scheinen so … mächtig. Wie ist es dir gelungen, dich aus ihrem Griff zu winden?«

»Mit Naschas Hilfe«, erklärte Edeline. »Ich habe sie gebeten, mich zu unterstützen. Sie hat mir so viel Air Deoch besorgt, dass es mir gelungen ist, den Befehl der Elben zu ignorieren. Wir sind gemeinsam geflohen, wie in der Legende von Newid und Bronimir – ohne sie hätte ich es nicht geschafft.«

»Aber ist es nicht gefährlich für dich, jetzt zurückzukehren?« Esmond legte besorgt die Stirn in Falten. »Du hast gesagt, dass das Risiko für Nascha hoch ist, aber was ist mit dir? Selbst ich kann spüren, dass die Elben mich für sich beanspruchen wollen, und ich bin auf die Pádraigs vereidigt. Du dagegen gehörst niemandem. Ich bin überrascht, dass du dich dieser Macht überhaupt widersetzen kannst.«

»Das ist auch nicht einfach. Und ich bin nicht sicher, ob ich das noch lange durchhalte.« Edeline schüttelte den Kopf. »Aber das spielt keine Rolle. Ich gehe nicht davon aus, dass ich zurückkehren werde.«

Esmond schien etwas sagen zu wollen, entschied sich aber dagegen.

Auch Severyn war offenbar unsicher, was es darauf zu erwidern gab. Er schnaubte. »Gibt es irgendwas, was ich wissen sollte? Etwas Nützliches?«

»Seid stärker als sie. Wenn Ihr wahrlich die überlegene Spezies seid – zeigt es ihnen. Habt einen starken Geist.«

Severyn hob die Brauen. »Dann sollte ich mir ja keine Sorgen machen müssen.«

»Der Name des Fürsten ist Kathro«, fuhr Edeline fort. Den Namen auszusprechen, mit dem *th*, für das man die Zunge gegen die oberen Zahnreihe drücken musste, und dem *r*, das aus der Kehle drang, fühlte sich unangenehm an. »Er ist ein verschlagener Kerl. Ebenso arrogant wie Ihr, aber das ist womöglich seine Schwäche – dass er sich für stärker hält, als er ist.«

»Na danke.«

Edeline zögerte. »Sie fürchten das Licht. Es zieht sie an, aber … sie verbrennen sich. Wie Motten.«

»War das alles?« Als sie die Schultern hob, nickte Severyn Esmond zu. »Dann kommt. *Wyn cledd.*«

Das Silber flackerte in Esmonds Iriden, entglitt ihm jedoch beinahe, ehe es das Bernstein ersetzte. Für Edeline war Severyns Befehl wie ein Sandkorn im Auge. Lästig, aber nichts im Vergleich zu dem Eisennagel, den die Eschenelben ihr in die Schläfe zu stoßen versuchten.

Severyn trat auf die Senke und das Wurzelwerk zu, das sich wirr und knöchern über ihnen erhob. Tief atmete er ein. Als er die Hände hob und auf das Pflanzengeflecht legen wollte, regten sich die Wurzeln, zogen sich knirschend zusammen und taten einen tiefschwarzen, seelenlosen Eingang auf.

Severyn begriff, warum die Menschen die Wälder fürchteten. Er begriff es in dem Augenblick, in dem sich das Netz aus Wurzeln hinter ihnen verschloss und er sich in einem engen, rabenschwarzen Gang wiederfand. Die Wände, über die sich die feinen Finger der toten Esche spannten, standen so nah, dass er sie beinahe mit den Schultern streifte. Und als er voranschritt, die Kehle verschnürt von klammer, fremdartiger Anspannung, war es, als säuselten Abertausende von Insekten um ihn herum. Ihm war, als krabbelten Käfer über seinen Nacken, als streiften ihn winzige Beinchen. Wenn Keyll Naomh so war, wann immer man tiefer in sein Herz vordrang, dann verstand er, warum die Menschen Furcht empfanden.

Severyn hätte sich gern mit dem goldenen Licht getröstet, das Keyll Naomh tief in ihm gesät hatte. Doch der Schein, der in der letzten Nacht noch hell und warm gewesen war, erschien ihm verschwindend klein. Er fühlte sich im Stich gelassen von den Wäldern und fragte sich, wo ihre Macht geblieben war, jetzt, da er sie brauchte.

Die Finsternis wurde durch ein nebliges, fades Licht ersetzt, das durch ein Rankennetz fiel. Seidenfäden spannten sich zwischen den Strängen, das Esmond zur Seite strich. Als Severyn sich an den Wurzeln vorüberschob und ins Freie gelangte, war es, als würde er in eine andere Welt treten. Der Luft haftete eine nasskalte Schwere an, die das Atmen schwer machte, sie war geschwängert von einem moschusartigen, süßlichen Geruch. Es war still, aber – *gefährlich* still, und immer wieder meinte er, dass leises, bedrohliches Zirpen an sein Ohr drang. Die Stämme zahlloser Eschen, die sich unnatürlich hoch in den Himmel erstreckten, schimmerten ob des Nebels in milchigem Blau. Im Angesicht der enormen Größe dieser Bäume fühlte Severyn sich ungewohnt klein. Vage nahm er wahr, dass Sonnenlicht durch die Wipfel fiel, obwohl es zuvor noch Nacht gewesen war.

Das Knarren der alten Bäume klang in seinen Ohren. Ihre Äste erhoben sich über ihm wie ein wiedererwachter Skelettkörper. Sie schufen die rückständigen Behausungen, die sich um sie herum erstreckten, woben Netze um die Bauten und wanden sich um naturgeschaffene Pfade aus schwarzem Gestein. Laternen, die mit tanzenden Glühwürmern gefüllt waren, hingen von den Bäumen und spendeten Schauerlicht. Unter seinen Stiefeln wuchs feuchtes Gras, das die Schritte leicht und federnd machte. Severyn fand Pflanzen, die auch in den Gärten des fürstlichen Palasts wuchsen, was ihn mehr befremdete, als es sollte.

Im Nebel, von Tau benetzt und geisterhaft, hingen Seidenfäden hinab wie Spinnweben. Severyn entdeckte weiß umsponnene Konstrukte in den Bäumen, die groß genug waren, einen menschlichen Körper einzuschließen. Mit Unbehagen stellte er fest, dass es sich um Kokons handelte. Er fragte sich, ob die Elben dort ihre Opfer einhüllten oder ob sie selbst in diesen Kokons heranwuchsen, ehe sie ihre endgültige Form annahmen. Denn wie ein ausgewachsener Eschenelbe aussah, war ihm klar, sobald er in diese fremde, falsche Welt eintrat.

Sie waren von ihnen umstellt, sobald sie durch die Tore getreten waren. Apfelgroße Kohleaugen fixierten sie und vermochten Severyn ebenso effektiv bewegungsunfähig zu machen wie Waffen. Ihre Haut hatte die Farbe von Eschenborke, gemasert mit hellen und bläulichen Sprenkeln, um sie in der Umgebung zu tarnen. Das scharf geschnittene, raubtierhafte Gesicht war mit Fortsätzen bestückt, die wie verkümmerte

Mandibeln anmuteten. Über der feinen Silbermähne erhoben sich dunkle, gewundene Hörner. Ein silbriger Chitinpanzer umschloss die Körper der hochgewachsenen Gestalten wie eine organische Rüstung und funkelte bei jeder Bewegung. Die Arme, von denen es zwei Paar gab, und die Beine waren lang und schlank, aber kräftig. Ein Schauer regnete Severyns Rücken hinab, als einer der Elben die blaugrau gesprenkelten Flügel spreizte, die zuvor eng an seinem Rücken gelegen hatten. Die anderen taten es ihm gleich, was einen dumpfen, ledrig schweren Klang durch die Luft surren ließ – offenbar schien es sich um eine Geste zu handeln, die das Gegenüber einschüchtern sollte.

Severyn bemühte sich, nicht zu zucken – und er zuckte auch nicht. Es schüchterte ihn nicht ein, dass diese Elben so viel des Wesens der Eshwen in sich trugen. Abfertigungen dieser Flügel und Chitinpanzer trug seine Familie als zeremonielle Gewänder, auf seinen eigenen Schulterblättern befand sich unebene Haut, wo diese Wesen mächtige Schwingen besaßen. In den insektenhaften Augen erkannte er dieselbe Arroganz, die auch seinem Volk nachgesagt wurde. Er wollte sich sagen, dass die Elben triebgesteuerter und dümmer waren als die Eshwen … und Ersteres mochte stimmen, aber aus ihren Augen sprach unzweifelhafte Intelligenz.

Severyn zwang sich, einen selbstbewussten Eindruck zu machen, selbst wenn sein Herz raste. *Du bist der Prophet*, erinnerte er sich selbst. *Du bist die dominante Spezies. Sie haben keine Macht über dich. Du hast Macht über* sie.

Der Elbe, der zuvorderst stand, trat vor und reckte das Kinn. Es war nicht erkennbar, ob es sich um einen Mann oder eine Frau handelte, womöglich gab es so eine Unterscheidung gar nicht. Die Stimme knisterte wie alte Blätter im Wind und ging Severyn durch und durch: »Wir haben auf dich gewartet.«

Er richtete sich gerade auf. »Das trifft sich gut und das will ich euch geraten haben. Mein Name ist Severyn Pádraig und die Wälder haben mich …«

Er verstummte, als das Mottenwesen an ihm vorübertrat und auf Edeline zusteuerte. Der Elb bewegte sich mit kontrollierter Eleganz, als er vor der Bardin stehen blieb. »Du hast dir eine Menge Zeit gelassen, *flann gwiddon*«, sirrte er, ehe er Edeline im Nacken packte und zu Boden stieß. Ihr blieb keine Zeit, sich zu wehren, da hatte er bereits ausgeholt und sie hart ins Gesicht geschlagen. Erstickt rang sie nach Luft. »*Diwerth, anwiw peth*«, zischte der Elb und zog sie mit einem Armpaar am Kragen hoch, während das zweite ihr Gesicht in die Hände nahm. »Du bist die Luft nicht wert, die du atmest!«

Die Hände der Elben mussten mit Widerhaken besetzt sein, denn der Schlag hatte Edelines Wange und Stirn aufgerissen und die Lippe aufplatzen lassen. »Lass mich los!«, brachte sie hervor und strampelte mit den Beinen.

»Du hast vergessen, was du bist. Du gehörst nur uns, *wyn cledd.*« Die Worte ließen sie die Augen zusammenkneifen, doch als sie den Elb wieder ansah, waren sie noch immer grün.

»Du kannst mich mal, du aasfressender Bastard«, knurrte sie.

Der Elb knurrte und stieß sie zu Boden. Noch ehe sie wieder hochgekommen war, packte er ihr Haar und wollte ihren Kopf gegen einen der Eschenstämme schlagen.

»*Wyn cledd!*« Kaum hatte Severyn die Worte ausgesprochen, war Esmond vorgeschnellt und kam Edeline zur Hilfe. Wäre der Elb nicht im letzten Augenblick ausgewichen, hätte der Keitha ihm glatt die Kehle durchtrennt. Die Kreatur holte mit einer Klaue nach Esmond aus, doch dieser tauchte unter dem Angriff hinweg und ließ den Dolch hochschnellen. Die Klinge glitt mit einem einzigen Funkeln durch die Luft und trennte die Hand vom Körper seines Gegners.

Der Elb heulte auf. Er sank mit einem hohen Zischen in die Knie und hob den zitternden Stumpf, aus dem Blut spritzte. »Aaa-ahh«, brachte er hervor. Edeline hob ungläubig den Kopf.

Ein Keithabefehl aus Mottenkehle erklang und sofort waren die Krieger zur Stelle, um ihnen Einhalt zu gebieten. Severyn schöpfte nach dem Tropfen Macht, den der Wald in ihm zurückgelassen hatte – *zeig ihnen, dass du mich erwählt hast*. Und als er die Hände in die Höhe riss, brachen Wurzeln aus dem Boden hervor, ergriffen die Keitha mit knarrenden

Schlingen und machten sie bewegungsunfähig, ehe sie einen von ihnen erreichen konnten. Die Elben zuckten geblendet zurück, als das waldgegebene Licht aus Severyns Handflächen aufblitzte. In Wimpernschlägen waren die Wurzeln so hoch geklettert, dass die Krieger bis zur Brust eingeschlossen waren. Ihr Griff war so fest, dass die Keitha erstickt nach Luft rangen.

»Habe ich damit eure volle Aufmerksamkeit?«, fragte Severyn laut.

»Der Wald erhört Eure Befehle«, brachte eine der Kreaturen heraus, die sie umstellt hatten. Ihre Stimme klang ebenso bedrohlich wie die ihres Vorredners, doch Severyn verspürte keine Angst mehr. »Wie?«

»*Peth prowyd!* Ihr habt mir die Hand abgetrennt!«, zischte der Elb, der am Boden kauerte.

»Du hast noch drei weitere«, sagte Severyn frostig. »Ich nehme das als Anzahlung für das, was ihr meinem Volk angetan habt. Wer Edeline noch mal anrührt, wird dafür bezahlen.«

»Euer Eshwenblut ist stark«, sirrte ein Elb. »Selbst ein Keitha lauscht Eurem Wort.«

Severyn reckte das Kinn. »Mein Name ist Severyn Pádraig, erstgeborener Sohn von Barcat Pádraig, dem Fürsten der Eshwen, Thronfolger und Kronprinz. Ich bin Severyn der Jäger, Prophet und Auserwählter Keyll Naomhs. Ich bin gekommen, um mit eurem Fürsten zu sprechen – und dem Spiel ein Ende zu bereiten, das ihr mit meinen Leuten spielt.«

Als hätte der Wald begriffen, leuchtete die Sonne etwas heller zwischen den Wipfeln, die Blätter sangen unter einem Windstoß und Severyns Umhang wölbte sich. Die Elben, die sie umstellt hatten, flatterten unruhig mit den Flügeln.

»Nun bringt mich zu eurem Herrn.« Severyn gab ihnen einen ungeduldigen Wink. »Oder muss ich mich weiter mit Fußvolk unterhalten?«

Obwohl der Elb vorn unwillig zischte, hob er eine Hand und bedeutete ihnen, ihm zu folgen. Mit einer Geste verscheuchte Severyn das Silber aus Esmonds Augen, der sogleich zu Edeline eilte, um ihr aufzuhelfen. Die Bardin keuchte und betastete ihre verwundete Wange. »Danke«, brachte sie hervor.

»Kommt«, sagte Severyn bloß und die beiden folgten ihm rasch.

In seinem bisherigen Leben war der junge Prinz nicht an vielen Orten gewesen, die sich außerhalb seines Palasts befunden hatten. Severyn kannte wenig von der Welt – er war dennoch sicher, dass etwas wie Eschenhort einzigartig in Daer Awyr war. Nicht nur die merkwürdige, schwirrende Stille, die unvergleichliche Größe der Bäume und der wabernde Nebel trugen zu diesem Eindruck bei. Es waren die Bewohner, die Severyn für immer in schauderhafter Erinnerung bleiben würden. Eschenelben lachten nicht, redeten nicht, spielten keine Musik. Einige wenige woben Seide, doch auch das geschah mit emotionsloser Apathie. Im hinteren Teil des Horts gab es offenbar einen Kampf, den die Elben mit großem Elan verfolgten – das war die einzige Gefühlsregung, die sie zeigten. Die meisten von ihnen saßen stumm da wie Motten bei Tageslicht.

Severyn entdeckte auch Kreaturen, die Raupen gleichkamen. Ihre Haut besaß keinen Chitinpanzer, sodass man durch sie hindurch die Knochen und Innereien erkennen konnte. Er beobachtete, wie eine dieser glitschigen Kreaturen sich in einen seidenen Kokon einspann, und wünschte sich, dieses Schauspiel nicht mitangesehen zu haben. Unruhig fragte er sich, wie sich Eschenelben fortpflanzten, schob diesen Gedanken allerdings ebenfalls rasch fort.

Der Pfad mündete in einer flachen Senke, von der auch die Kampfgeräusche ausgingen. Über der Senke ragte ein enormer, zackig abgebrochener Baumstumpf aus dem Boden, der aussah, als hätte ein Blitz die Esche vor langer Zeit aus dem Grund gerissen. Die Stelle, an der das Holz gesplittert war, war geschliffen worden, sodass eine Sitzfläche entstanden war. Auf diesem hölzernen Thron ruhte der Herrscher der Eschenelben.

In der Senke kämpfte ein Keitha gegen einen riesigen Eber, der gerade mit wildem Grunzen auf ihn zupreschte. Unter seinem Gewicht bebte der Boden, die Hauer holten nach dem sehnigen, silberäugigen Mann aus, der bereits aus mehreren Wunden blutete und dessen linker Arm schlaff hinabhing. Er entwich dem Eber, ehe dieser ihn erreichen konnte. Eine Klinge fuhr durch die Luft, ein Körper wirbelte, ehe der Keitha dem Eber mit dem Knauf gegen den Schädel drosch und das Biest zum Taumeln brachte. Ein gezielter Schlag brachte es zu Fall, ehe ihm der Gnadenstoß gewährt wurde. Die Elben, die die Senke umringten, jubelten, während der Keitha entkräftet zu Boden sank und das Silber fortblinzelte.

»*Brenin!*«, rief ein Elb und lenkte so die Aufmerksamkeit des Fürsten auf sie.

Severyn hatte bislang keinen Elben gesehen, der so beängstigend groß war. Der Elbenfürst überragte die anderen, ebenfalls hochgewachsenen Angehörigen seines Volks sicher um drei Köpfe. Seine Haut schimmerte bläulich wie die neblige Umgebung, die Augen standen leicht schräg. Auf dem Rücken des Fürsten ruhten mächtige, gesprenkelte Flügel, die ein mit Silber durchbrochenes Muster trugen.

Während der Keitha und der tote Eber fortgeschafft wurden, traten sie in die Senke hinab. Die Elben, die sie eskortiert hatten, neigten mit gespreizten Flügeln die Köpfe, um ihrem Fürsten Ehre zu erbieten. »*Brenin, tywysog a prowyd keyll naomh*«, zirpte einer der Elben, während Severyn und seine Begleiter innehielten, ohne sich zu verneigen. Der Wortführende begann, sehr schnell in der alten Sprache zu reden und das Geschehene zu schildern. »Dieser Mann behauptet, ein Prophet der Wälder zu sein. Er beschuldigt uns, seinem Volk Schaden zugefügt zu haben.«

Der Fürst neigte den Kopf. »Was willst du hier, *lenab*?«

Severyn hob das Kinn. Es ärgerte ihn, dass der Elb die Anrede für ein Kind benutzte. »Ich bin Severyn Pádraig«, verkündete er, sich wohl bewusst, dass Dutzende Augen auf ihn gerichtet waren. Er hob die Hand mit dem Siegelring, auf dem die beiden Motten umeinander flatterten. »Du solltest von mir gehört haben, *Kathro*. Ich war derjenige, der die Motten tötete, die ihr an meinem Geburtstag nach Dinas Rhedyn gesandt habt. Jene Motten, die in die Körper meiner Untertanen krochen und sie zu Monstern machten! Nun verlange ich, dass du mein Volk, meine Gardisten und in erster Linie meinen Vater wieder in ihre gewohnte Gestalt zurückverwandelst.«

Es war schwierig, im Gesicht des Elben zu lesen. »Welche Motten?«, sirrte Fürst Kathro.

»Tu nicht so. Ihr quält mein Volk seit Eshwengedenken – nagelt Kinder an Pfähle, raubt Eltern alles, was ihnen etwas bedeutet, tötet Unschuldige bloß, weil ihr Spaß daran habt. Und nun suchen Motten meinen Palast, meine Städte und Wälder heim und verwandeln Angehörige meines Volks in diese monströsen Kreaturen!« Severyn hob das Kinn. »Ich trage gottgegebene Macht in mir. Mit Keyll Naomh an meiner Seite habe ich diese Motten niedergestreckt. Ich habe eure Keitha in Kokons aus Wurzeln eingesponnen, gerade vor wenigen Augenblicken! Ich bin bereit, euch leben zu lassen, wenn du den Fluch rückgängig machst. Im Gegensatz zu euch trage ich keine unnötige Grausamkeit in mir und bin nicht gewillt, ein Volk aus bloßer Rachsucht vom Boden dieser Welt zu tilgen. Verwandle meine Eshwen zurück, lass meine Bürger in Frieden und wir können ungestört voneinander leben.« Nach kurzem Schweigen ergänzte er: »Und Olyvar möchte ich auch zurück. Ich weiß, dass sie hier ist.«

Der Fürst hatte den Kopf zur Seite geneigt, als lauschte er einem niedlichen Tier. Als Severyn nicht weitersprach, öffnete er den Mund und stieß ein zirpendes Geräusch aus, das wie ein Lachen klang. »Du willst den Fluch aufgehoben haben *und* das Mädchen?«, fragte er. »Wahrlich große Wünsche.« Eine seiner vier Hände machte einen Wink, woraufhin ein Elb verschwand.

»Olyvar wird euch nichts bringen«, beteuerte Edeline. »Sie hat schon zu viel angestellt. Sie ist nicht unschuldig genug, um Air Deoch aus den Bäumen zu gewinnen.«

»Die *flann gwiddon* wird wissen, welche Kinder dafür besonders geeignet sind«, zirpte Kathro. »Und ebenso weiß sie, was mit denjenigen geschieht, mit denen wir nichts anfangen können.«

»Lass diese Platituden«, fuhr Severyn dazwischen. »Ich verlange dein Wort.«

»Ich habe keine Ahnung, von welchen Motten du sprichst, *lenab*.« Kathro betrachtete ihn beinahe liebevoll. »Wer auch immer deinem Volk das angetan hat, die Eschenelben waren es nicht.«

Severyn öffnete den Mund – und schloss ihn wieder. Unschlüssig, was er glauben sollte. War das eine gut verborgene Halbwahrheit? »Wer sonst soll es gewesen sein?«, knurrte er. »Wer sonst sendet uns eine Bedrohung in Form von *Motten*? Ihr verachtet uns seit Äonen. Ihr habt Eshwen aus Maenblod in Monster verwandelt – ein Dorf, das ihr seit seiner Gründung zur Zielscheibe macht, und der Weg zu eurem Hort taucht hier in der Nähe auf. Was sollte mich dir glauben lassen?«

»Was sollte es mir nützen, dich zu belügen, *lenab*?«, gab Kathro zurück und zirpte wieder. »Du bist der *Prophet*. Ich will den Ärger der Wälder nicht.« Er erhob sich von seinem Thron und richtete sich zur vollen Größe auf. Seine Flügel waren so ausladend, dass er sie abgespreizt halten musste, damit sie nicht über den Boden schleiften. »Ich schätze deinen Mut, *lenab*. Offenkundig bist du selbst für ein Exemplar eurer zurückgebildeten, minderbemittelten Menschenrasse besonders dumm, wenn du glaubst, mir etwas befehlen zu können. Doch da dein Blut rein genug ist, um selbst Keitha zu befehligen, scheint in dir auch viel Elb zu stecken. Ich bin gewillt, dich unverletzt wieder ziehen zu lassen, wenn du uns deine beiden Keitha überlässt – die *flann gwiddon* ebenso wie diesen anderen. Beide sind rechtmäßig unser Eigentum.« Zirpen. »*Olyvar* behalten wir auch. Womöglich können wir mit ihr eine Rechnung begleichen, die ihr soeben offengelegt habt.«

Er machte einen Wink und ein silberäugiger Keitha brachte ein strampelndes Bündel vor den Thron. Severyn holte Luft, als er Olyvar erkannte. Sie hatte furchtbare Angst, aber immerhin schien sie unverletzt. Ihr entwich ein unwilliger Schrei, als Kathro ihr Gesicht fest in die Hände nahm.

»Tut ihr nichts!«, flehte Edeline. »Ich bringe Euch Bessere. Mit Olyvar könnt ihr nichts anfangen!«

Durch alle vier Hände des Eschenfürsten wanderte eine blitzende Klinge, ehe er sie an Olyvars entblößtes Handgelenk hob.

»Nein!« Edeline wollte vorstürzen, doch zwei Keitha packten sie und hielten sie fest. Auch Esmond wurde ergriffen, ehe er sich wehren konnte. Severyn wusste nicht, was er tun sollte, deswegen riss er einfach die Hände hoch und betete, dass die Wälder ihm helfen mochten. Keyll Naomh sandte ihm nichts als ein kleines Funkeln, doch das genügte, um die Eschenelben zucken zu lassen – selbst den Fürsten, für den sich der Funke in der Silberklinge spiegelte. »*Wyn cledd!*« Seine Stimme sengte durch die Luft und obwohl es nicht genügte, um den fremden Keitha für sich zu beanspruchen, ließ es das Silber in seinen Iriden zumindest flackern. Kathro verlagerte ungläubig sein Gewicht.

»Ein einziger Schnitt auf ihrer Haut und ihr werdet es bereuen«, knurrte Severyn. »Gebt Olyvar heraus. Esmond bleibt mein Keitha und Edeline bleibt in Freiheit! Oder wollt ihr die Macht der Wälder zu spüren bekommen? Eure Keitha sind euch dann keine Hilfe, sie gehorchen meinem Befehl ebenso wie eurem.«

»Ist das so?« Aus Kathros Stimme drang Ärger. »Eure Stimme ist das Rauschen in den Blättern, *lenab.* Meine Stimme ist eine Urgewalt. Euren Keitha dort könnte ich mir nehmen, wann immer ich will. *Wyn cledd.*« Auffordernd nickte er Esmond zu. »*Wyn cledd, in wy llaw!*«

Esmond schüttelte unwillig den Kopf, als Silber aufblitzte. Er wich nach hinten, das Schwert umklammert.

»Zwei weitere Male und er gehört mir«, zirpte Kathro.

»Lass. Ihn. In Ruhe!«, knurrte Severyn. »Er dient mir.«

»Du hältst dich wahrlich für stärker?«, knurrte der Fürst. »Wenn du so überzeugt von dir bist, *lenab* – dann beweise es mir. Sorg dafür, dass diese Keitha dich nicht töten. *Wyn cledd!*«

Und ehe er sich versah, waren Esmond und Edeline fortgezerrt worden und Severyn fand sich allein in der Senke wieder. Mindestens zwei Dutzend Keitha zogen ihre Waffen und traten auf ihn zu – in den Augen tödliches Silber.

Silber und Gold

Caleb war ein Nervenbündel. Er tigerte auf und ab, murmelte frustriert vor sich hin, setzte sich, um gleich wieder aufzuspringen. Manchmal fluchte er wütend, nur um im nächsten Augenblick das Gesicht zwischen den Fingern zu verbergen oder verzweifelt die Hände zu ringen. In seiner Brust saß eine Spinne, die ihre Fäden um seine Rippen spann und langsam immer fester verpackte.

»Ich bin nicht nutzlos!«, knurrte er und schlug mit den Fäusten auf den Tisch. »Ich hätte mitgehen sollen! Den Eschenelben aufs Maul geben! Ihnen zeigen, dass ich nicht nur im Weg rumstehe und mir den Sack kratze! Ich bin doch kein Schwächling, oder heiße ich Mattys?«

Nascha, die auf einem Stuhl saß, beobachtete ihn mit sorgenvollem Gesichtsausdruck. »Jetzt beruhige dich. Edeline hat das nicht so gemeint.«

»O doch«, knurrte er. »Sie hält mich für nutzlos! Sie ist der Meinung, dass ich nur Chaos anrichte!« Dass er dieses Argument durchaus nachvollziehen konnte, brachte Caleb nicht über die Lippen. Dafür war er zu stolz, das tat zu sehr weh. Lieber konzentrierte er sich darauf, den Eschenelben ihr Ende zu wünschen und Olyvars Leichtsinn zu verfluchen. »Ich verstehe das nicht!« Zornig warf er die Hände in die Luft. »Warum ist meine Schwester so dämlich, he? Was habe ich falsch gemacht?«

»Gar nichts«, sagte Nascha sanft. »Wir hätten alle auf sie aufpassen können. Wir haben am Anfang gesagt, dass du nicht alleine für Olyvar verantwortlich bist, Caleb. Und du hättest davon ausgehen können, dass sie weiß, was richtig ist.«

Caleb ließ sich neben sie an den Tisch sinken. Auch Adeena saß vor dem Fenster auf einem Sofa, eine dunkle Silhouette vor dem nächtlichen Dorf. Dass eine Fremde seinen Nervenzusammenbruch miterlebte, machte es nicht besser, war jedoch seine kleinste Sorge. »Verdammt, Nascha, ich hab solche Angst.« Hilflos und unbrauchbar. Er war zu dem geworden, was er nie hatte sein wollen. Und diese Erkenntnis brannte schlimmer als alles, was Caleb zuvor empfunden hatte.

Nascha schien schlecht mitansehen zu können, wie er in Ärger und Schamgefühl ertrank. »Du hast sie aus schlimmeren Dingen herausgeholt als aus den Fängen dieser Elben«, versuchte sie, ihn zu beruhigen.

Das machte es nur schlimmer. »Sie suchen noch immer nach ihr. Olyvar hat nicht verstanden, was die damals mit ihr machen wollten! Aber diese Verrückte hat mir gesagt, dass sie uns überall auf der Welt finden werden. Wenn Edeline scheitert, Nascha, dann kann ich nur hoffen, dass die Elben Olyvar ein schnelles Ende bereiten, damit sie nicht in die Fänge dieser Wahnsinnigen gerät.« Caleb schüttelte den Kopf – der Gedanke riss an seinem Verstand und drohte, ihn zu brechen. »Verdammt, ich hab ihr damals versprochen, dass ich immer auf sie aufpasse.«

»Und das hast du getan«, erwiderte Nascha nachdrücklich. »... Wenn man außerachtlässt, dass du diese Reise nur für Geld ...«

Caleb lachte ohne Vergnügen. »Propheten – ich bin so ein Hornochse.« Mit einem Satz sprang er auf die Beine. »Ich halte das nicht mehr aus! Das ist schlimmer als Folter! Wo bei den beschissenen Wäldern ist meine Schwester?! Warum läuft sie einfach im Dunkeln weg? Wer verdammt nochmal hat ihr das Gehirn amputiert?! Scheiße, und was hab *ich* mir gedacht?«

Nascha erhob sich und umarmte ihn fest, weil ihr offenbar nichts einfiel, was sie sonst tun sollte. Caleb wollte sich erst losmachen, ließ sie dann aber gewähren und erwiderte die Umarmung, um nicht gänzlich ohne Halt zu sein.

»Warum brauchen die so lange?«, fragte er.

»Sie machen alles, damit Olyvar in Sicherheit kommt. Du kennst Edeline – sie würde Olyvar nicht im Stich lassen und alles tun, damit sie in Sicherheit kommt.«

»Lene wollte da nicht hin«, murmelte Caleb. »Nascha, sie wollte nicht mal raus aus der Stadt. Lene hat sich *geopfert*, weil Olyvar verloren gegangen ist.«

»Das wissen wir nicht«, beteuerte sie. »Sie kommen schon zurück.«

»Sicher. So wie Mattys und Rosie zurückgekommen sind?«

»Das war etwas anderes«, sagte Nascha.

Caleb ließ sich an den Tisch fallen. Er legte den Kopf in den Nacken und kniff die Augen zusammen.

Nascha setzte sich dazu und griff nach seiner Hand, hielt sie fest. »Außerdem habe *ich* uns reingeritten. Wenn es nach Edeline gegangen wäre, würden wir auf dem Weg zum nächsten Auftritt sein.«

»Hätten wir mal auf sie gehört.«

»Ja. Sie weiß es meistens besser.«

»He«, sagte Adeena, die die ganze Zeit still die Straße beobachtet hatte, »da ist jemand zurückgekehrt.«

Beinahe kippte der Stuhl nach hinten, als Caleb auf die Beine sprang. Nascha war ebenfalls auf den Füßen. Sofort waren sie bei Adeena, drängten ans Fenster und spähten durch die milchige Scheibe. Calebs Herz klopfte bis zum Hals, als er Stimmen hörte und Schemen ausmachte. Dann machte er kehrt und stürmte die Stiege hinab, um die Ankömmlinge in Empfang zu nehmen.

Sirrend fuhr Severyns Schwert aus der Scheide, seine Finger schlossen sich fest um das Heft. »Das ist wahnsinnig!«, stieß er hervor. »Ich bin der Prophet, du kannst mich nicht einfach töten!«

Das Herz schlug ihm heftig in der Brust, als er sich um sich selbst drehte und von überall Keitha näherkamen. »Ich töte dich nicht«, erwiderte Kathro. »Ich will herausfinden, wie groß dein Talent ist, *lenab.* Nun gib eine gute Vorstellung!«

Severyn fühlte Wut in sich aufsteigen, doch es gab nichts, was er gegen das Wort des Eschenfürsten hätte einwenden können. Hinter den Keitha versammelten sich weitere Eschenelben und verfolgten das Schauspiel. Esmond und Edeline wehrten sich noch immer im Griff der anderen Krieger. Sie würden auf seiner Seite stehen, doch was konnten sie zu dritt schon gegen so viele Keitha ausrichten? Nein, Severyn musste tun, was von ihm gefordert wurde.

»*Wyn cledd!*« Die Worte durchbrachen die Luft wie ein Sommergewitter – beinahe glaubte Severyn, seinen Vater sprechen zu hören. An einem anderen Ort hätte jeder Keitha ihm aufs Wort gehorcht. Doch hier, unter den Elben, die diese Krieger durch bloße Gedankenkraft kontrollierten, blieben ihre Augen silbern und mit eisernem Ausdruck auf ihn gerichtet.

»Esmond«, wies Severyn seinen eigenen Keitha hastig an, »*in wy llaw!*« Sein Krieger war der Einzige, der ihm gehorchte. Während der erste Keitha das Schwert in Severyns Richtung schwang, gelang es Esmond, sich aus dem Griff derjenigen zu winden, die ihn festgehalten hatten. Der fremde Keitha schlug rasch und mit kräftiger Hand auf Severyn ein. *Klonk, Klonk,* regneten Schläge auf ihn nieder, die er sauber, aber nur mit Anstrengung abwehren konnte. So blieb es ihm verwehrt, Esmonds Einsatz mitanzusehen – Severyn hörte bloß das Sirren seines Schwerts in der Luft, den Klang seines Atems, als er die Angriffe der Keitha in seinem Rücken parierte.

»*Wyn … cledd!*« Severyn konzentrierte sich bloß auf den Krieger, den er vor sich hatte. Den nächsten Schlag konnte er nur knapp abblocken und ihm blieb kein Herzschlag, um Luft zu holen, denn die blitzende Waffe fuhr sogleich wieder in seine Richtung. Stahl klirrte auf Stahl und dem Prinzen wurde beinahe die Klinge aus der Hand geschleudert, hätte er sich nicht im letzten Augenblick weggedreht und dem Schlag die Wucht genommen. Dadurch gab er sich die Blöße, was ihm sogleich einen Streich der Silberklinge einbrachte. Severyn stieß einen unterdrückten Fluch aus, als brennender Schmerz seine Seite hinauffuhr. Zischend presste er eine Hand auf die Wunde, wich zurück.

»*Wyn cledd!*«, versuchte er es erneut, doch gegen die Macht der Elben hatte er keine Chance. Sein Befehl verklang, wie der Wind ein loses Herbstblatt davontrug.

Der Stich schmerzte, trotzdem war Severyn sich allzu bewusst, dass der Keitha schonend mit ihm umgegangen war. Längst hätten weitere Krieger zum Kampf hinzustoßen und ihm den Gnadenstoß verpassen können – doch sie zogen das Schauspiel in die Länge, um den Elben einen aufregenden Kampf zu bieten. Es war so demütigend, so erniedrigend, und das Schlimmste war, dass der bloßgestellte Auserwählte nichts dagegen ausrichten konnte.

Eine ungekannte Verzweiflung ergriff Besitz von ihm. Severyn war kein schlechter Schwertkämpfer, doch auf lange Sicht würde er es nicht mal mit einem Keitha allein aufnehmen können. Und die anderen näherten sich einer nach dem anderen, begannen ihn lockend zu umkreisen wie die Motten das Licht. Esmond gab sich zwar die größte Mühe, ihm den Rücken freizuhalten, und er kämpfte ein gutes Stück besser als Severyn selbst, doch auch er war diesen Kriegern bloß ebenbürtig.

Hilfesuchend tastete Severyn in sich, rief nach der Macht der Wälder, während er Schlag um Schlag abwehrte, doch das Licht schien versiegt. Er begriff es nicht. Konnte Keyll Naomh ihn an diesem von allem Guten verlassenen Ort nicht erreichen? Oder *sollte* er versagen?

»*Wyn cledd*«, versuchte er es noch einmal, als die Schwertklinge des Keitha auf ihn zufuhr, doch das Einzige, was an sein Ohr drang, war das höhnische, demütigende Zirpen der Eschenelben. Er suchte nach Esmond, während er den Schlag parierte, dann nach Edeline, die sich im Griff der Keitha wehrte. Immer wieder zuckte Silber in ihren Iriden und wollte sich ihrer bemächtigen, sie erwehrte sich der Dominanz der Elben ebenso wie der Gestalten, die sie festhielten.

Aber als ihre Blicke sich trafen, glomm etwas in ihren Augen auf – etwas anderes.

Edeline verstand es endlich. Sie begriff, wie sie den Elben entkommen und den anderen helfen konnte. Die Erkenntnis erschütterte sie bis ins Mark, ließ sie vor Unwillen erbeben und schmeckte doch so viel süßer als die Panik, mit der sie sich gegen den Griff der Keitha und das Drängen der Eschenelben gewehrt hatte. Es fiel ihr mit jedem Wimpernschlag schwerer, das Silber aus den Augen zu verdrängen. Sie *konnte* nicht verhindern, dass es sich ihrer bemächtigte. Nein, irgendwann würde sie nachgeben müssen und dann hätten die Elben gewonnen.

Oder nicht?

Es war ganz offensichtlich. Edeline diente den Wäldern. Obwohl Keyll Naomh sie in diese furchtbare, widernatürliche Zwischenwelt geboren hatte, die bloß aus Eschen und Hass und Niedertracht geschaffen war, hatte Edeline ihn niemals dafür verachtet. Die Wälder waren nie schlecht zu ihr gewesen. Nascha hatte Severyn begleitet, um eine heilige Verpflichtung Keyll Naomh gegenüber zu erfüllen – und auch Edeline hatte eine solche Pflicht.

Einem Propheten zu dienen, war ein Geben und Nehmen: Schenkte sie ihm ihre Hilfe, würde er sie ebenfalls beschützen.

Wenn Edeline also keine Dienerin der Elben mehr sein, wenn sie diesen Ort verlassen und Olyvar retten wollte … dann musste sie Severyns Keitha werden.

Es war beinahe lächerlich, dass es ihr nicht vorher klargeworden war. Esmond war auf die Pádraigs verschworen, was es ihm leichter machte, dem Locken der Elben zu widerstehen. Severyn war vielleicht kein guter Mensch, doch in jedem Falle das kleinere Übel, wenn man ihn mit den Eschenelben maß. Die Elben hatten sie geschlagen, beleidigt, gedemütigt und würden sie höchstwahrscheinlich umbringen. Severyn dagegen diente Keyll Naomh – und ihm zu dienen, war gut.

Tief in ihrem Inneren sträubte sich Lene dagegen, seinem Befehl zu folgen. Es widersprach ihrem Wunsch nach Freiheit in allem, es ließ sie erzittern, sobald sie nur daran dachte. Sie hatte sich geschworen, die Klinge nie wieder zu erheben, nie wieder das Silber in ihre Augen treten zu lassen, nie wieder bedingungslos zu gehorchen. Doch es war die einzige Möglichkeit, die ihr noch blieb, wenn sie ihre Freunde nicht sterben sehen wollte. Lene musste *jetzt* handeln. Ehe die Elben sie gegen ihre Verbündeten einsetzen würden, musste sie eine Entscheidung treffen.

»*Erhebe ich die Stimme, dann einzig, um zu singen*«, sie murmelte die Worte, schärfte sie sich ein wie ein Mantra. Solange sie diese Worte im Herzen behielt, würde alles gut werden. »*Solange, wie ich lebe, sind Worte meine Klingen.*«

Jetzt.

Sie musste eine Entscheidung treffen.

Jetzt!

Als Severyns Stimme das nächste Mal durch die Luft glitt, sein *»wyn cledd«* durch ihr Bewusstsein schnitt, ließ Edeline sein Wort ein. Sie gab die Keitha frei, die sie einst gewesen war, fegte all ihre Gedanken fort, fegte *Lene* fort und holte die blutrote Hexe an die Oberfläche, die sie so lang mit Grabeserde zu bedecken versucht hatte. Triumphierend und blutdurstig erhob sich die *flann gwiddon* in ihrem Inneren, reckte die verdreckten und knarrenden Glieder. Sie stülpte sich mit tiefem, vergnügtem Lachen über Lene und verschluckte die Bardin gnadenlos.

Als Edeline die Augen öffnete, waren ihre Augen silbern und ihr Geist gehörte Severyn.

Instinkte übernahmen die Führung. Über einen Silberstrom nahm sie alles wahr, was Severyn ihr sagen wollte. *Flucht* war ihr Ziel, denn alle Keitha zu besiegen war ein Ding der Unmöglichkeit.

Edeline brauchte die Befehle nicht laut ausgesprochen hören, um sich ihnen zu fügen. Mit einer blitzschnellen Bewegung hatte sie die Hände nach hinten gerissen und rammte dem Keitha zu ihrer Rechten den Ellbogen in die Niere, sodass dieser den Griff mit einem Keuchen lockerte. Ihr Handgelenk kam frei und sie wirbelte zur Seite, zwang den anderen Keitha mit einem gezielten Tritt gegen die Wade in die Knie. Etwas in ihr brach, als sie gegen sein Handgelenk trat und die Klinge aus seiner Hand beförderte, die zwischen ihren Fingern landete. Der glänzende Einhänder hielt sich so leicht, als hätte sie die Klinge niemals niedergelegt.

Der Keitha entging ihrem ersten Streich, kam leichtfüßig auf die Beine und tauchte auch unter dem zweiten Schlag hinweg. Wirbeln, Stoßen, Ausweichen, die beiden vollführten einen tödlichen Tanz. Ein Tritt traf Edelines Kniescheibe, *irrelevant*. Ihr kurzes Straucheln milderte sie, indem sie unter dem nächsten Schlag hinwegtauchte. Ihre Finger fanden den kühlen Staub der Senke, der im nächsten Wimpernschlag die Augen ihres Gegners füllte. Im Moment der Unachtsamkeit traf ihn die Breitseite seiner eigenen Klinge an der Schläfe und raubte ihm die Besinnung.

Edeline wirbelte sogleich herum und ließ die Waffe gegen die des zweiten Keithas prallen, der wieder auf die Beine gekommen war. Ihr Schlag hatte seinen Stand unsicher gemacht, doch er hielt sein Schwert noch und trug tödliche Entschlossenheit zur Schau. Ihre Klingen tanzten umeinander, Stahl sang, als sie wieder und wieder aufeinanderprallten. Sie zielte auf seine Beine, ehe sie die Waffe hochriss und die flache Seite gegen seinen Ellbogen prallen ließ. Die *flann gwiddon* bäumte sich entzückt auf, als die Klinge aus seiner Hand gestoßen wurde und dem Keitha ein Heulen entfuhr. Im nächsten Augenblick musste sie einem Schlag ausweichen, als ein weiterer Krieger sie von hinten angriff.

Edeline wirbelte um sich selbst, in jeder Hand eine der silbernen Klingen, wehrte den Schwertstreich des Keitha ab, traf den ersten Angreifer mit einem Fußtritt vor den Oberkörper und bremste den Stich in Richtung ihrer Kehle. Funken flogen, als sie selbst zum Schlag ausholte und ihre Waffen aufeinanderprallten. Edeline spürte die Wucht des Angriffs bis in die Schulterblätter. In ihrem Inneren lachte die *flann gwiddon* vor süßer Leidenschaft, brach die Skrupel der Bardin, als handelte es sich um altes Laub. Die Klingen schlugen aufeinander, Stahl schleifte über Stahl, als sie die Waffe in die Höhe riss und ihren Gegner für den Bruchteil einer Sekunde entblößte. Ehe er reagieren konnte, ging ein tödlicher Stich in seine Brust.

Die *flann gwiddon* jauchzte. *Silber, Silber, Silber,* summte sie mit jedem Schlag, mit jedem Atemzug. Irgendwo tief in sich wollte Edeline schreien, als sie die Klinge aus dem Fleisch ihres Mitkeithas zog und er zusammensank. Ihr war, als hätte sie sich selbst getötet. Etwas in ihr wollte schluchzen, die Klingen fortwerfen oder an ihre eigene Kehle heben. Doch diesen Teil von sich verdrängte sie, begrub ihn unter den Keithabefehlen, dem Adrenalin, den Worten, denen sie sich ohnehin nicht erwehren konnte. Sie floh in die schützenden Arme der roten Hexe, gehorchte dem Wort der Wälder, das durch Severyns Kehle floss. Innerlich heulte sie, aber nach außen war sie stumm und stählern, wie von einem Panzer aus Silber umgeben.

Und Silber sang in ihren Adern, schärfte ihre Sinne und ließ sie jeden Angriff den Bruchteil einer Sekunde zuvor vorausahnen. Ihr Herz klopfte im selben Takt wie ihre Schritte und Schwertstreiche, der Blutrausch tropfte wie süßer Tau von ihren Fingern. In ihrem Inneren hallten die Befehle Severyns wider, während die der Elben ungehört verklangen. Und als sie den Schlag des nächsten Keithas abwehrte, boten ihnen die Wälder eine Gelegenheit zur Flucht.

Severyn hatte die Verbindung zu Edeline sofort gespürt, noch ehe er das Silber in ihren Augen wahrgenommen hatte. Beide Keitha flankierten ihn von einer Seite, kämpften wortlos und graziös, töteten ohne jegliche Gefühlsregung. Severyn entwich einem der Keitha – eine zweite Klinge, die sich in seine Seite bohren wollte, wurde von Edeline abgewehrt. In einem brennenden Stakkato schlugen die Schwerter aufeinander, während Esmond einen zweiten Keitha von Severyn fernhielt, der die Waffe auf ihn niedersenden wollte. Klirrend schlug Esmond die Waffe des anderen fort und ergriff sie bei der Klinge, als sie in todbringender Geschwindigkeit auf ihn zu sausen wollte. Er warf die Waffe weg und schlug dem Mann den Kopf vom Körper. Blut rann seine Finger hinab.

Sekunden verstrichen, in denen Severyn Atem schöpfen und die brennenden Hände fester um das Heft seines Schwertes schließen konnte. Er fühlte erneut in sich, rief nach der Macht der Wälder. *Wo bist du?*, fragte er Keyll Naomh. Wieso war es so schwierig, die Kraft zu schöpfen? Beim Angriff der Motten war es das Leichteste der Welt gewesen und auch sonst hatte er die Präsenz der Magie unmissverständlich stark gefühlt. Wenn er der Auserwählte war, dann sollte der Wald ihm helfen, diesen Eschenelben zu zeigen, wen sie vor sich hatten! Severyn durfte nicht versagen. Wer wäre er, der erste Auserwählte zu sein, der im entscheidenden Moment versagte? Wenn es ihm nicht gelang, erfolgreich zu sein, würde die Welt ohne Propheten dastehen, sein Vater würde immer eine Motte bleiben – und Severyn würde Breya nie wiedersehen.

Dieser Gedanke weckte einen tiefen Überlebenswillen in ihm. Severyn wollte Breya wiedersehen! Er musste! Er durfte sie nicht allein lassen! Und aus diesem Wunsch heraus war es kinderleicht, die Hände auszustrecken und ein bisschen Macht aus seinem Inneren zu klauben. Aus seinen Handflächen flammte goldenes Licht, tauchte alles in Schein und ließ die Elben, die sich um sie herum versammelt hatten, perplex zurücktaumeln. Als Severyn die Augen aufschlug, die er ob der Helligkeit hatte zukneifen müssen, war ein loderndes Feuer im Gras erwacht. Rotorangefarbene Flammen züngelten durch das Halbdunkel des Horts, erhellten ihre Gesichter und fraßen sich sogleich in die erste Esche. In Windeseile brannte der Baum lichterloh.

Die Keitha hatten innegehalten – vor allem aber waren es die Elben selbst, die das Licht offenkundig faszinierte. Die Flammen spiegelten sich in ihren dunklen, schräg stehenden Insektenaugen, ihre Flügel zuckten vor süßer Verführung. Die ersten Elben huschten auf die Flammen zu, bewunderten das Licht so begeistert wie ein Kind ein unbekanntes Insekt. Ehe ein Keitha auf ihn zu stürmte und Severyn das Schwert hochreißen musste, wurde er Zeuge davon, wie die Flügel eines Elben von Feuer erfasst wurden und zu brennen begannen wie Papier.

Schreie wurden laut. Schreie drangen von überall auf sie ein. »*Dobur!*«, hörte er den Eschenfürsten brüllen. »*Fynnon dobur!*« Wasser, *Wasser*.

»Edeline!«, rief Severyn, während Esmond und er seinen Angreifer gemeinsam zurückdrängten. Er nickte zu Olyvar, der es gelungen war, sich im Gewühl aus dem Griff des Keitha zu befreien. Edeline holte aus und trieb einem Krieger, der ihr in den Weg treten wollte, die Klinge ins Herz. In Windeseile hatte sie Olyvar erreicht und schlang die Arme um sie, zog sie fest an die Brust. Olyvar klammerte sich an Lene wie ein Eichhornjunges an seine Mutter.

Ein Ast über ihren Köpfen gab ächzend nach und stürzte auf sie nieder. »*Edifarhau lenab!*«, knurrte Kathro ihnen entgegen und ja, Severyn war sicher, dass der Elbenfürst ihn dies bereuen lassen würde. Mottenschwärme jagten über den Himmel, vertrieben aus der Eschenborke, das Schreien sterbender Elben war allgegenwärtig. Einige trugen Seidenballen heran und erstickten die Flammen damit. Und trotzdem waren viele der Mottengestalten noch immer gänzlich im Bann des todbringenden Lichts.

Severyn beschloss, dass es Zeit für den Rückzug war. Er rief beide Keitha zu sich und gemeinsam bahnten sie sich einen Weg zwischen den Flammen hindurch. Zwei Krieger blockierten den Weg, die von Esmond hingehalten wurden. Ein Wurfmesser bohrte sich in den Stamm einer Esche und Severyn konnte einem anderen nur knapp entgehen. »*LENAB!*«, brüllte Kathro, als Esmond zu ihnen aufschloss und sie den von Ranken überwucherten Tunnel endlich erreichten. Edeline half Severyn durch den Wurzelvorhang. Blind taumelten sie durch die Dunkelheit, bis das Schummerlicht der Nacht am Ende erschien und sie die klare Luft ihrer eigenen Welt atmeten.

Sie überquerten einen Fluss, bis sie in sicherer Entfernung zum Hort waren und sich auf einer geschützten Lichtung wiederfanden. Erst dort gaben ihnen vor Erschöpfung die Knie nach. Edeline sank ins feuchte Gras, spürte das Kitzeln der Halme auf der Haut. Das Silber glitt von ihr wie die verbrauchte Haut einer Schlange – sie streifte die *flann gwiddon* ab, wie eine Motte einem Kokon entkam. Obwohl es dunkel war, war ihr, als hätte sie nie so klar gesehen, nie so frische Luft geatmet, nie so intensive Erleichterung und Erschöpfung zugleich empfunden.

Einen Augenblick blieben Edeline, Esmond und Severyn mit schwer gehendem Atem im Gras liegen, nah beieinander und froh, all dem in einem Stück entkommen zu sein. Die Arme hatte Edeline noch immer fest um Olyvar geschlungen, die sich an sie klammerte, als würde sie fortgerissen werden, sobald sie losließ.

Langsam drang die Erkenntnis an ihr Bewusstsein, dass sie noch immer hier war, in Sicherheit. Dass sie zu ihren Freunden zurückkehren konnte. Sie hatte sich Severyn unterworfen … aber verglichen mit dem, was ihr sonst geblüht hätte, war das ein lächerlich kleines Problem. Edeline kam nicht umhin, ihr entwich ein erleichtertes, leicht aufgelöstes

Lachen. Auch Esmond lachte unwillkürlich und letztlich stimmte sogar Severyn mit ein, schnitt dabei aber eine Grimasse.

»Seid Ihr schlimm verwundet?«, fragte Esmond.

Severyn betastete die Wunde an seiner Seite und fand ein wenig Blut. »Nein, das ist nur ein Schnitt. Ich habe starkes Eshwenblut, es ist morgen wieder verheilt.« Edeline hatte das Gefühl, dass Severyn das so betonte, um zu überspielen, was gerade geschehen war. Er hatte die Keitha nicht unter seine Kontrolle bringen können. Sein Eshwenblut mochte stark sein, doch gegen die Macht der Elben kam er nicht an. Dafür war er zu schwach.

»Geht es sonst allen gut?«, fragte Esmond.

Edeline nickte. Ihr Knie schmerzte zwar und würde bald blau anlaufen und sie hatte einige Schnitte und Prellungen abbekommen, doch sonst war sie wohlauf.

Sie löste sich von Olyvar und musterte sie strafend. »Was hast du dir dabei gedacht?«

»I-ich wollte ... ich wollte ...« Olyvar blickte mit großen Augen zu Severyn hinüber, dann wieder zu Edeline. Tränen quollen aus ihren geröteten Augen. »Ich hab mich so alleine gefühlt. C-caleb hatte ja keine Zeit für mich, er hat nie Zeit für mich! Er – denkt nie als Erstes an mich u-und ich wollte ...«

»Du wolltest ihm eins auswischen?«

»Ich mach's nie wieder, ganz sicher.«

Fest ergriff Edeline ihre Hände. »Versprich mir das!«

»Ver-versprochen.« Die beiden umarmten einander. Olyvar schluchzte leise, aber Edeline hielt sie ganz fest. Mit Caleb würde sie später sprechen, jetzt waren andere Dinge wichtig. »Danke, Lene.«

Lene. Wie bittersüß schmeckte dieser Name? Edeline hatte nicht geglaubt, ihn je wieder zu hören. Doch obwohl er so schön klang, blieb nun auch ein dumpfer, harter Schmerz auf ihrer Seele ruhen. Hinter Olyvars Rücken drehte sie die blassen, blutbefleckten Hände. Hände, die ihren Schwur gebrochen und das Heft einer Klinge gehalten hatten. Hände, die Keitha das Leben geraubt hatten, die so waren wie sie.

Sie löste sich ein Stück von Olyvar, spendete ihr aber weiter Körperkontakt. »Das war eine gute Idee mit dem Feuer«, wandte sie sich an Severyn.

»Ich weiß«, antwortete dieser mit erhobener Braue. »Sie war von mir.«

»Habt ihr gesehen, wie sie in das Feuer gestarrt haben?«, fragte Esmond. »Wie hypnotisiert. Sie haben erst gar nicht gemerkt, dass es ihnen die Flügel anzündet.«

»Motten halten Lichtquellen für den Mond«, sagte Edeline. »Sie fühlen sich davon angezogen und müssen stets zum Licht fliegen. Die Elben sind nicht unbedingt anders. Deswegen haben sie keine richtigen Laternen und kein Feuer in ihrem Hort – die Gefahr, dass sie sich versehentlich verbrennen, ist zu hoch.«

Severyn nickte. »Aber ich nehme an, das hat das Problem nur aufgeschoben. Die Feuer waren effektiv, aber sie werden sie löschen können. Und dann …«

»Dann zahlen sie mit gleicher Münze zurück«, murmelte Edeline. Auch in ihren Ohren hallten Kathros Rufe wider. Sie sah Maenblod bereits in Trümmern und nickte rasch. »Wir müssen zum Dorf, bevor es zu spät ist. Maenblod muss sich vorbereiten.«

»Aber wir sind zu wenige, um so viele Elben und Keitha niederzustrecken«, erwiderte Esmond. »Ihr habt doch gesehen, wie mächtig die sind – und nun sind sie wütend, weil wir ihr Zuhause in Brand gesetzt haben. Auch mit den Soldaten an unserer Seite wird das kein Kinderspiel.«

»Wir können sie nicht alle umbringen – und wenn wir sie bloß in die Flucht schlagen, kehren sie zurück, sobald Maenblod sich in Sicherheit wiegt.« Severyn schüttelte den Kopf. »Ich hab eine bessere Idee. Ich werde ihnen zeigen, was ihr Prophet kann. Kommt jetzt.«

Sie kamen auf die Beine. Esmond stützte Severyn und Edeline hielt Olyvar noch immer an der Hand, die sich dicht an sie drängte.

»Severyn.«

Der Auserwählte warf Lene einen auffordernden Blick zu.

»Ich bin nicht deine Keitha. Selbst wenn ich durch dich wieder zu einer geworden bin. Befiehl mir noch einmal und ich werde das Schwert nutzen, um dir persönlich die Kehle aufzuschlitzen.«

Esmond räusperte sich. »Das ist logisch betrachtet unmöglich.«

»Halt die Klappe, Esmond.«

Severyn neigte den Kopf. »Ich respektiere das«, versicherte er. »Ehe ich dir befehle, hole ich deine Bestätigung ein.«

Nickend trat sie zurück. Edeline empfand einen Funken Erleichterung über sein Entgegenkommen, selbst wenn das nicht alles änderte.

Sie war nicht mehr so frei wie zuvor. Und sie war nicht sicher, ob sich das je wieder rückgängig machen lassen würde.

Caleb sprang aus der Tür und rannte auf Olyvar zu, die sich von Edeline gelöst hatte und einige vorsichtige Schritte auf ihn zukam. Als er vor ihr auf den Boden sank und sie in die Arme schloss, weinte sie furchtbar. Caleb drückte sie so fest an sich, dass sie sicher keine Luft mehr bekam.

»Mach das nie wieder!«, sagte Caleb bebend. »Mach das nie, nie wieder …«

»Nein«, schluchzte Olyvar und klammerte sich an ihn.

Nascha ließ den beiden Zeit und hielt zuerst auf Edeline zu, um sie ebenso fest in die Arme zu schließen. »Ich bin so froh! Ich dachte, ich sehe dich nie wieder«, brachte sie hervor.

Edeline schmiegte sich an sie. »Wirst mich nicht los.«

»Geht es dir gut? Hast du dir was getan?« Sie wich zurück. »Was ist passiert?«

»Die Eschenelben behaupten, sie seien nicht für die Motten verantwortlich«, erklärte Severyn, der hinter den beiden Barden durchs Tor gehumpelt kam. Esmond stützte ihn, doch Severyn bestätigte ihm mit einem Nicken, dass er selbst stehen konnte. »Sie waren nicht gerade erfreut über unseren Besuch. Ich nehme an, sie sind bereits auf dem Weg hierher.«

»Um anzugreifen?« Rhia machte große Augen. Nach und nach sammelten sich auch weitere Dorfbewohner um sie, um die Botschaft anzuhören.

Severyn nickte. »Wenn wir sie nicht aufhalten, dann ja. Wir brauchen sehr viele helfende Hände. Die Elben reagieren empfindlich auf Feuer – es lockt sie an, verbrennt sie aber. Ehe sie hier eintreffen, benötigen wir eine Menge Brennzeug, um sie aufzuhalten.«

»Wir können Pfeile mit Öl tränken und anzünden«, überlegte Rhia. »Ich kenne mich aus mit so was.«

»Ich mach mit«, sagte Caleb sogleich.

»Das wird helfen, wenn sie über die Mauer zu fliegen versuchen.« Severyn winkte ungeduldig. »Aber es muss mehr her!«

»Womöglich kann man einen Kreis um das Dorf auslegen«, schlug Adeena vor, die in der Tür des Gasthauses stand. »In Austradar gibt es diese gottgegebene Feuerwand – man könnte sie in kleiner nachahmen.«

Severyn nickte. »Tut das. Tut all das! Nur so ist Maenblod sicher, wenn die Elben angreifen.« Er sah sich zu allen Seiten um und erhob das Wort. »Bürger von Maenblod! Ich bin der Auserwählte von Keyll Naomh. Die Wälder sprechen durch mich, mein Wort ist das ihre – und ich sage euch, dass die Eschenelben nach dem heutigen Tag keine Bedrohung mehr sein werden! Aber dafür benötige ich jede Hand, die ihr erübrigen könnt. Ich bin den Eschenelben heil entkommen und werde sie vertreiben, wenn ihr mir eure Unterstützung zusichert! Wer mir folgt, kann ihrer Tyrannei in Maenblod ein Ende bereiten!«

Esmond reckte eine Faust in die Luft und die Soldaten und Dorfbewohner taten es ihm gleich.

Als die Menschen davonstoben, alle Vorbereitungen zu treffen begannen und ihre Nachbarn aus dem Schlaf klopften, wandte Severyn sich an Nascha. »Kannst du Licht wirken? Licht der Wälder?«

Nascha neigte den Kopf. »Ja. Aber ich bin sicher, dass Ihr das auch könnt.«

»Ich bin … ein wenig geschwächt«, entwich er der Antwort.

»N-na gut. Dann werde ich mich kümmern.«

»Wir benötigen ein Glasgefäß, das du mit Licht befüllst. Ein großes, gut sichtbares. So, dass es für immer bleibt. Kannst du das?« Severyn zeigte mit einer Geste, wie groß das Gefäß sein sollte.

Nascha nickte unsicher. »Darf ich fragen, was Ihr damit anstellen wollt?«

»Ich will Frieden schließen«, erklärte Severyn, »und dafür brauche ich dich, Nascha.«

Lichterschein

Die Vorbereitungen auf den Angriff der Elben waren in Windseile getroffen. Alle arbeitsfähigen Dorfbewohner wurden aus den Betten gescheucht und packten mit an, während Severyn kommandierte. Die Mauer um das Dorf wurde mit fackeltragenden Soldaten besetzt, für die man mit Leinen umwickelte Pfeile herstellte und in entzündliches Öl tunkte. Rhia und Caleb unterstützten die Bürger redlich dabei, Ölfässer heranzutragen und die Feuer vorzubereiten. Einige Fässer wurden auch unten auf dem Dorfplatz eingelagert, wo Severyn dazu anwies, sie bereitzuhalten. Währenddessen schickte Bürgermeister Kadwallader eine Handvoll Dorfbewohner zu einer alten Scheune nah des Zentrums, die nicht mehr genutzt wurde. Das Gebäude wurde mit altem Hausrat und frisch gelagerten Scheiten gefüllt, um ein wunderbar loderndes Feuer zu erwecken, sobald der Augenblick dafür gekommen war.

Die Dorfbewohner statteten sich mit allerlei Forken, Äxten oder Schneidmessern aus, um nicht ungeschützt vor den Elben zu sein. Selbst der stämmige Bürgermeister hatte einen Stock zur Hand genommen, um sich damit gegen die Angreifer verteidigen zu können. Da sie in den Hainen das Gold gewannen, waren viele Dorfbewohner körperliche Arbeit gewohnt, aber nur wenige hatten eine Ausbildung im Kampf genossen. Die Soldaten sammelten sich bei ihrem Kommandanten. Mit vereinten Kräften wurde das Tor verbarrikadiert, sodass die Elben und Keitha nicht hindurchgelangen würden. Derweil half Edeline dabei, die Kinder in die Dorfschule zu bringen, ein scharf umstelltes Gebäude, in welchem sie geschützt waren.

Während all dieser Vorbereitungen kniete sich Nascha unter die Eiche im Zentrum des Dorfes, wo die vielen Kerzen in Gedenken an die Opfer aufgestellt worden waren. Nascha hielt ein gläsernes Gefäß in den Händen, das ihr der Bürgermeister auf Severyns Antragen hin gebracht hatte. Es handelte sich um eine Art Parfumflakon, aber größer und ohne den charakteristischen Zerstäuberaufsatz. Das Glas war geschliffen, sodass es wie ein ausgehöhlter Diamant aussah.

Nascha hatte die Augen geschlossen und murmelte leise, während Severyn sich näherte. Ihre Hände lagen auf den Wurzeln der Eiche, als suche sie darin die Verbindung zu den Wäldern. Er blieb in einigen Schritten Entfernung stehen und beobachtete, wie sie die fremden Worte flüsterte. Dann hob sie die Hände, als würde sie aus der Luft schöpfen. In ihren Handflächen erschien warmes Licht, wie golden leuchtender Sand. Sie füllte es in den Flakon, ehe sie den Deckel aufsetzte und das Gefäß verschloss. Das Licht Keyll Naomhs blieb im Inneren des Flakons und wurde durch den Schliff des Glases so gebrochen, dass es in alle Richtungen strahlte. Je nachdem, wie man es verlagerte, nahm das Funkeln eine andere Form an.

Sanft strich Nascha über die Rinde des Baumes und ließ die Stirn dagegen sinken. »Danke«, flüsterte sie.

Als sie sich erhob und umdrehte, entdeckte sie Severyn hinter sich. Das Licht beleuchtete ihr Gesicht von unten und tauchte beide in goldenen Schein. Das Gefäß war so groß, dass sie es in beiden Händen halten musste.

»Das sieht gut aus.«

Nascha lächelte. »Danke. Der Schliff macht es. Nun sagt mir bitte, wofür Ihr es benötigt.«

Severyn schüttelte den Kopf. »Keine Zeit. Versteck das irgendwo, wo es nicht gleich zu sehen ist. Bring es, wenn ich das Zeichen gebe.«

»Wenn Ihr meint.« Obwohl sie noch immer skeptisch schien, trat Nascha an ihm vorüber.

»Nascha?«

»Ja?« Sie drehte sich noch mal um.

»Warum sprichst du mit den Bäumen? Kannst du nicht ohne sie Licht machen?«

Nascha biss sich auf die Unterlippe. »Es hilft mir, die Verbindung zu Keyll Naomh zu finden. Sie ist immer da … wie es auch bei Euch der Fall ist – aber manchmal benötige ich etwas, was ich berühren kann, um tatsächlich zu ihr zu finden. Und wenn der Wald mir hilft, indem er mir etwas Handfestes zur Verfügung stellt, will ich den Gefallen zurückgeben. Indem ich meinen Dank laut ausspreche. Es ist nicht mehr als ein Gedankenspiel, doch es fällt mir so leichter.«

Severyn hob die Brauen und nickte dann. »Interessant. Bring das jetzt weg, schnell, bevor die Elben da sind.«

Als Nascha davoneilte, machte der Auserwählte ein paar Schritte auf die Eiche zu. Still und beständig ragte sie vor ihm in die Höhe. Das Blattwerk säuselte im lauen Nachtwind. Severyns Hände fanden den Stamm und er schloss die Augen, während er die Stirn gegen die raue Oberfläche sinken ließ. Müde tastete er nach Keyll Naomh, der Stimme der Wälder, der goldenen Magie, die er am Abend des Angriffs im Palast so klar hatte spüren können. Die ganze Zeit war sie da gewesen. Doch nun schien selbst der letzte Funke verglommen.

Wo bist du?, wollte er fragen. Doch da erklang eine andere Stimme: »Elben gesichtet! Elben von Nordwesten!«

Severyn atmete tief ein und aus und trat vor der Eiche zurück. Er konnte sich nicht auf die Macht Keyll Naomhs verlassen. Wenn er heute handelte, war er auf sich selbst gestellt.

Die Wunde an seiner Seite schmerzte noch immer, war allerdings bereits so weit verheilt, dass er sie ignorieren konnte. Mit einem knappen »*Wyn cledd*« rief er Esmond zu sich, eilte den Wehrgang hinauf, auf dem sich Bogenschützen positioniert hatten, und hielt neben Kommandant Merryk inne. Die Dunkelheit außerhalb des Dorfs verschluckte beinahe jede Bewegung.

»Schatten zwischen den Blättern«, raunte der Kommandant ihm zu und Severyn nickte.

»Haltet die Pfeile und Feuerschalen vor. Sind alle bereit, auch unten bei der Scheune?«

Merryk salutierte zackig. »Alle auf Posten, Eure Hoheit.«

Einen Augenblick benötigte Severyn noch, um sich zu sammeln. Er taxierte die schattenhafte Umgebung, vergewisserte sich, dass er an alles gedacht hatte.

Obwohl es finstere Nacht war und der Frühling in Eshwen wenig Wärme spendete, war Caleb furchtbar heiß. Er hatte sich sogar die Jacke ausgezogen, während er Rhia mit den Feuerschalen und Öllampen zur Hand gegangen war. Mit fahrigen Bewegungen drehte Caleb die Fackel in den Fingern, die später die Scheune in Brand setzen würde. Still war es, ganz still. Eine solch allumfassende, angespannte Ruhe war ihm unangenehm und weckte auch in seinem Herzen eine ungewohnte Nervosität. Aber Caleb war sich über eine Sache sicher: Die Eschenelben würden seine Schwester kein zweites Mal bekommen.

Edeline hielt das Heft ihrer Klinge fest umschlossen. In ihrem Rücken befand sich die fest verriegelte Tür zur Dorfschule. Hinter den Vorhängen spähten Kinder durch die beschlagenen Fenster, duckten sich aufgeregt vor dem nahenden Unheil. Lene hatte den alten Dorflehrer angewiesen, den schweren Eichentisch gegen die Tür zu schieben, sobald sie das Gebäude verlassen hatte. Energisch vertrieb die junge Frau das Gefühl der Fremdheit, das gebrochene Versprechen an sich selbst, nie wieder eine Klinge in die Hände zu nehmen. Sie würde tausend Keitha töten, um die Kinder zu beschützen, die sie einst geraubt hatte.

In dem Gasthaus gegenüber der Dorfschule kniete Adeena oben am Fenster, eine Decke fest um die Schultern geschlossen, und spähte hinaus zu den Wehrgängen, Lichtern, den lodernden Fackeln. Obwohl sie nicht in direkter Gefahr war, hämmerte ihr das Herz in der Brust. Ihre Türen waren verbarrikadiert, wie man ihr aufgetragen hatte. Aber die Erinnerungen an den Tod ihres Vaters und ihrer Angestellten, die Machtlosigkeit und vor allem die *Angst* waren frische Wunden in ihrem Inneren. Idiotischerweise wünschte sich Adeena, dass sie jemand in den Arm nehmen würde. Dabei wusste sie, dass solch ein Wunsch furchtbar egoistisch war.

Sie dachte an ihren Vater, betete ein *Amadeus Ewig* und hoffte inständig, dass sie dieses Mal verschont bleiben würde. Sie wollte zumindest lang genug leben, um ihren Vater heimzubringen.

Unter Adeenas Fenster kauerte Nascha auf der Veranda des Gasthauses, spähte zwischen den Brettern der Balustrade hindurch und beobachtete das Geschehen. Sie hatte beide Arme um die Kugel geschlossen, die sie mit Keyll Naomhs Hilfe geschaffen hatte, und schirmte ihr Licht so vor den Elben ab. Obwohl sie nicht sicher war, was Severyn mit der Kugel vorhatte, vertraute sie darauf, dass er wusste, was er tat. Severyn war vielleicht nicht der freundlichste und höflichste Mensch, doch er war nicht dumm. Das wusste Nascha – deswegen wusste sie auch, dass sie ihm vertrauen konnte.

Oben auf dem Wehrgang erkannte sie die Silhouette des Auserwählten. Sie betete zu Keyll Naomh, dass er sie alle beschützen mochte.

Als Severyns Blick an Esmond hängen blieb, nickte dieser ihm ermutigend zu, eine Hand kampfbereit auf dem Schwertknauf liegend. Trotz der Situation war seine Stimme ruhig: »Ihr schafft das, Hoheit.«

»Sicher. Schließlich bin ich …«

»Der Auserwählte.« Sie beendeten den Satz unisono und Severyn runzelte kurz die Stirn, als Esmond lachte. Der junge Prinz bog den Rücken durch und wandte sich nach vorn, bereit, sich den Elben aufs Neue zu stellen.

»Kathro!«, rief er mit volltönender Stimme. »Tritt mir unter die Augen! Du wirst diesen Menschen keinen Schaden mehr zufügen! Wir sind dir in Zahl und Klugheit überlegen! Nun tritt aus den Schatten, oder willst du dich verstecken wie ein *lenab*, wie ein *cachadur*?«

Die Dunkelheit waberte. Aus ihren Armen glitten die Elben, ihnen voran Kathro. Wie bereits früher in dieser Nacht bewegte der Elbenfürst sich mit überirdischer Eleganz. Seine Flügel, die im Mondlicht silbern leuchteten, schleiften nicht länger über den Boden, sondern surrten bei jedem Schritt. Um ihn reihten sich ein Dutzend Keitha auf, hinter ihm befand sich eine weitere Gruppe, die einen dicken, geschliffenen Baumstumpf trug – einen Rammbock.

»Du wagst es, meinen Hort in Brand zu setzen«, knurrte Kathro voller Verachtung, »dich über mich zu stellen, anstatt vor mir im Staub zu kriechen? Und nun wagst du es, mich einen *Feigling* zu nennen?«

»Ich weiß, was du *nicht* bist, Kathro«, sagte Severyn böse. »Du bist kein Mann, der sein Wort hält! Alles, was du von mir verlangt hast, war, die Keitha aufzuhalten. Eben das habe ich getan!«

»Du bist ein törichtes Kind, Severyn Pádraig!«, sirrte der Elbenfürst und seine mächtigen Flügel zuckten.

Am liebsten hätte Severyn die Hand auf sein Schwert gelegt, um sich seiner beruhigenden Schwere gewahr zu werden. Denn in seinem Inneren war er verflucht aufgeregt. So war es eine beinahe erniedrigende Beruhigung, dass Esmond, aber auch Edeline und die anderen ihm vertrauten Barden in der Nähe waren. Damit er zumindest jemanden hatte, der ihm nicht vollkommen fremd war.

Severyn erhob das Wort. »Töricht ist hier nur einer. Töricht ist zu glauben, wir würden euch lebend wieder gehen lassen, wenn ihr gewaltsam in Maenblod einzudringen versucht! Aber so muss es nicht ausgehen, Kathro! Niemand muss heute mehr sterben, wenn du mich anhörst.«

»Du hast Elben verbrannt und Eschen lodern lassen!«, knurrte Kathro voller Verachtung. »Und nun willst du von Frieden erzählen?«

»Aber es war schön, nicht wahr?« Severyn wandte sich an den Fürsten, auf seine Untertanen, die anderen Elben. Sie alle musterten ihn voller Misstrauen und Verachtung. Mit Unbehagen stellte Severyn fest, dass selbst der Elb unter ihnen war, dem Esmond die Hand abgeschlagen hatte. Der Stumpf war zwar bandagiert, doch selbst eine solch schwerwiegende Wunde schien bei diesen Wesen so rasch zu heilen, dass der Elb wieder kampfbereit war, nur mit einer Hand weniger. Gegen diese ureigene Macht waren die mickrigen regenerativen Fähigkeiten, die Severyn und die anderen Eshwen besaßen, ebenso lächerlich wie die narbigen Flügelrückstände an ihren Schulterblättern.

Aber davon ließ er sich nicht einschüchtern.

»Ihr habt das Licht bewundert«, sagte Severyn zu den Eschenelben. »Ihr habt es geliebt, nicht wahr? Wie es geleuchtet hat, wie schön es euch gewärmt hat? Habt ihr dem Knistern der Flammen gern gelauscht? Hat es euch gefallen, wie sehr das Licht dem Mond ähnelt?« Er blickte Kathro fest in die Augen. »Ihr habt es so sehr geliebt, dass es euch verbrannt hat. Aber was wäre, Kathro, wenn ich euch Lichter geben könnte, die euch nicht verbrennen?«

»Achtung! Anlegen! Feuer!« Kommandant Merryks Stimme zerriss die Luft. Ein Gardist klatschte über die Brüstung des Wehrgangs und blieb schlaff und blutend dort hängen. Einem zweiten wurde gerade die Kehle aufgerissen, was seinen Schmerzensschrei in einem Gurgeln ersticken ließ. Severyn unterdrückte einen Fluch – die Elben waren wie aus dem Nichts weiter hinten auf dem Wehrgang aufgetaucht und stürzten sich mit sirrenden Flügelschlägen auf die ahnungslosen Soldaten. Im Deckmantel der Dunkelheit hatten sie die Mauer überquert und fielen über die Eshwen her.

»Warum hat er mir nicht zu Ende zugehört?«, fragte Severyn am ehesten sich selbst, während die übrigen Soldaten die Klingen hervorrissen. Sie eilten ihren Kameraden zu Hilfe, um die Eschenelben auszuschalten, die sich mit Eleganz aus der Dunkelheit schälten und auf sie losstürzten. Die in Öl getauchten Pfeile flammten auf und fanden den Weg in die Wälder, erhellten das Dunkel, um gleich darauf gezielt auf die Elben niederzuregnen. Doch obwohl das Feuer sie aus dem Konzept zu bringen schien, fiel es den Soldaten schwer, die geflügelten, wendigen Feinde zu treffen. Sie kämpften ohne Waffen, bloß mit ihren spitzen, widerhakenartigen Händen und scharfen Zähnen. Als Rüstung diente ihnen die bloße Haut.

Unterhalb des Wehrgangs wurde die Mauer erschüttert und brachte Severyn zum Zusammenfahren. Rasch eilte er an den Rand und spähte über das Mauerwerk. Die Keitha mit dem Rammbock hatte das Stadttor in Angriff genommen.

»Haltet das Tor!«, brüllte Merryk, während Severyn die Treppen zum Zentrum des Dorfs hinabeilte.

Dorfbewohner hatten ihre behelfsmäßigen Waffen gezogen und Fackeln entzündet, deren Knistern sich mit dem Sirren der Elbenflügel und dem Knacken der Chitinpanzer mischte. Mit entschlossenem Kriegsgebrüll stürmten die Menschen auf die Elben los, droschen mit Äxten auf sie ein oder stachen mit Mistgabeln. Auch Severyn musste sein Schwert aus der Scheide ziehen und dem ersten Elben entgegentreten, der sich auf ihn stürzen wollte. Er rief den Keithabefehl und brachte Esmond dazu, ihm zu Hilfe zu kommen. Die Elben kämpften flink, behände und gnadenlos und selbst der Keitha hatte Schwierigkeiten, den Hieben zu entgehen und Severyn zu beschützen. Hieb um Stich mussten sie parieren, ausweichen, jeder Lidschlag ein Wirbeln mit der Klinge.

Die Dorfbewohner und Soldaten allerdings kannten ebenso wenig Gnade. In jeder Bewegung, jedem Stoß dieser Menschen stand eine grimmige Entschlossenheit, ein ungestillter Rachedurst, der lang gelodert hatte. Selbst Dyfed Kadwallader schwang wütend seinen Stock und schlug damit auf einen Feind ein. Ihr Mut war bemerkenswert – doch die Elben ließen sie nicht vergessen, wie verletzlich und klein sie im Vergleich zu ihnen waren. Nicht nur hatten sie ihre Keitha dabei, die unaufhörlich auf das Tor einrammten, die Eschenelben selbst waren ein beständiges, uraltes Volk, das Äonen überdauert hatte. Selbst wenn einige von ihnen der verbissenen Wut der Menschen zum Opfer fielen, waren sie die gewandteren Kämpfer, die kräftigeren Krieger, die dominante …

Nein, das waren sie nicht. Severyn weigerte sich, das zu glauben.

Mit Entschlossenheit wandte er sich um und winkte Esmond. »*Wyn cledd*. Wir müssen dem ein Ende bereiten.«

Sobald der erste Elb den Weg ins Dorf fand, zog Nascha sich weiter hinter die Veranda zurück und verbarg sich hinter einem Regenfass. Beim ledernen Summen der Flügel und dem Schmatzen von Fleisch wandte sie das Gesicht ab, wollte nicht hinsehen. Am liebsten hätte sie die Hände auch über die Ohren gelegt, doch sie musste das Gefäß mit dem Licht beschützen, dass sie in ihren Mantel eingewickelt und mit beiden Armen gestützt hielt. Ruhe, nur Ruhe bewahren. Alles würde vorbeigehen, Severyn würde das gelingen. Nascha lehnte die Schläfe gegen die Scheunenwand, wünschte sich die Unbeschwertheit der Bardentage zurück und hoffte, dass Caleb, Olyvar und Edeline wohlauf waren.

Adeenas Hinterkopf schlug gegen die Zimmerwand, als sie sich vom Fenster abwandte und nach Luft schnappte. Sie konnte nicht ruhig sein, sie fand diese Kraft nicht – sie konnte nicht atmen. Ihr Herz hämmerte im selben unregelmäßigen Takt, in dem die Geräusche von draußen an ihre Ohren drangen, die Klingenstreiche, das insektenhafte Brüllen, die Schreie. Beinahe glaubte sie, die Elben bereits auf der Treppe zu hören, schon an der Tür, durch die sie in ihr Zimmer eindringen würden. Dieses Mal würde sie ihnen nicht entkommen wie den Mottenmonstern – sie war auf sich allein gestellt. »Papa«, brachte Adeena über die Lippen. Sie wollte nichts mehr, als dass ihr Vater sie in die Arme nahm und ihr versprach, dass alles gut würde. War das zu viel verlangt?

Mit qualvollem, vergehendem Fauchen ging der Elb zu Boden, blieb reglos liegen, während sich Insektenblut um seinen Körper verteilte. Edeline hatte die Klinge so präzise und schnell geführt, so gnadenlos zugeschlagen, dass ihm die Schädeldecke vom Scheitel bis zu den Lippen aufgetrennt worden war. In ihren Adern pulsierte das Silber, die *flann gwiddon* tief in ihr lachte und auch Edeline entwich ein verzücktes, rachelüsternes Geräusch, als sie auf den Elben hinabstarrte. Zugleich hätte sie das Schwert am liebsten fallen gelassen und wäre auf die Knie gesackt. Nie hatte sich etwas so richtig und so falsch zugleich angefühlt.

Während die Elben auf Soldaten und Dorfbewohner eindrangen, Körper reglos zu Boden fielen und wie im Tanz umeinander wirbelten, liefen Caleb und Rhia zu den Ölfässern. Lodernd erwachten die Fackeln zum Leben, die Rhia mit vertrauten Handgriffen entzündete. Das Fauchen von Elben drang an sein Ohr, als Caleb die Fackel fing, die sie ihm zuwarf. »Zur Scheune!«, befahl Rhia und die beiden eilten auf das Gebäude zu. »Ich zeige dir einen richtigen Funkenflug.« Die Schornsteinfegerin hob die Fackel mit entschlossenem Gesichtsausdruck. Das Feuer knisterte verzückt, begierig darauf, das Gebäude in Besitz zu nehmen und sich an dem Holz zu laben. Caleb war bereit, ein Leuchtfeuer zu entzünden, das man bis nach Dinas Rhedyn würde erspähen können.

»Halt!« Severyn sprang behände auf die Kisten neben der Scheune, ehe die Dorfbewohner das Gebäude in Brand setzen konnten. Seine Stimme durchbrach die Luft, wie die seines Vaters es getan hätte, als er eine der Fackeln an sich riss und sie in die Höhe streckte, um sich die Aufmerksamkeit der Elben zu verschaffen. »HALT!«, rief er voller Zorn.

Die Elben hielten tatsächlich inne. Flammen spiegelten sich in ihren mandelförmigen, gänzlich schwarzen Augen. Eines der Wesen sirrte und Severyn konnte nicht sagen, ob diesem Laut Abscheu oder Faszination anhing. Ihnen zuvorderst stand Kathro, die Klauen eines Paares seiner Hände noch in die Brust eines Soldaten geschlagen, der schlaff hinabhing. »Holt ihn euch! *Dod â twyllo!*«, knurrte er und ließ den Soldaten zu Boden fallen, um seine Worte in die Tat umzusetzen.

Severyn hielt die Fackel in die Höhe und brachte sie näher an das mit Öl übergossene Holz, während sich Esmond schützend vor ihn stellte und auch die anderen Anwesenden ihre Fackeln drohend erhoben. »Kommt ruhig näher!«, knurrte Severyn. »Versucht es nur! Diese Scheune wird brennen, noch ehe mein Körper auf dem Boden aufgeschlagen ist! Das Inferno, das diese Flammen erwecken, wird euch so unnachgiebig in seinen Bann ziehen, dass ihr weder ein noch aus wisst! Ehe der Morgen herangebrochen sein wird, ist ein Großteil von euch verbrannt! Sicher, mit euren Keitha werdet ihr unzählige Menschen abgeschlachtet haben! Doch eure Toten werden diesen Boden ebenso mit Blut beflecken wie die unseren! Unser Atem wird erlöschen, eure Körper werden in Flammen aufgehen und der Auserwählte Keyll Naomhs wird einen unnützen, dummen Tod gestorben sein! Aber nur zu, kommt näher! Bereitet allem ein Ende – mir, uns, euch! Wagt es!« Er fixierte Kathro, der wütend die Zähne gefletscht hatte. »Ich hatte dich für klüger gehalten. Ich hatte angenommen, ein so altes und weises Volk würde zuerst lauschen und dann handeln.«

Durch die Flügel des Elbenfürsten fuhr ein Zittern, er reckte das Kinn. »Sag endlich, was du willst, *lenab!*«

Severyn sprang von den Kisten, reichte Esmond die Fackel. »Ihr liebt das Licht«, sagte er, während er immer näher auf Kathro zuschritt. Mit einer kraftvollen Bewegung stieß er das Schwert in die Erde, ließ es stecken und trat dem anderen Herrscher ohne Waffe entgegen. Zum ersten Mal wurde er sich bewusst, wie groß der Elbenfürst tatsächlich war. Obwohl Severyn selbst die meisten Menschen überragte, musste er den Kopf in den Nacken legen, um das fremde Wesen ansehen zu können.

Größer, älter, erhabener. Aber nicht weiser. Nicht weiser.

»Ihr liebt das Licht«, sagte Severyn erneut und nun war er ganz nah an Kathro, »labt euch an seinem Strahlen, badet in seiner Sonne – ihr wünscht euch, es berühren zu können, ohne Angst zu empfinden. Doch Fackeln verbrennen euch. Deswegen füllt ihr eure Laternen mit Glühwürmern. Deswegen fürchtet ihr euch vor der kleinsten Kerze.«

Er winkte und einer der Soldaten trug eine der vorbereiteten Petroleumlampen heran. Misstrauisch wich Kathro nach hinten, als Severyn ein Schwefelholz hervorzog und eine kleine Flamme erwachte. Unter dem wachsamen Blick des Elbenfürsten entzündete Severyn die Petroleumlampe, ehe er sie dem Gardisten aus der Hand nahm.

»Das Feuer mag euch verbrennen, aber ich habe eine Neuigkeit für euch«, eröffnete er den Elben. »Die dumme, rückschrittige, minderbemittelte Menschheit hat die Petroleumlampe erfunden! Und wenn ihr klug genug seid, das Glas nicht zu lang anzufassen, werdet ihr euch an ihrem Licht nicht verbrennen.« Er funkelte Kathro an. »Bürgermeister Dyfed Kadwallader von Maenblod erklärt sich bereit, euch monatlich zwei Fässer Öl zukommen zu lassen, damit ihr eure Lampen entzünden könnt. Dafür verlangt er eine winzige, nahezu unwichtige Sache: Hört auf, seine Bürger zu quälen.«

Während Severyn gesprochen hatte, war Kathro nähergetreten. In seinen Augen spiegelte sich die kleine, züngelnde Flamme, die die Dunkelheit so viel effektiver erhellte, als Kerzen oder gar die Glühwürmchen der Elben es konnten. Langsam, als handle es sich um eine Illusion, berührte er den Glaszylinder der Lampe, der glücklicherweise noch nicht heiß genug war, um ihn zu verbrennen.

»Wir haben nie begriffen, wie ihr Licht haben könnt, ohne der Hitze zu erliegen.«

Severyns Brauen zuckten. »Hättet ihr mal gefragt.«

Blitzschnell entriss der Elb ihm die Lampe. Das Öl schaukelte und schwappte in den Zylinder hoch, doch die Flamme blieb glücklicherweise beständig. »Was soll mich davon abhalten, mir das Öl einfach zu nehmen? Ich muss keinen Handel mit dir eingehen«, summte Kathro.

»Die Ölbestände werden nicht ewig halten«, erwiderte Severyn. »Was wirst du tun, wenn sie ausgehen? Willst du sie als Nächstes aus Dinas Rhedyn rauben? Das werde ich zu verhindern wissen.«

Kathro zischte voller Verachtung, verstummte jedoch, als ihn abermals die Faszination über die Lampe ergriff. Beinahe wollte Severyn den Ausdruck auf seinem Gesicht als verklärt bezeichnen.

»Denk darüber nach, Kathro.« Severyn wies auf die Fackelträger. »Unser aller Tod oder unser aller Glück. Entscheide dich.«

Der Elbenfürst hob den Kopf wieder und starrte so finster, als wollte er ihn allein dadurch bluten lassen. Severyns Herzschlag beschleunigte sich, als ihm klarwurde, dass der Elb gerade überlegte, ob er zustimmen oder ihm mit der Petroleumlampe den Schädel einschlagen sollte. Nah genug war er jedenfalls. Und es gab keinen Keitha, keine rasch geschwungene Klinge oder die Hilfe der Wälder, die ihn dann retten würden.

Auf dem Dorfplatz war es totenstill. Ein jeder, der noch atmete, wandte seine ganze Aufmerksamkeit auf den Elbenfürsten und den Auserwählten in ihrer Mitte.

»Einverstanden«, sirrte Kathro schließlich. »Frieden gegen die Lichter.«

»Danke.« Severyn reckte das Kinn. »Ruf deine Krieger zurück und ich werde dasselbe mit den meinen tun.«

»*Encilio*«, befahl Kathro, woraufhin die Elben und Keitha ihre kampfbereite Haltung lösten. Severyn hob die Hand und brachte die Dorfbewohner dazu, die Waffen zu senken. Vorsichtig wichen sie vor den Elben zurück, in der Sorge, dass sie sich doch umentscheiden könnten.

»Merryk.« Rasch winkte Severyn den Kommandanten heran. »Bring die Fässer und gib sie den Elben mit ein paar Lampen. Stell dich damit an den Ausgang. Sie werden nur welche bekommen, wenn sie damit in ihren von allem verlassenen Hort zurückkehren.«

»Zu Befehl.« Merryk salutierte und rief einen Befehl, durch den sich die Soldaten in Bewegung setzten.

Derweil wandte sich Severyn wieder an Kathro. »Dann sag mir jetzt noch eine Sache. Tragt ihr wirklich keine Schuld an der Verwandlung meiner Untertanen und meines Vaters?«

Kathro zischte zur Antwort. »Warum sollte ich darüber lügen?«,

»Ich frage mich nur, wie du es beweisen willst«, beharrte Severyn. »Ich weiß nicht, wer es sonst gewesen soll. Mir fällt niemand ein, der sich so gut mit Motten auskennt.«

Ungeduldig sirrte Kathro. »Hast du je darüber nachgedacht, dass dich jemand genau das glauben lassen könnte, *lenab?*«

Selbstredend hatte Severyn das. Aber noch war nicht sicher, ob er Kathro glauben wollte oder nicht. Nichts an seiner Erscheinung weckte sein Vertrauen, doch die Worte des Elben stießen etwas in seinem Inneren an, was er sich die ganze Zeit über gefragt hatte. Warum hatten sie nicht eher begonnen, Eshwen in Monster zu verwandeln? Und warum auch Kinder? Warum so willkürlich?

»Ich kann niemandem einen Vertrauensvorschuss geben, der aus dem Hinterhalt über meine Männer herfällt«, sagte Severyn dennoch.

»Glaub mir oder nicht«, schnappte Kathro. »Wie soll ich es dir beweisen?«

»Du verstehst die Motten besser, als jeder Eshwen es könnte. Wenn du nichts mit den Verwandlungen zu tun hast und keine bösen Absichten hegst, dann hilf mir, sie zurückzuverwandeln. Eines dieser Wesen konnten die Bewohner Maenblods gefangen nehmen und hier wegsperren. Womöglich kannst du ihm helfen.«

Ein sirrendes Lachen verließ Kathros Lippen. »Selbst wenn ich das könnte, warum sollte ich es wollen?«

Ohne lang zu zögern, wandte sich Severyn um. »Nascha!«

Nascha hielt den Kopf gesenkt, als sie auf Severyn und Kathro zutrat. Die Bürger wichen ehrerbietig vor ihr zurück. Als sie bei ihnen stehenblieb und Severyn ihr ermutigend zunickte, zog sie das mit Licht gefüllte Gefäß unter ihrem Amethystmantel hervor.

Kathros Augen wurden groß. Wie in Trance reichte er die Petroleumlampe nach hinten, das goldene Licht fixierend, das von der kristallinen Oberfläche hundertfach gebrochen wurde.

Mit klarer Stimme erhob Severyn das Wort. »Dies ist das Licht der Wälder. Geschöpft aus dem Herzen Keyll Naomhs, geschürt von der liebevollen Berührung dieser Priesterin und geschliffen von menschlichen Händen. Dieses Licht möchte ich euch mit Freuden überlassen, Kathro. Petroleum ist das eine und genügt einem gewöhnlichen Elben sicher, um ihn zufriedenzustellen – doch nur dieses Licht wird einem Herrscher wie dir oder mir gerecht.« Als Kathro auf Nascha zuschnellen und ihr das Gefäß aus den Händen reißen wollte, trat Severyn ihm in den Weg. »Stopp, dieses Licht wird erlöschen, wenn du es unrechtmäßig an dich nimmst. Und wir werden es dir bloß überlassen, wenn du uns mit den Motten hilfst.«

Kathro fauchte wütend.

»Oder hast du doch etwas damit zu tun, was meinem Vater und allen anderen zugestoßen ist?«

»Du bist einfältig und respektlos, *lenab*.« Doch Severyn wusste, dass der Elb ihm nichts mehr entgegenzusetzen hatte. Die Macht des Lichts war zu groß, Kathro konnte sich ihr nicht widersetzen. »Bring mir endlich dieses Monster, damit ich es mir ansehen kann.«

Innerhalb weniger Momente hatten die Soldaten das eingefangene Mottenmonster Maenblods hergebracht. Severyn vertrieb die Gänsehaut, die sich beim Anblick des in Eisenketten gelegten, zuckenden Wesens auf seiner Haut ausbreitete. Das Monster war kleiner als die anderen, die er im Ballsaal gesehen hatte, hatte aber dieselben Muster auf dem Panzer. Immer wieder versuchte es, mit den Flügeln zu schlagen oder die eng am Körper zusammengefalteten Beine zu bewegen, doch es gelang ihm nicht, sich den Fesseln zu entziehen. An dem Chitinpanzer, der weißen Mähne und dem länglichen Hinterteil hingen noch die Fetzen eines schmutzigen, einst hübschen Festkleides.

Als das Mottenmonster zu sirren begann und die Kauwerkzeuge begierig klackerten, wandte Severyn das Gesicht ab. Die Geräusche, die die Kreatur ausstieß, sandten ihm einen Schauer über den Rücken. Auch die Elben waren zum Teil Falter, doch sie erschienen in all dem so viel menschlicher. Die Art, auf die sie sich bewegten, zeugte von Anmut und Weisheit, ihre Körper muteten trotz der Flügel und der sechs Gliedmaßen weniger animalisch an. Diese Mottenmonster waren auch nicht gänzlich insektenhaft, aber bei ihnen vermisste man das Menschliche mehr als bei den Eschenelben. Dieses Wesen vor ihm bestand bloß aus Instinkt.

Kathro murmelte etwas in der alten Sprache. Viele seiner Untertanen hatten sich zurückgezogen, doch eine Reihe Keitha hatte einen schützenden Halbkreis um ihn gebildet und auch einige Eschenelben befanden sich noch hier. Nun packten zwei Krieger den Mottenkörper, während sich ein Elb näherte und die Kreatur einer eingehenderen Untersuchung unterzog. Von den Worten, mit denen er Kathro mit fliegender Zunge Bericht erstattete, verstand Severyn kaum etwas.

»Was sagtest du, wie sie verwandelt wurden?«, fragte Kathro Severyn. »Durch Motten?«

»Sie waren sehr klein, schwarzbraun gemustert«, erklärte der Auserwählte. »Sie krochen ihnen durch die Ohren, den Mund – daraufhin sind sie so geworden.«

»Es ist hier ebenso geschehen wie im Palast«, ergänzte Nascha. Sie hatte beide Hände um das Glasgefäß geschlossen wie um ihren größten Schatz. Mittlerweile waren auch Edeline und Caleb zu ihr getreten und flankierten sie, bereit, sie zu beschützen, wenn ein Elb ihr zu nahekommen sollte. »Die Eshwen verlieren ihren Verstand – werden zum Töten angeleitet. Das ist nicht, wie sie gewöhnlich handeln würden.«

Kathro quittierte das mit einem schwer zu definierenden Geräusch. Seine Hand fuhr so schnell in die Höhe, dass Severyn der Bewegung kaum folgen konnte, und fischte etwas aus der Luft. Als er auf das Mottenmonster und den anderen Elben zutrat und die Faust öffnete, die er mit der anderen Hand umschloss, saß ein kleiner Falter darin. Auf einen gesäuselten Befehl hin erhob er sich und flatterte auf das Wesen zu, das sich in den Fesseln am Boden regte. Severyn schnitt eine Grimasse, als der Falter seitlich am Kopf landete und knisternd im Ohr der Mottenkreatur verschwand.

Angespannt warteten sie ab. Einige ewig scheinende Sekunden verstrichen, ehe der kleine Falter wieder zum Vorschein kam. Hinter sich zerrte er eine weitere Motte her, die sich mit flatternden Flügeln gegen ihren Artgenossen wehrte. Flügel und Körper waren mit einer klaren Flüssigkeit bedeckt und machten ihnen das Fliegen unmöglich. Beide landeten auf dem Boden, wo sie hektisch miteinander zu ringen begannen.

Derweil ging ein Ruck durch das Monster in den Ketten. Unter kläglichem Ächzen und Knarren begann es, sich zu verändern. Immer wieder schüttelte es den Kopf, wie um sich eines Geräusches zu erwehren. Knarren drang aus dem Insektenmund, die Fühler und Gliedmaßen bogen sich schmerzerfüllt. Severyn hielt den Atem an. Mit grotesker Faszination verfolgte er, wie sich das Wesen zusammenkrümmte, lauschte, als die Klicklaute einem anderen, menschlicheren Geräusch wichen – einem Stöhnen. Die behaarten Beinchen veränderten Farbe und Struktur, Haar spross aus dem glatten Kopf, der langsam wieder menschlichere Konturen annahm. Die Ketten erschlafften um die Gestalt, die nun zusammengekauert vor ihnen auf dem Boden lag. Langes Haar fiel der Person über die zarte, sommersprossige Haut. Auf dem Rücken war die etwas dunklere, narbenartige Struktur der verkümmerten Eshwenflügel zu sehen, die jeder Angehörige ihres Volks trug.

Es handelte sich um ein vielleicht sechzehnjähriges Mädchen. Unbekleidet, eingerollt, weinend.

»Gwenna!« Zwei Personen hasteten vor, eine Frau und ein Mann. Unter Schluchzen sanken sie vor der einstigen Motte zu Boden und ergriffen sie, als wäre sie ein Traum und könnte sich sonst in Luft auflösen. Tränen rannen ihre Wangen hinab, als sie das schwache Mädchen in die Arme nahmen, sie von den Ketten befreiten. Der Vater legte ihr seinen Mantel um die Schultern, um sie zu schützen.

»Stellt dich das zufrieden?«, fragte Kathro.

»Tu das mir allen meinen Untertanen und ich werde zufrieden sein«, verlangte Severyn.

Der Elbenfürst knurrte böse. »Du solltest achtgeben, dass du den Mund nicht zu voll nimmst, *lenab*.« Im nächsten Moment hatte er Severyn mit beiden Armpaaren gepackt und seine Schultern ebenso wie sein Gesicht in die Hände genommen. Severyn wusste nicht, wie ihm geschah. Kathros Griff war so fest, dass er glaubte, der Elb wollte ihm den Schädel zerdrücken. War er zu weit gegangen?

Doch dann drückte Kathro die Stirn gegen seine, säuselte undeutliche Worte in der alten Sprache, ehe er den lippenlosen Mund auf den des überrumpelten Auserwählten legte. Severyns Keuchen wurde erstickt, als sich etwas in seinem Inneren regte. Ein Brennen in seiner Kehle, ein Krabbeln wie von kleinen Wesen, das *Gefühl* von Säuseln, als säßen Blätter in seiner Luftröhre. Severyn hätte sich gern gewehrt, doch der Griff des Elbenfürsten war so fest, dass er keine Chance hatte, sich daraus zu befreien. Auf verquere Weise erschien ihm die fremde Macht, die sich in ihm einnistete, wie die der Wälder – doch sie war weniger licht, älter und ungezähmt.

Kathro gab ihn frei und Severyn taumelte zurück. Keuchend kniff er die Augen zusammen, verdrängte die Übelkeit und das Engegefühl in seinem Rachen. Schatten flackerten an den Rändern seines Sichtfelds, während sein Körper die fremde Macht zu kompensieren suchte. Severyn rang um Contenance, aber in erster Linie überhaupt um sein Bewusstsein. Als er wieder zur Ruhe gekommen war, stützte Esmond ihn und auch Nascha war mit besorgtem Gesichtsausdruck näher geeilt.

»Was … bei den Wäldern – sollte das?«, stieß Severyn angewidert hervor.

»Die Macht über die Motten«, knurrte der Elbenfürst. »Nun tu damit, was du willst. Befrei so viele dieser Monster, wie es dir gefällt, *lenab*. Keyll Naomh wird dich aus einem Grund erwählt haben, also nimm dieses Geschenk, wenn es dir hilft, an unsere Unschuld zu glauben. Es gibt wahrlich Schlimmere als dich.«

Severyn war nicht sicher, was er davon halten sollte. Einen Augenblick verharrte er noch von Esmond gestützt, da er seinen Beinen nicht traute, ihn zu tragen. Er berührte seine raue Kehle. Das Schlucken schmerzte, als wäre tatsächlich etwas Großes seinen Rachen hinabgekrabbelt.

Kathro hatte die Motte ergriffen, die er aus dem Inneren des Opfers befreit hatte. »Dieses Ding ist nicht natürlich«, stellte er fest. »Ihm geht die ureigene Macht Keyll Naomhs ab. Ich habe so eine Motte noch nie gesehen, sie hat vorher nicht existiert. Selbst wenn ich wollte, ich könnte diesem Wesen nichts einflüstern – es ist so abnormal, dass das selbst mir verwehrt bleibt.« Er reichte Severyn den leblosen Falter. Als er auffordernd sirrte, gab der Auserwählte Nascha einen Wink, die Kathro das Lichtgefäß überreichte.

Die Motte lag reglos da, offenbar von ihrer Artgenossin getötet, als sie miteinander gerungen hatten. Bis auf einen Anflug von Ekel verspürte Severyn nichts – weder etwas, das ihm Kathros Aussage über die Unnatürlichkeit des Falters bestätigen noch sie widerlegen konnte. Oder? Doch! Tief in ihm schien sich etwas zu regen. Um sich herum spürte Severyn die flackernde Präsenz der Motten, die vom Lampenschein angezogen durch das Dorf schwirrten, erkannte sie wie kleine leuchtende Punkte im Dunkel. Doch während durch ihre Glieder die alte, wilde Macht Keyll Naomhs floss, war dieses Wesen in seinen Händen nichts als ein schattenhafter, obskurer Abklatsch jener Kraft. Was auch immer dies war, es hatte nicht denselben Ursprung wie die anderen Wesen hier.

Auch Nascha war an seine Seite getreten und hatte eine Hand in die seine gelegt, um die Motte sanft zu berühren. Ihren Körper durchfuhr ein Schaudern. »Er hat recht. Was diese Motten geschaffen hat, ist weit entfernt von den Elben. Sie würden ihnen nicht befehlen können, Hoheit.«

Severyn holte tief Luft. Wenn ihn nicht alles täuschte, stand er kurz vor der Lösung des Rätsels. »Diese Sache ist womöglich größer, als ich angenommen habe. Wenn sich dies hier nicht nur gegen die Eshwen, sondern auch gegen den Wald richtet … so fällt mir nur einer ein, der Keyll Naomh als seinen natürlichen Feind betrachtet.«

»Teannan?«, fragte Esmond.

»Der abtrünnige Prophet«, murmelte Nascha.

»Er soll ja wieder gesichtet worden sein«, meinte Edeline mit leiser Stimme. »Er soll Anhänger um sich scharen, die in seinem Sinne handeln.«

Caleb zupfte verunsichert an seinem Droviband. »Meint ihr, es war Zar Andrej, der die Motten gesandt hat? Er soll doch mit Teannan sprechen.«

»Unwahrscheinlich. Er muss übermächtig sein, wenn er Motten über solch große Entfernung befehligen kann«, sirrte Kathro. »Es gibt keinen Menschen mit solcher Kraft.«

»Also muss es jemand sein, der Teannan anhängt und in der Nähe ist?«, fragte Caleb.

»Sicher befindet sich diese Person im Schloss«, überlegte Edeline. »Jemand, der Severyn zu beeinflussen und auf eine falsche Fährte zu locken weiß. Weit fort, damit der Auserwählte nicht hinter das Geheimnis der Person kommt.«

»Jemand, dem die Wälder missfallen. Jemand, der davon profitieren würde, wenn den Eshwen Schaden zugefügt wird«, setzte Nascha hinzu.

Severyn hatte genug gehört. Als würde ein Knoten in seinem Inneren platzen, begriff er seinen Fehler. Wer hatte sein Augenmerk auf die Eschenelben gerichtet? Wer hatte sich zuletzt auffällig oft mit seinem Vater zusammengesetzt, womöglich um ein Stück seiner Macht abzubekommen? Wer hatte den Barden eine vorschnelle Entlohnung versprochen, damit sie ihn begleiteten? Und wer war von den Wäldern scheinbar grundlos bestraft worden, durch Feuer und die Zerstörung des Wüstenkönigreichs?

Die Erkenntnis traf ihn wie ein Schlag. Er keuchte, er wankte. »Ich muss auf der Stelle zurück zum Palast!«

»Hoheit, Ihr wart die ganze Nacht wach. Habt gekämpft und Mut bewiesen. Ihr könnt Euch kaum auf den Beinen halten«, wagte Nascha zu sagen. »Ihr benötigt eine Pause.«

»Das ist mir vollkommen gleich. Sie ist ganz allein mit ihm!« Severyn packte Esmond und stieß ihn auf die Stallungen zu. »Esmond, hol die Pferde, sofort! Ihr, kommt mit! Oder wisst ihr was – bleibt hier! Befreit die Bewohner Maenblods von diesem Fluch, mit den Elben. Edeline.«

Edeline hatte zwar einen verwirrten Gesichtsausdruck aufgesetzt, nickte aber, um zu zeigen, dass er sich auf sie verlassen konnte.

»Werden wir zumindest informiert, was bei den Propheten dir gerade aufgegangen ist?«, fragte Caleb.

Severyn hatte sich bereits umgewandt, um hinter Esmond zu den Stallungen zu laufen. Jedes Stehenbleiben war eines zu viel. Die Zeit rannte, sie rannte schon seit seinem Aufbruch und er hatte es erst jetzt begriffen.

»Ich kann das nicht erlauben«, sagte Severyn. »Ich kann nicht zulassen, dass Azahr Breya etwas zuleide tut.«

Goldene Nüsslein

»Ich werde euch eine Geschichte erzählen.«

Mattys' Geschichten klangen wie warmer Regen in den Sommermonaten. In seiner Stimme wohnte die geheimnisumwitterte Schwere lang überlieferter Sagen und säuselnder Weiden, der Atem ferner Gebirge und uralter, nie gesehener Gestalten. Sie erzählte vom Winter. Sie erzählte von Wärme. Sie erzählte vom Norden. Es war derselbe Zauber, den die Stimmen der alten Weisen im kalten Skoggen in sich trugen, die von Respekt und Tradition erzählten. Der Zauber liebevoller Eltern, die im Kaminschein bei den Kindern knieten und ihnen alte Legenden in die Herzen legten.

Wenn Mattys auf der Bühne war, nahm seine Stimme einen anderen Klang an. Dann wob sie Geschichten aus Laub und Licht, spann seidene Fäden, die die Lauschenden in einen andächtigen Bann zu ziehen vermochten. Mattys mochte nicht so fantastisch singen können wie Rosie, doch die Art, auf die er erzählen konnte, hatte ihren eigenen, untrüglichen Reiz.

Mattys' Geschichtenstimme, oder besser das, was sie erzählte, war ein wichtiger Bestandteil ihres Vorhabens. Er hatte in der vergangenen Nacht nur wenig geschlafen, weil der Gedanke an den Auftritt und an ihren Plan ihn so unruhig gemacht hatte. Der Weg zum *Nüsslein* war ihm an diesem Abend schwergefallen – aber aus einem vollkommen anderen Grund als am Vortag. Gestern hatte er Astryds Reaktion gefürchtet und sich geärgert, dass er Rosie nicht gesund machen konnte. Heute dagegen versuchte er, einen Diebstahl zu verhindern.

Mattys spielte vor vollem Publikum. Die Auftritte an den Vortagen hatten ihren Zweck erfüllt und viele Besucher fanden sich im Schankraum des *Nüssleins* ein, um den Künstlern zu lauschen. Hätte er noch mit den Hellen Barden gespielt, wäre er begeistert gewesen und hätte den anderen eingeschärft, besonders mit ihrem Können zu glänzen. Aber heute war Mattys allein – einzig Mollie leistete ihm auf der Bühne Gesellschaft.

Zahlreiche Gäste lauschten den Liedern, die die Spielleute abwechselnd vortrugen, tranken Wein und ließen sich köstliche Eshwener Speisen bringen. Die Schankmädchen hatten eine Menge zu tun und auch Astryd Lugh, die hinter der Theke stand, füllte ein Glas nach dem anderen. Nun aber hielt sie inne, trat ein wenig abseits und lauschte Mattys genauer.

Ob sie ihm noch immer nicht glaubte? Am Vortag hatte sie nicht überzeugt gewirkt, als sie ihr davon erzählt hatten, was für ein Gespräch Rosie zu Ohren gekommen war. Mattys selbst hatte keine Sekunde bezweifelt, dass sie richtig gehört hatte – immerhin kannten sie Ezlynn und ihre Geschwister mittlerweile gut genug. Astryd dagegen hatte eine gute Meinung von Ban Glasán und war ziemlich enttäuscht davon gewesen, dass Rosie ausgefallen war. Heute schien sie noch immer skeptisch, wenn sie auch bereit war, ihre Rolle in Mattys' Plan zu spielen.

In der Durchgangstür zu den Hinterzimmern erschien eine Gestalt. Tristan Lugh, Astryds Sohn, welcher ebenfalls in den Plan eingeweiht war, nickte ihm zu.

Mattys' Finger schlugen eine feine, liebliche Melodie an, die im Klangkörper seines Instruments widerhallte. Es war an der Zeit, sich zu konzentrieren.

»Die Geschichte handelt von einem warmen Ort in bitterer Kälte, von Wundern und Wäldern. Es ist eine schöne Geschichte, finde ich … vor allem aber eine, von der ich mit Sicherheit sagen kann, dass sie wahr ist. Denn ich habe sie von einer wahrhaft aufrichtigen Frau erzählt bekommen. Und schon als ich sie zum ersten Mal hörte, war ich überzeugt, dass man aus ihr ein fantastisches Lied machen könnte. Das bedeutet – wenn Ihr erlaubt«, er richtete sich an Elain de Beur, die gemeinsam mit ihren beiden Leibwächtern abgegrenzt von den anderen Gästen an einem Tisch saß, »werde ich Euch auf eine Reise mitnehmen. Ich werde von Felyn Lugh erzählen, einem Mann, der all seine Habe verlor und in der Stunde der Not die Gunst der Wälder erfuhr.«

Mattys hatte die Melodie gefunden, die das Lied an die Wände des Weinkellers malte. Er sah Mollie an, die zu seinen Füßen saß und erwartungsvoll mit dem Schwanz wedelte. Mit der Schulter schob er den Gurt seiner Mandoline zurecht, ehe er die Worte aus den Tiefen seines Herzens schöpfte.

»Vor vielen, vielen Jahren lebte ein junger Mann in einer schönen Eshwener Stadt. Sie lag nah an den Wäldern und wurde immer öfter von Geschöpfen aufgesucht, die von der Schönheit dieses Ortes ebenso betört waren wie die Menschen. Ihr Name klang nach flüsterndem Farn und wenn die Sonne zwischen den Zinnen der Burg hindurchblinzelte, erzählte diese Stadt Geschichten. Von Wundern, von Hoffnung auf das Gute und einer hellstrahlenden Zukunft.« Mattys kreuzte die Knöchel unter dem Hocker, während seine Hände der Mandoline ihre Melodie entlockten. »In dieser Stadt lebte Felyn Lugh, ein talentierter Koch, der bescheidenes Glück und Zufriedenheit für sich und seine Familie erstrebte. Er war ein freundlicher und gutherziger Mann und bei denen, die ihn schätzten, für seine Meisterhaftigkeit in der Küche bekannt.

Bescheiden und höflich, herzlich und gut,
so war Felyn Lugh, das sagte man sich.
Stets schmückte ein Lächeln sein feines Gesicht,
das er auch bei Regen und Schnee stetig trug.«

Prinzessin Elain de Beur lehnte sich zu ihrer Leibgardistin hinüber, die gerade einen Schluck Apfelpunsch aus ihrem Glas trank. Obwohl dies eine nichtige Sorge war, fragte sich Mattys, ob ihr die Vorstellung gefiel – schließlich war so viel davon abhängig gewesen, ehe Rosies Stimme versagt hatte. Seine eigene Singstimme würde Elain sicher nicht vom Stuhl werfen, doch womöglich fand sie dennoch Gefallen daran.

»Es trug sich aber zu«, fuhr Mattys fort, während ihm alle Gäste lauschten, »dass Flammen das Haus dieses redlichen Mannes in Brand setzten. Das Feuer fiel hungrig über sein Hab und Gut her. Es fraß sich durch die Holzleisten, das Reetdach und die Scheune und vernichtete all seinen hart erarbeiteten Besitz. Die Küche, die Schlafräume, das Kinderzimmer, alles fiel den unersättlichen Flammen zum Opfer.

Da züngeln und beben, da fauchen und streben
Flammen unzähmbar und gnadenlos,
und ihm bleibt das Hemd am Leibe bloß
und sein Leben, einzig sein Leben.«

Oh, Mattys wünschte, Rosie würde für ihn singen. Aber Rosie war nicht bei ihm. Sie gewährleistete an anderer Stelle, dass alles glattlief.

Einige Minuten, bevor Mattys das neue Lied anstimmte, spähte Rosie durch ein Guckloch in der Wand eines Lagerraums des *Nüssleins.*

»Schon was zu sehen?«, fragte Tristan Lugh, der neben ihr herumlungerte.

»Shhhh«, machte Rosie. »Wenn du so laut redest, kann man dich hören.«

Tristan war ein blonder, bäriger Kerl mit Stoppelbart und dichten Brauen. Er hatte ein freundliches Lächeln und eine kräftige Statur, wenn seine watschlige Art zu gehen auch ein wenig amüsant aussah. Rosie fand ihn nett, aber auf die Dauer ziemlich anstrengend. Sie hoffte, dass dieser Teil des Vorhabens rasch vorübergehen würde. Dann wäre sie auch endlich weniger aufgeregt!

Da sie im Arbeitszimmer nichts erkennen konnte, zog sich Rosie von dem Guckloch zurück. Mit leisem Stöhnen bewegte sie den Nacken. Ihre Kehle schmerzte noch immer und wenn sie sich zu schnell bewegte, wurde ihr schwindlig, aber immerhin war das Fieber abgeklungen. Es hatte ein wenig Überzeugungskraft gekostet, damit Mattys sie mit in die Gaststube kommen ließ und nicht zwang, noch einen Tag auf dem Zimmer auszuharren. Sie wollte unbedingt dabei sein, wenn Ezlynn aufflog! Außerdem wusste sie, dass Mattys tief in sich guthieß, dass sie in der Nähe war und er nicht auf sich allein gestellt handeln musste. Es fühlte sich merkwürdig an, dass er derjenige war, der allein auf der Bühne stand, obwohl diese Rolle für gewöhnlich ihr zugefallen wäre. Außerdem hatte auch Rosie die Enttäuschung gesehen, mit der Astryd Lugh sie bedacht hatte.

Erneut spähte sie durch das Guckloch.

»Wie ist das als Bardin?«, fragte Tristan. »Bist bestimmt viel rumgekommen.«

»Ich war schon in der ganzen Welt«, bestätigte Rosie abwesend.

»Ich war mal in Dalenna. Da gibt es schönes Weideland. Sieht vor allem im Spätsommer hübsch aus.« Er knisterte mit den Kartoffeltüten und Zwiebeltöpfen. »Also, ich war im Winter da. Aber ich glaube, im Sommer ist es schön.«

»Das ist gut.«

»Wie habt ihr diese Diebe eigentlich kennengelernt?«

»Wir haben uns mal über einen Auftritt in einer Taverne duelliert«, erzählte Rosie, »in einem anerkannten Gasthaus in Evigstad. Der Wirt hat uns um den Platz Kartenspielen lassen – Ezlynn gegen unseren Partner Caleb. Die kleine Kriminelle wollte betrügen, aber Mattys hat sie entlarvt. Das nimmt sie uns bis heute übel.«

»Wieso hat man sie nicht ins Gefängnis gesteckt, wenn sie immer so kriminell ist?«

Rosie hustete und vertrieb die Rauheit aus ihrer Stimme. »Sie schafft es immer wieder raus. Wenn man einmal denkt, man ist sie los – dann kehrt sie doch wieder zurück.« Manchmal war es tatsächlich, als würde diesen mysteriösen Barden eine Zauberkraft anhaften, die Ezlynn stets wieder freikommen ließ. Rosie hatte sich schon des Öfteren gefragt, ob das bloß Glück war oder ob sie etwas in der Hinterhand hatten, von dem sie nichts wussten. War es nur Cadmus' und Monds gutes Aussehen, das sie sich zum Vorteil machten? Doch auch mit Worten schien Mond eine Menge bewirken zu können. Womöglich besaß sie eine Seidenzunge, mit der sie selbst Gardisten und Offiziere überzeugen konnte, ihren Worten Folge zu leisten.

»Find ich gut, dass ihr für Gerechtigkeit sorgen wollt«, meinte Tristan. »Muss ich vorsichtig mit ihr sein? Ich meine, ich will sie nicht ernsthaft verletzen, aber sie hätte verdient, dass man ein bisschen grober mit ihr ist.«

Ungeduldig hob Rosie eine Braue. »Mach, was du willst. Es sind eure Nüsse.«

»Ja, Unverschämtheit. Mutter wäre am Boden zerstört. Und es wäre auch gutes Geld, das draufginge.«

Rosie rümpfte die Nase. Mattys hatte es lang beschäftigt, wie sie Ezlynn am besten auf frischer Tat ertappen könnten. Nachdem sie den Plan geschmiedet hatten, beim Siebenfein-Künstlerbedarf und am Waldrand bei den Haselsträuchern gewesen und alle Vorbereitungen getroffen waren, hatten ihn Zweifel überkommen:

»Was, wenn Ezlynn sich umentscheidet? Was, wenn sie die Nüsslein gar nicht zu stehlen versucht und alles umsonst war?«

»Dann behält Astryd ihre Schätze und alles ist gut«, brummte Rosie. »Niemand von den Gästen wird es merken. Wenn Ezlynn nichts tut, denken sie einfach, du hast schön gesungen und fertig.«

»Und Astryd? Sie kennt alle Details.«

»Sie sollte sich in dem Fall freuen, dass sie jemand darauf hingewiesen hat, ihre Goldstücke nicht so nachlässig wegzuschließen. Irgendjemand hätte früher oder später versucht, sie zu stehlen.«

»Sie wird trotzdem denken, wir hätten das nur vorgeschoben, weil wir selbst so schlecht dastehen. So ist sie. Im *Nüsslein* können wir uns dann nie wieder blicken lassen.«

»Hast du denn vorgehabt, noch mal zurückzukehren?«

»Na ja, das Essen war nicht schlecht.«

Ein Stück weit hoffte Rosie, dass Ezlynn die Nüsse stehlen würde – einfach, damit ihr Plan Früchte tragen würde, selbst wenn es eine zusätzliche Gefahr für Astryd Lugh bedeutete. Gesetzt den Fall natürlich, dass alles glattlief.

»Wenn wir die Diebin gefasst haben, willst du mal was trinken gehen?«, fragte Tristan.

Rosie glitt augenverdrehend von dem Guckloch zurück und hob zu einer Antwort an, doch da nahm sie eine Bewegung wahr. Erneut drückte sie ein Auge gegen die Wand und spähte durch die Öffnung. Eine kleine Gestalt war ins Nebenzimmer getreten. Kurze, unverkennbare Locken sprangen um ihr Gesicht, als die Person sich zu allen Seiten umsah und auf den Schrank mit Astryds Dokumenten zutrat.

»Geh hoch und gib Mattys das Zeichen«, wisperte Rosie Tristan zu. »Sie ist da.«

»Felyn war voll Sorge, er wusst' nicht ein noch aus,
der Wind wehte erbittert, der Sommer war verstrichen,
doch seine vielen Schulden waren lange nicht beglichen.
Und er hatte nichts mehr, kein Land, kein Gut und Haus.

Er taumelte, er drohte, die Hoffnung zu verlieren,
Seine Liebste flüsterte, sie wisperte im Wind
Wie kalt ist mir doch, Felyn, wie zittert unser Kind,
wenn wir nichts tun, so wird es bald, schon bald erfrieren.«

Als Mattys das letzte A-moll anstimmte, gab er Mollie ein Kommando, woraufhin sie ein klagendes Heulen zum Besten brachte. Die Zuschauer schmunzelten, während er das Leitmotiv des Stücks ein weiteres Mal auf der Mandoline anklingen ließ. Ihre Darbietung nahm die gesamte Aufmerksamkeit der Tavernengäste ein. Mattys musste Ezlynn eingestehen, dass ihr Plan wohl aufgegangen wäre, hätten sie nicht durch Zufall davon erfahren. Selbst ohne Rosie an seiner Seite erregte die Vorstellung genügend Aufmerksamkeit, um sie in einen Deckmantel zu hüllen.

»Felyn hatte beinahe alle Hoffnung verloren. Und als ihm nichts mehr blieb, wandte er das Gesicht den Wäldern zu und begann zu beten. In einer bitterkalten Nacht suchte er zwischen den Stämmen und Wipfeln nach Hilfe. Der Schnee stand ihm bis zu den Knien, die Kälte und die Furcht umklammerten sein Herz.

So wankt er durch das Dunkel, durch Zweige und Geäst,
fleht um göttliche Gnade in bitterkalter Nacht.
Dann sinkt er in den Schnee, frierend, zitternd, schwach,
und fragt sich, ob der Wald ihn heute sterben lässt.

Doch als der Tag sich regte, da war er noch wohlauf,
hielt Nüsslein in den Händen, die war'n aus purem Gold.
Da war er sicher, dass er heut noch nicht sterben sollt',
Denn Keyll Naomh erhörte ihn und half ihm wieder auf.«

Durch das Guckloch konnte man nicht das gesamte Arbeitszimmer von Astryd einsehen, aber man hatte eine gute Sicht auf den Schrank, in dem die Nüsse für gewöhnlich versteckt waren. Rosie kannte ihn gut, sie hatte ihn selbst geöffnet, um das Säckchen gegen eines mit anderen Nüssen auszutauschen. Beinahe, als wäre sie selbst eine Diebin.

Auf gerade diesen Schrank trat Ezlynn zu. Die Bardin zog eine dünne Nadel hervor und schob sie ins Schlüsselloch. Das Schloss gab nach wenigen Handgriffen nach und sprang auf, was Ezlynn ein entzücktes Schnauben entlockte. »Kommt zu Mama«, hörte Rosie sie raunen, als sie die Schranktüren aufschwingen ließ und einen Stapel Papier mit dem Handrücken zur Seite schob. Sie durchsuchte die mittleren Fächer, ehe sie sich auf die Zehenspitzen stellte und das obere abtastete. Ein Lächeln erschien auf ihrem Gesicht, als sie eine unscheinbare Schachtel hervorzog. Ihre kurzen Finger strichen über den Deckel, sie schüttelte einmal und erhielt ein gedämpftes Klacken als Antwort. Schluckte den Köder.

»Mach schon auf«, wisperte Rosie.

»Was macht sie?« Tristan war zurückgekehrt und tänzelte um sie herum. »Kann ich auch mal –«

Rosies Hand traf auf sein Gesicht und schob ihn fort, während sie Ezlynn durch das Guckloch im Blick behielt. Die Bardin öffnete die Schachtel und fand einen kleinen Lederbeutel darin. Rosie zerging vor

Aufregung, als sie den Beutel in die Luft warf und wieder auffing, durch die Hände tanzen ließ, bevor sie etwas aus der Tasche hervorkramte. Sie zog einen zweiten Beutel hervor und verglich das Gewicht der beiden.

»Wieso schaut sie nicht rein?«, murmelte Rosie ungeduldig. »Komm Ezlynn, sei doch ein bisschen neugieriger.«

Es schien eine Ewigkeit zu vergehen, bis sich etwas tat. Aber dann zog Ezlynn den Lederbeutel auf und ließ die goldenen Haseln in eine Handfläche fallen.

»Die goldnen Nüsse brachten, was fort war und verbrannt,
und so waren alsbald Schulden und Schmach beglichen,
und als der Frühling kam, der Winter war verstrichen,
kaufte er ein Gasthaus, das er das Nüsslein nannt'.«

Mattys sah Astryd an, die hinter der Theke stand und ihm die ganze Zeit über andächtig lauschte. Auf ihren Lippen lag ein feines Lächeln, das ihm Hoffnung machte, mit all dem hier die richtige Entscheidung getroffen zu haben. Selbst Prinzessin Elain schien die Vorstellung Gefallen zu bereiten. Sie hörte aufmerksam zu, das Glas mit Apfelpunsch vergessen in einer Hand.

»Die Wälder hatten Felyn und seiner Familie das Leben gerettet«, fuhr Mattys fort, »und um seine Probleme verschwinden zu lassen, waren nur wenige der Nüsse nötig gewesen. Die übrigen hielt Felyn in Ehren und gab sie an seine Nachkommen weiter, sobald sie alt genug waren, um das Gasthaus zu übernehmen. Generation um Generation wurden die goldenen Nüsse weitergereicht, um der Familie Lugh zu helfen, sollte einer von ihnen sie in der Stunde der Not jemals benötigen.« Mattys schlug das Zupfmuster ein letztes Mal an. »Es ist selbstverständlich, dass es in all der Zeit viele Menschen gab, die die Lughs für ihren Schatz beneideten. Sie hätten eine Menge gegeben, um eine einzige dieser goldenen Nüsse zu besitzen. Doch Keyll Naomh hatte seinen Schatz mit einem schützenden Zauber belegt.

Ein jedem, der die Schätze unrechtmäßig berührt,
dem färben sich die Hände in verräterischem Gold,
das sie immer und ewig als Dieb markieren soll,
damit Felyns Familie nie mehr ein Leid verspürt.

Und wenn diese Legende dem Lauschenden eins lehrt,
dann, dass auch in der Not das Gute stetig siegt,
und dem, der recht und gut ist, der Wälder Gunst obliegt,
und er am Schluss beschützt ist, wenn er auch Leid erfährt.

Vielen Dank.« Mattys erhob sich, um sich zu verbeugen, und gab Mollie ein Kommando, das sie sich auf eine Vorderpfote niederbeugen und den Kopf neigen ließ. Die Menschen applaudierten, vor allem Astryd, die offenbar ausgesprochen gerührt von der Geschichte war. Mattys setzte eine ruhige Miene auf, obwohl sein Herz vor Aufregung klopfte. Als Cadmus, Mond und schließlich Ezlynn auf die Bühne traten, schob er sein Instrument auf den Rücken und gab Mollie einen Wink, um ihnen Platz zu machen.

Mattys trat die Stufen hinter die Bühne hinab und hielt inne. Er lauschte.

Rosie und Tristan schoben sich aus der Tür von den Hinterzimmern und traten in den warmen Schankraum. Aufgrund der Vorstellung für die Prinzessin waren ziemlich viele Leute anwesend – alle Tische waren besetzt und auch dahinter drängten sich Lauschende. Rosie war ein wenig kleiner als Tristan und musste den Kopf recken, da die Bühne sonst hinter den anderen Schaulustigen verschwand. Sie suchte sich einen Platz, von dem man gut sehen konnte, und verfolgte, wie sich Mattys und Mollie vor dem Publikum verbeugten und durch Ban Glásan abgelöst wurden.

Rosie bemerkte auf der Stelle, dass mit Ezlynn etwas nicht stimmte. Für gewöhnlich positionierte sie sich auf der linken Seite der Bühne, während Cadmus den Platz rechts einnahm und Mond in ihrer Mitte sang. Nun aber trat die koboldhafte Bardin zögerlich im Hintergrund auf und ab und schob sich erst nach einigem Hadern an ihren angestammten Platz. Sie hielt ihr Instrument hinter dem Rücken. Als Cadmus ihr etwas zuflüsterte, antwortete sie ihm mit schnell gezischten Worten. Cadmus ruckte ungeduldig mit dem Kopf, woraufhin sie unwillig fluchte und ihr Rebec hinter dem Rücken hervorzog.

Die Menge raunte leise. Unmerklich zuckten Rosies Mundwinkel.

»Sie hat ja ganz goldene Hände«, sagte sie zu dem Mann, der neben ihr stand, während sie sich um eine besorgte Miene bemühte.

»Das ist merkwürdig«, meinte der Gast. »Als wär das Lied gerade ein Zeichen gewesen …«

Einige murmelten unruhig oder nickten bei seinen Worten. Andere schienen skeptisch.

»Könnte das sein?« Unschuldig verflocht Rosie die Finger miteinander. »Vielleicht sollte man sie fragen.«

»He, warum sind deine Hände golden?« Ein Kind traute sich, das anzusprechen, was jeder dachte.

Ezlynn hätte behaupten können, es handle sich nur um eine Art Schmuck für das nächste Lied, einen ungünstigen Zufall – aber mit Worten war sie nie gut gewesen. Außerdem war ihr Gesicht so hochrot angelaufen, dass sie allein dadurch schuldig aussah. Sie musste das Ende von Mattys' Lied genau gehört haben.

»Mir ist was ausgelaufen«, stammelte sie.

»Ist das so?« Astryd schob sich hinter der Theke hervor, ein bedauernder Zug um den Mund. Die Wirtin wusste ohne Zweifel, was geschehen war. »Zeig, was in deinen Taschen ist.«

Ezlynn sah sich verunsichert um, ehe sie vorschnellte und von der Bühne stürmen wollte. Es war ein vergeblicher Versuch, denn schon hatten ihr ein paar Gäste den Weg versperrt und ein Schankjunge ergriff sie am Kragen, um sie wieder vor die Menge zu zerren. Auch Tristan hatte sich zwischen den Leuten hindurchgedrängt und riss die Bardin in die Höhe, kehrte sie auf den Kopf und schüttelte sie kopfüber, bis allerlei Kram aus ihren Taschen fiel. Mond und Cadmus hatten sich in einigem Abstand an den Bühnenrand zurückgezogen und tauschten leise Worte miteinander. Beide schienen nicht gerade begeistert von dem, was sich vor ihren Augen abspielte.

Zwischen Münzen, Tabakstücken und anderem Klimbim plumpste ein kleiner Lederbeutel zu Boden. Ein Schankjunge griff danach und nickte, als er die goldenen Haselnüsse darin entdeckte.

Tristan warf Ezlynn zu Boden, was ihr einen Schrei entlockte. »Au!«

»Frau Lugh, in Eurem Schrank ist nur ein Beutel mit gewöhnlichen Nüssen«, berichtete eine Angestellte, die im Hinterzimmer nachgesehen hatte. »Wie ausgetauscht.«

Tristan schnaubte voll Verachtung. »Ruft die Stadtwache!«, ordnete er an. »Und dieses Mal wird sie sicher nicht freikommen.«

Rosie kam nicht umhin: Sie lächelte. Zufrieden – und ein wenig schadenfroh.

Elegie in sieben Teilen

-eins-

Grausam und dunkel ragen die finsteren Wipfel über meinen Körper
Sie zittern und wispern in süßer Ekstase des Grauens
Er schürt meine Schreie, keine meiner Bitten erhört er,
Er kostet mein Leiden, kein Hauch mehr des alten Vertrauens.
Was, Keyll Naomh, was
habe ich dir nur getan?

Jemand hatte in ihrem Buch der Schatten gelesen. Als Breya an diesem frühen Abend in ihr Gemach kam, erschöpft von den Geschehnissen des Tages, da lag es nicht mehr auf ihrem Altar, wie sie es zurückgelassen hatte. Zuerst hielt sie es für Einbildung – schließlich war es möglich, dass sie nach einem anstrengenden Tag bloß Gespenster sah. Aber nachdem sie dreimal zum Altar zurückgegangen war und ihn nachdenklich, sorgenvoll gemustert hatte, war sie sicher, dass jemand hier gewesen sein musste.

Ihr Buch der Wälder ruhte stets verschlossen auf der gewobenen Tischdecke. Breya hatte für das Ostarafest zwei Narzissen darauf hingelegt, die Stängel unten überkreuzt. Die Lesebändchen schob sie ohne Ausnahme ordentlich zwischen die Seiten, sodass sie nicht herausragten oder gar ausfransten. Nun jedoch lagen die Narzissen direkt nebeneinander, sodass sich die Stängel berührten, aber nicht übereinander verliefen.

Mit nachdenklichem Gesichtsausdruck rückte sie das Buch gerade, als sie vor dem Altar stehenblieb. Sie war sicher, dass es schräger lag, als sie es zurückgelassen hatte. Und war dieses Lesebändchen ein Stück hervorgerutscht?

Sie achtete doch immer darauf, dass das nicht geschah.

-zwei-

Ich kann nicht sehen, denn mich umfängt ein unkenntlicher, fester Kokon,
Durchwoben von Tücke und Bosheit kann ich nie entfliehen.
Ich war ihm ein Jünger, lag in seinen Händen, ich lebte für ihn,
Nun bin ich ein schwertloser Krieger, schwach auf den Knien.
Und nichts kann mich retten,
nur ich. Nur ich selbst.

Severyn war nie in seinem Leben so erschöpft gewesen. Jeder einzelne Muskel seines Körpers schmerzte, jedes Luftholen fühlte sich an, als seien seine Lungen mit einem Band verschnürt. Bisweilen konnte er kaum aufrecht sitzen, ohne dass ihm die Augen zufielen und er beinahe auf dem Rücken seines Pferdes wegdämmerte. Immer wieder musste er blinzeln und die Erschöpfung aus seinen Gliedern vertreiben.

Seite an Seite mit Esmond jagte er über die ausgetretenen Pfade, vorüber an den Orten, die sie zuvor gesehen hatten. Hier war der Angriff auf Adeenas Kutsche gewesen, dort hatten sie gelagert, ehe sie das entlaufene Pferd der getöteten Austrier entdeckt hatten. Weiter, immer weiter! Wenn sie an eine Gabelung gelangten, an der sie nicht weiterwussten, suchte Severyn die neugegebene Macht der Eschenelben und ließ sich von den Motten in den Blättern den Weg weisen. Niemals innehalten, nicht zu lange! Mit jedem verstreichenden Herzschlag fiel ein weiteres Korn in der Sanduhr, Azahr hatte eine weitere Gelegenheit, ungehindert zu handeln.

Ihre Pferde waren gegen Vormittag beinahe vor Erschöpfung zusammengebrochen und nur Esmonds Einschreiten hatte Severyn zu einem kurzen Innehalten gebracht. Aber nicht zu lang, bloß nicht zu lang.

Als die Sonne im Zenit stand, erreichten Prinz und Keitha die Kiefernstuben. Sobald Severyn festen Boden unter den Füßen bekam, gaben ihm die Knie beinahe nach. Seinem Pferd stand Schaum vor dem Maul, die verschwitzten Flanken zitterten so sehr, dass selbst Severyn sich eingestehen musste, dass es nicht mehr lang durchhalten würde. Von der herbeieilenden Juna bekamen sie etwas zu trinken und durften sich zwei neue Pferde ausleihen – ihr eigenes Tier sowie das ihrer Mutter. Beide waren weniger edel als die aus den fürstlichen Stallungen, doch sie besaßen ein treues Wesen und gehorchten problemlos. Juna nahm die zerrütteten Tiere in ihre Obhut und brachte sie in ihren Stallungen unter, während Severyn zur Weiterreise drängte.

Er war so erschöpft. Er war so *verflucht* müde.

Doch der Gedanke an Breya machte ihn jedes Mal wieder hellwach.

Er durfte keine Sekunde verlieren, keinen Augenblick verstreichen lassen, in dem er ihr nicht einen Schritt näherkam. Breya durfte nicht länger allein mit diesem gefallenen gottlosen Prinzen bleiben, ohne eine Ahnung, um wen es sich bei ihm Wahrheit handelte! Denn wenn Azahr tatsächlich ein Anhänger Teannans und für all diese Opfer verantwortlich war, würde ihm dann nicht jedes Mittel recht sein, um den Auserwählten in der Hand zu haben?

Als der Abend hereinbrach, lichtete sich der Wald und Dinas Rhedyn ragte wie eine uralte, finstere Riesengestalt vor ihnen auf. Regenwolken standen am Himmel und färbten ihn in Tintenfarben, erhoben sich mit derselben Bedrohlichkeit über ihnen, die auch Severyns Herz erfüllte.

Er machte nicht noch einmal Halt. An Esmonds Seite durchquerte er das Tor und hielt auf seinen Palast zu, um das Unheil abzuwenden.

-drei-

Wie schwer drückt die Last von unverzeihlichem Versagen,
Versprechen an Brüder und Heilende ruchlos zu brechen,
nicht fähig, Gebete von Buß und Vergebung zu sprechen
Verzweifelt und schwach will ich für dies Verantwortung tragen.
Ich werde dir helfen, habe ich
erst mir selbst geholfen.

Beinahe bedrückend leise fiel die Tür hinter Edeline ins Schloss und Nascha, die am Fenster gestanden hatte, drehte sich zu ihr um. Ihr Blick brannte Lene auf der Haut, als würde sie ihr geradewegs in die Seele sehen. Als würde ihre Freundin alles entdecken, was sie an sich verachtete. All den Schmutz, all den Hass, all das Böse.

Mit jedem Schritt, den sie tiefer in den Raum trat, fielen Teile der *flann gwiddon* von ihr ab. Sie bröckelte von ihrer Haut wie Erdklumpen, eine alte, unbrauchbare Hülle. Verbraucht. Zurück blieb Lene, schwach und verletzlich wie ein Neugeborenes.

Beinahe ungläubig hob sie die Hände. Ihre Haut maserte getrocknetes, braunes Blut. Es klebte an ihrer Kleidung, in ihrem Haar. Es haftete allem an.

Nie wieder, hatte sie einmal gesagt.

Und nun?

Edeline ließ die Hände sinken. Hilflos, wie ein elternloses Junges. Als ihre Augen sich mit Tränen füllten und die Welt verschleierten, war Nascha bereits bei ihr, hatte sie fest in die Arme geschlossen.

Diese Schlacht war verstrichen. Doch deswegen war lang nicht alles vorüber.

Im Nebenzimmer fiel ebenfalls eine Tür ins Schloss. Caleb stieß einen Seufzer der Erschöpfung aus. *Sechzigtausend Kopar*, dachte er, wie um sich selbst Mut zuzusprechen. Doch die einst so süßen Worte hatten einen bitteren Nachgeschmack.

Sechzigtausend Kopar hatten ihn seine Schwester in die Wälder mitnehmen lassen. Sechzigtausend Kopar hatten seine Sinne genug vernebelt, um sie in solche Gefahr zu bringen, ob sie nun einen dummen Fehler gemacht hatte oder nicht. *Sechzigtausend Kopar* klangen nach fehlendem Verantwortungsbewusstsein, Unbedarftheit und der furchtbaren Angst um Olyvar.

Caleb hätte sich gern entschuldigt. Er wusste, dass er ein Idiot war, auf die eine oder andere Weise. Doch er konnte nicht aus seiner Haut – seit jenem Streit mit Mattys und Rosie hatte er nichts dazugelernt. Um zuzugeben, dass er an allem schuld war, war er zu stolz.

»Hast du Hunger?« Caleb zog Olvars Kekstüte hervor. Es war noch ein Marzipantaler von Falkner und Brandfuchs übrig.

Seine Schwester wandte sich ihm zu, als er die Tüte aus der Tasche zog. Sie saß auf dem Bett und balancierte ihr gemeinsames Notizbuch auf den Knien, einen Stift in der Hand. Im halben Licht des Zimmers sah sie erwachsener aus als sonst, älter. Der Ausdruck auf ihrem Gesicht war so ernst, dass Caleb unwillkürlich innehielt.

»Was ist?«

»Hast du nichts zu sagen?«, fragte Olyvar.

Caleb runzelte die Stirn. »Was denn? Willst du jetzt Marzipantaler oder nicht?«

»Willst du gar nicht wissen, warum ich abgehauen bin?«

Er hob die Braue. »Um ehrlich zu sein – ist mir ziemlich egal. Der Grund kann nur bescheuert gewesen sein.«

»Natürlich ist es dir egal.« Wie aus dem Nichts füllten sich Olyvars Augen mit Tränen. »Du hast dich nicht mal entschuldigt, dass du nicht auf mich aufgepasst hast.«

»Entschuldigt?« Caleb trat auf sie zu. »Ich hab keinen Grund, mich zu entschuldigen! Du wusstest genau, wo ich war! Ich kann dir wohl vertrauen, dass du keinen Totalausfall da oben hast!«

Er wollte ihr gegen die Stirn tippen, doch Olyvar schlug seine Hand weg. Sie sprang auf die Beine. »Das hasse ich an dir! Immer bin ich dir egal!«

»Hast du sie noch alle?«, fragte Caleb ungläubig. »Du bist mir *nicht* egal!«

»Aber du hörst mir nie zu!«, erwiderte Olyvar. »Und wenn du es tun würdest, würdest du das eh nicht verstehen! Weil du dich nicht für mich interessierst!«

Ehe er zu einer Antwort ansetzen konnte, drängelte sie sich an ihm vorbei zur Zimmertür. Flink wie eine Katze schlüpfte sie unter seinem Arm hindurch, noch bevor er nach ihr greifen konnte. Die Tür knallte und Caleb, die Tüte mit dem Marzipantaler noch in einer Hand, blieb allein zurück.

-vier-

In hilfloser Not heben schwache Propheten die Klingen,
sie flüchten vor dir wie die Tiere vor hungrigem Feuer,
im Wald tief erhebt sich ein grauenhaftes Ungeheuer,
an dem meine Worte wie splitternde Spiegel zerspringen.
Ich bin ein Schütze
mit gesprungenem Bogen.

Zwischen den Kletterrosen und Buchsbäumen verborgen befand sich ein kleiner Pavillon. Der Frühlingsregen und die Sonne, die immer wieder zwischen den Wolken erschien, hatten die ersten Blüten erwachen lassen, die sich an den eierschalenfarbenen Säulen emporschlängelten. Über den Streben wölbte sich ein schweres Marmordach mit hellen Kletterrosen. Von hier aus konnte man auf den kleinen See blicken, der diesen Teil der Gärten mit klarer Luft segnete.

Das Gewässer bezauberte sie nicht nur, weil es so verwunschen und idyllisch aussah. Besonders gefielen Breya die elfenbeinfarbenen Skulpturen, die Ufer und Hänge des Sees schmückten. Anmutige Frauengestalten, tanzende Faune und Figuren, die sie nur aus Mythen kannte, in der Bewegung erstarrt. Sie waren mit solcher Kunstfertigkeit geschaffen, dass sie sich als Kind oft ausgemalt hatte, sie könnten zum Leben erwachen und die regenklare Luft mit Glockenlachen erfüllen. Heute stellte sie sich manchmal vor, es könnte Statuen von ihr und Severyn geben – in einem immerwährenden Tanz eingefangen, einem für die Ewigkeit eingefroren Augenblick.

Obwohl dunkle Wolken über ihrem Kopf standen und der Sonnenuntergang nur aus orangefarbenen Fetzen bestand, schien der Himmel unschlüssig, ob es Zeit für Regen war. Breya liebte dieses Wetter – es gab ihr das Gefühl, dass sich die Welt manchmal ebenso verloren vorkam wie sie selbst.

Heute drang ein Geräusch an ihr Ohr, als sie sich dem verwunschenen Pavillon näherte. Eine tiefe Stimme füllte die Luft – ein Murmeln, so leise, dass sie die Worte nicht verstehen konnte. *Motten*, drang zu ihr durch, *Auserwählter* … und ihr Name. Unwillkürlich verlangsamten sich Breyas Schritte, als sie auf ihren Ort zusteuerte. Ehe sie ihn erreicht hatte, hielt sie inne.

Azahr stand an der Brüstung, dem See zugewandt. Ja, es war seine Stimme gewesen, die sie gehört hatte.

Aber niemand sonst war bei ihm.

Mit einem Mal war ihr unwohl. Ihr Körper befahl Breya, sich abzuwenden und in den Palast zurückzukehren. Womöglich machte ein Lufthauch oder die Bewegung in seinem Augenwinkel Azahr auf sie aufmerksam – womöglich flüsterte ihm auch jemand ins Ohr, dass sie ihn entdeckt hatte. Als sie kehrt machen und verschwinden wollte, wandte er den Kopf. Vor dem Tintenhimmel war seine Gestalt eine nachtfarbene Silhouette, die helle Kleidung beinahe phantomhaft.

»Breya. Was tust du hier?«

Sie faltete die Hände ineinander. »Ich bin hier öfter.«

»Entschuldige. Ich komme hierher, wenn ich ungestört sein will.« Azahr neigte den Kopf. »Hast du mich gehört?«

»Nein.« Breya schüttelte den Kopf, als ihr klarwurde, wie offensichtlich ihre Lüge war. »Doch. Zumindest habe ich gehört, dass du etwas gesagt hast.«

»Was hast du verstanden?«

»Nichts.« Zögernd rieb sie über ihren Ellbogen. Azahr war ihr nie wie jemand erschienen, der Körperkraft einzusetzen pflegte, um seinen Willen durchzubringen. Dennoch war er ein kräftiger Mann und so groß, dass er sogar Severyn überragte. Das war ihr nie so klar gewesen wie gerade.

»Mit wem hast du gesprochen?«

»Mit mir selbst?« Obwohl seine Stimme amüsiert klang, glaubte Breya, Anspannung darin schwingen zu hören. Das Lächeln glitt rasch wieder von seinen Lippen und wich einem Zug der Ernsthaftigkeit, der ihr an ihm wohlbekannt war. Die bittersüße Melancholie, die diesem Mann stets anzuhaften schien.

»Für ein Selbstgespräch klang es sehr angeregt«, meinte sie.

»Jeder hat seine Eigenheiten. Keine Angst, ich mache hier nichts Unrechtes«, versicherte Azahr.

Mit einem Mal war ihr nicht mehr wohl bei dem Gedanken, allein mit ihm hier zu sein. Sie hatte keine Ahnung, mit wem er da gesprochen hatte – aber es waren sicher nicht die Wälder gewesen.

»Ich sollte gehen.« Breya machte kehrt, doch Azahr griff nach ihrem Arm. »Sag mir doch: Mit wem sprichst du, wenn du hier bist?«

-fünf-

Welch Monster zeigt sich hinter deiner Gestalt, o Herr
Liebkose meine Haut, bis mein Herz nicht mehr fortfährt zu schlagen,
Voll ungezähmter Gier wirst du die Kiefer in mein Fleisch graben
Dann erst wirst du mich spüren, meinen Atem, ich bin noch nicht kalt.
Ich lebe, und
ich werde dich vernichten.

Keine Wache wagte, sich ihm eine Sekunde lang zu widersetzen. Jeder reagierte ohne zu zögern, als Severyn vor dem Schlosstor erschien und Einlass forderte. Seine Stimme war kräftig, kratzte jedoch über die Worte – das letzte Mal, dass er einen Schluck Wasser zu sich genommen hatte, war schon Ewigkeiten her. Dennoch drang er ruhelos bis in den Burghof vor und saß erst dort ab, um das erschöpfte Pferd einem herbeieilenden Diener zu überlassen.

»Wo ist Azahr? Er muss auf der Stelle gefangen genommen werden!«, ordnete er zum wiederholten Male an, hatte er diesen Befehl doch bereits den Soldaten am Tor gegeben.

»Hoheit, er befindet sich nicht in seinen Gemächern. Auch sonst wurde er im Palast nicht entdeckt«, erläuterte der Offizier.

»Wo ist Breya?«, fragte Severyn, ohne auf die Inkompetenz einzugehen, die ihn umgab.

»Hoheit, sie ist zu den Teichgärten gegangen«, berichtete ein junger Bediensteter. Er machte eine Pause, ehe er mit leichter Unruhe hinzufügte: »Dort habe ich auch Prinz Azahr schon des Öfteren hingehen sehen.«

»*Wyn cledd!*« Severyn wirbelte herum. Mehrere Keitha scharten sich um ihn und folgten seinem Befehl. »*Dylin wy!* Mir nach!«

-sechs-

Du legst uns in silbrige Decken, spinnst Seide um unsere Glieder,
Dann reißt du unsre schwachen Leiber, du bist bloß ein Tier
Doch ich grabe die Kiefer in dein schlagendes Herz, entreiße es dir
und in meinem Inneren tönen die mächtigen Lieder.
Die Macht der Wälder fließt
in meinen Adern.

Kälte flüsterte in den Wipfeln und dominierte die steinernen Wände der alten Ruine. Was hatte hier gestanden, ehe es von den Menschen verlassen und Keyll Naomh übergeben worden war? Es konnte kein großes Gebäude gewesen sein – womöglich bloß ein Lagerraum oder eine kleine Scheune, aus Stein, um jedem Wetter zu trotzen. Nun fraßen Kletterpflanzen von dem Mörtel wie Raupen Blätter. Bloß Teile der Außenwände waren zurückgeblieben – das Dach war lange fortgerissen und auch Türen oder Fenster bestanden bloß aus Schutt.

Doch die steinernen Wände schützten vor dem Wind, boten einen kleinen Hort der Ruhe in den stillen, nächtlichen Wäldern. In Maenblod wurden die Toten beigesetzt, die die Schlacht gefordert hatte. Draußen im Wald machten die Soldaten Jagd auf die Mottenmonster, um sie von den Elben in ihre alte Gestalt zurückverwandeln zu lassen.

Und hier, im Windfang der Ruine, betrachtete Adeena die aufgebahrten Toten. Sie trugen die Kleider, die sie zum Zeitpunkt ihres Todes am

Leibe gehabt hatten. Die Totenwache Maenblods hatte sich bemüht, das Blut hinaus zu waschen und die Körper so aufzubereiten, dass sie einen friedlichen Eindruck machten. Hatten Decken über die zerrissenen Gliedmaßen des Dienstmädchens gelegt, die schreckgeweiteten, furchtbesprenkelten Augen verschlossen, Blutergüsse und dunkle Male verdeckt.

Ihr Vater sah aus, als würde er schlafen. Unter dem rotbraunen Bart und der hochgeschlossenen Jacke war seine aufgetrennte Kehle nicht mehr zu sehen. Wenn Adeena nicht alles täuschte, lag sogar dieser Anflug eines Lächelns in seinen Mundwinkeln, den sie so an ihm geliebt hatte.

Er hatte ihr einmal gesagt, dass er den Tod nicht fürchtete. Ob er sich auch nicht gefürchtet hatte, als die Mottenmonster ihm den Hals aufgetrennt hatten? Hatte er keine Angst gehabt?

Adeena trat von seiner Bahre zurück. Die Fackeln knisterten in der Stille und verschluckten das Licht der Sterne über ihren Köpfen.

»Ich bin … bereit.« Sie atmete tief ein, bebend. Musterte die Barden, die sich im Halbkreis versammelt hatten und diskreten Abstand hielten.

»Wollt Ihr, dass wir das für Euch machen?«, fragte Edeline.

Nein, wollte Adeena sagen, denn etwas in ihrem Inneren flüsterte, dass sie das selbst erledigen sollte. Doch ihre Stimme versagte, als sie es aussprechen wollte.

»Wäre echt kein Problem«, beteuerte Caleb.

Adeena holte Luft und befand, dass es keine Welt gab, in der sie diesen Schritt selbst tun konnte. Sie schaffte es nicht allein, den Leib ihres Vaters den Flammen zu übergeben. »Ja. Danke.«

Edeline reichte Caleb eine Fackel, ehe sie das eigene Feuer auf diese übergreifen ließ. Ernst, stumm traten sie auf die Totenbahren zu und setzten das Stroh in Brand. Zuerst rauchte es bloß, dann züngelten die ersten Flammen empor und fraßen sich Stück für Stück höher. Nascha schlug die Augen nieder und begann für die Wälder zu beten.

Auch Adeena senkte die Lider, faltete die Hände und erhob das Wort zu einem Amadeus Ewig. Ihre Liturgien, wenn sie auch verschiedenen

Religionen entsprangen, woben umeinander, als wären sie mit derselben Feder verfasst worden. »*Amadeus, ewig ist meine Seele von deinem Licht erfüllt*«, murmelte Adeena, während unerwägbare Trauer und flüsternder Trost ihre Seele füllten. »*Amadeus, dein sind mein Atem und mein Herz. Amadeus, behüte und beschütze mich vor allem Unheil. Nimm Schlechtes von mir und vergib meine Sünden.*«

Die Flammen hatten die Körper erreicht und begannen, sich in das tote Fleisch zu graben. Adeena war furchtbar kalt. »*Glühende Liebe lässt meine schwachen Glieder erbeben. Allmächtiges Feuer lodert in meinem Herzen.*« Während der Geruch verbrannten Fleisches in ihrer Kleidung haften blieb und ihr Vater zu Asche wurde, blieb Adeena zurück. Klein, winzig klein, in einer erdrückend großen Welt. Sie fragte sich, ob sie den Geschmack von Zuhause noch einmal kosten würde, nun, da es vor ihren Augen zu Kohle und Staub wurde.

»*Denn du bist mein Licht, du bist die Wahrheit, du bist der Frieden. In deinem Angesicht, Amadeus, ewig.*«

-sieben-

Ich erwache, mich füllt eine Macht ewig und unerklärbar
Zerreißt mich, doch bringt meine Adern ebenso süß zum Singen.
Du kennst meinen Namen, du spürst ihn in dir widerklingen
Im Angesicht der Nacht, da tilge ich all deine Fehler.
Du kennst mich, Keyll Naomh,
ich bin
Teannan.

Wie ein schwarzer Schleier legte sich die Dunkelheit über die wilden Gärten des Schlosses. Sie verschluckte das Licht mehr und mehr, während Severyn eiligen Schrittes zwischen den Büschen und Bäumen hindurchhastete. Seine Keitha folgten ihm ohne Zögern, so bedingungslos, wie die Krieger in Eschenhort den Elben gehorcht hatten. Nicht anhalten, *nicht anhalten.*

Der Atem verfing sich in seiner Brust, als er vor dem Pavillon zum Stehen kam. Zwei Gestalten erhoben sich vor ihm. Breya und Azahr standen einander gegenüber, zwei Silhouetten vor dem dunkler werdenden Himmel.

»Breya!«, brachte Severyn hervor. Beide fuhren herum, als er gefolgt von seinen Keitha auf den Pavillon zusteuerte. Rasch streckte Severyn die Arme aus. »Breya, komm her!«

In Breyas Augen hatten sich Tränen gesammelt. Sie setzte sich in Bewegung, sobald sie ihn im Zwielicht der untergehenden Sonne erkannt hatte. »Severyn!« Sie rannte los und warf sich so eilig in seine Arme, dass ihm schwindelte. Einen Augenblick lang drückte er sie so fest an sich, wie es möglich war, ohne ihr wehzutun. Er sog ihre Nähe ein, ihren Geruch, ihre Berührung. Ihre Anwesenheit erfasste ihn mit derselben Intensität wie der Tropfen Magie, der ihn zum Auserwählten gemacht hatte. Dieselbe Flamme wie dereinst erwachte in seinem Inneren – als würde Breya ihn erinnern, wer er war.

Um ein Haar überwältigte ihn die Erleichterung, ihr Stimme hören, ihren vertrauten Duft einatmen, ihre Haut fühlen zu können. Am liebsten hätte er sie noch lang nicht wieder freigegeben – doch es gab noch Dinge zu tun, unumgänglich wichtige Dinge. Deswegen löste sich Severyn von Breya und wandte sich Azahr zu.

»Azahr Khashba von den Narraph«, rief der Prinz. »Ich bezichtige dich des Hochverrates an der Fürstenfamilie der Eshwen, des versuchten Mordes an der Krone sowie unzählbaren Eshwen und des Paktierens mit einem abtrünnigen Propheten.«

Azahr hatte die Stirn gerunzelt, seine Schultern versteiften sich. »Was redest du …«

»Nehmt ihn gefangen!« Die Keitha zogen die Schwerter blank und schnellten vor, um Azahr zu ergreifen. Sie packten ihn bei den Armen, drehten sie auf den Rücken, was der Prinz unwillig mit sich machen ließ.

»Severyn, was soll das?«, fragte Azahr. »Du denkst nicht wirklich, dass ich euch Schaden zufügen wollte! Ich …«

»Komm! Leugne es nicht«, fiel Severyn ihm ins Wort. »Ich weiß genau, was du vorhattest, Azahr. Ich habe gespürt, dass diese Motten das Werk einer dunklen Macht waren, und ich weiß, dass etwas so von Finsternis Durchdrungenes nur Teannans Werk sein kann. Ich kann nicht begreifen, dass ich es nicht eher gesehen habe.«

»Du liegst falsch«, beteuerte Azahr. »Verdammt, du liegst falsch!«

»Ich habe Azahr dabei ertappt, wie er mit jemand Unsichtbarem gesprochen hat«, flüsterte Breya ihm zu und griff nach seinem Arm. »Severyn, ihn hat etwas umgeben … ich habe so etwas nie gefühlt. Du musst es doch auch spüren.«

»O ja, ich spüre es«, bestätigte Severyn, denn die Macht Keyll Naomhs war jäh wieder in ihm erwacht. Mit jedem Augenblick, in dem Breyas Hand in der seinen lag, wuchs sie weiter. »Du hast mich gegen die Elben aufgehetzt! Wahrscheinlich wolltest du mich tot sehen und Breya als neue Thronerbin zur Frau nehmen, damit du die Macht über die Eshwen erhältst! Mutter hätte sich dir sicher nicht in den Weg gestellt und alle anderen Mitglieder der Fürstenfamilie wären unmündig oder tot gewesen.« Er trat näher auf Azahr zu. »Und all das, weil du kein Reich mehr hast – weil die Narraph für ihre Verschwörung mit Teannan bestraft wurden! Ich kann nicht sagen, was dein Vater und dieser falsche Prophet getan haben, aber wenn die Wälder dafür Vergeltung gefordert haben, wird es gerechtfertigt gewesen sein. Sei nicht feige, Azahr! Sei nicht dumm. Gesteh endlich, dass du mit Teannan paktierst, oder ich lasse dir auf der Stelle den Kopf abschlagen!«

Obwohl die Keitha ihn fest gepackt hielten und es ihm verwehrten, sich eigenständig zu bewegen, gelang es dem fremden Prinzen, noch immer königlich auszusehen. »Ja«, sagte er kalt. »Ja, ich bin ein Anhänger Teannans.«

Auch wenn Severyn sich dessen sicher gewesen war, traf die Aussage ihn hart wie ein Schlag. »Und lass mich raten«, knurrte der Auserwählte. »Sicher wärst du am Schluss der Retter gewesen, der einen Weg findet, die Motten zurück zu verwandeln? Mit der Macht Teannans, damit die Eshwen deinen Köder schlucken? Damit sie sich dieser Verschwörung anschließen wie die Narraph und die Drovi? Aber so dumm sind wir nicht! Wir widersetzen uns der Macht Keyll Naomhs nicht!«

»Mit den Motten hatte ich nichts zu tun«, erwiderte Azahr zu seiner Überraschung. »So bin ich nicht! So handelt auch Teannan nicht, Severyn. Das will mir jemand zuschieben.«

»Du glaubst doch nicht allen Ernstes, dass ich dir das abnehme«, knurrte Severyn.

»Ich *habe* diese Motten nicht beschworen«, beteuerte Azahr. »Ich hätte euch nie Schaden zugefügt! Dein Vater und ich, wir haben zusammengearbeitet! Was hätte ich davon, ihn in eine Motte zu verwandeln?«

In einer abfälligen Geste fuhr Severyns Hand durch die Luft. »Du behauptest nicht ernsthaft, dass mein Vater die Ideale eines Kultisten teilt. Solche Anschuldigungen verbitte ich mir über den Fürsten der Eshwen!«

Azahr funkelte ihn an. »Du hast keine Ahnung«, knurrte er. »Du hältst dich für klug, doch du verstehst nichts.«

Breya holte Luft, doch Severyn ergriff als Erster das Wort. »Ich verstehe, was richtig und falsch ist. Und meinen Vater, mein Volk, *jeden* in Monster zu verwandeln – der Macht der Wälder zuwider zu handeln –, das ist nicht richtig.«

»Es ist, wie ich meinte«, beharrte Azahr. Seine Augen funkelten düster zwischen den geflochtenen Haarsträhnen. »Du verstehst nichts, Severyn! Deswegen hat Barcat dich nicht in die Planung miteingeschlossen. Du bist ein Kind, das einen Sonnenstrahl gefangen hat! Wenn dir etwas missfällt, denkst du nicht nach, du hörst nicht zu! Du handelst – und du handelst einfältig und dumm!«

Severyn schüttelte den Kopf und betrachtete Azahr wie etwas sehr Abstoßendes. »Wie soll ich anders handeln, wenn alles, was ich höre, sinnentleerte Lügen sind?«

»Du bist nicht bereit für das hier«, sagte Azahr frostig. »Ich kann mir nur wünschen, dass du bald tot bist! Damit all das nicht noch schlimmer für dich endet.«

Es genügte. »Schafft ihn mir aus den Augen.« Und dann ging alles ganz schnell. Severyn sah eine Abfolge von Emotionen auf dem Gesicht des anderen Prinzen – Furcht, Erkenntnis, Ärger, Entschlossenheit, *Zorn*.

»Nein!«, brüllte Azahr, aber – es war nicht mehr seine Stimme. Zumindest nicht allein – in seinen Worten hallte eine weitere Klangfarbe mit, mischte sich mit der seinen und fegte so kalt über sie hinweg, dass Severyn ein Laut des Entsetzens entwich. Azahrs Worte sandten eine Druckwelle über die Erde, ließen die Pflanzen erzittern und brachten den Boden zum Erbeben. Severyn taumelte nach hinten und auch die Keitha wurden weggestoßen, hatten Mühe, sich auf den Beinen zu halten. Die Sträucher, das Gras, alles bog sich vor Furcht. Fauchend und knirschend starb, was den Pavillon Lebendiges umgeben hatte. Als Wind und Stimme verklangen, war das Gras um Azahr verdorrt, die Sträucher trocken und tot. Und in der Sekunde, in der die Keitha sich sammeln mussten, in der Severyn nach Luft rang und sich aufrichtete, packte der Prinz die überrumpelte Breya und riss sie an sich. Zwischen seinen Fingern blitzte ein Dolch, der sich fest an ihre Kehle legte.

»Nein!«, brachte Severyn hervor und setzte sich in Bewegung, hielt jedoch inne, als Azahr warnend das Kinn reckte. »Ergreift ihn!«, befahl der Auserwählte den Keitha, doch sobald diese vorschnellten, packte Azahr Breya fester und presste ihr die Klinge gegen die blasse Haut. »Einen Schritt weiter und ihr werdet es bereuen!«, zischte er, was die Keitha zum Innehalten brachte.

Severyn ballte die Hände zu Fäusten, atmete schwer und hielt sich nur mit Mühe davon ab, sich auf Azahr zu stürzen. Ihm wurde klar, dass er einen Fehler gemacht hatte – er war nicht bedacht gewesen, hatte sein Wissen nicht sinnvoll eingesetzt! Nun waberte eine Finsternis zwischen ihm und Breya, die sie unerreichbar machte. Für einen Moment war Severyn sicher, Teannan würde ihnen erscheinen – eine dunkle Präsenz ohne Emotion, ohne Menschlichkeit, verfangen in einem Netz aus Spinnweben. »Azahr«, brachte Severyn warnend hervor. Er trat zwei Schritte nach vorn, näher auf den anderen Prinzen zu. »Gib sie sofort frei – oder du wirst die Macht der Wälder spüren. Azahr!«

»Kein Schritt!« Mit bebenden Fingern zog Azahr Breya fester an sich, verletzte sie beinahe durch den bloßen Druck der Klinge. »Beweg dich und sie ist tot!« Breya in seinem Arm war bleich wie ein Geist. Ihre Hände hatten sich um Azahrs Unterarm geschlungen, den, der den Dolch hielt, doch im Zweifel würde sie zu schwach sein, um ihn vom Äußersten abhalten zu können.

Obwohl die Macht der Wälder in ihm bröckelte, riss Severyn die Hände hoch und beschwor das Licht Keyll Naomhs. Gold glomm in seinen Händen, Wurzeln brachen aus dem Boden und drängten auf Azahr zu. Als dieser erneut die unvertrauten Worte murmelte, glaubte Severyn, seine Augen in fremdem Schimmer glimmen zu sehen. Die erwirkte Magie ließ Breya leise wimmern, als würde sie ihr körperlichen Schmerz zufügen, und auch Severyn spürte, wie sie etwas in seinem Inneren aufkratzte. Die Magie der Wälder in seiner Seele krümmte sich im Angesicht Teannans, wich zurück wie ein bedrohtes Tier. Seine beschworenen Wurzeln färbten sich braun und blieben verdorrt und verkümmert zurück.

Und ehe Severyn die Hände erheben und die Macht Keyll Naomhs zurückrufen konnte, erklang etwas zwischen den Wipfeln – das Brüllen eines Tieres. Eines Tieres? Nein, das, was zwischen den Bäumen und Büschen hervorbrach, war viel eher ein Monster als ein gewöhnliches Tier.

Die Keitha rissen die Schwerter hoch, als das Wesen auf den Pavillon zusprang. Es glich einem Bären von enormer Größe, mit einem von Hörnern gekrönten Schädel, glänzend grauem Fell und einem schräg abfallenden Rücken. Zwischen den goldenen, engstehenden Augen glomm noch ein drittes. Geifer troff von den mächtigen Kiefern des Monstrums, als es mit mächtigen Sprüngen auf Azahr zusetzte.

Severyns Lippen entwich ein verzweifelter Laut, als dieser Breya an sich riss und auf die Kreatur zustürmte. Nicht Breya – nicht Breya! In einem letzten Versuch, etwas zu bewegen, griff Severyn nach der Macht der Wälder und setzte sie Azahr entgegen. Doch dieser hatte sich auf das monströse Wesen gezogen, von dem sein Angriff abprallte wie von einer Hämatitwand. Der Druck jagte über Severyn hinweg und warf ihn zu Boden. Er wischte das Licht Keyll Naomhs fort, raubte sein Bewusstsein und löschte seinen Atem.

Löschte jeden Gedanken.

Löschte das Licht.

REGENLIEDER

»Ich weiß nicht, wie ich das wiedergutmachen soll.« Voller Herzlichkeit lächelte Astryd, was die Falten um ihre Augen deutlicher hervortreten ließ.

Hinter der Theke saß Tristan, der sich lässig im Stuhl zurückgelehnt hatte und ein bereits trockenes Glas noch sauberer polierte. »Du könntest ihnen kostenlose Speisen bis zu ihrem Lebensende anbieten«, schlug er vor. »Wäre sicher keine schlechte Idee. Dann würden sie auch öfter kommen.«

»Ich nehme an, Mattys und Rosie werden nicht so oft hier sein«, meinte Astryd. »Immerhin sind sie Spielleute und werden bald weiterziehen.«

»Stimmt.« Rosie grinste Mattys zu, der es ein wenig halbherzig erwiderte. Tatsächlich hatten sie ihre Sachen bereits zusammengepackt und aufgesattelt und die Pferde warteten vor dem Gasthaus auf sie.

Es war der Tag nach ihrem Auftritt vor Elain de Beur. Nachdem die Vorstellung mit einer Festnahme zu Ende gegangen war, hatte sich die Versammlung rasch aufgelöst. Mattys und Rosie waren befragt worden, um ihre Perspektive auf die Dinge zu schildern und über das Gespräch von Ezlynn und Cadmus auszusagen, das Rosie belauscht hatte.

Zurück auf ihrem Zimmer waren beide so aufgeregt gewesen, dass es ihnen schwergefallen war, Schlaf zu finden. Bis spät in die Nacht hatten sie rekapituliert, wie der Abend verlaufen war, was alles hätte schiefgehen können und was vermutlich mit Ban Glásan geschehen würde.

»Weiß man schon, wie es mit Ezlynn weitergeht?«, fragte Mattys.

Astryd wog unsicher den Kopf. »Bislang hat man sie bloß in Gewahrsam genommen. Sie ist ganz schweigsam geworden – irgendwie apathisch. Wohl eine Nachwirkung des Aufruhrs hier. Aber die Chancen stehen gut, dass sie für eine Weile nicht mehr auf freien Fuß kommt – schließlich gab es eine Menge Zeugen und sie ist der Wache bereits ein bekanntes Gesicht.«

»Werden schon dafür sorgen, dass die nicht mehr rauskommt«, warf Tristan von hinten ein und hielt das Glas gegen die einfallende Sonne. »Richtiges Aas ist das. Schlimm.«

Astryd schob die Hände in die Schürzentaschen. »Mit den anderen beiden bin ich mir nicht sicher. Sie hatten ja nichts mit dem Diebstahl zu tun. Ich kann mir vorstellen, dass sie nicht bestraft werden.«

Mattys tauschte einen unsicheren Blick mit Rosie. Zu anderen Zeitpunkten war es Mond und Cadmus stets gelungen, Ezlynn aus heiklen Situationen zu befreien. Ob sie es dieses Mal auch versuchen würden? Wenn es ihnen gelang, sollten sie besser weit weg sein.

»Ezlynn hat jedenfalls Hausverbot, sollte sie je wagen, ins *Nüsslein* zurückzukehren.« Verschwörerisch zwinkerte Astryd den beiden zu. »Im Grunde hatte das auch einen Vorteil. Der Diebstahl hat dem *Nüsslein* eine Menge Aufmerksamkeit beschert. In Zukunft werden viele hier einkehren, um die legendären Haseln zu bewundern.«

»Es ist ziemlich offensichtlich, dass die Geschichte mit der Farbe ein Mittel zum Zweck war«, warf Mattys ein, »aber solche Legenden haben Potential.«

»Wie die Dinge, die die Muhme über die Barden und Newid erzählt hat«, pflichtete Rosie ihm bei. Ihre Stimme war noch immer rau, doch sie musste weniger husten und schien auf dem Weg der Besserung.

»Ihr habt Erfahrung mit so was?«, fragte Astryd neugierig.

Rosie wies auf ihn. »Es ist Mattys, er macht so was dauernd.«

Ein wenig verlegen hob Mattys die Schultern. »Es ist ein guter Weg, auf sich aufmerksam zu machen. Die Menschen wollen solche Dinge glauben. Wenn ihr weiter den Schein wahrt, dass die Geschichte von den goldenen Nüssen echt ist, wird die Wahrheit irgendwann mit ihr verschwimmen. So schafft man Mythen.« Und wenn es etwas gab, was Mattys liebte, dann war es, seine Geschichten unter das Volk zu bringen. Er liebte den Zauber, den man mit Worten weben konnte, die Kunst, Legenden zu erzählen, die noch lang in den Menschen widerklangen. Womöglich war er irgendwo in seinem Herzen doch ein Spielmann, zumindest in dieser Hinsicht.

»Du solltest aufpassen, dass es nicht noch einmal zu einem versuchten Diebstahl kommt«, setzte Mattys hinzu und musterte Astryd ernst. »Mehr Aufmerksamkeit bedeutet auch größere Gefahr.«

»Selbstverständlich. Ich werde meine Nüsse an einem besseren Ort verstecken, damit so etwas nie wieder geschieht.« Astryd nickte aufrichtig.

»Das ist eine sehr gute Idee«, sagte Rosie.

Die Wirtin trat an die Theke und ließ sich von Tristan einen ledernen Beutel reichen. »Da.« Sie reichte ihn Mattys. »Eure Bezahlung. Habe ich nicht vergessen.«

Nachdenklich wog Mattys den Beutel in der Hand. Für die ausgemachte Summe erschien er ihm überraschend schwer. Er zog an der Kordel und fand funkelnde Koparmünzen vor, die allesamt mit dem Eshwener Wappen geprägt waren. Ziemlich sicher hatte Astryd ihnen mehr gegeben, als besprochen gewesen war. Als er den Beutel bewegte und der Inhalt sich verschob, kam zwischen dem matten Kupfer allerdings noch etwas anderes zum Vorschein und Mattys sog ungläubig Luft ein.

»Astryd, das können wir nicht annehmen«, sagte er, als er die beiden goldenen Nüsse in seine Handfläche schüttete.

Rosie machte große Augen. »Für uns?«

In Mattys' Herz brannte Widerwille, wenn er die zwei kleinen, funkelnden Haseln so ansah. Sie hatten Astryd nicht geholfen, um entlohnt zu werden – das war viel zu viel im Angesicht ihres Handelns.

»Nehmt das mal. Das ist schon richtig so.« Mit warmem Lächeln schloss Astryd Mattys' Hand zur Faust, als er ihr die Talismane zurückgeben wollte. »Mein Vorfahr hat die Nüsslein aufbewahrt und an seine Nachkommen weitergegeben, damit sie für wichtige Dinge verwendet werden. Ich bin sicher, ihr werdet einen Weg finden, sie sinnvoll zu nutzen. Außerdem hätte ich ohne euch keine Einzige mehr, da werden zwei weniger nicht schaden.«

»Aber …«, setzte Mattys an, doch die Wirtin ließ ihn nicht ausreden.

»Nehmt das und widersprecht mir nicht. Ich komme in die Jahre. Einer alternden Frau spricht man ihre Wünsche nicht ab.«

»Du könntest mir mal einen Wunsch erfüllen«, warf Tristan von hinten ein. »Du hast noch nie eine Nuss benutzt, um mir ein neues Pferd zu kaufen oder so!«

Mattys sah Rosie an, die bloß mit den Schultern zuckte. Weil ihm nichts anders übrigblieb, schob er die Haseln zurück in den Beutel. Rosie legte die Hände auf ihr Herz.

»Danke. Das wissen wir zu schätzen.«

»Wahrlich«, pflichtete Mattys ihr bei.

Astryd lächelte, als wäre ihr Dank genau das, was sie hören wollte. »Was habt ihr als Nächstes vor? Bleibt ihr noch in der Stadt?«

»Nah, wir wollen weiterziehen«, erklärte Rosie. »Die Ferne ruft.«

»Außerdem war das Zimmer in unserer Taverne verdammt winzig«, setzte Mattys dahinter.

»Und die Wirtin war eine böse Hexe, die uns nur ganz selten Frühstück gegeben hat.«

»Und Hunde waren dort nicht erlaubt.«

Mollie bellte anklagend und schob sich gegen Astryds Beine, wie um zu sagen, dass sie die bessere Wirtin war.

Diese lachte. »Nun, dann habt eine gute Reise. Solltet ihr noch einmal nach Dinas Rhedyn kommen, schaut vorbei. Ihr seid immer willkommen.«

»Danke«, sagte Rosie und Mattys neigte den Kopf. Mollie wedelte mit dem Schwanz, als Astryd sich hinabbeugte und ihr zum Abschied über den Kopf streichelte. Dann folgte sie ihnen aus der Tür.

In Dinas Rhedyn gab es nur wenige Tage, an denen die Sonne schien. An Ostara war einer dieser Tage gewesen, wenn man den Abend nicht miteinbezog, und auch heute war der Himmel hell und wolkenlos, brachte die Vögel zum Singen und lockte die Pflanzen aus dem Winterschlaf. Da es noch früh am Tag war, die Kinder in den Unterricht gingen und viele Eshwen ihre Arbeit verrichteten, waren die Straßen vor dem Gasthaus trotz des guten Wetters nur mäßig besucht.

»Jetzt müssen wir nur noch Calebs Cornett zu Falkner und Brandfuchs bringen und können aufbrechen.« Rosie schob die Daumen unter die Rucksackträger. »Meinst du, Caleb freut sich?«

»Ich bin mir sehr sicher.« Mattys hatte keine Lust mehr, wütend auf Caleb zu sein, und er war überzeugt, dass es diesem ähnlich ging. Am Schluss waren sie beide stolzer, als gut war, und dann musste eben einer als erster nachgeben. »Vielleicht antworten die anderen ja sogar auf deinen Brief?«

Lächelnd schlug Rosie die Augen nieder. »Das wäre schön.«

Mattys klimperte mit dem Geldsäckchen. »Vielleicht sollten wir noch damit angeben, dass wir reiche Menschen sind.«

»Zeig mir die Nüsslein noch einmal.« Neugierig griff Rosie nach dem Beutel. Mattys setzte sich neben sie auf den Brunnenrand vor dem Gasthaus, wo er seinen Rucksack und die Naraline neben Rosies Sachen ablegte. Die beiden steckten die Köpfe zusammen und betrachteten die kleinen Nüsse im Inneren des Beutels möglichst unauffällig, schließlich schienen Diebe nie weit zu sein.

»Die sind ein Vermögen wert«, meinte Mattys. »Astryd hat gesagt, das ist pures Gold.«

»Das müssen wir sehr zu schätzen wissen.« Rosie sah ernst zu ihm, ergriff seine Hand.

»Wir müssen uns genau überlegen, was wir damit machen. Am besten legen wir sie für Notfälle zurück. Aber wir müssen sie gut verstecken. Offensichtlich.« Er lachte unwillkürlich. »Weißt du, wir haben ziemlich viele dumme Dinge erlebt, aber dafür ist es doch ganz gut ausgegangen.«

»Sieh es positiv.« Rosie befreite ihre Kehle mit einem Räuspern von der Rauheit. »Wir haben die Prinzessin nicht von mir überzeugen können, aber nun steht uns die Welt offen. Wir können gehen, wohin wir wollen. Und ums Geld müssen wir uns auch erstmal nicht sorgen.« Sie überlegte. »Ich könnte neue Stiefeletten gebrauchen.«

»Du hast dir vor vier Tagen neue Stiefeletten gekauft«, protestierte Mattys und zog die Kordel zu.

»Na und? Die taugen nichts! Sie sind immer noch nass vom Regen.« Beide lachten, ehe Rosie die Arme um ihn schlang und die Lippen auf seine legte. Mit zufriedenem Lächeln lehnte sie die Stirn gegen seine, schloss die Augen. »Mattys, ich bin glücklich. Ich könnte mir nichts Besseres vorstellen, als die Welt mit dir zu entdecken.«

Obwohl das schön klang, stolperte Mattys' Herz über ihre Worte. Genau das hatte sie auch damals gesagt, als sie Broc Môr gemeinsam verlassen hatten, um Barden zu werden. Doch während das Versprechen ihn damals noch mit der Hoffnung auf etwas Besseres erfüllt hatte, klang es heute dumpf in ihm wider. Dabei wollte er gerade gar nicht wiederausgraben, wie schade es war, dass Rosie nicht vor der Prinzessin gesungen hatte. Der Augenblick war zu schön, um ihn durch Bitterkeit zunichte zu machen.

»Wenn ich die Welt entdecke«, sagte er, um keine falschen Worte in den Mund nehmen zu müssen, »dann am liebsten mit dir.« Er nahm ihr Gesicht in eine Hand und strich mit dem Daumen über ihren Kiefer. »Wie geht es deiner Stimme? Du klingst viel besser.«

»Ich fühle mich auch besser«, bestätigte Rosie grimmig. »Weißt du, ich hätte lieber noch zwei Wochen keine Stimme. Dann wäre es weniger ärgerlich, dass ich gestern nicht dabei sein konnte.«

»Unsinn. Du hättest heute noch nicht auftreten können«, erwiderte Mattys, während er den Beutel mit Geld und Haseln in der Tasche verstaute. »Du musst dich langsam wieder herantasten. Stell dir vor, du würdest heute das Lied vom Weidenmädchen singen. Deine Stimmbänder wären für immer hinüber.«

»Von mir aus. Aber das hier kann ich ja singen.« Blitzschnell hatte sie in seine Tasche gegriffen und das Notizbuch hervorgezogen, das er im vorderen Fach verstaut hatte. Mattys konnte nicht mal zucken, da hatte sie es außer seiner Reichweite gebracht und grinste frech. »Alles wird geteilt.«

»Wäre mir neu«, sagte Mattys, während er Mollie durchs Fell wuschelte, die offenbar an der Rangelei teilhaben wollte und auf den Brunnenrand gesprungen war.

Rosie hielt trotz ihrer Worte inne, ehe sie das Buch aufklappte. »Ich darf doch, oder?«

Mattys hob die Schultern. Früher hatte er gezögert, Rosie seine Lieder zu zeigen. Doch das war lange her. Mattys hatte längst begriffen, dass sie sich nicht über ihn lustig machen würde, ganz gleich, was er für sie schrieb. »Ist ja ohnehin über dich. Aber es ist nicht für die Öffentlichkeit gedacht. Mit den Akkorden bin ich mir auch noch nicht sicher.«

Rosie hatte die Seite gefunden, auf der er den Text ins Reine geschrieben hatte. Seine Liedtexte flossen meistens aufs Papier, die Buchstaben verschwammen und waren entsprechend oft schwierig zu entziffern. Doch Rosie hatte viele dieser Texte gelesen – und erkannte die Worte, wie sie ihn erkannte.

Sie fuhr die Zeilen mit dem Zeigefinger nach und ihre Mundwinkel zuckten. »*Und wenn Singen und Regen verfliegt*«, murmelte sie, »*dann fühl ich sie noch und lausch ihrem Lied.*«

»Gefällt es dir?«, fragte Mattys vorsichtig.

»Ja.« Rosie ließ eine Haarsträhne durch die Finger gleiten, fuhr sie bis zur Spitze nach. Dabei lächelte sie plötzlich breiter und sah zu ihm hoch. »Du weißt, dass man *patschnass* nicht in ernstzunehmenden Zusammenhängen benutzt, oder?«

»Du hast doch gesagt, dass …«

»Schon gut! Das ist nicht schlimm. Es passt gut dorthin.« Sie strich über die Seite. »Wie singt man das Lied?«

Mattys nahm seine Naraline und legte den Gurt um. Auf sein Nicken legte Rosie ihm das Buch hin. Als er ein A-moll anschlug, jaulte Mollie leise, was beide zum Lachen brachte. Mattys zeigte Rosie das Muster. »Die Melodie geht: *Sie weiß nicht, wie schön sie ist; wenn Regen ihr Haar dunkel färbt; wenn sie in meinen Armen liegt und; von Frühlingsfeuern schwärmt.* Und der Refrain«, er stimmte einen anderen Akkord an, »*Und ich bleibe bei ihr für immer und immer; Ich atme sie ein, ich lausch ihrer Stimme; und wenn Singen und Regen verfliegt; dann fühl ich sie noch und lausch ihrem Lied* – und so weiter. Du kannst damit machen, was du willst, ich habe noch keine Harmonien festgelegt.«

Rosie nickte und nahm das Buch. »Begleitest du mich weiter?«

»Überall hin«, sagte Mattys, was sie zum Lachen brachte. Eine Weile ließ sie ihn spielen, suchte in dem zart angestimmten Zupfmuster nach der Melodie, verinnerlichte die Zeilen. Mattys lauschte, bereit sie aufzuhalten, wenn sie mit ihrer angeschlagenen Stimme übertrieb, aber auch neugierig, was sie daraus machen würde.

»Sie weiß nicht, wie schön sie ist«, hob Rosie schließlich an, kostete die Worte vorsichtig, beinahe schüchtern, *»wenn Regen ihr Haar dunkel färbt …«*

wenn sie in meinem Arm liegt und
von Frühlingsfeuern schwärmt.
Sie weiß nicht, dass sie nur
zu lächeln braucht
und ich den Sommer auf den Lippen schmecke.
Ich werde sie niemals begreifen,
nie innehalten, danach zu streben.

Ich bewundere ihr Lachen,
so warm wie der Sommer,
ich verehre ihren Anblick
in der Zuflucht ihrer Kammer.
In jedem Wort ein Lied,
jeder ihrer Schritte ein Tanz.
Ich könnte sie ewig betrachten,
ich hätte niemals genug.

Und ich bleibe bei ihr für immer und immer.
Ich atme sie ein, ich lausch ihrer Stimme,
und wenn Singen und Regen verfliegt,
dann fühl ich sie noch und lausch ihrem Lied,
das auch ihren Gesten und Lächeln erliegt.

Rosie sah Mattys an und sie grinsten, irgendwie verlegen – beinahe wie damals in Broc Môr, als ihr Zusammensein bloß ein süßer Traum gewesen war, den sie beide geträumt hatten. Ihr Lächeln erinnerte Mattys an damals. Die Art, wie sie die Haarsträhnen durch die Finger fahren ließ, wie das Lächeln in ihren Mundwinkeln zuckte. Die Art, auf die sie sang.

Der Regen singt ihre Lieder
viel schöner, als ich es je könnte,
patschnass zwischen silbernen Tropfen
strahlt sie so hell wie die Sonne.
Ich werde sie niemals begreifen,
und das ist das Schönste an ihr.

Ich hör ihre Stimme wie Regengewisper.
Ich schmeck ihre Lieder
wie Wasser und Honig nach Tagen und Wochen voll Hunger und Durst.
Ich schenk mich ihr mit jedem Kuss.

Mattys beobachtete, wie sie schluckte und sich über die Wange wischte. Sie wartete, bis er das Muster einmal gespielt hatte, und nickte langsam.

Und ich bleibe bei ihr für immer und immer.
Ich atme sie ein, ich lausch ihrer Stimme,
und wenn Singen und Regen verfliegt,
dann fühle ich sie noch und lausch ihrem Lied,
das auch ihren Gesten und Lächeln erliegt.
Ich werde sie niemals begreifen
und doch immer danach streben.

Mattys hörte auf zu spielen – sie warteten, bis der Ton im Klangkörper des Instruments verhallt war. Beide blickten den Text im Notizbuch an, als würde dort die Antwort auf all ihre Fragen erscheinen.

»Das war …« Rosie holte leise Luft. »Das war wirklich schön.«

»Es ist nicht für Auftritte, nur für mich. Das heißt – und für dich, wenn es dir gefällt.«

Sie lächelte, noch immer ohne ihn anzusehen. Mit einem Anflug von Unsicherheit erkannte Mattys, dass sie den Tränen nahe war. Er sah es nicht gern, wenn er der Grund war, aus dem sie weinte, vor allem wenn er es leicht hätte verhindern können. Rasch streifte er den Naralinengurt ab, um sie in den Arm zu nehmen, doch als er das Instrument zu den anderen Sachen auf den Boden legte, entdeckte er eine Gestalt, die aus dem *Nüsslein* getreten und bei ihnen stehen geblieben war.

»Entschuldigt.« Elain de Beur faltete die Hände. In der Nähe wuselten ein paar Bedienstete auf und ab, die damit beschäftigt waren, ihre Kutsche für den Aufbruch bereitzumachen und das Gepäck aufzuladen. Die Prinzessin selbst war in ein schlichtes Kleid gehüllt, das Haar lag offen um ihren Kopf. In ihren sonst ernsten Augen glomm etwas, das Mattys schon gestern beim Auftritt entdeckt hatte. »Ich wollte euch nicht belauschen. Offenbar war dies nicht für meine Ohren bestimmt. Aber Astryd hat mich hergeschickt – sie hat gesagt, ich sollte euch zuhören, weil Rosie so wunderbar singen kann.«

»Schon gut.« Mattys hob gleichmütig die Schultern, nachdem er einen Blick mit Rosie getauscht hatte. »Wir sind selbst schuld. Immerhin sind wir an einem öffentlichen Ort.«

»Es war jedenfalls wirklich schön«, betonte die Prinzessin noch einmal. In ihrem Gesicht stand genau die Mischung aus Zufriedenheit und Schwermut, die Mattys mit dem Lied hatte hervorrufen wollen. »Du hast eine wunderbare Stimme, Rosie, viel zu schön für Tavernen und Gaststuben.«

»Das sagt Mattys auch immer.« Rosie lächelte halb.

Nachdenklich neigte Elain den Kopf. »Astryd sagte, dass ihr euch wünscht, an unserem Hof zu spielen.«

Rosie neben ihm versteifte sich. Mattys wurde hellhörig.

»Und ich habe nicht das Entscheidungsrecht darüber«, fuhr Elain fort, »denn meine Mutter wählt unsere Hofsängerinnen aus. Aber … wenn das die Art ist, auf die du singst, wenn du krank bist, will ich dich liebend gern in deiner Bestform hören.« Sie nickte Rosie zu, ehe sie sich Mattys zuwandte. »Und ich finde Gefallen an intelligenten Menschen. Du hast mich gestern gut unterhalten. Und es war ausgesprochen klug, wie du diese Bardin überführt hast.«

Mattys traute seinen Ohren nicht. »Ihr bietet uns an, mit an den Hof zu kommen«, brachte er hervor.

»Ich kann nicht versprechen, dass ihr aufgenommen werdet. Das wird in der Hand meiner Mutter liegen. Aber wenn ihr wollt, könnt ihr mich begleiten und euer Glück versuchen.«

Rosie schluckte und senkte die Wimpern. Auf ihrem Gesicht spiegelten sich so viele widersprüchliche Emotionen, dass er sie nicht gleich deuten konnte.

»Können wir uns kurz beraten?«, fragte Mattys.

»Sicher.« Elain beugte sich hinab, um Mollie anzulocken, die sich bereitwillig von ihr streicheln ließ.

»Rosie«, begann Mattys. »Das ist – *skog*, das ist ein Zeichen. Das muss ein Zeichen sein!«

»Es ist, worauf du die ganze Zeit gehofft hast.« Der Druck ihrer Hände wurde fester. »Mattys, ich freue mich.«

Obwohl er sich auch freute, mehr als alles andere, zwang Mattys sich zur Rationalität. Wie oft hatte Rosie ihm gesagt, dass sie in Tavernen singen wollte? Dass ihr dieses rastlose, ruhelose Leben gefiel? »Du willst die Welt mit mir entdecken. Das hast du gerade gesagt. Sei ehrlich: *Möchtest* du an den Hof, Rosie?«

Ihr Zögern dauerte länger, als es hätte dauern dürfen. »Ja. Ich will das.«

»Bist du sicher?«

Nachdrücklich nickte sie. »Es ist eine Chance, die man nicht verstreichen lassen darf. Ich wäre dumm, das nicht zu tun. Wirklich, Mattys, lass es uns machen.«

Mattys zögerte, ehe er sie fest auf die Lippen küsste, ihre Hand ergriff und sie sich erhob. Elain richtete sich ebenfalls auf.

»Wir sind dabei«, sagte Rosie. »Danke, Hoheit.«

»Das freut mich. Dann bis hierhin – willkommen am Hofe.« Elain reichte ihnen die behandschuhte Hand und schüttelte die ihren, was ungewöhnlich, aber herzlich war. »Und auf eine gute gemeinsame Reise.«

»Auf eine gute Reise«, wiederholte Mattys und auch Rosie deutete einen Knicks an, ehe Elain zu ihrer Kutsche zurückkehrte, um sich zu erkundigen, wie weit die Vorbereitungen vorangeschritten waren.

Mattys legte eine Hand auf Rosies Schulter und umarmte sie fest, während Mollie aufgeregt um sie herumwuselte. »Du wirst die Anerkennung bekommen, die dir zusteht. Rosie, ich … ich bin so froh darüber!«

Sie vergrub das Gesicht an seiner Schulter. »Hab dir doch gesagt, das Regenlied kommt gut an.«

Mattys hielt sie, so fest er konnte. »Nur noch ein kleiner Schritt, dann haben wir es geschafft«, wisperte er ihr zu. »Dann bist du da, wo du hingehörst.«

Als Rosie nicht antwortete, sondern bloß die Nase hochzog, löste Mattys sich von ihr. Besorgt nahm er ihr Gesicht in die Hände. »Rosie, wieso weinst du?«

»Weil … ich so glücklich bin«, murmelte sie und wischte sich mit dem Handrücken über die Augen. Sie lachte, als Mattys die Tränen fortstrich.

»Dann wein doch nicht.«

»Aber …« Sie kniff die Augen zusammen und versuchte, die Tränen daran zu hindern, weiter hervorzutreten. »Sei nicht dumm«, schalt sie sich selbst.

»Rosie«, beharrte Mattys, doch sie schüttelte den Kopf.

»Entschuldige, es ist gerade ein bisschen zu viel. Ein bisschen zu viele Emotionen.«

Mattys sah sie fest an. »Wir werden das beste Leben haben. Ich verspreche es. Es wird besser, als du dir vorstellen kannst.«

Auch wenn weiter Tränen von ihrem Kinn tropften, lächelte sie ihn an. »Ich liebe dich.«

Sie nahmen einander in die Arme. »*Jag aelsker dig*«, murmelte er. »*Min flicka.*«

Fort

Es war still, als er erwachte. Totenstill. Selbst die Vögel vor den Fenstern waren verstummt, selbst der Regen, selbst der Wind.

Die Welt war Dunkelheit. Severyn nahm sie wie durch einen Schleier wahr, als tauche er unter Wasser, als sei er ein verstandloser Ertrunkener inmitten der Wüste. Tagelang taumelte er durch das undurchdringbare Dunkel, hilflos, orientierungslos. Suchte nach etwas, das er nicht finden konnte.

Severyn fühlte sich, als wäre er von etwas Großem, Schwerem überrollt worden. Seine Glieder schmerzten furchtbar. Seine Kehle war wie geschliffen. Es war schwierig, die Augen zu öffnen. Seine Sicht war unscharf – beinahe glaubte er, ihm wäre die Sehfähigkeit geraubt worden. Allein die Arme zu heben, um sich zu vergewissern, dass er noch sehen konnte, fiel ihm unsagbar schwer. Schwach bewegte er die Glieder, strich die Benommenheit fort.

Fort. Fort?

Severyn setzte sich ruckartig auf und stöhnte, als Schwindel ihn zu übermannen drohte. Die Erinnerungen kehrten mit einem Schlag zurück, prasselten auf ihn nieder und drohten, ihn unter sich zu begraben.

»Hoheit!« Vor ihm erschien eine Person, die er beinahe für eine Halluzination hielt.

»W-wo …« Severyn musste innehalten und sich sammeln. Unter Anstrengung gelang es ihm, die Decke wegzuschieben und an den Rand des Bettes zu rutschen, in dem er geschlafen hatte. Esmond eilte näher und wollte ihm ein Wasserglas reichen, doch Severyn schob ihn fort. Vage nahm er wahr, dass er sich in seinem eigenen Gemach befand, dass der Tag vor ihm erwacht war und die Sonne bereits am Himmel stand.

»Wo … ist Breya?« Denn nichts war wichtiger, nichts war mehr von Bedeutung. Severyn konnte nur eine Antwort akzeptieren. Er wollte nicht, dass Esmond ihm das sagte, was er vermutete.

»Hoheit«, begann Esmond zögernd, aber Severyn packte ihn am Handgelenk.

»Esmond, wo ist Breya?«

Esmond holte Luft. Die Worte über die Lippen zu bringen, musste das Schwierigste auf der Welt sein. Und dennoch sprach er sie aus. Sprach aus, was Severyn nicht hatte hören wollen.

»Azahr ist in der letzten Nacht aus dem Palast geflohen und hat Breya mit sich genommen. Wir konnten nichts dagegen unternehmen. Sie ist fort.«

ENDE

WEITER IN BAND II

ANHANG

DRAMATIS PERSONAE

Severyn Pádraig

Die Rolle des Fürstensohns ist Severyn praktisch auf den Leib geschneidert – und warum die Wälder ihn als Auserwählten ausgesucht haben, ist für ihn auch vollkommen offensichtlich. Severyn ist ein pflichtbewusster und mutiger junger Mann, sich seiner Qualitäten allerdings auch ausgesprochen gewahr. Gemessen an seiner Selbstüberzeugung ist er ein Eshwen, wie er im Buche steht.

Breya Pádraig

Als Wechselbalg würde Breya in der Gesellschaft eigentlich mit Abneigung bedacht werden. Doch die Wesen der Wälder haben es gut gemeint und sie als Neugeborenes mit der verstorbenen Fürstentochter der Eshwen getauscht, von denen sie wie eine Tochter behandelt und ihre Identität geheim gehalten wird. Breya ist ein höflicher und sanftmütiger Mensch und träumt davon, eine Grüne Priesterin zu werden.

Rosalen Canaid

Als Sängerin ist Rosie das Gesicht der Hellen Barden. Für ihre sagenhafte Stim-me ist sie bekannt und wird geschätzt. Rosie trägt die Sonne im Herzen und sieht den Dingen stets mit Optimismus entge-gen. Da sie aus einer Oniefamilie stammt, hatte Rosie nie ein richtiges Zuhause, vermisst dies aber auch nicht. Sie kann sich nichts Schöneres vorstellen, als mit ihren Freunden herumzuziehen und Abenteuer zu erleben.

Mattys Teuvon

Man könnte Mattys sicher als Anführer der Hellen Barden bezeichnen, dabei hat er das Leben als Spielmann eigentlich nie gewollt. Eigentlich wollte er immer Heiler sein – aber die Ereignisse in Broc Môr von vor drei Jahren haben ihn dieses Leben aufgeben und mit Rosie auf Rei-sen gehen lassen. An seiner Seite findet man stets Mollie, einen liebenswerten und sehr intelligenden Sommar-Hütehund.

Edeline Yseult

In den Liedern bezeichnet man Edeline als die Kriegerin, die keine sein möchte. Ihre Waffen hat die Bardin schon vor einigen Jahren gegen eine Geige getauscht und nutzt seit jeher nur noch Worte als Klingen. Edeline ist eine loyale und gesellige Person, die am liebsten in Ge-sellschaft ihrer engsten Vertrauten ist, insbesondere ihrer besten Freundin Nascha, mit der sie eine gemeinsame Vergangenheit teilt.

Nascha

Die Wälder haben selten eine so reine Seele wie Naschas gesehen. In den Liedern heißt es, dass selbst die Blätter von ihrer Gutherzigkeit und Sanftmut singen und ihr Säuseln sich bisweilen mit dem Klang ihrer Flöte verflechtet. Von allen Spielleuten unter den Hellen Barden hat Nascha die engste Bindung zu den Wäldern – was vor allem daher rührt, dass sie kein gewöhnlicher Mensch ist.

Caleb Bocore

Böse Zungen nennen Caleb einen unbedachten und wenig zuverlässigen Men-schen. Dabei stellt man rasch fest, dass weit mehr in ihm steckt. Caleb ist ein charmanter und geselliger Mensch und stets für ein Kartenspiel oder ein Taver-nenlied zu haben, weiß aber auch für seine Freunde und seine kleine Schwester einzustehen. Sein musikalisches Talent hat er von seinem Vater geerbt, der ebenfalls Barde war und ihn auf Onieweise erzogen hat.

Olyvar Bocore

Für die zehnjährige Olyvar ist Caleb die einzige Familie. Auf das verträumte kleine Mädchen aufzupassen, ist meistens nicht schwierig – nur hin und wieder heckt sie Schabernack aus, was sie dann zweifellos von ihrem Bruder abgeschaut hat. Olyvar ist ein neugieriges und reflektiertes Kind, selbst wenn ihre Vergangenheit nicht einfach war. Mit Caleb teilt sie dieselbe Mutter, von der beide jedoch nicht viel halten.

Adeena Klingwahr

In ihrem bisherigen Leben hat Adeena es nicht einfach gehabt. Geboren mit einer Fehlstellung der Hüfte leidet sie bei jedem Schritt unter Schmerzen. Dass die Menschen in Austradar sie deshalb als Wechselbalg betrachten und ihr Abnei-gung entgegenbringen, macht es der intelligenten jungen Frau nicht leichter. Adeena hat sich von der Außenwelt abgeschottet und lässt nur ihren Vater an sich heran.

BARDEN UND SPIELLEUTE

Ban Glásan

Ezlynn Scathan	eine kleptomanische Bardin
Mond Scathan	ihre mysteriöse Schwester
Cadmus Scathan	ihr Bruder und ein Frauenheld

ESHWEN

In Dinas Rhedyn

Aaron Falkner	Wirt in *Falkners Brandfuchs*
Olwen Brandfuchs	Koch in *Falkners Brandfuchs*
Wenda Bran	die Rabenmuhme, Grüne Priesterin
Astryd Lugh	Wirtin im *Nüsslein*

Im Palast

Barcat Pádraig	Fürst der Eshwen
Nerys Pádraig	Barcats Gemahlin
Azahr Khashba	gefallener Narraphprinz
Esmond Treharne	Keitha und Begleiter von Severyn

Maenblod und Umgebung

Juna	Inhaberin der *Kiefernstuben*
Dyfed Kadwallader	Bürgermeister von Maenblod
Rhia	Schornsteinfegerin in Maenblod
Maggie	ihre kleine Schwester

AUSTRADAR

Jakob Klingwahr	Diplomat in Eshwen
Marita und Helene	seine Bediensteten

WEITERE

Elain de Beur	Prinzessin aus Moorhaag
Zar Andrej	Zar von Aradrov
Sydra	Erzpriesterin der Sagart
Kathro	Fürst der Eschenelben
Vidar Nielas	Mattys' Lehrmeister der Heilkunst
Konda und Arawet	Azahrs kleine Brüder

GÖTTER, PROPHETEN UND HELDEN

Newid	die Wanderin
Sanna	die Mutter
Teannan	der Schütze
Heladyn	der Schmied
Calibar	der Söldner
Gwell	der Heiler
Amadeus	Gott in Austradar
Bronimir	Keithaheld und Newids Geliebter

Menschenvölker

Skoggen

Die Skoggen sind ein traditionsbewusstes Volk mit einer starken Bindung zu Keyll Naomh, das in der gleichnamigen Nation zuhause ist. Zahlreiche Angehörige dieses Volkes sind Grüne Priester und wahren die alten Sitten. Viele von ihnen leben zurückgezogen und gelten als mürrisch, verhalten sich in Gesellschaft von Vertrauten allerdings aufgeschlossen. Ihre Abstammung von den **Keiju**, einem in Skoggen lebenden Elbenvolk, gewährt ihnen, länger ohne Schlaf oder Nahrung auszukommen und nur selten krank zu werden.

Drovi

Die Drovi gelten als raues und wenig umgängliches Volk. Da ihre Urahnin eine **Wila** gewesen sein soll, beherrschen viele Drovi die schönen Künste und sind beispielsweise gute Tänzer. Drovi können sehr gesellige Menschen sein und nehmen Zusammenkünfte oft durch ihr selbstbewusstes und aufmerksamkeitserregendes Auftreten ein. Ihre Einstellung Keyll Naomh gegenüber ist zuletzt in Abneigung umgeschwungen – man sagt sich, dass ihr Zar Andrej Chernova nunmehr zu Teannan beten soll.

Eshwen

Die Eshwen stammen von den **Eschenelben** ab und sind im gleichnamigen Land angesiedelt. Wie ihre Ahnen besitzen die Eshwen eine beschleunigte Heilung körperlicher Wunden. Sie tragen verkümmerte Flügelreste an den Schulterblättern, wo die Eschenelben Flügel haben. Die Eshwen sind ein stolzes Volk, das viel auf seine Traditionen hält und von den anderen Völkern bisweilen als arrogant angesehen wird. Den Wäldern gegenüber sind sie weitgehend neutral eingestellt, wenn sie die alten Feste auch feiern.

Moorie

Die Moorie sind ein aufgeschlossenes und umgängliches Volk, das die Nation Moorhaag bewohnt. Viele schreiben ihnen ein einfaches Gemüt zu und halten sie für verklärt und einfältig. Da die Moorie vom **Moosvolk** abstammen, wird ihnen allerdings auch eine gute Verbindung zu Tieren nachgesagt, die bisweilen so eng ist, dass der ein oder andere fürwahr die Sprache der Tiere beherrschen soll. Die Moorie sind dem Wald ausgesprochen zugetan und wahren die alten Traditionen.

Onie

Anders als die anderen Menschenvölker sind die Onie nur schlecht über einen Kamm zu scheren, verbindet sie doch weder ein gemeinsamer Ahne oder eine Fähigkeit noch ein Territorium. Bei den Onie handelt es sich um ein rastloses, nicht sesshaftes Volk, zu dem vornehmlich Schausteller, Händler oder Spielleute gehören. Ihrer Ethnie gehören alle an, die sich keiner anderen Kultur zuordnen lassen. Sie gelten als freigeistig, gesellig und neugierig und sind zumeist zufrieden, ihr Leben auf Reisen zu verbringen.

Narraph

Die Narraph sind ein Wüstenvolk, das sich aufgrund seiner Abneigung gegenüber Keyll Naomh in die Savannen des Südens zurückgezogen hat. Sie sind ein stolzes und altruistisches Volk, haftet ihnen doch auch stets ein gewisser Ernst an. Aufgrund ihrer Abstammung von dem legendären **Iphrit** tragen die Narraph angeborene weiße Muster auf ihrer Haut. Diese gewähren, niemals zu frieren und stetig Wärme auszustrahlen. Die Narraph leben in Daer Awyr verteilt, hauptsächlich in Eshwen, seit ein verheerendes Feuer ihr Land zerstörte.

Lyttnari

Abstammend von dem sagenumwobenen **Hulduvolk**, stehen die Lyttnari Keyll Naomh am nächsten. Viele Angehörige dieser Ethnie sind Grüne Priester. Die anderen Völker sagen ihnen eine gewisse Entrücktheit und Verwunschenheit nach, die auch den Wäldern anhaftet. Einige Lyttnari tragen Geweihansätze oder Rehschwänze und kommen ihren Ahnen damit ausgesprochen nach. Sie leben im hohen Norden auf einer Insel außerhalb des Herzlandes, die ebenfalls Lyttnar genannt wird.

Austrier

Die Austrier sind ein stolzes und patriotisches Volk, das in ihrer langen Geschichte viele kluge Köpfe hervorgebracht hat. Von welchem Volk sie abstammen oder ob es sich bei ihnen um ein Konglomerat wie bei den Onie handelt, lässt sich nicht mehr sagen, da ihre Fähigkeiten zu verkümmert sind. Die Austrier verehren Keyll Naomh nicht, sind stattdessen einem eigenen Gott, **Amadeus**, zugetan. Dieser hat die Feuermauer um die Halbinsel Austradar geschaffen, auf welcher sie leben – unerreichbar für die Wälder.

Keitha

Die Keitha sind eine sehr kleine Ethnie. Es handelt sich bei ihnen um ein Volk elitärer Krieger, das von den Eschenelben geschaffen wurde, um ihnen als Leibwächter zu dienen. Eine Formel aus dem Mund ihrer Herren lässt ihre Augen zu Silber werden und versetzt sie in einen Kampfrausch, in welchem sie jedem Befehl gehorchen. Nicht nur die Elben, sondern auch ihre Nachkommen, die Eshwen, können ihnen befehlen. Die meisten Keitha werden aufgrund der hohen körperlichen Belastung nicht alt.

LÄNDER UND ORTE

SKOGGEN

Skoggen ist das größte Land Daer Awyrs und liegt im nördlichen Herzland. Aufgrund seiner Lage erhält in Skoggen oft die Kälte Einzug. Im Sommer geht die Sonne niemals unter, im Winter herrscht ewige Nacht. Als Staatsoberhaupt regiert eine Königin aus dem Geschlecht Asgyr. Das Wappen zeigt ein grünes Eichenblatt auf bronzenem Grund.

Benannte Orte

Evigstad

Hauptstadt von Skoggen

Hem Sommar

Kanalstadt, in der jedes Jahr ein großes Lithafest abgehalten wird

Broc Môr

umkämpfte Stadt im Dreiländereck Skoggen, Aradrov, Eshwen, die vor vier Jahren von den Drovi zerstört wurde

ARADROV

Bei Aradrov handelt es sich um die zweitgrößte Nation von Daer Awyr und um ein traditionsreiches Zarentum. In den nördlichen Breitengraden liegt Schnee, der Rest des Landes ist von gemäßigtem Klima. Das Geschlecht der Chernowas, das Aradrov regiert, herrscht schon seit vielen Jahrhunderten. Ihr Wappen zeigt einen schwarzen Löwen auf grauem Grund.

ESHWEN

Eshwen ist ein Fürstentum im südwestlichen Herzland, das in mehrere Grafschaften aufgeteilt ist. Es ist die drittgrößte Nation Daer Awyrs und nicht nur für den häufig fallenden Regen, sondern auch seine düster anmutende Architektur und die herausragende Bildhauerkunst bekannt. Das Wappen zeigt eine Motte auf silbernem Grund.

Benannte Orte

Dinas Rhedyn

die Hauptstadt von Eshwen

Dalenna

Grafschaft in Eshwen

Maenblod

Kleinstadt inmitten der Wälder, die vom Pech verfolgt wird

MOORHAAG

Moorhaag liegt im nordwestlichen Herzland. Es handelt sich um ein kleines Land mit vielen Ebenen und schön anzusehenden Feldern. Traditionellerweise kleiden die Moorie ihre Städte in bunte Farben und die Schönheit der Nation wird durch die oft strahlende Sonne hervorgehoben. Als Herrscherin dient der Küstennation derweil die Königin Henna Moor. Die Flagge zeigt eine Weide auf grünem Grund.

Benannte Orte:

Hennaport

Hauptstadt von Moorhaag

Bloemstad

Sitz der Gräfin Cosima de Beur

NARRAPH

Das Reich der Narraph liegt im südlichen Herzland und besteht aus einer gemäßigteren Savanne sowie einer unbewohnbaren Wüste. Beides kann von Keyll Naomh nicht angetastet werden. Seit ein verheerendes Feuer die Narraphstädte zerstörte, liegt das Land jedoch ohnehin verlassen da, die Überlebenden sind in alle Winde zerstreut. Auf dem Wappen ist ein roter Funke auf goldenem Grund zu sehen.

Benannte Orte:

Chemwal

Haupstadt von Narraph

Duma

Nachbarstadt von Chemwal

LYTTNAR

Lyttnar ist eine Insel nördlich des Herzlandes. Hier herrscht ewiger Winter – kaum ein Monat vergeht, in dem kein Schnee auf den Hügeln und Baumkronen liegt. Das Reich wird von einem König regiert, der jedoch nur repräsentativ herrscht, da viele der Lyttnari zurückgezogen leben. Ihr Wappen ist ein weißer Hirsch auf hellblauem Grund.

AUSTRADAR

Das im südöstlichen Herzland gelegene Austradar wird durch eine Feuermauer vom Rest des Kontinents getrennt, um die Macht Keyll Naomhs auszuschließen. Die fortschrittliche und von Patriotismus geprägte Nation wird von Kaiser Ferdinand regiert und besticht durch besonders schön anzusehende Architektur und die einzige organisierte Religion des Herzlandes. Ihr Wappen zeigt einen Habicht auf schwarzem Grund.

Benannte Orte:

Veena

Hauptstadt von Austradar

Kermten

größere Stadt Austradars

Erlendam

Kleinstadt und Heimat von Jakob Klingwahr

WEITERE

Der Hain der Sagart

das Zuhause der Sagart, in der Nähe von Hem Sommar

Eschenhort

Zuhause der Eschenelben, gelegen in einer Art »Zwischenwelt«, die nur durch bestimmte Tore betreten werden kann

Weitere Begriffe

Air Deoch

Silberharz, mit dem Krankheiten und Wunden geheilt werden können; kann nur von Sagart gewonnen werden

Amadeus Ewig

bekanntestes Gebet für Amadeus

Amethyst

schützt vor dem Blick der Kreaturen des Waldes

Ban Glásan

eine Gruppe Spielleute

Bronzenes Rebhuhn

ein Gasthaus in Dinas Rhedyn

Buch der Schatten

geheimes Buch der Grünen Priester, in welchem alle Geheimnisse niedergeschrieben werden

Cornett

Holzblasinstrument

Daer Awyr

der Name der Welt (eshw.: *daer* = Luft, *awyr* = Erde)

Eschenelben

mottenähnliches humanoides Volk der Wälder, das in einer Art Zwischenwelt lebt; Urahnen der Eshwen

Falkners Brandfuchs

ein gehobeneres Gasthaus in Dinas Rhedyn

flann gwiddon

die rote Hexe; eine Kinderräuberin aus Maenblod

Grüne Priester

Menschen, die sich ganz den Wäldern verschrieben haben und manchmal sogar ihre Macht wirken können

Helle Barden

eine Gruppe Spielleute, relativ bekannt in Eshwen, Skoggen und Moorhaag

Herz der Wälder

Urquelle des Waldes, die in mehrere Teile aufgespalten ist und von den Propheten beschützt wird

Herzland

Der Kontinent ohne seine Nebeninseln

Huldra

Frauengestalten mit einem Rinderschwanz, die in Skoggen leben und Männer in die Wälder locken und verführen

Keiju

sagenumwobenes Elbenvolk, von dem die Skoggen abstammen

Kerit

dreiäugige unzähmbare Kreatur aus Narraph, eine Mischung aus Hyäne und Bär

Keyll Naomh

Bezeichnung für die heiligen Wälder

Kiefernstuben

eine Taverne in den Wäldern Eshwens

Litha

Mittsommerfest zu Ehren der Wälder

Mabon

Herbsttagundnachtgleiche

Mandoline

Saiteninstrument

Maraid

Fluss in Eshwen

Melyskrankheit

Krankheit, bei der der Blutzuckerspiegel nicht mehr selbstständig reguliert werden kann, *auch*: Honigkrankheit

Naraline

Saiteninstrument, ähnlich einer Mandoline

Noita

lytt.: *Hexe*

Nüsslein

ein schönes Gasthaus in Dinas Rhedyn

Ostara

Fest zu Ehren der Wälder, Frühlingstagundnachtgleiche

Pappelspinnerin

eine Kreatur des Waldes, die in Eshwen zuhause ist

Prophet

von den Wäldern Erwählte, die ihr Wort verkünden und das Herz der Wälder beschützen sollen

Rat der Drei

Bündnis von Eshwen, Skoggen und Moorhaag

Rebec

Saiteninstrument, ähnlich einer Geige

Sackpfeife

Holzblasinstrument

Schalmei

Holzblasinstrument

Sagart

ein Priestervolk der Wälder, das sehr zurückgezogen lebt und über ein drittes Auge an der Stirn verfügt

Wechselbalg

Kinder, die von den Wesen der Wälder gegen Menschenkinder ausgetauscht werden; häufig böse

wyn cledd

Wortformel, mit der Keitha in Kampfrausch versetzt werden (eshw.: *mein Schwert)*

Dir hat die Geschichte gefallen?

Dann würde ich mich freuen, wenn du es mir mitteilst, indem du eine Rezension auf den geläufigen Plattformen hinterlässt. Vor allem für Schreibende im Selfpublishing sind Rückmeldungen und Leseeindrücke sehr wichtig. Und ich tue nichts lieber, als über meine Bücher zu reden – deshalb bin ich ebenso gespannt, deinen Worten über meine geliebten Barden und Propheten zu lauschen.

Dank

Ein Roman wie dieser schreibt sich schwerlich ganz alleine
und viele liebe Menschen verdienen Dankbarkeit.
Drum setze ich meine Worte heute in versierte Reime
und gebe dieses Danke in Gedichtform raus, bereit?

Der erste Mensch, dem ich meinen Dank heute entrichte,
heißt Valentin und diesen Platz verdient er wahrlich sehr.
Weil ich dich sehr doll liebe und weil meine Geschichte,
ohne dass du da wärst, wahrlich eine schlechte wär.

Angelika hat an dem Buch den letzten Schliff getan,
weil sie im Lektorat auch jeden kleinsten Fehler fand.
Wenn meine Sprachnotizen auch unnötig lang waren (sorry),
durch dich ist die Geschichte nun ein kleiner Diamant.

Marlo Melian Mae nutzte Grafik-Hexenmächte
und zauberte für Waldkind das fantastischste Gewand.
Hen arbeitete tags und durchwachte manche Nächte,
bis dieser großartige, wunderschöne Umschlag stand.

Danke meiner lieben Elly, für alle schönen Worte,
für Bilder, Beutel, Booktalk, jedes Mittelalterfest.
Für Erinnerungen an wunderbare Orte
Für meine beste Freundin und für den ganzen Rest.

An Judith, Lora, Marlo und Marlene, Katharina,
an Julia und Lea, sie sind Testleser gewesen.
Ganz besonders doll bedanke ich mich bei Sabrina,
denn sie hat Waldkind einfach mal in drei Tagen gelesen.

Danke an die Menschen aus dem Maggie and Beth's,
denn sie und ich, wir teilen uns dieselbe Leidenschaft.
Ihr seid so tolle Leute, und eins steht für mich fest:
Ohne euch hätte ich das hier nie so gut geschafft.

Zu guter Letzt, doch sicherlich nicht minder relevant,
steht meine Familie, die mich immer unterstützt,
die immer für mich da ist, ob gesund oder auch krank,
und mich vor allem Schlechten so liebevoll beschützt.

Und danke liebe Mama, für all die vielen Orte,
die Reisen, die wir beide mit Kima unternehmen.
Ich packe sie in dieser Geschichte in die schönsten Worte,
und hoffe, dass wir beide noch sehr viel zusammen sehen.

Danke.

(Foto: © Pia Hartmann)

Über die Autorin

Marleen S. Meri, geboren 1998, schreibt schon Geschichten, seit sie die ersten Buchstaben zu Papier bringen kann. Aufgewachsen in einer malerischen Kleinstadt im Herzen Westfalens war sie seither zum Träumen aufgelegt und behielt ihre kindliche Fantasie auch zu Studiumszeiten noch im Herzen.

Seit 2017 studiert sie Germanistik und Geschichtswissenschaften an der (entgegen anderer Behauptungen existierenden) Universität Bielefeld, wo sie stets zwischen traditionellen Dramen und aktueller Belletristik zu finden ist. In ihrer Freizeit lektoriert sie Bücher, liest Korrektur und erlernt spannende, wenn auch nicht immer nützliche Fremdsprachen. Oft kann man sie mit dem Stift in der Hand vorfinden, eine neue Idee oder ihre Lieblingsfiguren auf Papier bannend.

Nach ihrem Debüt »Loreley – Wind und Weite«, dem ersten Band einer vierteiligen Fantasyreihe, sind die Lieder der Wälder ihr neues Herzensprojekt.